O Revolucionário do Tesão

O Revolucionário do Tesão

A incrível história do psiquiatra e escritor Roberto Freire, o "Bigode"

Paulo José Moraes

Copyright © 2020 Paulo José Moraes
O Revolucionário do Tesão © Editora Pasavento

Editores
Marcelo Nocelli

Preparação de texto
Roseli Braff

Revisões
Marcelo Nocelli
Márcia Barbieri

Capa
Dorinho Bastos

Design e editoração eletrônica
Negrito Produção Editorial

Dados Internacionais de Catalogação na Publicação (CIP)
Bibliotecária Juliana Farias Motta (CRB 7-5880)

Moraes, Paulo José
    O revolucionário do tesão: a incrível história do psiquiatra e escritor Roberto Freire, o "Bigode"/ Paulo José Moraes. – 1.ed. – São Paulo: Pasavento, 2020.
    344 p.; 16 x 23 cm.

    ISBN 978-85-68222-44-7
    Inclui um caderno com fotos [16p.]

    1. Freire, Roberto, 1927-2008. 2. Médicos – Biografia. I. Título: A incrível história do psiquiatra e escritor Roberto Freire, o "Bigode".
M827r   CDD 926.1

Índices para catálogo sistemático:
1. Freire, Roberto, 1927-2008
2. Médicos – Biografia

Todos os direitos desta edição reservados à:

Editora Pasavento
www.pasavento.com.br

Para uma indiazinha que gostava de ouvir histórias.

Il capo in piedi col suo bastone
oh bella ciao, bella ciao, bella ciao, ciao, ciao
il capo in piedi col suo bastone e noi curve a lavorar!
Ma verrà il giorno che tutte quante
oh bella ciao, bella, bella ciao, ciao, ciao
ma verrà il giorno che tutte quante lavoraremo in libertà!

Canção popular italiana, composta no final do século XIX, que teria sido, na sua origem, um canto de trabalho das Mondines – trabalhadoras rurais. Mais tarde, a mesma melodia foi a base para uma canção de protesto contra a Primeira Guerra Mundial. Finalmente, a mesma melodia foi usada para a canção que se tornou um símbolo da Resistência italiana contra o Fascismo.

Sumário

Robertos	13
O tamanho do Bigode e a ousadia do Barbicha	15
Apresentação	19

O TESÃO EM FAZER REVOLUÇÃO

Um século com potencial anárquico	23
Sementes anarquistas	27
A primeira mulher – a companheira de base	30
Entrevista com Gessy	30
A formação, com as deformações e as neoformações	34
Não, não me arrependo de nada!	38
Entrevista com o filho mais velho, Pedro, "o Tuco"	43
O terceiro sinal toca e "Bigode" entra em cena	50
Entrevista com Maria Tereza, secretária da EAD	54
Quarto de empregada	57
Entrevista com o ator Sérgio Mamberti	59
Nas quebradas do mundaréu...	67
Entrevista com o segundo filho, o músico Paulo Freire	70
Quando os Freires se encontram	76
Entrevista com Frei Carlos Josaphat	81
Os intestinos do golpe	85
Amar e armar como forma de resistir	93
Entrevista com Ignácio de Loyola Brandão	97
Entrevista com José Armando Ferrara, cenógrafo de *Morte e vida severina*	102
Tuca	111

Entrevista com Chico Buarque 114

Existe outra memória? 119

Entrevista com o jornalista José Hamilton Ribeiro........................... 123

Se você não concordar, não posso me desculpar.............................. 126

Entrevista com Solano Ribeiro, diretor de quase todos os festivais
de MPB 128

Entrevista com André Midani 138

Aprendi a dizer Não 143

Entrevista com Zuza Homem de Mello... 148

Caminhando contra o vento... 152

Entrevista com Sérgio Ricardo 160

Entrevista com o maestro Júlio Medaglia 164

Acreditando nas flores vencendo o canhão 173

Cleo e Daniel, o filme.. 180

Entrevista com Irene Stefânia 183

Entrevista com Chico Aragão.. 186

A REVOLUÇÃO DO TESÃO

O amor é como um grão, uma semente de ilusão.............................. 193

Entrevista com Bia Pereira 199

A Vênus platinada: O amor é nosso? 205

Entrevista com José Bonifácio de Oliveira Sobrinho, o "Boni"......... 208

Eu perdi o seu retrato... 215

Entrevista com o ator Sylvio Zilber... 219

Viva eu, viva tudo, viva o Chico Barrigudo 225

Entrevista com o psicólogo e poeta David Calderoni 230

Nandos.. 235

Entrevista com João Meirelles, assistente da Somaterapia................ 239

Entrevista com o fotógrafo Alexandre Campbell, o "Xande" 250

Mais amor, menos Rivotril! Mais tesão, menos Fluoxetina!.............. 258

A receita da torta de bacuri.. 266

Entrevista: com a psicóloga social Vera Schoeder, a "Verinha",
a última companheira 272

Anarquismo colocado em prática 276

Entrevista com Gustavo Simões 279

Entrevista com o Prof. Edson Passeti, autor da tese de Mestrado
"Roberto Freire: Tesão & Anarquia" 282
Mas o que eu quero lhe dizer é que a coisa aqui está preta 288
Entrevista com a jornalista Lana, viúva de Sérgiode Souza,
o "Serjão" 292
Cleo e Daniel e a "Companhia Dramática Formicida Avec
Cachaça" 298
Entrevista com Zé Bolão, que ao lado de sua esposa Fátima,
foram caseiros do Bigode, em Visconde de Mauá 302
Uma solidão cheia de gente 307
A Somaterapia continua viva 321
Entrevista com Frei Betto 331
A cortina se fechando... 336
Epílogo – A terra que querias ver dividida 339

Nota do autor 341

Robertos

Quando recebi a incumbência do Paulo de escrever o prefácio desse livro sobre o Roberto Freire, me senti extremamente honrado pela nobre missão, mas fiquei muito preocupado em apresentar, nessas poucas linhas, o perfil multifacetado dessa entidade que o título da obra já define tão radicalmente como um profeta, um revolucionário do tesão. Como mero mortal que teve a felicidade de compartilhar da convivência desse ser tão especial, dei meu modesto depoimento, cheio de emoção e de evocações calorosas, revivendo momentos em que nossas trajetórias se cruzaram no tumultuado universo da segunda metade do último milênio.

Desse encontro feliz que tivemos na EAD (Escola de Arte Dramática de São Paulo), seguiram-se vivências e convergências, que nos uniram para sempre, nessa busca incessante de nós mesmos e nos destinos e rumos que fomos dando às nossas vidas.

Relendo os ricos depoimentos coletados, acrescidos de dados e fatos de sua formação, bem como de predileções e afinidades que eu nem imaginava tão próximas às minhas, cheguei ao final da leitura desse livro redescobrindo Robertos inimaginados, no entanto tão harmônicos e sintonizados com os desafios e os compromissos transformadores dos nossos tempos. Eu sou um outro, como ele próprio se descreveu na sua autobiografia.

Ao sólido *background* da cultura francesa com seus poetas e filósofos, seus artistas e suas canções, fertilizando sua vida, nossos ideais e nossos sonhos, somados à cultura italiana e ao espírito renascentista e sua profunda imersão no caudaloso rio da nossa diversidade cultural, pude constatar que, ao vislumbrar as inúmeras mutações e transmutações do nosso extraordinário personagem, me reencontrei também, com as perplexidades e a consciência de cidadãos do terceiro mundo que somos e suas cruéis contradições. Entre sonho e realidade Roberto foi conduzindo seu barco nessa viagem sem rumo pela história conturbada do mundo em que vivemos.

Médico, pesquisador, jornalista, escritor, cineasta, terapeuta, empreendedor compulsivo, amantíssimo e polemizador inveterado, anarquista convicto, Roberto levou às últimas consequências seu espírito revolucionário e inovador pagando um pesado tributo por sua inabalável crença na aventura de existir. Esteve sempre presente, enquanto viveu, em muitos dos marcos emblemáticos das últimas décadas do século xx aqui em nossa terra com participação especial. O universo da política perpassou o tempo todo sua travessia, e sua firme vocação solidária aos desvalidos e à classe trabalhadora é uma constante inquietação que se reflete na sua dimensão social, pela eterna preocupação com o ser humano. Mas não quero antecipar mais nada, pois as revelações contidas nessa obra certamente irão surpreender até mesmo aqueles que julgam ter conhecido esse desbravador.

Em cada página os Robertos ambíguos e contraditórios irão ressurgindo, iluminando e revivendo a memória de sua passagem, seguindo seu rastro.

Aproveitem a viagem.

Sergio Mamberti

O tamanho do Bigode e a ousadia do Barbicha

Numa noite, lá por 2004, num delicioso restaurante que existia em São Roque, o "Deodoro", tomávamos cerveja e conversávamos aquelas gostosas prosas sem pauta nem pressa, o músico e compositor João Bid, a diretora de teatro e historiadora Lisa Camargo e eu, quando surgiu uma provocação por parte deles.

"Paulo, você é psiquiatra e terapeuta. O Roberto Freire também foi. Você é jornalista, ele também foi. Você trabalhou na TV Globo, ele também. Ele escreveu vários livros, você já publicou um também. Ele escreveu *Cleo e Daniel*. Você dirigiu uma adaptação do livro no teatro. Aliás, ele foi muito ligado ao teatro, você também é. Ambos sempre estiveram muito perto da música popular brasileira. Ele teve o apelido de 'Bigode' e você de 'Barbicha'. Por que você não escreve a biografia dele?"

Rimos com a constatação dessas semelhanças, ainda que as diferenças de tamanho, sucesso e fama fossem gritantes. Roberto Freire, a meu ver, foi um dos mais importantes psiquiatras e terapeutas que passaram pelo Brasil, ganhou o Prêmio Esso de Jornalismo quando escreveu na revista *Realidade*, fundou o Tuca, dirigiu *Morte e vida severina*, do agora centenário João Cabral de Melo Neto, criou a Escola de Teatro Macunaíma, foi jurado de todos os festivais de MPB importantes que aconteceram no Brasil, lançou Chico Buarque e Plínio Marcos no cenário artístico, e, principalmente, escreveu uma obra-prima que foi o romance *Cleo e Daniel*.

Minha passagem por essas áreas foi bem menor. Cronista da Ilustrada no jornal *Folha de S. Paulo*, um quadro semanal na TV *Mulher*, na Globo. Algumas peças como ator e outras como autor e diretor, tive também meus prêmios nessas funções, e indicações para a Apetesp. Publiquei um livro de crônicas com uma tiragem média. Psiquiatra lutando permanentemente contra a Psiquiatria oficial, alienante e alienada, com seus protocolos estigmatizantes, inserido desde sempre na luta antimanicomial. Um psicodramatista que preferiu essa formação a abraçar a condição de somaterapeuta. Além de tudo isso, Roberto Freire já havia escrito e publicado sua autobiografia!

Mas a provocação ficou, por anos, corroendo o senso crítico e se tornou um projeto. Era uma ousadia tamanha que só me sossegava um pouco quando lembrava do Roberto Freire repetindo sempre que "o terapeuta que tem saco não tem coração". Não seria um projeto como este que poderia me deixar de saco cheio, ao contrário, comecei a pensá-lo com a emoção que o coração e as memórias me traziam.

Corri chamar um companheiro. Se era para bancar uma ação quixotesca, que fosse em dupla. Pedro Costa Jr., que eu havia conhecido em um workshop da Somaterapia, em 1977, e que se tornara um irmão/amigo inseparável; poeta, jornalista, escritor e músico, autor de um sensível livro de poesia que Roberto Freire prefaciara.

Talvez mais um mosqueteiro para compor um trio e sair por aí, combatendo os poderosos, e numa armadura brilhante, estava Wagner Homem, o Cachorrão, desde os tempos de Catanduva. Saímos para as cavalgadas necessárias.

Mais de 30 livros do Roberto Freire para serem relidos ou lidos pela primeira vez. O filme que ele fez baseado no seu *Cleo e Daniel*. Artigos de revista e jornais aos montes. E, em uma escolha consciente, um trabalho mais jornalístico do que terapêutico, com dezenas de entrevistas com familiares, amigos, assistentes, clientes, colegas de jornalismo, quem o conheceu e podia nos contar algo de inusitado sobre ele. Creio que a ideia das entrevistas fez com que esta biografia se tornasse algo mais coletivo, escrita não só pelas minhas lembranças e memórias, mas uma soma de memórias.

Enquanto isso, pessoas queridas se sucediam transcrevendo textos gravados, acompanhando entrevistas, lendo pedaços do que era criado e dando seus *feedbacks*. Ou simplesmente sendo afetivamente próximas e tolerantes.

Eu não desejava colocar meu olhar crítico em relação à Somaterapia. Afinal, escolhi o Psicodrama por entender mais próximo de um percurso idealizado. Mas também não queria fazer uma celebração festiva e irreal de Roberto Freire. Sua autobiografia trazia muitas informações importantes, mas me parecia um tanto depressiva, não compatível com a alegria e a paixão pela vida que tinha sido marca registrada dele. Tão presente quanto o seu bigode. Um Bigode enorme e duradouro que acabou por se tornar apelido. Este Bigode, que foi um dos maiores agitadores culturais de nosso tempo, e que deixou marcas espalhadas pela Cultura Brasileira em toda a segunda metade do século XX. Um Bigode anarquista. Conduzindo o nariz que ia se metendo onde muitas vezes não era chamado, em outras tantas, onde foi respeitosamente convidado.

Pedro e Cachorrão, com mais bom senso que eu, provavelmente preferiram manter a amizade e deixar a insanidade só pra mim. Mas a Barbicha ousada me desafiava até o último ponto final. Acho que só aí pude entender o quanto este trabalho era terapêutico sim.

Conhecer e tornar-me amigo de Marcelo Nocelli, meu editor, foi a terapêutica encontrada.

Tesão! Roberto Freire não inventou o termo, mas utilizou-o com toda a propriedade na sua vida e em sua obra.

Eis aí, sim, finalmente, a minha maior semelhança com o biografado.

PAULO MORAES

Apresentação

O signo solar indica Capricórnio, representado por um bode, e assim é definido: "sério, possessivo e forte, conservador em suas manifestações, circunspecto em seus gostos. Forte em sua sensualidade. Obstinado e teimoso, só por se opor, não admite que outro esteja com razão, ainda que no fundo saiba que está equivocado".

O horóscopo chinês aponta Tigre: "o principal interesse de um Tigre é seguir suas ambições e manter sempre o controle. Atraentes e seguros de si, são líderes natos. Com um ar de autoridade, são encantadores e divertidos, mas gostam também de ficar sozinhos. Sedução é a área onde definitivamente o Tigre é o Rei!".

Como nunca ficou sabendo o horário em que chegou ao mundo, não soube qual seu Ascendente. O que sabe é que foi em uma terça-feira, 18 de janeiro de 1927.

Nesse dia, o Prêmio Nobel de Medicina foi para Julius Wagner von Jauregg, um psiquiatra que apresentou o valor terapêutico da "terapia da malária" para tratar a paralisia progressiva. O Nobel de Literatura foi para Henri Bergson, um dos primeiros escritores a falar do inconsciente e defender mecanismos de intuição. Quatro dias antes, Paul Dourner havia sido eleito presidente da França e quatro meses depois seria fundada a Varig.

1927 foi um ano com boa safra de artistas brasileiros e estrangeiros: Sergio Viotti chegaria em 14 de março; Miriam Pires, em 20 de abril; Sebastião Vasconcellos, em 21 de maio; Liana Duval, em 06 de junho e a grande Laura Cardoso, em 13 de setembro. Ariano Suassuna nasceria em 16 de junho, e o dramaturgo americano Neil Simon em 04 de julho. Nesse ano também surgiria a Teoria do Big Bang, de Georges Lemaitre, e, uma semana antes, havia estreado o filme *Metropolis*, de Fritz Lang, na Alemanha. Ainda nesse ano, Stan Laurel e Oliver Hardy fariam seu primeiro filme juntos lançando a famosa dupla *O Gordo e o Magro*. Greta Garbo estrearia *The divine woman*, de Victor Sjostrom; Al Jolson faria *O cantor de jazz*, dirigido por Alan Crosland, e Cecil B. DeMille apresentaria o seu *O rei dos reis*.

Em fevereiro, um mês depois do nascimento de Roberto, um terremoto na Iugoslávia mataria 700 pessoas e em março morreriam 1000 pessoas por dia numa epidemia de gripe. Na França, saía o último volume de *Em busca do tempo perdido*, de Marcel Proust, e, em São Paulo, Mário de Andrade lançaria *Amar, verbo intransitivo*. Alguns dias antes, em 03 de janeiro, na Inglaterra, nasceu George Martin, que faria uma revolução junto a quatro cabeludos de Liverpool. Uma semana depois, no dia 25 de janeiro, nasceria Antônio Carlos Jobim, que produziria outra revolução na música popular, primeiro no Brasil, e depois no mundo.

Esse janeiro lançava revolucionários. Assim, chegou ao mundo Joaquim Roberto Corrêa Freire, que seria conhecido como Roberto Freire e, pelos mais próximos, "Bigode", tornando-se médico, psiquiatra, jornalista, dramaturgo, compositor, poeta, escritor, além de criador de uma vertente terapêutica chamada Somaterapia, celebrando o Tesão como força vital transformadora e revolucionária para as pessoas.

É sempre muito difícil encontrar a exatidão de algum fato, tentando o caminho sóbrio da objetividade porque existe a subjetividade, que entorpece, inebria e fantasia esses fatos.

Neste livro, vamos relatar o caminho percorrido por Roberto Freire, a partir do que ele produziu e deixou contado e dos diversos olhares subjetivos de quem conviveu com ele. Trata-se de uma história incrível e, muito provavelmente, também crível! Ambivalente, contraditório, cheio de crises consigo mesmo e com os outros, e, ao mesmo tempo, brilhante, seguro, perspicaz. Só assim poderia caber naquele mundo, no qual viveu seus 81 anos como um dos maiores agitadores culturais do país.

O TESÃO
EM FAZER
REVOLUÇÃO

Um século com potencial anárquico

Naquele janeiro de 1927, quando Roberto Freire chegou ao mundo, o Partido Comunista Brasileiro, PCB, o "Partidão", entrou na legalidade elegendo Azevedo Lima para a Câmara dos Deputados. Fundado em março de 1922 e colocado na ilegalidade em junho, só em 1927 se tornou legal. Mas permaneceu pouco tempo nessa condição, retornando à ilegalidade em agosto do mesmo ano.

Inspirado na Revolução Russa de 1917, o PCB teve entre seus fundadores trabalhadores sindicalistas ligados aos círculos anarquistas, como Astrojildo Pereira, João da Costa Pimenta e Cristiano Cordeiro. Outros sindicalistas, como José Oiticica e Edgard Leurenroth, resolveram continuar juntos com seus ideais anarquistas. Havia debates acirrados sobre ideologias, estratégias e táticas entre os diferentes grupos. Também em 1927, Stalin expulsou Trotski do Partido Comunista Soviético e, logo depois, o deportou. Mais tarde, organizou o assassinato do antigo camarada.

O governo do presidente Artur Bernardes, de 1922 a 1926, reprimira violentamente as manifestações populares: mortes, prisões, deportações, destruição de escolas infantis, associações sindicais, jornais queimados. Criou, também, alguns campos de concentração e tortura, como o de Clevelândia, o mais famoso, na região do Oiapoque, divisa da Guiana Francesa.

O movimento anarquista se manteve em posição de luta e cresceu principalmente junto aos imigrantes italianos, mais especificamente em São Paulo, nos bairros do Brás, Mooca e Bela Vista, o chamado "Bixiga". A Guerra Civil Espanhola, de 1936 a 1939, que culminou com o começo da ditadura do general Franco e resultou na morte de quase um milhão de opositores ao franquismo, anarquistas majoritariamente, matou também o poeta Federico Garcia Lorca — fuzilado em 1936, de costas, por sua orientação sexual. O fato repercutiu nesses bairros de São Paulo, onde brincava, jogava bola, estudava e conversava com anarquistas o jovem Roberto Freire.

Nessas conversas, mais ouvia do que falava já que a gagueira o intimidava, como contou anos mais tarde. No seu último livro, *Eu é um Outro*, Roberto Freire relata não se lembrar de quase nada da infância. Fazendo uma concessão à Psicologia, cita os "atos falhos" como mecanismos inconscientes cuja existência o fazia não desejar ou se permitir lembrar qualquer coisa da infância.

O pai de Roberto Freire, Joaquim, conhecido como "Bem", teve uma carreira que foi de empregado a diretor de grandes empresas. Sempre de terno e gravata, preocupado com a ascensão social, era muito ambicioso, e também um leitor contumaz de boa poesia, entre outros, de Garcia Lorca. Austero, tímido, muito sensível, despertava tanto respeito que bloqueava a comunicação do filho. A seriedade aparentava crítica; Freire tinha a sensação de sempre estar sendo reprovado pelo pai e um permanente sentimento de culpa porque era um moleque de rua, e não o aluno dedicado que o pai desejava. Sempre acreditou que sua gagueira se originava dessa relação conflituosa.

A mãe Esmeralda, conhecida no bairro por Lola, ao contrário do pai, falava "pelos cotovelos". Carinhosa, alegre, comunicativa, tornava-se, de repente, agressiva e contundente, mas a raiva passava logo, e ela esquecia as razões da querela.

Roberto teve três irmãos: a mais velha, Marilu; Vera, mais nova que ele, "pequena e doce"; e o caçula, Renato, "um garotinho alegre e falador, com quem quase não convivia". Sempre acreditou que Marilu era muito mais amada pela mãe, e por isso, por pena dele, fazia tudo para protegê-lo.

A vida de Roberto Freire e de seus personagens literários se misturam. Escreveu *Os cúmplices* em dois volumes, uma mistura de ficção e relatos documentais sobre a política brasileira especialmente dos anos 1960. Seus personagens principais são dois irmãos, Bruno e Victor Conti, que passaram a infância no Bixiga em contato com anarquistas que os influenciaram para também se tornarem anarquistas, como o próprio Leurenroth, de quem ouviram uma palestra.

Victor, o personagem narrador, torna-se dramaturgo, ator e diretor teatral. Escreve e dirige a peça, *O & A*, encenada por um elenco de estudantes, com músicas de Chico Buarque, no Teatro da Universidade Católica de São Paulo, o Tuca. Exatamente como fez Roberto Freire. Bruno, o mais velho, em virtude de sua beleza, seduz muitas mulheres. Torna-se jornalista e vai trabalhar numa revista chamada *Atualidade*, da Editora Maio, junto com seu grande amigo Sérgio, a quem chama de "Meu Capitão", e onde trabalha Pedro Papaterra. Como Roberto Freire, que trabalhará com Sérgio de Sousa, o "Serjão", na revista *Realidade*, da Editora Abril, e que terá Paulo Patarra, vindo da *Última Hora*, de Samuel Wainer, como Chefe de Redação.

Bruno participa de um assalto na casa de um ricaço, junto do famoso assaltante Meneghetti, e adota o nome de "Roberto de Vaudervil". Uma matéria sobre esse assalto será publicada na *Última Hora*, de Samuel Wainer, tornando-se o início da carreira jornalística de Bruno, exatamente relatando o assalto, mas sem se identificar. Por sua vez, Victor vai começar no Teatro junto ao diretor Alberto Damico.

"Vaudeville" foi, no início dos anos 1930, o nome de um gênero de entretenimento de variedades, oriundo do Canadá e dos Estados Unidos, mas que, na França, passou a ser um movimento de "poesia e composição dramática muito popular". Alberto D'Aversa foi um diretor de teatro italiano radicado no Brasil que deu aula junto com Roberto Freire na EAD (Escola de Arte Dramática), de Alfredo Mesquita, e a quem Roberto Freire vai homenagear em seu livro *Viva eu, viva tu, viva o rabo do tatu*. Silvio D'Amico foi um grande nome do teatro italiano, crítico e literato.

No livro, os dois irmãos têm um "melhor amigo", Zé Luis, que se declara anarquista e vai apresentá-los ao Centro de Cultura Social do Brás, onde passam a conviver com militantes libertários. Os irmãos conhecem, também, Nando, um rapaz que vivia uma relação opressiva com o pai. Nando tinha as maiores íris já vistas, dando a impressão de não ter a parte branca da córnea. Foi um paciente real, descrito em *Coiote* com muita força. O livro é dedicado a ele. É também lembrado em *Eu é um Outro*. Como o personagem de *Os cúmplices*, na vida real, Nando também se suicidou.

O melhor amigo de Roberto Freire no início da adolescência, com quem trocava informações políticas e poéticas, chamava-se José Luiz Pati. Freire explica em *Eu é um Outro* que foi nele que, muitas vezes, localizou e personificou o seu "outro" fazendo assim sua "unidade bipartida". Era Zé Luiz, o amigo incorporado em sua vida para permanecer até o fim de seus dias, que confirmava "a possibilidade de que bastava uma só vida para dois homens". O pai de Zé Luiz era membro da Academia Paulista de Letras, escrevia crônicas para o jornal *Correio Paulistano*, dirigia o Departamento de Cultura da Prefeitura de São Paulo e, graças a isso, tinha uma frisa cativa no Teatro Municipal. Zé Luiz e Roberto Freire eram frequentadores assíduos e lá assistiram a balés, óperas, peças de teatro e palestras.

Na casa de Zé Luiz, Roberto Freire conheceu pessoalmente alguns dos principais intelectuais de São Paulo: Mário de Andrade, Guilherme de Almeida, Menotti Del Picchia, Monteiro Lobato e Oswald de Andrade. Nesse período entram também em sua vida o restaurante Ponto Chic e seus sanduíches de Bauru. Roberto se torna amigo também do irmão de Zé Luiz, chamado Benedito, que estudava Direito no Largo de São Francisco. Com ele, experimenta os primeiros chopinhos e frequenta a Juventude Comunista, com suas reuniões chatas e, por isso, rapidamente abandonadas.

Era o Governo Vargas, com o temor que despertava pela possibilidade de apoiar Hitler e seu nazismo na guerra. Pairava no ar, também, o pavor da violência de seu chefe de Polícia, Filinto Müller, que impedia passeatas de estudantes, atirando e matando alguns alunos da Faculdade de Direito da São Francisco.

Em sua adolescência, Roberto Freire passou a repelir internamente o autoritarismo de Stalin, que o impedia de admirar a União Soviética. Mas, o final da guerra com os Estados Unidos despejando suas bombas em Hiroshima e Nagasaki, matando centenas de milhares de civis tampouco o entusiasmava. O anarquismo amadurecia naquele socialista de nascença, enquanto uma descrença total também ia ganhando corpo.

Na peça de teatro, *Yerma*, de 1934, escrita por Garcia Lorca, a protagonista, incapaz de engravidar e sofrendo a indiferença do marido Juan, o estrangula com a facilidade de quem mata um pequeno pássaro na mão. Como Stalin fez com Trotski, como Getúlio Vargas e Filinto Müller fizeram com os estudantes do Largo São Francisco, como os Estados Unidos fizeram com Hiroshima e Nagasaki.

Dentro de Roberto Freire, o bode resmungava, o tigre rosnava, mas ainda não atacavam.

Sementes anarquistas

Zé Luiz seguia o caminho do comunismo, enquanto Roberto Freire adotava o modelo anarquista. Assim, surgiram as primeiras sérias discussões entre os amigos. As críticas ideológicas ao comunismo foram interpretadas, num primeiro momento, como uma negação ao pensamento de Zé Luiz, e isso o ofendia. Contudo, a força da amizade e o bom humor com que levavam esse relacionamento os protegiam de saírem feridos dessas polêmicas. Numa dessas discussões acaloradas, Roberto Freire defendia fortemente suas posições anarquistas e, ao final, ouviu do amigo, com alegria no olhar, que ele não estava mais gaguejando.

Essa libertação da guagueira, ainda que inicialmente incerta, constatou que era um processo possível a ser vencido não só por ele, mas também por outras pessoas.

Foi nessa noite, quando Zé Luiz informou o fim da gagueira de Roberto Freire, na porta de uma padaria na esquina da Rua Pamplona com a Rua José Maria Lisboa, onde se encontravam sempre, que mantiveram também uma conversa sobre a ditadura de Franco e sobre o assassinato de Garcia Lorca, imaginando como teriam sido os últimos momentos da vida do poeta. Declararam também suas visões encantadas das primeiras paixões: uma colega de escola, Regina, por Roberto Freire; e outra chamada Edméia, por Zé Luiz, a quem ele escrevia poemas, e que, naquela noite, sabedor da mudança dela para Avaré, no interior de São Paulo, sem autorização para procurá-la a fim de declarar seu amor, fugiu para realizar essa façanha.

Em *Os cúmplices*, o personagem Victor faz um movimento semelhante para ir atrás de uma paixão, só que em Catanduva, outra cidade do interior paulista. Com o sumiço repentino de Zé Luiz, Roberto Freire foi chamado pela família do amigo para contar sobre o paradeiro do rapaz. Sentiu-se absolutamente pressionado e negou até onde pôde saber qualquer coisa, mas, depois, vendo o sofrimento da mãe do amigo, acabou contando.

Posteriormente, em algumas de suas prisões, Roberto Freire também seria inquirido sobre nomes e fatos que devia saber; negaria com veemência e só revelaria algo após estar seguro de que as informações passadas já tivessem perdido importância, conforme os manuais dos grupos guerrilheiros sugeriam a seus integrantes.

Um tio, médico, estava se preparando para ser professor de Medicina em São Paulo. O avô paterno tinha sido um médico importante, formado na Alemanha, e assim se desenvolvia um consenso de que Roberto Freire seria o novo médico da família. Freire não gaguejou. Simplesmente emudeceu e não conseguiu sequer contestar essa decisão familiar. Como ele disse, mais tarde, em *Eu é um Outro*, era semelhante a "estar vivendo duas vidas, completamente diferentes, submisso e subserviente numa e, na outra, livre, completamente entregue às minhas paixões e opções".

Roberto ficava muitas horas lendo, dentro do seu quarto, o que provocava suposições familiares de que estivesse estudando para o vestibular de Medicina. Nem desconfiavam de que se tratava, na verdade, de livros sobre anarquismo, poemas, romances. Balzac, Dumas e muitos escritores românticos. Entre os brasileiros, Alencar, Machado de Assis, Mário de Andrade, Oswald de Andrade, Alcântara Machado.

Entre as leituras de autores clássicos e contemporâneos e a preparação para o vestibular, Roberto Freire teve sua iniciação sexual num "puteiro" do bairro do Bom Retiro. Com uma obrigatória lavagem uretral, antes da relação, com permanganato de potássio, e sem nenhuma lembrança mais positiva desse evento. Zé Luiz, que estava junto, desistiu em cima da hora. E foi lá, na saída do bordel, que contou ao amigo que estava fortemente apaixonado por Esther, irmã de um companheiro das "peladas", os jogos de futebol que faziam, por isso não sentiu vontade de transar com nenhuma das moças do prostíbulo.

Roberto Freire se tornou o carteiro entre Zé Luiz e Esther, quando estes foram proibidos de se encontrar, e ouvia de ambos suas juras de amor, sentindo-se feliz, mas com certa inveja do amigo. Mais tarde, Roberto Freire escreveu "Manga com leite", uma crônica em que o narrador se torna carteiro das correspondências apaixonadas de seu amigo Zequinha.

No fim daquele ano, a família de Roberto Freire mudou-se para o Pacaembu, e o cursinho preparatório tomou muito de seu tempo; um ano depois, nova mudança, agora para o Rio de Janeiro.

O vestibular para a Faculdade de Medicina chegou e Freire foi reprovado. Logo em seguida, soube, por telefone, que Zé Luiz tinha passado na Faculdade de Direito do Largo São Francisco. Comemorou com alegria o feito do amigo, mas sentiu-se deprimido, culpado pela desilusão que estaria provocando na própria família. No entanto, a reação familiar foi de compreensão e estímulo, prometendo, inclusive, um professor particular com o intuito de prepará-lo melhor para o ano seguinte.

Roberto fez ainda uma viagem a São Paulo e, em uma visita a Zé Luiz, descobriu que este estava com cirrose hepática. Esther o largara, dizendo não aguentar conviver com alguém com aquela doença horrível. Com alguns cuidados, melhorou, reencontrou uma colega de faculdade, chamada Ely, com quem se casou e teve dois filhos. Depois disso, os amigos passaram um bom tempo sem se encontrar. Um dia, um telefonema de São Paulo informou Roberto de uma internação urgente de Zé Luiz. Roberto Freire foi imediatamente ver o amigo, passou três noites no hospital, junto da mulher e da família dele. Após a morte, Freire teve uma ideia: emprestaria a Zé Luiz sua vida e seu corpo, que seriam o bastante para os dois.

No vestibular seguinte, Roberto entrou para a Faculdade de Medicina da Praia Vermelha. No segundo ano, monitor de Biofísica, conheceu uma caloura do curso, chamada Gessy.

O bode suspirou, o tigre ronronou.

A primeira mulher – a companheira de base
Entrevista com Gessy

Gessy, uma bonita e simpática senhora de 86 anos, nos recebeu no apartamento dela para falar do primeiro marido, Roberto, com quem teve seus três filhos, Pedro (Tuco), Paulo e Roberto, que ela chama de "Beto", abrindo uma concessão, já que não chama ninguém por apelidos. O filho do meio, Paulinho, e a esposa cantora Ana Salvagni, também estavam presentes. Mas não falaram.

Gessy é médica aposentada compulsoriamente pela idade do serviço público, onde trabalhou na Previdência Social e combateu surtos de meningite, sempre procurando ajudar a população mais pobre. Como ela contou, "a Medicina é uma profissão muito exigente e ciumenta, e não deixa você se dedicar a nada mais".

Conheci o Roberto fazendo a faculdade no Rio de Janeiro, ele um ano na frente, e monitor em alguma matéria de um professor chamado Bruno Lobo. O microscópio aproximou nossos rostos, criando uma confiança mútua. Ele com a paciência necessária para passar o que era ensinado, eu olhando de perto e sentindo aquele prazer de estar junto dele. Começamos a namorar.

Desde que entrei na faculdade, recebi uma cantiga composta pelos veteranos que dizia: "Gessy, ó Gessy, é pra nós, é pra ti, Gessy, ó Gessy, caloura melhor nunca vi."

Roberto não cantava essa música pra mim. Porque ainda guaguejava, ocasionalmente, quando estava muito tenso ou preocupado, mas dando aula, nunca!

Talvez tivesse gaguejado na infância ou adolescência, já que ele tinha sido muito cobrado para ser médico. Ele teve um avô médico, formado na Alemanha, um tio médico, que era professor de Medicina, e tinha essa pres-

são para que estudasse Medicina também. Não era o que ele queria, tornou--se médico mais por obrigação.

Porém, a vida toda ele quis fazer outras coisas, ele não era homem de uma ação só. Tinha muitos ideais, e conseguiu fazer muitas coisas seguindo esses ideais...

Gessy e Roberto seguiram seus caminhos juntos na faculdade e casaram-se ao se formarem. Mas sempre foram independentes um do outro, tanto na vida financeira, como nas áreas de interesse particular, o que era, reciprocamente, respeitado.

Mas não quer dizer que não participávamos de muitas coisas juntos. Como na frequência às missas, confissões e comunhões na Igreja dos Dominicanos, em Perdizes, onde comparecíamos todos os domingos. Roberto participava da missa e até comungava. Apesar de ter se afastado um pouco, ele vinha de família católica. Ele até aceitou, com muita alegria, casar-se na Igreja Católica, confessando, comungando e aceitando os sacramentos.

(Noutra entrevista, seu filho Pedro/Tuco irá veementemente negar essa participação do pai, que só ia à Igreja pelos contatos políticos com os freis dominicanos).

Roberto e Gessy também gostavam muito de frequentar as reuniões, quase saraus, na casa de Sérgio e Maria Amélia Buarque de Hollanda, onde participavam, muitas vezes, sentando no chão, sempre com o entusiasmo enorme da anfitriã, e lá conheceram, por exemplo, Miúcha, a filha do casal, que os levou à casa do compositor Caetano Zamma, que mais tarde se tornou parceiro de Roberto Freire, até embarcar para os Estados Unidos, para a famosa apresentação de Bossa Nova no Carnegie Hall, e então se estabeler por lá.

Numa dessas reuniões, Roberto conheceu Chico, um adolescente de 15 anos que Miúcha apresentou como seu irmão mais novo. Nestes encontros, timidamente, o rapaz já mostrava suas composições e passou a frequentar também as reuniões na casa de Roberto e Gessy. *Chico dizia: Gessy é anjo, porque recebe a todos com ternura.*

O Roberto sempre votava, nos júris de Festivais de que participou, nas músicas de Chico Buarque, eles se tornaram amigos e se admiravam muito.

Paulinho Freire interfere lembrando a surra que o pai tomou na final do Festival Internacional da Canção por defender, junto com outros jurados, que a vencedora fosse "Cabeça", de Walter Franco, e não a música da Maria Alcina, que a TV Globo e o governo militar queriam.

Roberto era inteligente, culto, maravilhoso, mas simples e sem mistérios. Ele era igual em qualquer lugar que fosse, não mistificava nada, dizia sempre o que pensava. Mas, tinha uma coisa: era muito sonhador, acreditava na capacidade de fazer as coisas, de se entregar, e com um gênio muito bom.

Aprendi muito com ele, por meio da cultura que ele tinha: música, artes plásticas, pintura, de que ele falava sempre ensinando pela sensibilidade. Era um apaixonado por Arte. Era também muito apaixonado por gente. Acho que mais por gente que por Arte ainda. (Paulinho Freire, em sua entrevista, vai corroborar isso ao dizer que o pai ficava mais tempo vendo as reações das pessoas frente a uma obra de arte em um museu do que olhando a própria obra).

O Roberto nunca se exaltava, (a presença do filho e da nora rindo nessa hora traz a dúvida sobre esse comportamento dele). *Nossos filhos jamais viram qualquer discussão entre nós.*

Começamos a namorar num 29 de junho, dia de São Pedro e São Paulo, nomes dos nossos dois primeiros filhos. Seis anos de namoro, durante a Faculdade, e um casamento de 18 anos. A separação veio após a entrada dele no jornalismo. Nessa profissão, os casais se separavam com facilidade. Mas o Roberto foi muito elegante, disse que não tinha mais vocação para o casamento e que achava melhor a separação. Ele nunca mentiu, e então, eu concordei, porque não adiantava eu querer sozinha continuar casada.

Fomos amigos até a hora da morte dele. Frei Betto, que ele chamava de Betto Christo, e que estava viajando naquele dia para o exterior, foi quem me avisou que o Roberto estava mal, na UTI. Então eu fui correndo vê-lo. E quando cheguei, ele me disse que tinha sido muito bom eu ter ido.

O Roberto sempre foi boêmio, mas não deixava que isso atrapalhasse a vida profissional dele. Era um boêmio consciente que juntou a fome com a vontade de comer... e de beber.

O Frei Betto e os dominicanos iam muito lá em casa. O Frei Carlos Josaphat era o que mais frequentava a nossa casa, e nunca entrava no mérito religioso ou político das conversas. Eu nunca soube por que Roberto e ele se separaram repentinamente.

Quando Roberto Freire criou a Somaterapia, ele já estava separado de Gessy, que afirmou, durante a entrevista, nunca ter entrado nesse assunto porque não queria enveredar para outra coisa que não fosse a Medicina, a que se dedicava tanto.

Roberto sempre foi muito curioso, não se conformava em saber algo só superficialmente, sempre queria entender o que estava acontecendo, e acho que isso tudo promoveu muito a vida dele, e a minha, profissionalmente.

Conheci tanta gente por intermédio do Roberto: Myriam Muniz e Sylvio Zylber, com quem mantive grande contato pelo resto da vida. Aquele vasinho ali foi a Myriam que me deu, diz Gessy apontando para o vaso no canto da sala.

A Leila Diniz, aquela maravilha de mulher, que já falava palavrão e ficava pelada, e fazia isso com tanta responsabilidade, naquela época...

Roberto foi um grande companheiro.

"Gessy, ó Gessy, é pra nós, é pra ti

Gessy, ó Gessy, caloura melhor nunca vi..."

A formação, com as deformações e as neoformações

Carlos Chagas Filho era o professor de Biofísica e Roberto Freire gostou da matéria e do mestre. Segundo o próprio, era muito bom o ambiente, cheio de cientistas, uns ensinando, e outros tantos aprendendo. A atmosfera era o que realmente o agradava naquele primeiro ano de Medicina. Anatomia e seus cadáveres eram uma tortura, assim como estudar em francês o único livro disponível para tal. Mas a Biofísica era muito boa. Em *Eu é um Outro* Roberto Freire conta de um livro que ganhou antes de prestar o vestibular, *Caçadores de micróbios*, de Paul de Kruif, que o encantara por demonstrar a paixão pela pesquisa e por suas descobertas. Assim, foi desejando se tornar cientista e começou a estudar a condução nervosa nos peixes-elétricos, os poraquês. Ajudado por um cientista pernambucano chamado Antonio Conceiro, que o convidou para trabalhar no laboratório de Histoquímica, sem remuneração, sentiu-se feliz e se dedicou inteiramente às tarefas. Esse pesquisador seria seu padrinho de casamento com Gessy.

O namoro iniciado com Gessy tinha todas as dificuldades impostas pela vida regrada em um pensionato de freiras, cheio de horários e imposições. Às 20 horas ela tinha que estar no pensionato, de portas trancadas. Com isso, as noites ficavam livres. Um colega do Instituto de Biofísica se tornou importante, Darcy Fontoura de Almeida, apelidado de "Velha", por ser muito reclamão. Mais tarde, preso, durante um interrogatório, seria inquirido sobre ele, e quando negada qualquer informação, receberia um violento tapa que se juntaria a uma satisfação interna de descobrir que a "Velha" também lutava contra a ditadura.

Apesar de, incialmente, não ter escolhido o curso, Roberto Freire se dedicou bastante, encontrando no contato com os doentes das enfermarias um alívio e um contraponto às terríveis leituras teóricas que fazia. E Gessy era o bálsamo para suportar tudo isso.

Junto do Dr. Conceiro, Roberto Freire iniciou publicações na *Revista da Academia de Ciências do Brasil*. Não imaginava a importância que isso teria em sua vida. Ainda assim, durante os seis anos de faculdade, o melhor era mesmo o namoro com Gessy, apesar da abstinência sexual, imposta pelo pensionato de freiras e comum naquela época entre os namorados. Os encontros sexuais que Roberto mantinha com outras mulheres não despertavam nenhum afeto maior, embora fossem autorizados após conversas com Gessy que, sem saída, concordava com essa prática machista de descarga de energia sexual.

Quando estava para concluir seu curso, tendo usado toda a paciência do bode, acontece um fato fantástico. O professor Carlos Chagas o chama em seu escritório e informa-o da concessão de uma bolsa de estudos cedida pela Unesco, com a duração de um ano, para um estágio no Collège de France, um importantíssimo centro de pesquisa científica da Europa. Junto da notícia, uma carta de aceitação de Robert Courrier, diretor daquele instituto.

Isso não havia sido solicitado por Roberto Freire. Fora uma iniciativa do próprio professor Carlos Chagas, que percebia o valor daquele estudante e, com certeza, seu amor, até então teórico, por Paris. Paris, com seus artistas, com sua boêmia, com sua enorme diversidade, com sua cultura... Roberto recebeu também os incentivos de Gessy, que prometera esperar com amor durante esse ano. Lembrou-se, com carinho, do amigo Zé Luiz, de quem sentia muita saudade, e o imaginou sorrindo em aprovação a essa decisão de partir para a França.

No dia 17 de dezembro de 1952, três dias depois de sua formatura, Roberto Freire embarcou num navio de nacionalidade italiana, o "Augustus", acenando para seus pais, irmãos e para Gessy no cais do porto do Rio de Janeiro. Quando o cais ficou distante para ser vislumbrado, Roberto Freire foi a um dos bares do navio e tomou um Negrone, uma mistura de Campari com Vermouth, que passou a significar para ele o sabor da felicidade.

Do outro lado do mar, a cidade-luz iluminou bruscamente seu palco, como se um refletor tivesse sido aceso repentinamente. O primeiro interesse foi observar o comportamento dos parisienses: polidos e discretos.

O REVOLUCIONÁRIO DO TESÃO 35

A sensação de felicidade foi imediata, assim como o deslumbramento pela arquitetura, cheia de marcos de diferentes épocas históricas.

Ao chegar, Roberto morou na Rive Gauche, a margem esquerda do Rio Sena, onde ficavam a Torre Eiffel, o Quartier Latin, com os boulevards Saint-Michel e Saint-Germain, e ali também a Sorbonne, o que significou conviver com a intelectualidade e a boêmia parisiense. Do lado direito do rio, a Avenida Champs-Elisèes, o Museu do Louvre e o Arco do Triunfo. Mas foi do lado em que morava que Roberto Freire viu de perto os existencialistas vivendo a sua "náusea", conforme tinha lido em Sartre. E viu também o próprio escritor e filósofo com sua companheira Simone de Beauvoir algumas vezes no Café de Flore ou no Deux Magots, onde eles bebiam vinho e saboreavam suas teses.

Descobriu ainda um bar, L'Arlequin, numa cave, onde se apresentava um cantor e compositor anarquista, Léo Ferré, de quem se tornou eterno admirador. Ferré compôs "Avec les temps". No CD que gravou no fim da sua passagem por esta vida, "Vida de artista", Roberto Freire homenageou Léo Ferré, acompanhado, entre outros, por seus filhos Tuco e Paulinho, já então músicos profissionais. Uma das canções de Ferré, "Gabi", descrevia o ambiente desse bar. No livro *Cleo e Daniel*, anos mais tarde, há uma francesa que dirige uma espelunca perto da Estação da Luz, chamada "Hotel dos Viajantes", mas os frequentadores usuais preferem chamar de "Requiescat in Pace", dizendo que aquele é o lugar onde os "elefantes" (eles próprios) escolheram para morrer mais isolados. Essa francesa, no livro de Roberto, se chama Gaby.

No estágio do Collège de France, Freire foi muito bem recebido pelo professor Robert Courrier, com quem passou a trabalhar num projeto em Endocrinologia Experimental. Dedicava-se com afinco ao trabalho durante o dia, mas foi durante as noites parisienses que algo mais especial se formou em razão do contato com as artes e a cultura.

Dois meses depois de sua chegada, mudou do pequeno hotel onde se hospedara quase em frente do Collège de France para outro local, chamado Hotel de L'Avenir (Hotel do Futuro) na Rua Madame. Lá, entre outros, se hospedavam o poeta Ledo Ivo e sua esposa Leda, estudando para escrever uma tese sobre Arthur Rimbaud. Também vivia ali outro estudante da Sorbonne, Sábato Magaldi, e sua esposa Nelly. Tornaram-se grandes amigos. A poesia e o teatro abriam passagem para Roberto Freire num cenário fenomenal: Paris.

Outro brasileiro, também ligado ao Teatro, foi Alfredo Mesquita, criador da Escola de Arte Dramática de São Paulo, que ia frequentemente a Paris para se atualizar assistindo às apresentações teatrais na cidade. Esses contatos se traduziam em conversas cotidianas com indicações sobre peças, shows, recitais, saraus e outros eventos de que Roberto participava com entusiasmo. E ainda que todos esses eventos o fizessem dormir muito pouco, nunca faltava ao estágio, e ainda arrumava tempo para o seu passeio preferido durante a tarde: ir ao Jardin du Louxembourg, onde Roberto Freire escrevia suas cartas para Gessy e lia as dela. Ali também leu a melhor tradução francesa (feita por Paul-Louis Courier) do romance pastoral *Daphnis e Chloé,* escrita pelo grego Longus, que viveu no século II d.C. No Jardin de Louxembourg, na deliciosa Paris, germinou a ideia de seu primeiro livro, *Cleo e Daniel,* um romance entre dois adolescentes, cujos nomes faziam ressonância aos dos pastores gregos: Daphnis e Chloé, o casal esculpido em bronze, em tamanho natural, despidos num abraço sensual, enfeitando a Fontaine Médicis.

O barulho da fonte fazia acompanhamento a Léo Ferré, Rimbaud trocava figurinhas com Sartre e Simone de Beauvoir, Renoir e Toulouse-Lautrec brindavam seus vinhos com Jacques Brel. E, com a enorme curiosidade do Tigre, Roberto Freire viu surgir uma cantora pequena, um passarinho, que pousou sobre o monumento de um dos Deuses, iniciando um concerto mágico. Seu nome era Edith, seu sobrenome Pardal, em francês, Piaf.

Não, não me arrependo de nada!

Edith Giovanna Gassion nasceu em uma calçada numa rua de Belleville, distrito de imigrantes, em Paris. A certidão mostrava que nascera em um hospital, mas a lenda sempre foi muito apropriada. O pai, um contorcionista, fazia espetáculos na rua. A mãe, uma cantora mambembe, a levava desde cedo para um cabaré onde se apresentava. Ainda criança foi abandonada pelos pais, deixada com uma avó, que pouco se importava com a criança, nem mesmo com sua higiene.

O nome, Edith, tinha lhe sido atribuído para homenagear uma enfermeira inglesa que ajudara, na Primeira Guerra, um grupo de franceses a escaparem dos alemães e por isso, tinha sido executada.

Ainda criança, a pequena Edith foi devolvida à sua mãe, na época vivendo e trabalhando em um bordel. Ali, foi criada. Entre sete e oito anos esteve cega por uma queratite, supostamente curada após orações das prostitutas que a levaram até o túmulo de Santa Terezinha de Lisieux, como pagamento de uma promessa. Edith se tornou uma devota da santa por toda a vida. Não foi uma vida longa. Começou a cantar nas ruas aos quatorze, largou a convivência com a família aos quinze anos. Aos dezesseis encontrou um namorado, foi mãe aos dezoito, mas a filha morreu dois anos depois, de meningite. Nessa altura da vida, ganhou o apelido de "pequeno pardal", e adotou o Pardal como sobrenome: Piaf.

O companheiro seguinte era um cafetão, que concordou que ela não se restituísse com o acordo dela entregar parte do que ganhava como cantora de rua.

Durante a guerra continuou cantando, ajudando a Resistência. Teve Yves Montand como um de seus amantes, e Charles Aznavour, que começou como seu secretário, para depois se tornar também amante. Mas seu grande amor foi um pugilista, campeão mundial de boxe, Marcel Cerdan, que morreu num acidente de avião quando, no auge da carreira e do relacionamento com ela. Edith compôs algumas das mais belas canções em homenagem a ele. Mais tarde ainda teve tempo de ter um novo romance com Georges Moustaki e, por último, um relacionamento com um homem vinte anos mais novo, Theo Sarapo, que ela lançou como cantor.

Em virtude de sua saúde sempre frágil, e de seus abusos com álcool e drogas, morreu "sem um grito, sem uma palavra", em coma após uma hemorragia interna. O corpo de Edith Piaf foi levado clandestina e ilegalmente para Paris, onde foi enterrado.

Edith Piaf se tornou uma das maiores cantoras de todo o mundo. Deixou fãs apaixonados por todo o mundo. Um deles, no Brasil, Roberto Freire, que no seu livro *Ame e dê vexame*, contou do seu amor platônico por Piaf como sendo o maior que teve em vida.

Desde pequeno a ouvia no rádio, encantado, mesmo sem entender nenhuma palavra do que ela dizia. Depois, continuou seu platonismo nos discos que o pai comprava. Era um sentimento que misturava fascinação, melancolia e encantamento.

Em 1953, na sua estada em Paris, foi conhecê-la pessoalmente, em um show. O deslumbramento foi total, ela, costumeiramente, com um vestido negro, quase imóvel, pequena, com a voz enorme que contrastava com seu físico de pequeno pássaro, e seus "erres" guturais, cantando as mais apaixonadas declarações de amor escritas para ela.

Anos depois, em São Paulo, Roberto foi a um show dela em uma boate. E, quando ela se aproximava do palco, passando perto da mesa onde ele estava, não conteve o amor platônico que há tantos anos guardara em seu peito e a chamou: "Edith". Ela, parou, virou-se lentamente pra ele, sorriu e suspirou. Talvez tenha compreendido naquele instante a paixão dele. Foi para o palco e começou sua apresentação cantando *Hino ao amor*. Roberto Freire conta esse "vexame" ressaltando o jeito dela de pardal molhado de chuva. Porém, neste artigo-crônica-depoimento, Roberto Freire cometeu um erro grave: dizendo que: "ela insistiu em cantar até o fim de sua vida, já "com sessenta e poucos anos". Sim, ela insistiu em cantar até o fim da vida, e sua apresentação no Olympia, quando cantou *Non, je ne regrette rien*, foi absolutamente definitiva. Inesquecível para todos que a ouviram ou viram, e ainda podem ver nos canais do youtube. Contudo, ao morrer, Edith Piaf tinha apenas quarenta e sete anos.

Nestes tempos de estágio em Paris, em suas férias, Roberto Freire foi à Itália e à Grécia. Na Itália, descobriu sua segunda cidadania, apesar de não ter ascendência genética alguma. Foi lá que entendeu que os "italianos eram o último saldo real e verdadeiro dos seres humanos como foram criados".

O repertório cultural e artístico de Roberto Freire crescia muito fortemente. Numa de suas idas ao Jardin du Louxembourg, para ler uma carta de Gessy, passou a ter saudade do Brasil. Da convivência afetiva e libertária com Zé Luiz, dos momentos cheios de desejo e emoção com Gessy, das leituras secretas e apaixonadas por escritores aos quais, então, tinha livre acesso. Entendeu que, após a vivência deslumbrante que Paris lhe ofereceu, passou, burguesamente, a se alienar do que acontecia no mundo.

A França tinha, naquele tempo, uma violenta e criminosa dominação colonial sobre a Argélia. Um argelino foi preso como terrorista e condenado à morte na guilhotina após ser acusado de assassinar, com bombas por ele fabricadas, crianças francesas em escolas primárias frequentadas apenas por franceses. O jornal *Le Monde* publicou uma entrevista com esse terrorista argelino que, perguntado se sentia remorso por assassinar crianças inocentes, respondera que "inocentes ainda eram naquele momento, mas que, quando adultos, se tornariam assassinos como os adultos franceses que assassinavam as crianças inocentes argelinas, sem nenhum remorso".

Roberto Freire ficou muito espantado e inquieto com essa resposta. Considerou que era uma fala cruel, mas, de certa forma, verdadeira. Sentiu-se, subitamente, devolvido à sua condição de cidadão de terceiro mundo, subdesenvolvido, explorado, inclusive pela própria França. Em *Eu é um Outro*, sua autobiografia, Freire encerra seus escritos, no dia 11 de setembro de 2001, sete anos antes de morrer, dizendo que a partir desse dia começava o futuro. O terrorista argelino, onde foi enterrado, com a cabeça separada do corpo, deve ter aprovado esse parágrafo.

Por intermédio das cartas de Gessy e de seu amigo Darcy, do Instituto de Biofísica, ficou sabendo que Getúlio Vargas, então presidente do Brasil, contra a vontade dos políticos mais conservadores e tradicionais, tinha criado a Petrobras como a única empresa estatal autorizada a pesquisar e explorar o petróleo brasileiro, e, por meio de uma grande campanha, "O petróleo é nosso", lutava contra aqueles que desejavam entregar essa exploração a estrangeiros, especialmente aos Estados Unidos. Os desgastes por essa briga, e outras questões associadas, levaram Getúlio Vargas ao suicídio, o que impediu e adiou, por uma década, a tomada do poder por uma direita furiosa.

Nas vésperas de seu retorno ao Brasil, Alfredo Mesquita convidou Freire para um jantar em um restaurante famoso e charmoso, Le Procope. Ali, Alfredo Mesquita, da família proprietária do jornal *O Estado de S. Paulo*, o "Estadão", lembrou a criação da Escola de Arte Dramática, a EAD, nascida quase junto do Teatro Brasileiro de Comédia, o TBC, criado por Franco Zampari, um industrial italiano apaixonado pelo teatro. Ao final do jantar, sabedor do retorno de Roberto Freire para o Brasil, dali a alguns dias, Alfredo Mesquita o convidou para ser médico da escola de teatro, com muitos alunos pobres e sem recursos para atendimentos médicos. Roberto negou, inicialmente, afirmando que sua carreira seria a de cientista, e não a de médico, apesar da formação em Medicina. Alfredo Mesquita retrucou lembrando o quanto Roberto Freire gostava de teatro e de todas as artes. Combinaram, então, que Roberto Freire iria conhecer a EAD em São Paulo, assim que chegasse ao Brasil.

O professor Courier, seu preceptor no Collège de France, ainda fez outro convite, para que ficasse num novo estágio por mais um ano. Roberto Freire, emocionado e agradecido, declinou. Queria voltar ao Brasil e se casar com Gessy.

O bode raspou suas patas, o tigre deitou-se um pouco para descansar, enquanto zarpava o mesmo navio Augustus trazendo de volta Roberto Freire. Mas, não o mesmo. Ele já era um Outro. Em uma época em que, segundo o IBGE, na faixa dos 15 anos, o Brasil tinha cerca de 50% de analfabetos, e que, sem internet, google ou wikipedia, as informações eram muito pouco processadas, encontrar um profissional de nível superior, falando fluentemente uma segunda língua, e tendo a experiência do contato direto com a cultura mais expressiva do planeta, colocava essa pessoa em um patamar muito especial.

Chegando ao Rio de Janeiro, voltou ao laboratório de Biofísica, com o Dr. Conceiro, conseguiu uma bolsa do CNPq, insuficiente para casar e preparar a vida futura, foi ajudado pela irmã Marilu, que alugou um apartamento de dois quartos em Copacabana e o mobiliou para o casal.

Agendado o casamento com Gessy, um novo problema. O pai, Joaquim, teve um enfarte, e presentes ao casamento estiveram apenas a irmã e o cunhado.

Nove meses depois, nascia Pedro, em outubro de 1954.

Entrevista com o filho mais velho, Pedro, "o Tuco"

Sobre a briga de Roberto Freire com seu irmão Beto:

O Beto tocou percussão uma época, depois ele parou, não sei por que, ele era bom. Parou quando morava em Amsterdã, foi fazer marcenaria. Hoje ele trabalha com permacultura, coisas orgânicas. Ele está trabalhando em uma fazenda em Adelaide. Meu pai e ele tiveram um relacionamento bem complicado, no começo não, enquanto o Beto era pequeno. Depois, não sei por que cargas d´água, ficou complicado, bem complicado.

Meu pai tinha esse problema, ficava muito magoado, e, para ele voltar atrás, era muito difícil, e eu acho que o Beto, meu irmão, herdou esse temperamento. Eles brigavam por qualquer motivo, e nenhum dos dois queria dar o braço a torcer. Meu pai morreu sem dar o braço a torcer.

Quando meu irmão voltou, ele não nos procurou, minha filha é que levou os meninos onde ele estava morando. Ele ficou muito feliz de ver os meninos. Mas sobre a briga deles, não posso dizer muito, teria que perguntar pra ele mesmo, a minha opinião não quer dizer nada. Até porque eu não consigo entender direito quem deveria ceder, quem provocou, quem fez o quê...

Sobre a briga com o Serjão e com o Frei Carlos Josaphat:

Aí, você vai ter que perguntar para eles. Com o Serjão não tem jeito. Nem para ele, nem para o meu pai. Não, ninguém entende. Eu acho que quanto à briga dele com o Serjão, eles eram grandes amigos; na época, eles estavam fazendo a revista Caros Amigos, *e meu pai era apartidário total e lutava para que a* Caros Amigos *se mantivesse fora também, colocava dinheiro do bolso dele, da venda dos livros, mas chegou uma hora que a revista começou a ter um vínculo com o PT, descarado mesmo, e aí meu pai brigou com todo mundo lá.*

Era uma amizade de muito tempo, é um absurdo pensar, agora acho que eles já fizeram as pazes (risos). Olha, eu não sei o que te dizer, não tenho opinião formada, não tenho a menor ideia do que aconteceu, eu sei da mágoa do meu pai com essa parte política, ele achava que o pessoal vendeu a Caros Amigos, por isso ele saiu, brigou com todo mundo e não queria mais papo.

O Carlos Josaphat, está na autobiografia dele, a mágoa do meu pai, é que esse cara meio que entregou a turma. É traição, a hora que a cobra deu o bote, ele se mandou pra Europa e deixou a turma aqui, eu era moleque nessa época, então a minha opinião também não vale nada neste caso.

Várias coisas que meu pai fez foram eliminadas da história por algum motivo, eu não sei qual. Eu, por exemplo, sou o filho mais velho, convivi muito com isso tudo, todas essas reuniões, muitas aconteceram lá em casa, inclusive a de formação do Tuca. Eu estava lá brincando, jogando bola na frente de casa, aí o povo ia chegando e ficava até a madrugada, ele me mandava comprar cigarro pra ele, aquelas coisas.

No ginásio, tinha sete Pedros na classe, e eu me lembro de que, na época, estava em cartaz Morte e vida, ou O & A e eu levava convite para o pessoal ir assistir, aí eles começaram a me chamar de Tuca. Virou meu apelido. No começo, disse não! Tuca não, é feminino, Tuco, tudo bem. Aí ficou Tuco. Só minha mãe me chama de Pedro, e vocês, até estou achando estranho pra caramba.

Uma coisa que posso dizer é que eu e meu pai sempre fomos muito amigos, a gente brigava, batia a cabeça, mas resolvia as coisas. Acho que fui umas das poucas pessoas com quem ele brigava e não guardava mágoa. Fui eu quem cuidou dele no final da vida. Tomava conta das coisas dele, do dinheiro dele, via as coisas que ele estava precisando. Meu irmão Beto estava na Austrália, e o Paulo mora em Campinas, não podia ter esse contato com ele direto.

Aprendi com meu pai a respeitar o jeitão dele, certas coisas, eu até comentava, pô, tem certas coisas que não podem ser assim, a ferro e fogo, e ele respondia: "o que você tem com isso? Vai cuidar da sua vida, o problema é meu", e eu ia cuidar da minha vida, mas não deixava de tocar no assunto com ele, porque não tinha assunto proibido, eu tinha a liberdade de falar o que eu quisesse, mas aí eu ouvia esse tipo de comentário, que eu levava na esportiva, dava uma cutucada no leão e saía de perto.

Eu adoro o Serjão, adorava, a família tinha estima pelos filhos, pela Lana, o Serjão era meu amigo; eu falava, pô, Bigode, não tem nada a ver vocês terem brigado, e ele respondia, como sempre: "vai cuidar da sua vida".

Quando eu ainda estava no ginásio, parei de estudar e fui trabalhar como assistente na revista, onde eu conheci o Serjão. Bem, eu sempre gostei de música, eu tocava violão, um dia me vi de frente de uma prancheta, dentro de um escritório, comecei a ficar nervoso e fui conversar com um amigo, ele me chamou para estudar baixo acústico e me disse: "se você tocar bem isso aqui, cara, você não passa fome em lugar nenhum do mundo", aí eu pensei "mundo" (risos), e comecei a estudar música.

Quando meu pai escreveu a autobiografia dele, Eu é um Outro, ele já estava ficando doente, bem doente, aí entra o caso que já não era mais ele, já não era mais o cara, não era o Bigode, o Bigode inteiro ele não estava mais, rateando para esse lado mais melancólico, mais de vingança, porque quando ele conta a história da infância dele, dos estudos dele, eu achei muito legal. Mesmo dos festivais ele fala pouco, sobre a participação dele na televisão, fala menos ainda, quase nada, talvez porque a televisão esqueceu ele, não tem nada, você vai procurar registro e não acha. "A Grande família", por exemplo, foi ele quem começou, depois que passou para o Vianinha, mas todos os personagens foi ele quem criou todos; "Malu mulher", e umas novelas, nada é lembrado. Nem alguns fiascos.

Mas é legal ser filho dele, legal pra caramba. Tem dois lados da moeda, esse é o filho do Roberto Freire, é muito legal, mas ele era um pai como qualquer outro, um pai que enchia o saco, pegava no pé, caretão às vezes, as coisas tinham que ser do jeito dele, mas, ao mesmo tempo, me deu a maior força. Quando eu era pequeno, ele era o cara que levava a gente pra praia. Ele deixava a gente lá e voltava pra São Paulo. Criança, ele não ligava muito não. A gente conversava pouco. Conversar mesmo só quando eu já estava adolescente. E aí, a gente foi ficando amigo, amigo mesmo, mas era uma amizade que saía faísca, porque ao mesmo tempo que ele era generoso, ele cobrava muito, a parte psicológica tinha que ser com a ideologia dele, não podia decepcioná-lo, e eu sempre fui um cara que não gosta de política, não tenho nada a ver com política, não gosto de político, até leio bastante sobre, tenho curiosidade, mas não sou político, não sou partidário e também não tenho nada a ver com cultura, me considero um trabalhador da música, um peão da música. E ele cobrava muito: "você tem que ser alguém". O Paulo o satisfez neste sentido, por ter se tornado um violeiro famoso, sabe, mas, ao mesmo tempo, meu pai tinha outro lado, que era super legal, pau pra toda obra, qualquer assunto, qualquer situação, qualquer aperto, muito generoso, nossa relação sempre foi muito honesta.

Sobre prisões:

A gente estava na rua, a cúpula do bairro se reunia na minha casa, e a gente estava na rua, erámos moleques, a gente jogava bola em frente de casa. Naquele dia chegou um camburão. Meu pai desceu, entrou no camburão e foi embora, e eu vi isso, e ele nunca que voltava. Eu perguntava pra minha mãe, ela dava uma enrolada, mas eu sabia que ele tinha sido preso, eu já estava meio por dentro das coisas que estavam acontecendo, eu não era tão criança assim, em 1964 eu tinha dez anos, em 1967, eu tinha 13 anos.

Meu pai tinha isso de se esconder, e também, às vezes, tinha gente escondida lá em casa. Quando eu estava nos Estados Unidos – morei lá de 1977 a 1980 – de repente apareceu um cara lá na minha casa e disse: "eu já falei com seu pai, e vou ficar aqui, por um tempo".

Eu odiava quando tinha que ir à missa, que era o lugar onde eles se reuniam. Ele ia lá para conversar com os amigos dele, assistia à missa respeitosamente, mas meu pai nunca foi católico praticante, inclusive pegou um bode de igreja também. Ele escreveu uma carta, eu tenho essa carta até hoje, dizendo que ele não queria velório, não queria reza e muito menos padre. Mas ele acabou recebendo uma bênção antes de morrer. O Frei Betto furou a fila, e sabe o que ele falou? Ele disse: "Betto, do jeito que eu estou, você pode fazer o que quiser." Ele morreu dois dias depois. Foi lá no [Hospital] Sírio-Libanês que o Betto fez isso, porque ele não queria. Mas ele gostava muito do Betto, amigo de toda a família.

Sobre música:

Meu pai gostava muito do Chico, da música do Chico, era amigo da família dele. Eu me lembro de moleque, a Pupu, a Miúcha – o apelido dela era Pupu – eu me lembro de que eu ficava ouvindo eles cantando a noite toda, de madrugada, até amanhecer, na sala de casa. Era bem engraçado, às vezes. Nessa época rolavam os festivais, e meu pai também gostava muito do Rogério Duprat, essa história da quebrada, da mistura de estigmas, ele gostava de participar disso, ele gostava muito dessa história de ir contra a maré, fazia parte do repertório do Bigode. E no episódio da música "Cabeça" tinha uma coisa diferente, que não tinha muita música assim, mas ele gostava muito do Walter Franco também, porque ele tinha esse lado revolucionário. Mas ele gostava mais da música "Canalha", que era rock in roll da pesada, do que da "Cabeça". Mas nos festivais era uma misturada de personalidades daqueles juízes lá, e tinha os conchavos, a pressão das gravadoras, muitos interesses. No FIC, *ele protagonizou uma surra danada, por ter coragem de ir até o palco e ler o manifesto, ele quebrou umas costelas, uma coisa assim. Tem até foto dele sendo levado pelos policiais, se debatendo. Mas ele gostava muito dessa história de ser um cara convicto, radical, mesmo assim.*

Na época dos Festivais, eu ainda era muito moleque, mas tinha uma experiência com música. Com ele, a gente acordava de manhã, havia os discos dos Beatles, ou dos Stones, uma revista Playboy, *sempre. Ele tinha uma discoteca muito boa, cresci ouvindo música. Sobretudo música brasileira, graças ao que ele escutava. Ele gostava muito também de música francesa e italiana, que eu odiava, com o tempo eu fui gostando de uma ou outra coisa. Nessa época que ele trabalhava com festivais, eu gostava mesmo era de Beatles e da Jovem Guarda.*

Sobre a Somaterapia:

Nunca me meti com isso, eu nunca ia com meu pai, quando ele levava o grupo. No começo, quando ele iniciou com a Somaterapia, eu era moleque. E quando os grupos se intensificaram, eu já morava nos Estados Unidos, minha vida era lá, já tinha filhos. Eu nunca me meti nesse negócio não, não tinha interesse não, o que ele achava bom, porque ele ficava à vontade para fazer o que quisesse. Eu até tenho algumas fotos, que ficam à disposição de vocês.

O Bigode, no fundo, era romanticão, das antigas, toda aquela cultura que ele tinha, estudou mesmo, muito, pesquisou, leu, se aprofundou, ele gostava muito disso, de aprender, entender e ensinar. E apesar de ele ser meio depressivo, às vezes, ele tinha momentos muito bons. O uiscão ajudava muito nessas horas a sair da depressão. Ele dizia que com um monte de uisquinho era possível criar coragem pra fazer muitas coisas. Como a briga no festival, por exemplo. Ele gostava do uísque. Ele contou que usou um baseado duas vezes só, e que só atrapalhou o porre dele (risos). Ele era um bebedor pesado.

Ele foi assim uma referência, em termos de integridade e posicionamento. Ele gostava de pegar as coisas, fazer, isso me marcou muito. Ele ia tendo as coisas para usufruto dele, nunca teve posses, nunca teve grana no Banco, nunca teve aplicação, no final a única coisa que sobrou foi o sítio de Visconde de Mauá, que segurou os últimos anos dele com qualidade de vida e tal, morando onde ele queria morar. Depois veio o problema de saúde. Quando ele morreu, não deixou nada. Uma das coisas com que a gente tem que lidar hoje em dia é esse papo de direitos autorais dele, não tem um inventário, não tem nada porque ele não deixou nada. Se você quiser procurar livro do Bigode, tem que procurar no sebo, tanto os que ele mesmo fez, quanto esses três, cada um por uma editora diferente.

Sobre relacionamentos:

Minha mãe falou que ele rezava e comungava, é grupo total, ela até que gostaria muito, mas eu desminto está história. Ele tinha era um envolvimento com a parte política da igreja. Minha mãe, que era muito católica, e é até hoje, ia à missa, meu pai ia com ela, com os filhos, como todo mundo, mas ele sempre encontrava alguém com quem tinha que falar.

A Gessy foi a primeira, depois a Bia, também a Virgínia, uma namorada que ele teve e morreu num acidente, foi uma das poucas vezes que eu vi meu pai baqueado, com a morte da Virgínia. Meu pai teve muitas namoradas, mas nenhuma com uma história longa como a Gessy. Teve também uma mineira, Tereza, e ele sempre contava que largou ela num posto de gasolina.

Sobre a perda da visão:

Deslocamento da retina. Tem a ver primeiro com as surras que ele tomou. Foram muitas. Tortura mesmo. Depois com um acidente de carro que piorou muito. Teve uma infecção hospitalar, lá em Belo Horizonte, eu estava lá com ele, eu passei um mês com ele, que ficou com os dois olhos tampados, então eu lia para ele e tal, no Instituto Hilton Rocha, melhor instituto, no fim pegou infeção e perdeu uma das vistas.

Dizem que ele tomou um soco do marido de uma cliente. Ele deve ter inventado esta história, ele romanceou várias outras. Às vezes, começava a contar alguma história, e eu estava junto, e ele dizia: "né, filhão?". Eu ficava mal, não era tudo aquilo, era um pouquinho, (risos), e às vezes ele inventava histórias comigo: uma briga no jogo de futebol em que eu desci do carro e parei a torcida do Palmeiras inteira, cara. Ele criava umas coisas muito engraçadas. (risos).

A coisa mais legal do Bigode é que ele era uma personalidade mesmo, até quem não gostava dele o respeitava. Nunca foi mais ou menos, nunca deu a entender, sempre falou na lata, quando não, deixou escrito. A gente escuta muitas histórias de gente que amava ele, de gente que teve problemas com ele, com ele não tinha meio termo, ou gostava ou não. Às vezes as pessoas falam coisas pra mim, mas eu sou filho dele, o que eu posso fazer? E é bom ser filho dele, é ótimo ser filho dele, por exemplo, eu nunca fiz terapia na minha vida, mas acho que tenho feito desde moleque, porque a gente conversava muito, ele era um cara muito bom de papo, qualquer horário, qualquer brecha assim, precisava falar com ele, ele conversava. Não negava conversa, com ninguém.

Pouco tempo depois dessa entrevista, Tuco morreria devido a um câncer que abreviou sua carreira brilhante como violoncelista e uma vida cheia de amigos que o queriam bem.

Nosso grande agradecimento a ele.

O terceiro sinal toca e "Bigode" entra em cena

Junto com toda a bagagem cultural e artística da Europa, Roberto Freire trouxe um monte de pelos em cima dos lábios que lhe batizaram com o apelido que carregou por toda a vida. Claro que era um chamamento mais comum dos mais íntimos, mas muitos que não dividiam esse espaço mais preservado também o conheceram como "Bigode".

Chegando ao Brasil, voltou ao Rio, onde casou com Gessy e retomou seu trabalho no laboratório. Um ano depois, seus pais iam visitá-lo, mas um acidente ocorreu com muita repercussão: seu pai, dentro de um ônibus, teve um traumatismo ao bater com a cabeça no bagageiro. Um pouco depois, foi diagnosticado com um derrame cerebral, levado à cirurgia, à qual não resistiu. Morria sem que a comunicação entre eles tivesse, algum dia, melhorado em relação àquela complicada na adolescência.

Em *Eu é um Outro* Roberto Freire escreveu que seu pai era o maior responsável pelo descaminho que sua vida tomara, e que reconhecia plenamente que sua submissão a uma vontade autoritária era entendida como amor e respeito. Como deixou vários negócios em São Paulo, surgiu uma grande crise familiar, em relação às questões financeiras. Uma empresa atacadista de tecidos era a maior delas e precisava ser administrada de perto. Assim, Roberto Freire e Gessy voltaram a São Paulo. Mesmo morto, mais uma vez, seu pai determinava caminhos a serem seguidos por ele.

Seus parceiros de trabalho, Carlos Chagas e Dr. Canceiro, lamentaram sua partida, desejaram boa sorte e comentaram o quanto a pesquisa científica estava perdendo com essa mudança. Os laboratórios, talvez, tenham mesmo perdido um grande cientista, mas muitas outras áreas comemorariam essa mudança em um futuro cada vez mais próximo. Em São Paulo, a família foi morar com a mãe de Roberto Freire.

Vender tecidos e cobrar dívidas não eram, de maneira alguma, o que Roberto Freire gostava de fazer, mas entendia que assim devia ser feito e procurava cumprir da melhor maneira essa tarefa. O tio médico, irmão de seu pai, o aconselhou a fazer um estágio em Clínica Médica no Hospital das Clínicas para não se afastar demais da Medicina recém-concluída. Estudava à noite, para se atualizar, com ajuda de Gessy. Ainda arrumou um emprego como médico em uma fábrica. A empresa de tecidos sofreu um grande golpe dado pelo sócio do pai, e Roberto Freire acabou vendendo sua parte para esse sócio por um valor ínfimo.

Logo em seguida, a irmã de Roberto levou a mãe para morar com ela no Rio de Janeiro. E o casal mudou, assim, para um apartamento na Vila Buarque. Era, na verdade, a primeira moradia da família que ainda começava. Roberto, Gessy e o filho Pedro.

Os projetos artísticos e a literatura foram colocados de lado. Uma vitória temporária do bode que pretendia, com isso, valorizar a segurança e o bem-estar da família. Resolveu fazer uma especialização, escolheu a Endocrinologia, como um seguimento natural das pesquisas feitas em Paris, no Collège de France. Abriu um consultório na Rua 7 de Abril, centro da cidade, e passou muitas tardes angustiado, suportando a solidão natural de uma clientela ainda não estabelecida. O tempo foi trazendo suas pacientes, mulheres acima do peso, para as tentativas de emagrecimento, que buscavam, quase sempre, fórmulas mágicas para que essa transformação acontecesse. As dietas eram praticamente as mesmas em todos os tratamentos existentes, e o que podia fazer a diferença, e realmente fazia, era a relação médico-paciente, que criava motivações, ativava responsabilidades para novos hábitos alimentares e de vida, e reorientava disposições comportamentais frágeis.

Com as boas referências e indicações dos pacientes, Roberto foi, então, se tornando um sucesso clínico. Sem desejar que o fosse. Não era, na verdade, um consultório de Endocrinologia, e sim de tratamento de obesidade. Um dos clientes com quem teve sucesso gerou um convite para que se tornasse o Diretor do Serviço Médico de uma grande empresa. Aceitado esse novo rumo, sua angústia aumentou. Por um lado, no consultório, ajudava pessoas ricas a emagrecer, contornando suas ansiedades. Por outro, na empresa, atendia operários explorados que adoeciam em razão do sistema capitalista, com o papel de recuperá-los rapidamente para produzirem a mais-valia do patrão novamente.

Trabalhava como médico, em uma refinaria de petróleo, a União, de Capuava. Como os possíveis e frequentes acidentes de trabalho envolviam gases tóxicos e possibilidades de queimaduras nos incêndios, teve que se mudar para dentro da refinaria, em uma espécie de plantão permanente para qualquer incidente. O bode insistia na necessidade da segurança familiar. Gessy engravidou novamente e toda a gestação foi passada nesse ambiente de tensão.

E veio o segundo filho, Paulo. Nascido na Maternidade São Paulo, pegou uma infecção neonatal que mereceu atenção especial, e a família foi se hospedar na casa de uns tios, em Perdizes. Mas desde criança, Paulo mostrou muita sensibilidade. Adulto, essa sensibilidade foi comprovada ao se transformar em um dos maiores violeiros do Brasil.

A distância entre a refinaria e o centro da cidade também criaram dificuldades. O tigre parecia em uma soneca, mas, de quando em quando, abria um olho e espiava em volta.

Certa vez, outro caso de sucesso no consultório foi com a gordinha esposa de um psicanalista. E este apareceu por lá, curioso para conhecer o mago bem-sucedido que emagrecera sua mulher. De uma longa conversa que tiveram, veio o conselho que ele era melhor como psicólogo do que como médico, e que deveria se especializar para tornar-se um psicanalista. A ideia mexeu positivamente com Roberto Freire, que imediatamente começou a ler livros sobre o tema, emprestados pelo marido conselheiro, que, finalmente, o apresentou à Sociedade Internacional de Psicanálise, onde iniciou uma formação, com um analista didata, Henrique Schlomann, austríaco, freudiano.

Novo conflito e novas angústias vieram a fazer parte de sua vida. Roberto Freire via seu analista e professor como um sujeito absolutamente reacionário; o processo totalmente elitista em virtude do alto preço; autoritário, pois, por meio das interpretações, sentenciava a vida do analisando, valendo-se de teorias freudianas das quais Freire discordava, como a do Complexo de Édipo. Entendia ainda que as interpretações dos sonhos eram pretensiosas e medíocres.

No auge dessas angústias, lembrou-se do convite recebido, em Paris, de Alfredo Mesquita e foi visitá-lo na Escola de Arte Dramática, a EAD.

Encontrou Alfredo Mesquita, Sábato Magaldi e conheceu Décio de Almeida Prado, professor da escola e crítico teatral já bem conhecido. O encantamento foi imediato. Conheceu também a professora de dicção, Maria José de Carvalho, de quem se tornou profundo admirador.

Dias depois, voltou à EAD e assistiu a trechos de uma montagem, *As três irmãs*, de Tchekhov. E, decidido, entrou de vez no caminho por onde brilharia intensamente. Assumiu ser médico daqueles alunos, porque percebera que eles buscavam muito mais do que auxílio médico, queriam assistência psicológica. Alfredo Mesquita, percebendo isso, o convidou para dar um curso sobre a Psicologia da Arte Dramática. Como Roberto já vinha lendo, desde que ali chegara, livros sobre a história do teatro, especialmente os de Stanislawski, aceitou o convite, arrumou o Bigode e começou a mudar o mundo.

Entrevista com Maria Tereza, secretária da EAD

Os professores eram Sábato Magaldi, Décio de Almeida Prado, Maria José de Carvalho, que dava dicção, e tínhamos também um psicólogo, que era o Pedro Balas. O Roberto entrou com psicologia do ator. Sérgio Mamberti foi seu aluno. E ele [Roberto] entrou em 1957, eu até anotei aqui. Em 1958 ele já fez parte da banca de admissão dos alunos como observador psicológico.

O Roberto era uma pessoa muito generosa, de fácil entendimento com alunos e com os outros colegas. E eu acho que ele tinha uma preocupação com as classes desfavorecidas, tanto que os personagens dele se referem sempre a essas pessoas.

Entre o psicólogo húngaro Balas e ele, Roberto Freire, ele era mais procurado, porque era brasileiro, entendia mais a gente do que o húngaro. Húngaro é muito sério. Mas os dois se davam bem.

Quando Roberto Freire escreveu Quarto de empregada, *eu tive que enfrentar a dona Dalva Censura, porque ela não queria deixar levar a peça. Roberto Freire se impressionava muito com empregadas, naquela época não havia nenhuma legislação sobre elas. Eu me lembro de que ele dizia – isso em 1958 – olha há quantos anos: "Os filhos das empregadas são filhos do muro", porque geralmente elas se encontravam com os namorados em frente as casas, no muro.*

Naquela época, o Dr. Alfredo tinha muita dificuldade de dinheiro para sustentar a escola, porque dava muitas bolsas de estudos, todo mundo pedia bolsa de estudos (risos). Os professores não ganhavam, só começaram a ganhar quando a escola ganhou um subsídio da Comissão Estadual de Teatro.

Todo mundo ali trabalhava por amor. Faziam as coisas por amor, por muito amor. A turma da escola era uma coisa terrível. Eles queriam ensaiar de sábado e domingo, eu dizia: "Sábado e domingo vocês aproveitem para passear", nada, queriam ficar na escola. Então eu mandei trancar a porta da casa na Rua Maranhão para eles não entrarem (risos). Pularam o muro e o porteiro veio: "O que que eu faço? Deixo?". Eu disse: "Deixa, se eles querem". Eles adoravam a escola. A escola parecia a família deles. Fiquei dez anos na EAD.

A Fundação da Escola foi em 1948, na Rua Maranhão. Logo depois mudamos para o Liceu de Artes e Ofícios. Muita coisa importante aconteceu ali. O Teatro brasileiro de Comédia, várias coisas aconteceram.

Eram muito dedicados os alunos. Na secretaria havia maços de velas, vários maços, porque quando faltava luz lá no Liceu, os alunos pegavam as velas e colocavam nas classes. Eu fazia dramaturgia e crítica. Era correndo para baixo e para cima, porque o Dr. Alfredo queria que fizesse uma chamada, como na escola primária, tinha um livro de chamada. E às vezes eu queria assistir à aula e corria de um lado para outro para fazer a chamada. O Décio, como era muito simpático, dizia: "Eu espero, pode fazer a chamada", porque eu queria assistir à aula de história do teatro. É! (risos) Era muito muito doméstico, mas no bom sentido. Hoje deve ser muito diferente.

Eu já falei que antes de começar a dar aula, Roberto trabalhava como observador psicológico de quem estava entrando. Tinha essa história de problemas de seleção, tanto que o Dr. Alfredo dizia: "Eu faço a escola à noite para evitar que pessoas venham simplesmente para passar tempo". Tanto que ele fez um curso de dramaturgia anterior a esse e entrou Patrícia Galvão, a Pagu, e uma outra moça, Lygia Fagundes Telles. Dr. Alfredo não aguentou, dizia que elas falavam tanto durante as aulas, mas tanto, dando palpites... Dr. Alfredo falava uma frase e já vinha Patrícia Galvão com: pâpâpâpâpápá. Ele: "Acabou esse curso. Não dou mais!" (risos). Depois, começamos com o Augusto Boal chefiando o curso de dramaturgia e crítica.

Fui uma apaixonada por teatro. O Vianinha queria me converter ao comunismo, me dava livros para ler (risos). Não, acho que não era anarquista ainda. Ele era católico. Pelo menos teve uma fase católica ou cristã, não sei. De esquerda, já. Mas o Vianinha era uma pessoa íntegra. Também conheci a Gessy nessa época. Outro dia mesmo fui à casa dela com Cecília Carneiro. Muito viva, muito inteligente. O [Augusto] Boal tinha outra Cecília Tonim, essa já era revolucionária. Mas de 1964 a 1968 foi uma época difícil, muito difícil, porque as pessoas viraram a mesa. A classe teatral foi muito presente. Talvez a classe mais presente, não é?

O REVOLUCIONÁRIO DO TESÃO 55

Depois teve aquele episódio da proibição da Feira Paulista de Opinião, e a Cacilda [Becker] era presidente da Comissão Estadual de Teatro. Ela cometeu uma desobediência civil mandando começar a peça (Quarto de empregada). É. Se bem que ela não devia gostar muito da peça, mas em todo caso (risos). Não era muito o gênero dela. Eu acho que a Cacilda e o Vianinha foram pessoas muito importantes para o teatro. Vianinha era uma pessoa íntegra, era da juventude comunista. O Boal acho que simpatizava com as ideias, mas não acredito que ele fosse de partido não.

Dr. Alfredo dava toda liberdade para eles ensinarem, contanto que cumprissem e não faltassem. Eles não faltavam, aqueles professores. Dos Mesquitas, eu acho que ele era o maior de todos. Apesar de ser a ovelha negra da família pelas atitudes, pela vida que ele escolheu. Mas ele era fantástico. Era um homem de muita cultura, ele dizia: "Vocês não percam tempo, estudem. A cultura é muito importante. A coisa mais importante". E estudavam mesmo.

Nós tínhamos uma professora, Maria José de Carvalho, que queria que a gente falasse nos trinques. Dicção. E quando errávamos: "Vá trabalhar no Arena" (risos). "Lá pode falar de qualquer jeito" (risos). Era uma pessoa difícil. Dias de aula de Maria José, ia todo mundo à farmácia comprar calmantes.

Mas o Roberto Freire era um homem sempre à procura dele mesmo. Não dormia no ponto, não era descansado. Era uma pessoa que queria muito. E tinha essa predileção pela classe trabalhadora, a classe funcional, a classe mais desprestigiada, as pessoas mais pobres.

Quarto de empregada

Ao final do primeiro ano como professor, duas alunas, Ruthnéia de Moraes e Assunta Perez, pediram-lhe para escrever um texto para elas, com dois personagens femininos somente, para o exame final delas na escola. Escreveu *Quarto de empregada*, refletindo sobre as personalidades de duas empregadas que trabalharam para sua mãe. As atrizes gostaram, escolheram outro aluno, Milton Bacarelli, para dirigi-las, e outro mais, João José Pompeo, para fazer o cenário. O prazer que sentia naquele tempo trazia-lhe lembranças constantes de Zé Luiz e refletia que algo muito importante estava sendo gestado dentro dele, Roberto.

Era 1958, e a estreia de *Quarto de empregada* seria no Teatro João Caetano. Ao chegar, ansioso, para ver o resultado daquilo tudo, foi recebido por Alfredo Mesquita, que lhe informou que a peça tinha sido proibida pela Censura Federal. Antes de estrear como dramaturgo, Freire sofreu essa primeira intervenção da censura em sua vida. Mas, no dia seguinte, um jornal, em uma pequena nota, informava o ocorrido e desandava contra a censura do novo autor, Roberto Freire. O nome associado à nova função lhe soou bem.

Na EAD a consternação foi enorme, e Alfredo Mesquita anunciou que faria a apresentação a portas fechadas. E assim foi feito. Os alunos gostaram muito, os professores também, as alunas foram aprovadas com distinção e Roberto Freire, enfim, estreava no teatro. Um ex-aluno que assistiu a essa apresentação foi José Renato, já no Teatro de Arena, que o procurou para fazer uma apresentação lá, só para a classe teatral, naquele espaço que ele havia criado com outros membros do Teatro Paulista de Estudantes.

Na época, fazendo bastante sucesso, o Arena mostrava *Eles não usam black-tie*, de Gianfrancesco Guarnieri. Roberto Freire foi assistir a essa

O REVOLUCIONÁRIO DO TESÃO 57

montagem e saiu encantado. Os personagens eram operários, e o assunto dizia respeito a uma greve e à traição contra a greve. Os temas não eram nem um pouco suaves, e o público se via em cena pela primeira vez. A cena derradeira, com a personagem de Lélia Abramo separando os feijões em uma panela, mexeu profundamente com o "Bigode".

Desde aquele dia, Roberto passou a frequentar o Teatro de Arena regularmente e se tornou amigo de Guarnieri, Vianinha, Milton Gonçalves, Zé Renato, Lélia Abramo, Vera Gertel, Flávio Migliaccio, Riva Nimitz, Henrique César e Arnaldo Weiss. Quase todos eram ligados ao Partido Comunista Brasileiro. A nova montagem de *Quarto de empregada*, só para a classe teatral, foi dirigida por Fausto Fuser, com as atrizes Jacira Sampaio e Dalmira Soares. E agradou muito, mas demorou dois anos para ser liberada pelo então governador Jânio Quadros em um despacho memorável: "Li e não gostei. Mas, libere-se".

Em 1969, Silnei Siqueira montou *Quarto de empregada* no Teatro Oficina, com Ruthnéia de Moraes e Maria Isabel de Lisandra. E até hoje este é o texto de Roberto Freire mais montado. Entre os alunos da EAD, muitos se tornaram seus amigos. Entre eles, Silnei Siqueira, que anos depois dirigiria *Morte e vida severina*, convidado pelo Bigode, e Míriam Muniz e Sylvio Zilber, que fundariam a Escola de Teatro Macunaíma, tendo também o cenógrafo Flávio Império e o próprio Bigode juntos nessa empreitada. O teatro chegara para valer em sua vida.

Entrevista com o ator Sérgio Mamberti

Eu cheguei a São Paulo em 1957, de Santos. Eu sou de Santos e vim para fazer Arquitetura e me preparar para entrar na Escola de Arte Dramática. Em 1958, fiz os exames para a escola, acabei sendo aprovado. Era pelas entrevistas que a gente obtinha a aprovação dos exames vestibulares, porque era praticamente um vestibular, a EAD; embora fosse um curso livre, era um curso de nível universitário, pois quem dava aula lá como professores eram: Décio de Almeida Prado, Gilda de Melo e Souza, Leila Cury, que era da USP e dava Mitologia grega, Sábato Magaldi, Dr. Alfredo e um tal que veio para cá, filho daqueles grupos de vanguardas alemães do início do século. Então era uma disputa enorme. E nós fomos aprovados (49 alunos) e o Roberto Freire era uma espécie de orientador psicológico.

O curso da Escola de Arte Dramática era extremamente exigente, no sentido de que, em primeiro lugar, você não podia fazer nada fora do curso da escola: eram quatro anos de dedicação integral. A gente vivia dentro da escola, os alunos entravam e já começavam a trabalhar. Os iniciantes tinham que varrer palco, limpar, passar pano, carregar material elétrico, material cênico, ou seja, a gente já começava a se integrar nesse espírito de equipe, praticamente você já era iniciado em tudo, aprendia tudo de teatro na prática, não era só o curso de interpretação. Tanto que muita gente se formou lá e acabou virando produtor, ou mesmo os atores acabaram se tornando produtores em potencial.

Também havia disciplina e uma expectativa em relação à carreira e principalmente em relação ao papel do ator, o papel social do ator, que era muito importante. E o Roberto, era o Dr. Roberto, mas que a gente chamava de Roberto, Bigode só mais tarde. Ele era uma pessoa assim, muito circunspecta, casado com a Dra. Gessy, que era médica também, e tinha os filhos.

Mas uma pessoa muito querida, porque ele se aproximava muito da gente, era muito próximo. E a gente, quando tinha algum problema para conversar, acabava fazendo uma consulta com ele. Até o Dr. Alfredo também se consultava com ele quando achava que um aluno estava fugindo um pouco dos parâmetros da escola. E eu estava fugindo desses tais parâmetros da escola, eu não tinha exatamente o perfil dos alunos que me antecederam. Eu já vinha com uma formação cultural um pouco diferente, uma expectativa da carreira também um pouco diferente. Meu aspecto comportamental era um pouco outsider, um sartriano, uma pessoa que já tinha militância política, e uma cabeça mais liberal em relação à liberdade sexual, por exemplo, eu já tinha opiniões muito claras, porque naquela época todo mundo estava dentro do armário, mesmo dentro do ambiente artístico. A Magali, homossexual, era considerada a única lésbica do Brasil, ninguém era (risos), ela foi a única que teve coragem de assumir. Mesmo os atores homossexuais tinham que ficar dentro do armário se não, prejudicavam a carreira deles. Então o Roberto fazia um equilíbrio dessas forças e não permitia que pessoas que estivessem, de repente, um pouco fora dos parâmetros da escola, fossem deletados do processo. Eu sei que no final do primeiro ano o meu nome foi um desses que foi para a berlinda, e ele veio conversar comigo, ele já tinha advogado a minha causa e falou assim: "Não, o Mamberti já está em uma outra qualificação".

Então eu fui vendo a trajetória do Roberto à medida que ele sai da Escola de Arte Dramática, se separa da Gessy e começa outra trajetória de vida. Ele praticamente abandona a profissão de médico e passa a ser muito mais um filósofo, um percussor de um determinado tipo de comportamento muito mais aberto, fora desse contexto careta. Foi uma das primeiras pessoas que começou a romper, juntamente com o que aconteceu nos anos 1960, os cânones comportamentais e as revoluções que começaram a existir do ponto de vista de comportamento, a afirmação da mulher, o movimento feminista, a questão da diversidade sexual. Mesmo do ponto de vista artístico, você começa a fugir dos cânones tradicionais dos quais a gente faz parte. Por exemplo, eu me lembro de que ele começou a trabalhar na área musical, então junto com Caetano Zamma, que era da minha turma, eles começaram a fazer música juntos, a fazer música para teatro.

O Roberto era bem anárquico, então tudo dele brotava de um desejo, uma inspiração que ele tinha e sempre tinha muito gente jovem partici-

pando. E o Roberto passou a ser uma pessoa muito significativa no cenário artístico, até que com a questão do desbunde, das drogas, o Roberto foi radicalizando. O Cleo e Daniel foi dirigido pelo Antunes, o filme? Pelo Roberto? Mas o Antunes dirigiu um filme dele, como que se chama mesmo? É um filme que, na época, tinha uma expectativa muito grande e artisticamente ele não foi bem recebido.

O Roberto foi uma pessoa muito importante para muita gente. Claro, o Tuco foi uma pessoa com quem eu tive um contato maior. Com a Gessy eu perdi completamente o contato, porque a Gessy ficava no trabalho dela, quem me dava mais notícias dela era o Tuco mesmo. O menino que é violonista, Paulinho, o Paulo Freire, que, aliás, tem um talento extraordinário, também me dava algumas notícias. Com esse último, o Beto, eu já não tinha muito contato, eu conhecia mais os outros dois, talvez pela proximidade do ponto de vista criativo.

De repente, chegou uma notícia triste: "O Roberto teve um enfarte", eu tinha os amigos do Polé, que era da revista Bondinho, *tinha o Carlos Alberto Azevedo, que era da revista* Realidade, *que é casado com a minha prima, tinha algumas pessoas, sempre gente muito jovem que estava em contato com ele, sempre vinha alguma novidade, mas sempre me contando um pouco de como o Roberto entrou em um processo de autodestruição muito grande. Ele foi se afastando dos antigos amigos. Vamos dizer que até o período que antecedeu a morte dele eu já fiquei bastante distante dele, só tive notícias por intermédio de outras pessoas, notícias que causavam não só preocupação, mas infelicidade de a gente perder assim uma presença tão importante do cenário artístico e intelectual de São Paulo, porque ele se afastou mesmo.*

Mas isso não apagou o brilho dele, na minha opinião. O Vinícius tinha uma carreira artística consolidada, e o Roberto era um outsider, *Roberto não se conformava com o que já estava feito. Tanto que a grande identificação que ele tinha com os jovens era porque ele tinha uma cabeça jovem.*

Então, hoje eu penso naquele sujeito com uma vida absolutamente bem traçada, casado, pai de filhos, um casamento sólido e de repente ele implode tudo isso e passa justamente a criar essa trajetória na contravenção. Ele sempre tinha uma coisa poética, o Roberto era um poeta, um homem que tinha uma paixão, ele tinha um lado autodestrutivo que era complicadíssimo, mas ao mesmo tempo uma paixão enorme pela vida. Ele se consumia por essa chama, porque ele não tinha limites. A trajetória dele era como a de um cometa, mas um cometa que se perpetuou.

O Roberto foi um homem muito importante. Eu o considero uma pessoa que teve um papel muito importante no desenvolvimento da minha carreira, eu me inspirei muito no Roberto. Não é uma coisa direta assim, como, por exemplo, trabalhar junto, dirigir uma peça minha etc., mas sobre o que ele significou, esse aspecto rebelde dele, eu me identificava muito com a rebeldia dele. E ele era uma pessoa amantíssima, era uma pessoa com a capacidade de amar muito grande. Como todo mundo naquela época, nós fizemos uma contraposição do que estava se desenhando. Eu já era do Partido Comunista, Roberto foi da AP [Ação Popular – organização política da esquerda cristã], talvez tenha sido até um dos criadores da AP. A lembrança que eu tenho dele é que ele estava na raiz da AP. Muito próximo dos dominicanos, eu tinha uma proximidade com os dominicanos também, anterior, porque meu professor de Filosofia em Santos frequentava a Igreja Dominicana, era muito amigo do Clóvis Garcia, do Paulo Godrin, que fez o João Sebastião Bar [?]. O Roberto também tinha uma parte religiosa muito forte, católico de esquerda, desse catolicismo dominicano de uma visão diferente de participação política. Nós todos, jovens, queríamos seguir a orientação do marxismo, do Partido Comunista, e o Roberto já era mais anárquico mesmo. E a AP era um movimento que não era um partido. O José Serra foi um líder da AP. E pensar que ele, hoje, tem uma posição tão contrária... Muito complicada. O Aluísio Ferreira era segurança do Nagib Elchmer. A gente é amigo até hoje, eu me encontro com o Serra e ele me chama de Serginho (risos). Mas hoje estamos em situações muito opostas. Eu lembro que durante um período o Serra representava a esquerda do PSDB. Ele é uma pessoa muito competente, de boa formação, mas como administrador, como governador, ele foi um fracasso, na verdade ele é um grande armador; hoje, ele faz o trabalho de atuação nos bastidores, muito contundente, ele age nas sombras. Sabe negociar, isso ele faz bem. Você vê o desmonte da Petrobras que está sendo feito por ele, ele é o chanceler da política internacional do Temer, é ele que está cuidando disso, e a gente sabe que os EUA estão por trás mais uma vez, só que dessa vez muito mais radicalmente. A coisa mais assustadora é que o Trump, hoje, representa metade da população dos EUA. Como a gente teve aqui metade da população beijando o Aécio.

O Roberto Freire faz falta culturalmente. Como ele morreu num momento em que ele estava fora de foco, em uma situação muito desconfortável, todo mundo falava: "Imagina o Roberto fez isso, o Roberto fez aquilo". Causava constrangimento. Eu não lembro exatamente o que foi, porque eu sempre achava o Roberto fantástico. O que mais me preocupava era o lado de autodestruição dele, do álcool. No fim da vida, ele não estava morando legal, estava sem dinheiro. Tudo isso para mim era muito dolorido, porque ele radicalizou nesse sentido. Eu me lembro do Vitor Garcia, o grande homem que foi, deixou o nome na História, mas no final da vida morreu como um indigente nas ruas de Paris, em asilos. Aliás, acho que a última vez que o pegaram, estava no meio da rua, um homem que era um gênio também. Roberto ficou muito próximo disso.

É bom poder falar sobre o Roberto. Tem mesmo que ser feito um trabalho de pesquisa, como você está fazendo. Deveria ser criada uma semana Roberto Freire quando, de repente, a gente possa pensar em montagens das peças dele. As peças dele tinham um cunho humanista tão forte... Eu acho que o Roberto esteve próximo daquela senhora Carolina de Jesus, que escreveu o Quarto de despejo, *ele escreveu o* Quarto de empregada, *mais ou menos na mesma época. Acho que o Roberto escreveu um pouco antes. Numa época em que a gente valorizava muito a dramaturgia estrangeira, com a chegada do Guarnieri, do Roberto, do Vianinha, do Plínio, a gente saiu da estética do* TBC *e passou para uma estética muito mais próxima da nossa realidade social. O Roberto foi uma figura muito importante nesse sentido.*

Eu sou muito amigo do Solano, era ele quem me colocava a par sobre o Roberto, tanto que até hoje somos muito amigos. Aliás, também nunca recebeu uma homenagem devida. Mas o Roberto era muito inquieto. E sempre cercado de muita gente jovem, porque a cabeça dele era jovem. E sempre as pessoas tinham uma relação de paixão pelo Roberto Freire, principalmente quem estava próximo dele naquele momento e descobria o Roberto, as pessoas eram profundamente apaixonadas pelo espírito libertário que ele tinha, mesmo quando ele já estava neste processo de decadência, de autodestruição, as pessoas conseguiam deslumbrar esse outro lado do Roberto.

Quando estava no ministério, eu e o Palocci fomos condecorados com a medalha da Ordem de Tiradentes, como os outstands. *Eu ajudei a criar a Secretaria da Identidade e da Diversidade. Agora o que vemos com toda essa gente no poder, pelo mundo, é a desimportância que dão para esses assuntos.*

Eu me lembro de que o Roberto tinha uma ligação com o [José Ângelo] Gaiarsa. Eles gostavam muito do Living. E acho que a ideia de trazer o Living para o Brasil foi do Zé Celso. E eles ficaram hospedados na minha casa. Agora o Sesi vai trazer o Living para cá, mas é um Living jovem, porque a maior parte do grupo já morreu, a Judith morreu ano passado, dois anos já faz. O Julian morreu antes dela, morreu de câncer mais ou menos no início dos anos 1990. Toda vez que eles vinham, eles ficavam aqui em casa, fizemos muita coisa juntos, me considero uma pessoa do grupo, inclusive. Eu trouxe Judith duas vezes ao Brasil, consegui anular o tempo de banimento que foi feito na época para eles poderem sair do Brasil para não ficarem presos, havia até risco de vida, porque a prisão deles, ao contrário do que se pensa, era muito mais política do que por causa de drogas, como alegaram. As drogas foram plantadas ali. Então a única forma para eles saírem rapidamente era por meio do banimento. Eles foram banidos do Brasil. E aí eu revoguei o banimento e trouxe a Judith de volta para cá na época que eu tinha o Crowne Plaza e nós fizemos um espetáculo junto com a prefeitura de Campinas. Eu estava no Ministério da Cultura, prediquei a Judith para receber o prêmio de honra ao mérito, e ela veio para receber o Prêmio Municipal do Rio, na época do Lula ainda. O Living foi um grupo que radicalizou também como o Zé Celso.

As décadas de 1960 e 1970 foram de muita criatividade. Tanto que eu fiz o "Balanço Geral", que era um balanço da dramaturgia dos anos de chumbo, e os críticos falaram assim: "Mas essa é a época em que a ditadura foi mais cruel, então nós não temos uma obra tão expressiva", então, espera, eu já fiz o levantamento, as obras do Vianinha, era assim, nós tivemos que retratar.

Navalha na Carne, *eu fiz a montagem inicial. Na verdade, eu não fiz a montagem das leituras, que era o Edgar que fazia. Depois o Zé Celso tinha me chamado para fazer* O rei da vela, *mas a gente não se acertou, e ele chamou o Edgar que fazia o* Veludo *e o Toto, Toto Fruta do Conde, então eu fui fazer o* Veludo *e foi uma troca muito melhor, porque eu tinha porcentagem do* Navalha. *Trabalhava com a Ruthinéia e Paulo Vilaça. A Ruthinéia fez o* Quarto de empregada, *criou na escola.*

É porque era o pessoal da escola. A Ruthinéia é um ano antes de mim, então a Assunta também e o Pompeo também. Tanto é que a Ruthinéia e o Pompeo se conheceram na escola e depois se casaram. A Ruthinéia era casada, e ela se separou do marido para casar com o Pompeo. O Pompeo era muito amigo do Roberto.

O apelido de Bigode pode ter sido colocado pelo Plínio. A cara do Plínio, porque ele chamava todo mundo por apelido. O Plínio, por incrível que pareça, pelo fato de ser desleixado, aliás, o Plínio teve um período da carreira que ficou igual ao Roberto, quase na rua. Foi aquela moça que agora já morreu também, que salvou ele, porque a família não conseguiu mais conviver com ele. Foi a Vera que deu a mão para ele. Eles se casaram, então o Plínio foi salvo nos últimos cinco minutos de jogo. Mas infelizmente já estava com a saúde muito comprometida. Mas o Plínio, apesar de boa gente, era um cara agressivo nas suas colocações, rebelde. Tanto o Plínio como o Roberto tinham este lado "demolidor", só que o Roberto não era agressivo, Roberto era muito afetivo, amoroso, embora muito radical, talvez até muito mais radical que o Plínio em determinados aspectos. O Roberto era mais um homem do afeto, muito afetivo. A característica do Roberto para mim era de ser uma pessoa profundamente afetuosa. Plínio também era, mas o Plínio era o rebelde sem causa, muito agressivo o Plínio. O que não quer dizer que ele não fosse um coração mole. Me lembro de um caso de um ator, no auge da juventude e da carreira, um jovem ator chamado Jesus, uma promessa na época, pois é, esse rapaz teve uma isquemia, um aneurisma e ficou com com todo um lado do corpo paralisado. Ele não conseguia falar direito. O Plínio pagou um tratamento pra ele nos EUA. Sabe o que ele fez? Pegou toda a renda do espetáculo que ele estava fazendo na época, e que estava lotando, e deu para o menino se tratar, nos Estados Unidos. "Meu Deus, mas ele tem família. Você está dando todo o nosso ganha-pão para um menino que você mal conhece", a Walderez[de Barros], que foi a primeira mulher do Plínio, não se conformava. Acho que isso de certa maneira também ajudou na separação deles porque a Walderez ficava enlouquecida com o Plínio.

O Roberto tem um papel importante também na chegada do Tuca, de origem católica. Eu fiz para a Lélia Abramo a orelha do livro dela, foi uma honra também enorme. Grande figura, o livro é belíssimo, é comovente a história daquela família Pompeia, coisa muito bonita. Perseu [Abramo], uma figura muito importante, aliás, o primeiro que chamou a atenção do PT sobre esse negócio da congregação de que nós estamos sendo vítimas hoje.

Lembro que em 1990, logo após a derrota para o Collor, eu fiz uma reunião com o Perseu. Eu e o Tadeu fizemos um alerta para ele e o Partido dos Trabalhadores, dizendo que se nós não levássemos a sério tudo o que estava acontecendo em termos de comunicação no Brasil, os novos parâmetros de comunicação, e de como isso estava sendo explorado pela burguesia e pelos setores mais reacionários, a gente ficaria refém de gente reacionária e sem qualquer noção de cultura. E foi o que aconteceu, nós tivemos agora um golpe midiático com o impedimento da presidente. Os americanos estão chegando, chegando, aí e fizeram o primeiro modelo, que foi o Paraguai. Na Argentina, eles também derrubaram a [Cristina] Kirchner. E já estavam promovendo a derrubada do Lula, na verdade da Dilma, e do Maduro. Tudo por golpes midiáticos também. Segundo o que eu ouvi falar, parece que depois da queda da Dilma, a próxima meta é a prisão do Lula, acho que está na pauta do golpe, porque o golpe não ficará completo se o Lula continuar ganhando.

Nas quebradas do mundaréu...

Plínio Marcos brincava muito com a fama de analfabeto, que recebeu no começo de sua carreira, citando de um jeito próprio uma crítica de Patrícia Galvão, a Pagu. Gostava de contar que Cacilda Becker, após ler *Navalha na carne*, teria dito: "Incrível, você conhece 20 palavrões e consegue escrever uma peça!" Segundo Oswaldo Mendes, na biografia *Bendito maldito*, Plínio prometia a quem comprasse seus livros, que vendia em restaurantes e portas de teatro, que iria morrer logo para valorizar o autógrafo. Concluía, dizendo sempre: "O livro é uma merda, mas o camelô é bom".

Dizia ainda que *Barrela*, sua primeira peça, havia surgido quase magicamente, já que "tinha tirado o diploma do primário Deus sabia como" e que "nunca lhe ocorrera escrever peça de teatro, até mesmo porque, a bem da verdade, nem sabia escrever direito". *Barrela* contava a história de um garoto currado na prisão.

Sua carreira de dramaturgo mostraria o quanto sabia escrever e retratar um mundo quase nunca mostrado em cena, com prostitutas, drogados, cafetões. *Dois perdidos numa noite suja* viria, depois, para demonstrar seu enorme talento. No entanto, antes, era visto como o palhaço de circo, o "Frajola", que havia sido descoberto pela Pagu. Mudou-se para São Paulo pelo interesse em uma estudante de Filosofia da USP, chamada Walderez, envolvida com o Centro Popular de Cultura (CPC) e, ali, desenvolvia suas ideias de esquerda.

Walderez era muito aconselhada por amigos, inclusive Roberto Aschar, ator que seria do Arena, a não se envolver com Plínio Marcos, mas em uma festa na casa de Solano Trindade, no Embu, regada a caipirinhas, cedeu. Roberto Aschar ainda lhe disse, ao saber: "vocês estavam de porre, amanhã ele não vai nem se lembrar". Lembrou sim. E, um tempo depois,

Roberto Aschar estaria no palco, junto com Walderez e Roberto Vignati, dirigidos por Plínio Marcos. Plínio Marcos e Walderez de Barros se casaram, ele usando terno e gravata, e lua de mel em Caraguatatuba. E deste casamento vieram três filhos.

Quando escreveu *Dois perdidos numa noite suja*, Plínio Marcos buscou Fauzi Arap, seu amigo, e contou que tinha escrito uma peça para ganhar dinheiro. Fauzi se sentiu ofendido com essa ideia e não quis ler o texto. Ademir Rocha, ator formado pela EAD, topou a empreitada de ser um dos dois personagens da peça. O outro seria feito pelo próprio Plínio Marcos. Mais um amigo, Benjamin Cattan, deu uns toques e assinou a direção da peça. Isso tinha valor já que Cattan trabalhava na "TV de Vanguarda" da TV Tupi. Um ator recém-chegado de Porto Alegre, Paulo José, entrou na ficha técnica como cenógrafo. Era quase uma piada, já que o que compunha o cenário eram objetos tirados da TV Tupi.

Conseguiram, milagrosamente, um certificado de exibição, graças a um censor amigo, e foram apresentar a peça em uma mistura de bar, livraria, loja de discos que havia na Galeria Metrópole, chamado "Ponto de Encontro". Conseguiram o espaço por três noites. Arrumaram "emprestados" da TV Tupi uns refletores e duas camas que compunham o cenário principal. Na estreia, 16 de dezembro de 1966, havia seis pessoas na plateia: Walderez, a mulher do ator Ademir Rocha, a irmã dela, o ator Carlos Murtinho e um bêbado que roncou o tempo todo, mas que não poderia ser tocado para fora, afinal era o único realmente pagante. Quando roncava alto, Plínio Marcos improvisava dizendo que o ronco do cara que morava no quarto ao lado estava incomodando.

Havia mais um espectador, um sujeito que tinha sido convidado pelo ator Ademir Rocha, com o argumento de que este receberia um convite para fazer um papel numa peça escrita pelo vigia do Teatro de Arena. Surpreso com a história de um vigia que escrevia peças, Roberto Freire foi. Pretendia sair no meio da peça, se fosse muito ruim, mas lhe pareceu impossível sair ao notar tão poucas pessoas presentes. Com dez minutos de apresentação, o Bigode já sabia que estava diante de uma das melhores peças de teatro escritas no Brasil até então. Em uma resenha escrita para a revista *Sinal*, disse que: "se tratava da peça mais suja e cruel jamais escrita no Brasil, por isso mesmo linda e necessária, importante e verdadeira".

Terminada a apresentação, Bigode foi ao restaurante Gigetto, ainda tocado com o que vira no palco. Encontrou o crítico Alberto D'Aversa e iniciou sua peregrinação em prol da montagem. A apresentação seguinte, no Teatro de Arena, Augusto Boal exigiu 70% da bilheteria para ceder o espaço. Havia mais gente fora do que dentro, devido à propaganda boca a boca que se espalhara, inclusive pelo próprio Bigode. A classe teatral e a crítica compareceram em peso.

Quando a peça começou, Plínio Marcos pediu que acendessem um foco de luz sobre o Bigode e disse: "Se vocês e eu estamos aqui hoje, é graças a este senhor chamado Roberto Freire". Ao final do espetáculo, Plínio Marcos desembarcara na cena teatral como um dos maiores dramaturgos brasileiros, e as muitas críticas escritas atestariam isso. Ali, também, Bigode e Plínio estabeleceram uma amizade por toda a vida, com diferenças enormes, nas formações culturais e estudos, e com algumas semelhanças fantásticas, como o amor pela humanidade, pelo teatro e a visão anarquista como caminho. O tigre reconhecia outro felino como de sua turma e lamberam-se gostosamente.

Anos depois, Roberto Freire dedicaria seu livro *Viva eu, viva tu, viva o rabo do tatu* a Chico Buarque e a Plínio Marcos. Dois artistas fundamentais para a cultura brasileira. Como dizia o próprio Plínio: "achados nas quebradas do mundaréu e jogados no meio do mundo".

Entrevista com o segundo filho, o músico Paulo Freire

O Bigode era um perfeito contador de histórias. Uma vez, ele estava conversando com algumas pessoas, eu estava com ele, a gente atravessou a fronteira da França com a Holanda, e aí ele começou a contar história e tal... de repente pegou umas fotos dos terroristas procurados, uma era a minha, e ele então começou a falar que me pegaram, que fiquei incomunicável, que me levaram para um galpão qualquer e aí só foi porrada e tal, "não é, filhão?" Eu só confirmando. (risos). Na hora de ir embora eu falei: Pô, Bigode, aí você forçou... Ele disse: "Paulo, você viu as caras deles? Eu minto em respeito à inteligência das pessoas...".

A "traição" de Frei Carlos Josaphat

Na autobiografia, ele conta que, quando o negócio estourou, eles foram todos embora, que antes de estourar eles foram avisados e não falaram nada para ele. Acho que ele se sentiu traído naquele momento, ele e algumas outras pessoas.

A briga com Serjão

É uma coisa que ninguém entende muito bem o que aconteceu. A Lana não entende. Teve uma coisa política da Caros Amigos, *que começou a alinhar com o* pt. *O Bigode anarquista foi ficando puto e brigou com ele por causa disso. Mas o jeito tão radical como eles se separaram é inexplicável. Eram dois irmãos. Tem um monte de fofoca também, tem coisa que eu sei. Diz o pessoal da revista que Bigode entrou para tentar resolver isso, o Serjão deve ter mandado algum assistente tomar no cu... tipo: "você não tem nada com isso...aí", o Bigode deve ter tomado as dores do assistente... acho que foi uma grande bobagem...*

Sobre o conflito com o filho Beto

Teve uma fase que o Tuco era bem próximo dele, com 19 ou 20 anos. Eu fui conviver mais com Bigode quando eu já tinha uns 16 anos. Ele tinha uma atividade política muito intensa, o trabalho dele era boêmio, então a molecada ficava meio fora dos planos mesmo. Mas nessa época ele conviveu muito com Beto, eles viajavam. Rolava uma coisa de ciúme também, só para gente entender, mas não vale a pena, não queria entrar nesse mérito do Bigode com a mulher do Beto, a Olaia. Filha do Josemar. Mas acho que teve ciúme dos dois, sei lá, se ele achou que ela pegou o Beto com um amigo dele, não deixou o Beto ver mais o pai, sei lá. Mas é uma mágoa que ele carregou assim até o fim da vida. E o Beto, quando ele vinha para cá, porque está morando fora há mais de 20 anos, ele ia lá, procurava o Bigode, mas o Bigode tocava ele. Aí você vê, todo mundo põe a culpa na mulher, culpa da mulher porra nenhuma, a culpa é do Beto e do Bigode... eles que não se entenderam bem mais.

Tem uma história engraçada, quando eu saí do Equipe, que tinha aquela efervescência danada, entrei na Faap para fazer Jornalismo, e ali era muito chato, a Faap. Eu já músico, na época, acho que era 1975, achava aquilo muito ruim e já com os amigos estudando, vendo grupo de estudo, falando sempre sobre música, sem dar muito espaço para outros assuntos, então, meu pai me deu Grande sertão, veredas. *Ele dava muita coisa para gente ler. Comecei a ler e não parei. Eu estava na faculdade, mas queria conhecer o som do sertão, e disse a ele: estou pensando em largar a faculdade e conhecer o sertão de Guimarães Rosa. Qualquer pai falaria: "você é louco!" Mas ele não, fez a maior festa: "Você vai morar no sertão de Guimaraes Rosa! Putz, que legal, no que eu posso te ajudar? Larga logo essa porcaria dessa faculdade, vai morar no sertão de Guimarães". Ele ficou muito feliz, mesmo, já minha mãe não gostou, disse: "Pensa bem, acaba primeiro a faculdade depois você vai."*

Eu sei que no fim da vida dele, ele tinha pouquíssimos amigos. Ele não tinha paciência. Quando a gente ou os amigos vinham visitá-lo e ele percebia que era por obrigação, ele mandava ir embora e com certa ignorância. Ele era muito radical, se ele achava que a pessoa tinha cometido algum deslize assim, ele dizia na hora. Ele também não aguentava velhos, assim da idade dele, queria sempre contato com a garotada.

Na autobiografia ele já não estava muito feliz, acho que foi essa cirurgia que ele fez, deve fazer uns 20 anos, porque ele fez a do coração em 1978 por aí, mas essa mexeu muito com ele. E ele escreveu a autobiografia depois dessa cirurgia.

Um dia, lembro que fui ao médico com ele, isso era muito engraçado, ele rodava muitos médicos, não confiava muito em nenhum, até que encontrou um médico, Dr. Chauí, que deixava tomar um uisquinho, (risos), esse ficou amigo dele até o final... mas, então, nós fomos ao Dr. Chauí, dois, três anos depois dessa cirurgia, depois dos exames, ele disse: "tenho uma coisa pra te falar, Chauí: nossa cirurgia foi um erro!" O Dr. Chauí perguntou: "Como assim? A cirurgia foi um sucesso, você está com o coração de um menino...". E ele retrucou: "O que adianta ter um coração de menino se o resto todo está uma merda? De que adianta ter o coração bom, se não consigo andar, viajar, trabalhar? Dependo das outras pessoas para fazer as coisas para mim o tempo todo". Depois dessa cirurgia, ele começou a ter muita limitação física, mas com a cabeça a mil, sempre ótima e o coração de menino. Imagina?!

Eu viajei muito pela Europa com ele, quando morei lá. Ele ia passear. E sempre tinha uma visão diferente sobre as coisas. Ele adorava visitar os museus. Uma vez, na Itália, a gente foi ver o David, de Michelangelo. A escultura fica no fundo do museu. Na frente estão os escravos, que são inacabados, aí ele disse: "Paulo, para aqui nos escravos inacabados, veja como ele acabou a obra, eles estão saindo das rochas". Eu: "Mas, não são inacabados?" Ele: "Não, acaba assim, ele acabou a obra com eles saindo das rochas". Quando chegamos ao David, ele quase nem olhou para a escultura, ficava observando as pessoas ao redor, vendo as reações delas. Ele tinha isso...

Quando nós fomos pra Assis, ele disse: "A igreja tá aqui, tem uma praça e outra igreja ali, você sabe, Paulo, que aqui tem uma passagem secreta?" Aí, nós fomos a uma igreja, descemos, mas estava fechada, e ele dizia: "eles eram amantes. Tem que ter essa passagem porque eles eram amantes e precisavam se encontrar". Ele via as coisas sempre além.

Sobre os casamentos

Morar junto só com a Bia. Houve uma Teresa, de Belo Horizonte, por quem ele ficou bem apaixonado, acho que ela foi cliente dele, ele ia muito para Belo Horizonte, só que ela era casada e rica. Uma vez ele chegou lá, ela foi buscá-lo no aeroporto e ela disse: "Olha, Roberto, a gente tem que acabar esse relacionamento, eu não vou deixar meu marido, não vou conseguir levar essa vida com você". E no caminho, ele disse: "Você pode parar para eu

*comprar o jornal, ali naquele posto de gasolina?" Desceu do carro e nunca
mais a viu. Tempos depois, num restaurante, um amigo em comum ligou
para ela e passou a ligação para ele, ele quase deu uma porrada nesse amigo.*

*Tem uma história engraçada com o Zé Ernesto, o caseiro lá de Mauá,
uma figura, né? Então, o "Coiote" é dedicado a ele, vocês conheceram? Um
caipira... Um dia falaram para o Bigode que o Zé queria sair de lá, ir embora, que estava chateado com ele. Ele pegou o carro e foi pra Mauá, e chegou
logo enquadrando o homem: "e então, seu Zé, estão falando que o senhor
está brigado comigo, quer ir embora... É verdade?" E o Zé respondeu: "Dr.
Bigode, tudo fofoca! Nós dois é igual casamento, nós vamos viver junto até
que a sua morte nos separe..."*

*A Verinha foi a última mulher dele. Ela mora no Rio. Morou um bom
tempo com ele. Ela foi assistente dele. Ficaram anos juntos. Ele viajou bastante com ela. Foi pra Europa com ela, foi a última viagem. Depois parou,
aí eu disse: "Pô, Bigode, acabou?" Ele: "Namorar é uma coisa muito boba e
chata, tem que ficar de mãos dadas, tem que sair junto."*

*Na infância eu vivia muito pouco com ele, porque ele estava sempre via-
jando, trabalhando, bebendo com os amigos. Eu vivi mais a coisa moleque
de rua, jogando bola. Eu já estava no colegial quando fui conviver mais com
ele. Minha mãe casou de novo, quando eles separaram, e fui conviver mais
com ele, por incrível que pareça, depois que eles se separaram.*

*Ele começou a se aproximar mais, não sei se ele não via muita graça em
criança pequena, mas na adolescência, na época do colegial, ele chamava a
gente pra ver os festivais juntos, pra sair. E ele apertava a gente: "Vamos ler,
estudar, assistir a filmes, ir ao teatro". Era rigoroso e apertava, não baixava
a guarda nunca.*

*Quando voltei da França, com Swami Jr., eu tinha uma dupla que era
viola e violão de sete cordas, tinha um trio de jazz de guitarra, baixo e
sanfona e tinha um grupo de rock, tudo ao mesmo tempo. Ele foi assistir a
um show desse grupo de rock e achou horrível guitarra sintetizada. Aí no
fim do show tinha o Tino, que a gente considera nosso irmão mais velho, o
Bigode gostava muito dele. Então o Tino não deixava o Bigode brigar com
a gente, reclamar da música. "Você não vai falar com o Paulo agora, deixa
para amanhã, outro dia", mas ele odiou a apresentação.*

*Teve um cara que cuidou muito do meu pai quando ele foi morar na
ilha, o Buí, era um menino muito simples, virou capoeirista de angola por*

causa do meu pai, que o incentivava. Ele ficou cuidando do meu pai muito tempo, depois virou motorista, morava junto, ajudava ele com tudo, era o braço direito.

O Frei Betto também foi bem amigo, mas afastou-se, teve alguma coisa, até bom perguntar para o Betto porque eu não sei direito. Sei que o Betto foi fazer uma visita para o Bigode, ele já estava nas últimas, no hospital, não sei se ele foi na surdina, sem avisar, não sei se o Bigode não queria receber amigos naquele estado, alguma coisa assim. O Betto foi sempre amigo, a irmã do Betto, a Tereza, veio morar em São Paulo, depois o Breno e outro irmão; o Bigode era muito amigo da família toda, da dona Stella, do seu Antônio. Ele era amigo da turma lá, mas pergunta para o Frei Betto, não sei se ele vai querer falar, né....

Na TV Globo, ele fez "Obrigado, doutor", "Malu mulher" e "A grande família". Ele foi um dos criadores dos personagens da série. Ele e o Vianinha. Até o [Artur] Xexéu, aquele jornalista do Rio, quando "A grande família" acabou, escreveu um negócio super legal, porque todo mundo fala do Vianinha, Vianinha, mas esses personagens não são do Vianinha. Meu irmão chama-se Tuco é por isso que o filho, na série, tem esse nome. Artur Xexéu escreveu uma crônica falando sobre o meu pai no jornal O Globo no dia em que foi ao ar o último episódio. Esse personagem era rebelde porque meu irmão, na época dele, era brabo. Sexo, drogas e rock in roll naqueles anos... hoje ele está com 61, mas nos anos 1970 ele tinha 16, 17, e os amigos... Heavy Metal pra caramba!

Teve uma novela que ele fez, foi um fracasso, a novela com Fábio Jr. e Glória Pires, acho que "O amor é nosso" era o nome. Foi quando eles se conheceram e começaram a namorar. Lembro que meu pai mesmo achava muito chata a novela. "Não funcionou", ele dizia. Mas ele comprou a casa da Ilha Bela com isso. Ele escrevia um capítulo, aí falavam "tal ator vai estrear a próxima novela, e você tem que dar força para ele" ou "tal ator brigou, então tira ele da trama". Ele reclamava muito dos bastidores na televisão, muito palpite e sem paciência. Ele chutou o balde logo no começo, mas tinha contrato e precisou cumprir até o fim.

O Bigode também sofreu censura por causa de um título: "A mulher que matou Roberto Carlos". Isso foi engraçado. Eu fui com ele assistir ao show do Roberto Carlos em Santos, o Bigode mandou a sinopse para o Roberto Carlos: "A mulher que matou Roberto Carlos". A resposta: "Ah, não, Bigode, você é louco! Um nome desses, de jeito nenhum". O Roberto mandou dizer para o Bigode que ele não permitia. Então, ele ia fazer um show em Santos e eu fui com o Bigode. Eu achando um saco assistir ao show do Roberto Carlos, mas lembro que gostei da orquestra, legal pra caramba. Quando acabou o show, nós fomos ao camarim conversar com ele... E o Roberto Carlos falou pra mim: "Bicho, teu pai está querendo me matar!".

Quando saímos de lá, o Bigode falou pra mim: "Paulo, você acha que ele leu alguma coisa? Leu o título só! E porra nenhuma". No dia seguinte meu pai mudou o nome para: "A mulher que devorou Roberto Carlos". E o Roberto assinou a autorização.

Quando os Freires se encontram

Roberto Freire havia abandonado o trabalho na refinaria quando seu filho Paulo adoeceu, e tinha mudado para a Rua Cândido Espinheira, nas Perdizes, onde morou por cerca de 20 anos, depois mudando para a Rua Germano Bouchard. Assim, mais próximo de onde morava, sua ligação com o teatro cresceu novamente.

Envolvido com o grupo do Teatro de Arena, que contava com a presença do ator Nélson Xavier e do diretor Augusto Boal, viu surgir, por idealização desse último, o Seminário de Dramaturgia. E levou um texto seu, *Gente como a gente*. Nas discussões que se seguiram à leitura, pôde-se, dolorosamente, observar as diferenças entre um olhar marxista, dominante no grupo, e uma visão socialista de fundo cristão que um dos personagens trazia.

Gente como a gente foi montada pelo grupo e teve a cenografia de um cara que o Bigode não conhecia, Flávio Império, que se tornaria um grande amigo e parceiro, anos depois, na fundação de uma escola de teatro, a Macunaíma. No elenco da peça, estavam Vianinha, Flávio Migliaccio, Milton Gonçalves, Chico de Assis, Vera Gertel e Riva Nimitz. A direção foi de Augusto Boal. O trabalho foi bom, mas não houve entusiasmo nem de público nem de crítica.

Uma personagem dessa peça, Gina, voltaria mais tarde em um romance chamado *A mulher que matou Roberto Carlos*, cujo título seria mudado para *A mulher que devorou Roberto Carlos*, após um processo que o cantor moveu contra Freire. Essa personagem, na peça, era uma telefonista que idolatrava Roberto Carlos, e, sem chegar obviamente ao seu ídolo, projetou em um feirante que conhecia uma semelhança. E passou a obrigá-lo a se vestir, pentear, falar e comportar-se como o artista. Em troca, permitia a aproximação sexual do parceiro, que se apaixonara obcecadamente por Gina. Mas o único caminho que ela irá enxergar para pôr fim a essa obsessão é matando-o, o que faz num momento de orgasmo dele, após uma relação preparada por ela para esse fim.

O conto "Gina, a antropófaga", resultado dessa trama, seria incluído em um livro, *Histórias curtas e grossas*, mais à frente. Quase virou filme, em uma adaptação feita por Fernando Bonassi, com direção de Lili Bandeira, mas a objeção de Roberto Carlos frente a "ser morto" impediu essa concretização. Roberto Freire sempre acreditou que o cantor jamais leu a história.

Escreveu *Sem entrada e sem mais nada*, sua segunda peça, mostrando uma crítica severa ao sistema de crediário, recém-adotado pelo comércio, e mostrando o quanto isso era danoso à vida emocional e psicológica das pessoas, despreparadas para o comprometimento futuro de seus recursos financeiros. O grande diretor Antunes Filho dirigiu essa montagem, que teve no elenco Eva Wilma, Mauro Mendonça, João José Pompeo e Liana Duval. O cenário foi de Maria Bonnomi. As críticas foram negativas, e o Bigode ouviu de Alfredo Mesquita o comentário de que ainda não havia sido daquela vez, mas uma hora ele acertaria.

Foi então, nessa época, que Roberto Freire teve uma grande crise existencial. Por um lado, não desejava mais a Medicina, apesar de que era o que sustentava sua família. Por outro, seu amor pelo teatro não lhe trazia material e emocionalmente bons resultados. Já havia comprado um carro, um fusca, e, em seguida, trocado por uma casa em São Sebastião, para ter bons fins de semana com a família na praia.

Resolveu se dedicar mais à política. O ano era 1962 e conhecia alguns militantes da Juventude Universitária Católica, a JUC, criada pelo padre José de Lima Vaz, procurando um distanciamento do catolicismo mais tradicional. Tinha se tornado bastante amigo de Vinicius Caldeira Brandt e Herbert de Souza, o Betinho, dois dirigentes da Ação Popular, a AP. Procurou-os em Belo Horizonte e passou a fazer cursos, ler apostilas, participar de debates e treinamentos de novos militantes.

A renúncia de Jânio Quadros, no ano anterior, tinha levado João Goulart, o Jango, à Presidência da República. Roberto Freire não acreditava que suas falas socialistas fossem verdadeiras, já que tinha uma origem latifundiária. O movimento anarquista, com quem Roberto Freire continuava a manter contatos, não queria participar de uma luta mais direta contra o capitalismo. A AP fazia isso. Jaime Cubero era o maior e melhor amigo de Roberto Freire entre os anarquistas, e o aconselhou, com muitas ressalvas, a uma participação crítica na militância da AP. Como sentia o desejo de agir mais politicamente, entrou de cabeça.

No entanto, logo percebeu a inclinação para o marxismo-leninismo e os documentos caminhando para o materialismo dialético. O foco de sua atuação ficou mais restrito aos estudantes da PUC de São Paulo, contando com o apoio de muitos professores também.

Foi eleito presidente da Associação Paulista da Classe Teatral e usava essa posição para tentar conscientizar profissionais na luta contra o autoritarismo e o capitalismo. Por intermédio do grupo do Arena atuava nas assembleias da classe teatral. Por suas posições anarquistas e, na visão de alguns, por seus ideais católicos, mesmo apoiando sempre as propostas mais de esquerda, era escolhido costumeiramente como intermediário nas discussões mais conflituosas. Franco Zampari, que dirigia o TBC, morreu e deixou seu nome para substituí-lo, sob a responsabilidade da Comissão Estadual do Teatro. Tinha um grande trânsito com o diretor Flávio Rangel e com o autor e ator Gianfrancesco Guarnieri, ambos comunistas. Aceitou a tarefa e passou a trabalhar pela implantação de um trabalho mais autogestor, sendo que essa autogestão era uma marca registrada do fazer anarquista.

Um amigo anarquista, Nagib Elchmer, redigiu o plano que previa um rodízio na administração das companhias teatrais do TBC, que se tornava propriedade da Comissão Estadual de Teatro. Marcada a assembleia para a discussão e aprovação desse plano, houve a rejeição a ele. Roberto Freire se sentiu traído pela posição de Flávio Rangel e Guarnieri, e Bigode deixou a função que exercia. Afastou-se do teatro, só voltando a ele alguns anos depois. Um retorno triunfal, criando o Teatro da Universidade Católica, o Tuca, e montando lá *Morte e vida severina*. Na vida pessoal, para ajudar financeiramente, Gessy começou a trabalhar no Instituto Nacional de Previdência Social, o INPS, como médica.

Jango nomeou Paulo de Tarso Santos, um político católico, ligado à AP, para ministro da Educação e Cultura. E foi ele quem escolheu Roberto Freire para diretor do Serviço Nacional do Teatro, o SNT. Ainda que aprovada essa indicação pela classe teatral inicialmente, depois surgiram resistências às suas ideias de amparar financeiramente o teatro popular, o teatro amador, nas universidades, nos sindicatos e nas favelas. Numa de suas viagens para Brasília, a trabalho, conheceu o pedagogo pernambucano Paulo Freire, com quem não tinha nenhum parentesco, mas de quem compartilhava muitos ideais. Passou a ajudá-lo na sua Campanha Nacional de Alfabetização de Adultos. Ficou encantado com o método revolucionário que unia alfabetização e conscientização revolucionária. Juntos, planejaram usar o teatro como elemento semelhante de conscientização.

Assim, próximo dos padres dominicanos da PUC, em 1963, começaram a pensar em um veículo que pudesse ajudar na função de conscientização popular dos cristãos de esquerda. Com o apoio de Paulo de Tarso e de Paulo Freire, aproximou-se e se tornou amigo do Frei Carlos Josaphat, da Igreja dos Dominicanos, em Perdizes. Surgiu, assim, o jornal *Brasil, Urgente*, de conteúdo socialista e revolucionário, com a enorme contribuição do jornalista Josimar Moreira, indicado por Samuel Weiner.

Nessa época, nasce seu terceiro filho com a mulher, Gessy: Roberto. Em *Eu é um Outro*, Freire afirma ter sido obrigado por Gessy e por sua mãe a registrá-lo assim, porque ele, na verdade, desejava que fosse José. Reclamou de uma cena dramática das duas que o aborreceu muito, porque não queria um filho com o nome dele, já que não gostava do seu nome. Mas o nome de nascença de Roberto Freire era Joaquim Roberto. E ele nunca fez nada para que o Joaquim, semelhante ao nome de seu pai, fosse o escolhido para nominá-lo. O filho sempre adotou o diminuto Beto.

Decidiu fechar seu consultório de Psicanálise nessa época também, apesar de ganhar um bom dinheiro nele. Sentia-se apenas adaptando pessoas com hábitos burgueses, e sem nenhum sonho maior em seus corações, a uma sociedade doente e capitalista. Enfrentou a resistência de Gessy, com sua argumentação lógica da estabilidade financeira.

No seu trabalho no SNT, recusava sistematicamente pedidos de ajuda de artistas mais famosos, sempre procurava ajudar os projetos mais sociais, como o término da construção do teatro da UNE, no Rio de Janeiro. Criou uma comissão de auxiliares mais ligados às questões sociais, com o dramaturgo Chico de Assis, do Teatro de Arena, e com Silnei Siqueira, da EAD, e ali resolveram criar uma Campanha Nacional de Popularização do Teatro. Montaram um texto de Chico de Assis, *As aventuras de Ripió Lacraia*, uma comédia que se pretendia divertida e revolucionária.

Nas primeiras apresentações, gratuitas, quase não houve público. Então, artistas de circo passaram a fazer um pequeno show na porta do teatro e o ator Agildo Ribeiro, que fazia Ripió Lacraia, se misturava com eles, e convidava o público a entrar e assistir ao espetáculo. A estratégia deu certo, e o público lotou o teatro, com uma maioria de pessoas que nunca tinha assistido a uma peça.

Entretanto, a verba que era destinada a essa campanha foi cortada pelo presidente da República. Freire demitiu-se, então, com a certeza de que nunca um trabalho revolucionário teria a parceria do Estado. Paulo Freire, sabedor de sua demissão, o convidou para trabalhar no Plano de Alfabetização de Adultos. Sua nomeação saiu no Diário Oficial. No entanto, não assumiu, porque nem Paulo Freire pôde dar sequência a seu projeto.

Em São Paulo, Roberto Freire tinha trabalhado no último número de *Brasil, Urgente*, que trazia a manchete "Fascistas tramam golpe contra Jango". Estranhou muito a ausência do Frei Carlos Josaphat nestes últimos dias na redação do jornal.

Chegou o 1º de abril de 1964, e o golpe militar se instaurou. A ditadura começava. A redação do *Brasil, Urgente* foi empastelada. Roberto Freire foi preso e levado ao Dops de São Paulo. Enjaulado. No mundaréu brasileiro, uma direita corrupta tentava posar como salvadora da pátria.

Entrevista com Frei Carlos Josaphat

Entre 1960 e fim de 1963, conheci Roberto Freire. Nós começamos um contato com intelectuais, professores, médicos, estudantes, trabalhadores etc., sem escolher ideologia, pensando o que podíamos fazer para melhorar este país. Precisávamos ter algo mais substancial em termos de Justiça do Trabalho e, no começo de 1961, saiu a Encíclica do Papa João XXIII, "Mater et Magister". Então, analisamos o texto de João XXIII e e finalmente chegamos à conclusão do seguinte: a necessidade das reformas de base, que foi sempre o tema do jornal Brasil, Urgente.

As comunidades de base já tinham começado no Nordeste do ponto de vista cristão religioso. Havia um conjunto de movimentos que criticava o Estado, então o pensamento era assim: se existe uma comunidade, a missa é da comunidade, e não do padre; agora, havia então um movimento de ação católica, que era importante. Era uma revisão também da igreja, do valor do leigo e um movimento que começou a criticar a doutrina social da igreja, pois era necessária uma posição social, isto é, uma discussão profunda sobre a questão de cristianismo e cidadania para o bem do país.

Alguém disse que nós estávamos só falando e precisávamos era fazer, aí nasceu um movimento que vai gerar o Brasil, Urgente. *O problema era a imprensa. O povo é manipulado pela imprensa, seja a imprensa exploradora, seja a ideológica.*

Então, o que aconteceu é que, nessa ação social, nós encontramos o Mário Carvalho de Jesus, aqui nas Perdizes, ele era advogado trabalhista, católico, e tinha um grupo de 12 sindicatos, cuja missão era lutar pela justiça social. Contávamos com uma boa base sindical organizada e então um sindicato dele fez uma greve. O Dom Jorge do ABC, o Mário Carvalho de Jesus e eu fomos visitar a greve, dar um apoio; quando nós estávamos lá, chegaram os carros de polícia, nós vimos estudantes e fomos ao encontro deles e eles nos afastaram, dizendo: "A greve acabou".

Nós fizemos uma declaração aos jornais contando isso, os jornais publicaram completamente o avesso, dizendo que Dom Jorge, Mário Carvalho de Jesus e Frei Carlos Josaphat estavam nervosos, porque a polícia cumpriu seu dever. Foi nessa hora que nós fizemos uma assembleia e junto com vários líderes, inclusive o sindicato dos metalúrgicos, que era comunista, criamos o jornal. Depois de muitas campanhas para arrecadar fundos, nós lançamos o jornal, formado por uma equipe que representava vários movimentos, uma equipe soberana, eu não era nada, eu era o fundador.

Numa assembleia, pedi que me inscrevessem para falar umas coisas, fiz a propaganda do jornal, e o Mário disse: "Padre, sinceramente, nós não acreditamos em conversa de padre". Mas eu sou um brasileiro que tem as mesmas convicções de vocês, e acontece o seguinte, eles fazem uma greve, a greve é justa, sai no jornal, são justas as reivindicações, e eles vieram humildemente e disseram: "O único jornal que falou da greve foi o de vocês, o jornal dos trabalhadores, nós queremos estar dentro", aí eles transitaram na equipe dos 12 que dirigia o jornal.

Uma vez, recebi um telefonema de um cara que disse que precisava falar comigo sobre uma questão urgentíssima de vida ou de morte. Era Leonel Brizola: "Acabaram de matar o presidente dos Estados Unidos, e o jornal tem que publicar isso, é um crime político". Então demos a manchete "Kennedy: Assassinato político", o embaixador dos Estados Unidos chegou pra mim e disse: "Olha, o seu jornal ofendeu os Estados Unidos", mas nós não ofendemos, demos a posição do jornal com argumentação. Publicamos, no próximo número, a sua posição e argumentação, com direito de fazer crítica; segundo a legislação brasileira, o senhor terá o mesmo espaço e vai ocupar a primeira página. Estou esperando até hoje.

Quando conheci Roberto Freire, ele estava interessado, ele queria trabalhar, e trabalhava, colocava o carro dele à disposição para o que fosse necessário. Era uma amizade muito grande, e a gente brincava muito. Frei Tito, Frei Fernando, Frei Ives, eu acho que essa turma ainda não estava em ação não. Nessas reuniões, dos 12, ele era uma influência muito grande, por exemplo: a primeira tomada de posição do jornal, que foi "Os remédios matam o Brasil", o Roberto disse: "É a primeira capa do jornal, do primeiro jornal. Eu achei bom, porque eu achava que a gente tinha que começar forte, um companheirão, um companheirão, e depois escutava caladinho, dava a posição dele e justificava.

Uma vez um programa ia me entrevistar, perguntas terríveis: qual foi a primeira vez que você fez amor? Você dá certo no amor? Coisas do tipo. Eu fui de hábito e, chegando lá, havia uma festa, cheia de mulheres bonitas, pouco vestidas que abraçavam e apertavam, e um fotógrafo fotografando tudo. Estavam presentes o Roberto, o Rui do Espírito Santo, eu e mais uns cinco da nossa equipe, quando o Roberto disse: "Nós fomos traídos, olha quanta sacanagem". As moças sentavam numas camas e levantavam as pernas. Eles se reuniram, chamaram o jornalista, cercaram, os cinco e ele no meio. "Seu cachorro, como é que você faz uma coisa dessas? Vocês fizeram isso para desmoralizar nosso jornal", o Roberto falou, "Você sabe para onde você vai? Pro inferno, porque eu mato você." O certo é que nós saímos, o cara fez o programa e não fez nenhuma pergunta, aí eu falei da reforma de base, do Brasil, Urgente, no programa dele.

É interessante, ele tinha razão, numa primeira etapa, nós tínhamos um apoio do Cardeal Dom Carlos Carmelo de Vasconcelos, mas o conjunto do episcopado era muito conservador. Acontecia muitas vezes numa discussão, quando chegava um sujeito e falava, nós damos tanto, pagamos quatro páginas do jornal, mas vocês podem fazer o texto, contando que nos elogiem. O Roberto dizia: "Se nós cedermos uma única vez, acabou."

Eu saí no dia 08 de dezembro, após um comício de esquerda no Rio Grande do Sul, com Paulo de Tarso, Miguel Sampaio, Almino Afonso, Miguel Arraes, que me passaram a palavra imediatamente, para você ver o prestígio que nós tínhamos na esquerda. Quando eu cheguei ao convento, o Superior disse: "Nós estamos cercados, vamos embora, imediatamente", eu tive três dias para preparar a saída, entrar em contato com os nossos companheiros, fui um pouco indelicado ao deixar uns cartões para dar os contatos e fui para França, Paris.

O primeiro provinciado, Frei Mateus Rocha, recebeu uma carta do próprio secretário do Vaticano, falando que eu devia sair do Brasil. Roberto Freire não aceitou muito, toda equipe não aceitou, mas eles queriam limpar o país dos adversários influentes, os capitalistas paulistas foram ao Núncio Apostólico e disseram que estavam escandalizados, que as mulheres católicas choravam de ver um padre junto com os comunistas, mandaram isso para o Vaticano.

Eu dou razão ao Roberto Freire de ter ficado revoltado. Mas a Conferência Nacional dos Bispos tinha feito uma declaração sobre o Brasil, Urgente, dizendo que não era um jornal católico, era um jornal que tinha líderes sociais, que não falava para a família tradicional brasileira. A primeira tiragem do jornal foi de 250 mil, e depois baixou, chegamos a ficar entre 50 e 100 mil exemplares. Era o único Jornal Nacional (risos).

A última vez que vi o Roberto Freire foi no dia em que eu parti pra Paris. Era difícil, de fato, explicar a situação, porque no fundo o Núncio Apostólico estava de acordo com o golpe. Quando chegou 1º de abril, e veio o golpe, eu já estava em Paris. Quando eu cheguei, veio um companheiro que seguia as reuniões do Brasil, Urgente e me perguntou se eu podia dar os nomes de todos os homens de esquerda aqui em Paris. Não lembro o nome dele. Mas era polícia, na certa, até o jeito de ele falar. Eu seria um péssimo historiador, porque não anotei o nome dele. Fiquei em Paris dois anos e tanto, quase três anos, porque eu aproveitei para fazer meu doutorado.

Eu ajudei a preparar a ida do Frei Tito, porque nós precisávamos de uma autorização, já que ele foi expulso, então o governo não queria aceitar, e nós fomos e conversamos bastante com o ministro das Relações Exteriores, ele disse que a França sabia o que estava se passando no Brasil, mantinham as relações diplomáticas, mas o acordo era para não fazer nada, e não permitir que a polícia brasileira pudesse fazer alguma coisa contra aqueles que foram adversários. Tito era um grande líder, ele que organizou o congresso dos estudantes, ele ainda não era um dos dominicanos, ele era noviço, tinha 29 anos.

Eu estive em Fortaleza, na reunião de educadores, isso há pouco mais de dez anos e, então, um pequeno grupo disse: "Nós queremos ver o túmulo do Frei Tito", e fomos, é um túmulo bem bonito, com uma frase do Tito, então nós rezamos, e aí, interessante, os coveiros ajoelharam.

Logo que voltei ao Brasil, veio um oficial, um tenente, pegou meu passaporte e levou embora, quando eu estava quase chegando, ele passou e me entregou o passaporte sem falar nada, aí eu passei pela porta e o encontrei do outro lado, e ele estava com umas caixas de uísque e cervejas, uma porção de coisa que ele comprou no free shop com meu passaporte. Então, ele me entregou e falou que pagava tudo. A primeira coisa que eu fiz foi perder esse passaporte e pegar um novo. Isso aí foi nos anos 1970. A corrupção presente desde a entrada no país.

Os intestinos do golpe

Roberto Freire, desde a partida de Frei Carlos Josaphat, passou a considerá-lo um traidor. Em *Eu é um Outro* dedica parágrafos explicando seu ponto de vista.

Naquele 1º de abril de 1964 juntaram-se várias forças: militares que representavam a direita mais reacionária e violenta, uma classe política servil e corrupta, uma igreja potencialmente conservadora que carregava a paranoia anticomunista, grandes proprietários rurais que pretendiam ampliar seus domínios e que temiam uma reforma agrária e uma classe média, especialmente a paulista, disposta a reforçar seus propósitos de crescimento econômico.

O governo de Jango não ousou resistir, e assim um novo governo tomou posse sem que um único tiro fosse disparado. A presidência foi declarada vaga com Jango no Brasil, em Porto Alegre. O presidente da Câmara, Ranieri Mazzilli, fez essa declaração, esvaziou o plenário, pediu para apagarem as luzes e saiu, sorrateiro, antes de ser alcançado por um deputado paulista, Rogê Ferreira, e tomar uns bons tapas. O escritor Guimarães Rosa definiu Ranieri Mazzilli como um "modess": no melhor lugar, nos piores dias, para evitar derramamento de sangue.

Estudantes, operários, alguns poucos políticos, um pequeno setor da Igreja Progressista e uns poucos gatos pingados resolveram resistir. Isso implicou o surgimento de diversos grupos que foram alcunhados como "guerrilheiros", e entraram na clandestinidade. A Ação Popular (AP) foi um desses grupos, que era aquele no qual Roberto Freire militou.

Entre os argumentos levantados contra a "traição" do Frei Carlos Josaphat está, com certeza, a data de sua viagem, em dezembro de 1963, vésperas do golpe. A defesa de que foi transferido e que deveria cumprir essa decisão do Vaticano esbarra em uma análise. Sua transferência era uma espécie de punição por sua atuação, especialmente no jornal *Brasil, Urgente*, e nas diversas palestras e conferências de que participava. Uma punição seria mais fácil de ser digerida se o local para onde foi enviado não tivesse sido Paris, mais associado a um prêmio do que qualquer tipo de represália. Outro aspecto é que, como dominicano, havia morado na residência das Perdizes, ao lado da Igreja que ficou tão famosa, onde também morou seu contemporâneo e conhecido Frei Tito de Alencar Lima. E, quando este chegou, já destruído psiquicamente, a Paris, após todas as torturas comandadas pelo delegado Fleury, no Doi-Codi, não foi recebido pelo companheiro Frei Carlos Josaphat.

"Pau de arara"; choques elétricos na cabeça, nos órgãos genitais, pés, mãos e ouvidos; socos, pauladas e palmatórias são apenas alguns dos métodos de tortura pelos quais Tito passou durante 48 horas. Além disso, foi preso na chamada "cadeira do dragão" e queimado com cigarros. Uma noite no pau de arara, entretanto, foi o que levou o frei à tentativa de suicídio. Tito cortou-se com uma lâmina de barbear e foi levado ao Hospital Central do Exército no Cambuci. O tratamento médico pelo qual passou durou aproximadamente uma semana, mas a tortura psicológica não deixou de acontecer durante este período.

No início de 1970, Frei Tito foi torturado nos porões da chamada "Operação Bandeirantes". Na prisão, ele escreveu sobre a sua tortura e o documento correu pelo mundo, transformando-se em símbolo de luta pelos direitos humanos.

Em 13 de janeiro 1971, Tito foi deportado para o Chile e, sob a ameaça de novamente ser preso, fugiu para a Itália. Em Roma, não teria encontrado apoio da Igreja Católica, por ser considerado um "frade terrorista". De Roma foi para Paris, onde recebeu apoio dos dominicanos, mas não de Frei Carlos Josaphat.

Traumatizado pela tortura que sofrera, Frei Tito submeteu-se a um tratamento psiquiátrico. Seu estado era instável, vivendo uma agoniada alternância entre prisão e liberdade diante do passado.

O convento de Saint Jacques, em Paris, abrigou Tito até junho de 1973. Lá, passou a estudar na Universidade Sorbonne. O tratamento psiquiátrico, entretanto, não foi suficiente para que a sanidade fosse recuperada. O

Frei, então, foi enviado para o convento dominicano de Sainte-Marie de La Tourette, em Éveux.

No dia 10 de agosto de 1974, um morador dos arredores de Lyon encontrou o corpo de Frei Tito suspenso por uma corda. A causa da morte tornou-se um enigma. Suspeita-se que Tito tenha cometido suicídio. Foi enterrado no cemitério dominicano do Convento Sainte-Marie de La Tourette em Éveux. Em 25 de março de 1983, o corpo de Frei Tito chegou ao Brasil. Antes de chegar a Fortaleza, passou por São Paulo, onde foi realizada uma celebração litúrgica em sua memória e na de Alexandre Vannucchi. Cercado por bispos e numeroso grupo de sacerdotes, Dom Paulo Evaristo Arns repudiou a tragédia da tortura em missa de corpo presente acompanhada por mais de quatro mil pessoas. A missa foi celebrada pelo sacerdote em trajes vermelhos, usados em cerimônias em memória de mártires.

Poucos dias antes de morrer, Frei Tito escreveu na sua agenda:

"São noites de silêncio
Vozes que clamam num espaço infinito
Um silêncio do homem e um silêncio de Deus."

Abaixo o texto escrito por Frei Tito sobre sua tortura. Um documento que transformou a relação da Ditadura com o povo após sua revelação. Foi a leitura deste texto que levou Roberto Freire a entrar na AP e se tornar um militante, clandestinamente.

Fui levado do presídio Tiradentes para a "Operação Bandeirantes", OB (Polícia do Exército), no dia 17 de fevereiro de 1970, 3ª feira, às 14 horas. O capitão Maurício veio buscar-me em companhia de dois policiais e disse: "Você agora vai conhecer a sucursal do inferno". Algemaram minhas mãos, jogaram-me no porta-malas da perua. No caminho as torturas tiveram início: cutiladas na cabeça e no pescoço, apontavam-me seus revólveres.

Preso desde novembro de 1969, eu já havia sido torturado no Dops. Em dezembro, tive minha prisão preventiva decretada pela 2ª auditoria de guerra da 2ª região militar. Fiquei sob responsabilidade do juiz auditor Dr. Nelson Guimarães. Soube posteriormente que este juiz autorizara minha ida para a OB sob "garantias de integridade física".

Ao chegar à OB fui conduzido à sala de interrogatórios. A equipe do capitão Maurício passou a acarear-me com duas pessoas. O assunto era o Congresso da UNE em Ibiúna, em outubro de 1968. Queriam que eu esclarecesse fatos ocorridos naquela época. Apesar de declarar nada saber, insistiam para que eu "confessasse". Pouco depois levaram-me para o "pau-de-arara". Dependurado nu, com mãos e pés amarrados, recebi choques elétricos, de pilha seca, nos tendões dos pés e na cabeça. Eram seis os torturadores, comandados pelo capitão Maurício. Davam-me "telefones" (tapas nos ouvidos) e berravam impropérios. Isto durou cerca de uma hora. Descansei quinze minutos ao ser retirado do "pau-de-arara". O interrogatório reiniciou. As mesmas perguntas, sob cutiladas e ameaças. Quanto mais eu negava mais fortes as pancadas. A tortura, alternada de perguntas, prosseguiu até às 20 horas. Ao sair da sala, tinha o corpo marcado de hematomas, o rosto inchado, a cabeça pesada e dolorida. Um soldado, carregou-me até a cela 3, onde fiquei sozinho. Era uma cela de 3 por 2,5 m, cheia de pulgas e baratas. Terrível mau cheiro, sem colchão e cobertor. Dormi de barriga vazia sobre o cimento frio e sujo.

Na quarta-feira fui acordado às 8 h. Subi para a sala de interrogatórios onde a equipe do capitão Homero esperava-me. Repetiram as mesmas perguntas do dia anterior. A cada resposta negativa, eu recebia cutiladas na cabeça, nos braços e no peito. Nesse ritmo prosseguiram até o início da noite, quando serviram a primeira refeição naquelas 48 horas: arroz, feijão e um pedaço de carne. Um preso, na cela ao lado da minha, ofereceu-me copo, água e cobertor. Fui dormir com a advertência do capitão Homero de que no dia seguinte enfrentaria a "equipe da pesada".

Na quinta-feira três policiais acordaram-me à mesma hora do dia anterior. De estômago vazio, fui para a sala de interrogatórios. Um capitão cercado por sua equipe, voltou às mesmas perguntas. "Vai ter que falar senão só sai morto daqui", gritou. Logo depois vi que isto não era apenas uma ameaça, era uma certeza. Sentaram-me na "cadeira do dragão" (com chapas metálicas e fios), descarregaram choques nas mãos, nos pés, nos ouvidos e na cabeça. Dois fios foram amarrados em minhas mãos e um na orelha esquerda. A cada descarga, eu estremecia todo, como se o organismo fosse se decompor. Da sessão de choques passaram-me ao "pau-de-arara". Mais choques, pauladas no peito e nas pernas a cada vez que elas se curvavam para aliviar a dor. Uma hora depois, com o corpo todo ferido e sangrando, desmaiei. Fui desamarrado e reanimado. Conduziram-me a outra sala dizendo que passariam a carga elétrica para 230 volts a fim de que eu falasse "antes de morrer". Não chegaram a fazê-lo. Voltaram às perguntas, batiam em minhas mãos com palmatória. As mãos ficaram roxas e inchadas, a ponto de não ser possível fechá-las. Novas pauladas. Era impossível saber qual parte do corpo doía mais; tudo parecia massacrado. Mesmo que quisesse, não poderia responder às perguntas: o raciocínio não se ordenava mais, restava apenas o desejo de perder novamente os sentidos. Isto durou até às 10 h quando chegou o capitão Albernaz.

"Nosso assunto agora é especial", disse o capitão Albernaz, ligou os fios em meu membro. "Quando venho para a OB – disse – deixo o coração em casa. Tenho verdadeiro pavor a padre e para matar terrorista nada me impede... Guerra é guerra, ou se mata ou se morre. Você deve conhecer fulano e sicrano (citou os nomes de dois presos políticos que foram barbaramente torturados por ele), darei a você o mesmo tratamento que dei a eles: choques o dia todo. Todo "não" que você disser, maior a descarga elétrica que vai receber". Eram três militares na sala. Um deles gritou: "Quero nomes e aparelhos (endereços de pessoas)". Quando respondi: "não sei" recebi uma descarga elétrica tão forte, diretamente ligada à tomada, que houve um descontrole em minhas funções fisiológicas. O capitão Albernaz queria que eu dissesse onde estava o Frei Ratton. Como não soubesse, levei choques durante quarenta minutos.

Queria os nomes de outros padres de São Paulo, Rio e Belo Horizonte "metidos na subversão". Partiu para a ofensa moral: "Quais os padres que têm amantes? Por que a Igreja não expulsou vocês? Quem são os outros padres terroristas?". Declarou que o interrogatório dos dominicanos feito pelo Deops tinha sido "a toque de caixa" e que todos os religiosos presos iriam à OB prestar novos depoimentos. Receberiam também o mesmo "tratamento". Disse que a "Igreja é corrupta, pratica agiotagem, o Vaticano é dono das maiores empresas do mundo". Diante de minhas negativas, aplicavam-me choques, davam-me socos, pontapés e pauladas nas costas. À certa altura, o capitão Albernaz mandou que eu abrisse a boca "para receber a hóstia sagrada". Introduziu um fio elétrico. Fiquei com a boca toda inchada, sem poder falar direito. Gritaram difamações contra a Igreja, berraram que os padres são homossexuais porque não se casam. Às 14 horas encerraram a sessão. Carregado, voltei à cela onde fiquei estirado no chão.

O REVOLUCIONÁRIO DO TESÃO 89

Às 18 horas serviram jantar, mas não consegui comer. Minha boca era uma ferida só. Pouco depois levaram-me para uma "explicação". Encontrei a mesma equipe do capitão Albernaz. Voltaram às mesmas perguntas. Repetiram as difamações. Disse que, em vista de minha resistência à tortura, concluíram que eu era um guerrilheiro e devia estar escondendo minha participação em assaltos a bancos. O "interrogatório" reiniciou para que eu confessasse os assaltos: choques, pontapés nos órgãos genitais e no estômago, palmatórias, pontas de cigarro no meu corpo. Durante cinco horas apanhei como um cachorro. No fim, fizeram-me passar pelo "corredor polonês". Avisaram que aquilo era a estreia do que iria ocorrer com os outros dominicanos. Quiseram me deixar dependurado toda a noite no "pau-de-arara". Mas o capitão Albernaz objetou: "não é preciso, vamos ficar com ele aqui mais dias. Se não falar, será quebrado por dentro, pois sabemos fazer as coisas sem deixar marcas visíveis". "Se sobreviver, jamais esquecerá o preço de sua valentia".

Na cela eu não conseguia dormir. A dor crescia a cada momento. Sentia a cabeça dez vezes maior do que o corpo. Angustiava-me a possibilidade de os outros padres sofrerem o mesmo. Era preciso pôr um fim àquilo. Sentia que não iria aguentar mais o sofrimento prolongado. Só havia uma solução: matar-me.

Na cela cheia de lixo, encontrei uma lata vazia. Comecei a amolar sua ponta no cimento. O preso ao lado pressentiu minha decisão e pediu que eu me acalmasse. Havia sofrido mais do que eu (teve os testículos esmagados) e não chegara ao desespero. Mas no meu caso, tratava-se de impedir que outros viessem a ser torturados e de denunciar à opinião pública e à Igreja o que se passa nos cárceres brasileiros. Só com o sacrifício de minha vida isto seria possível, pensei. Como havia um Novo Testamento na cela, li a Paixão segundo São Mateus. O Pai havia exigido o sacrifício do Filho como prova de amor aos homens. Desmaiei envolto em dor e febre.

Na sexta-feira fui acordado por um policial. Havia ao meu lado um novo preso: um rapaz português que chorava pelas torturas sofridas durante a madrugada. O policial advertiu-me: "o senhor tem hoje e amanhã para decidir falar. Senão a turma da pesada repete o mesmo pau. Já perderam a paciência e estão dispostos a matá-lo aos pouquinhos". Voltei aos meus pensamentos da noite anterior. Nos pulsos, eu já havia marcado o lugar dos cortes. Continuei amolando a lata. Ao meio-dia tiraram-me para fazer a *barba. Disseram que eu iria para a penitenciária. Raspei mal a barba, voltei à cela. Passou um soldado. Pedi que me emprestasse a "gillete" para terminar a barba. O português dormia. Tomei a gillete. Enfiei-a com força na dobra interna do cotovelo, no braço esquerdo. O corte fundo atingiu a artéria. O jato de sangue manchou o chão da cela. Aproximei-me da privada, apertei o braço para que o sangue jorrasse mais depressa. Mais tarde recobrei os sentidos num leito do pronto-socorro do Hospital das Clínicas. No mesmo dia transferiram-me para um leito do Hospital Militar. O Exército temia a repercussão, não avisaram a ninguém do que ocorrera comigo. No corredor do Hospital Militar, o capitão Maurício dizia desesperado aos médicos: "Doutor, ele não pode morrer de jeito nenhum. Temos que fazer tudo, senão estamos perdidos". No meu quarto a OB deixou seis soldados de guarda.*

No sábado teve início a tortura psicológica. Diziam: "A situação agora vai piorar para você, que é um padre suicida e terrorista. A Igreja vai expulsá-lo". Não deixavam que eu repousasse. Falavam o tempo todo, jogavam, contavam-me estranhas histórias. Percebi logo que, a fim de fugirem à responsabilidade de meu ato e o justificarem, queriam que eu enlouquecesse.

Na segunda noite recebi a visita do juiz auditor acompanhado de um padre do Convento e um bispo auxiliar de São Paulo. Haviam sido avisados pelos presos políticos do presídio Tiradentes. Um médico do hospital examinou-me à frente deles mostrando os hematomas e cicatrizes, os pontos recebidos no hospital das Clínicas e as marcas de tortura. O juiz declarou que aquilo era "uma estupidez" e que iria apurar responsabilidades. Pedi a ele garantias de vida e que eu não voltaria à OB, o que prometeu.

De fato, fui bem tratado pelos militares do Hospital Militar, exceto os da OB que montavam guarda em meu quarto. As irmãs vicentinas deram-me toda a assistência necessária, mas não se cumpriu a promessa do juiz. Na sexta-feira, dia 27, fui levado de manhã para a OB. Fiquei numa cela até o fim da tarde sem comer. Sentia-me tonto e fraco, pois havia perdido muito sangue e os ferimentos começavam a cicatrizar-se. À noite entregaram-me de volta ao Presídio Tiradentes.

É preciso dizer que o que ocorreu comigo não é exceção, é regra. Raros os presos políticos brasileiros que não sofreram torturas. Muitos, como Schael Schneiber e Virgílio Gomes da Silva, morreram na sala de torturas. Outros ficaram surdos, estéreis ou com outros problemas físicos. A esperança desses presos coloca-se na Igreja, única instituição brasileira fora do controle esta-

tal-militar. Sua missão é: defender e promover a dignidade humana. Onde houver um homem sofrendo, é o Mestre que sofre. É hora de nossos bispos dizerem um BASTA *às torturas e injustiças promovidas pelo regime, antes que seja tarde.*

A Igreja não pode omitir-se. As provas das torturas trazemos no corpo. Se a Igreja não se manifestar contra essa situação, quem o fará? Ou seria necessário que eu morresse para que alguma atitude fosse tomada? Num momento como este o silêncio é omissão. A Igreja existe como sinal e sacramento da justiça de Deus no mundo.

"Não queremos, irmãos, que ignoreis a tribulação que nos sobreveio. Fomos maltratados desmedidamente, além das nossas forças, a ponto de termos perdido a esperança de sairmos com vida. Sentíamos dentro de nós mesmos a sentença de morte: deu-se isso para que saibamos pôr a nossa confiança, não em nós, mas em Deus, que ressuscita os mortos" (2 Cor, 8-9).

Faço esta denúncia e este apelo a fim de que se evite amanhã a triste notícia de mais um morto pelas torturas.

Frei Tito de Alencar Lima, OP, fevereiro de 1970

Amar e armar como forma de resistir

A primeira prisão foi relatada por Roberto Freire como uma sequência de sensações que se tornaram inesquecíveis. Primeiro, foi a total perplexidade nas ruas, pós-golpe, como se nada estivesse acontecendo. A consciência de que tinha se tornado um dos alvos do regime militar acompanhava o medo do que viesse a acontecer. Recebeu de Rui do Espírito Santo, um colega e amigo do *Brasil, Urgente*, a notícia, por meio de um telefonema, do empastelamento da sede do jornal. Haviam levado a coleção dos números publicados e a documentação arquivada. Ninguém tinha sido preso, mas Roberto Freire era o diretor responsável.

Naquela madrugada, sua casa foi invadida por policiais que lhe deram ordem de prisão, violentamente, e foi, ainda de pijama, levado para o interrogatório. Pela janela do camburão, viu seu filho mais velho, Pedro, correndo atrás do veículo. Não saber para onde estava sendo levado, sentir uma completa solidão, medo de ter que passar por dores físicas e, especialmente, entender que estava perdendo sua autonomia compõem o sentimento mais forte daquele momento.

Houve também o medo da morte. Ao ser confrontado com o delegado do Dops, uma estranha sensação se fez presente: de pijama e descalço frente a um homem, aparentemente constrangido, de terno e gravata, tornavam-se dois homens comuns. Um, explicando burocraticamente os motivos da prisão, atividades subversivas dos comunistas e direção de um jornal subversivo contra os militares. O outro, acuado, assustado e desprovido de qualquer poder de reação, de formular qualquer versão.

Em uma cela de quatro por cinco metros, com uma janela quebrada e uma porta de aço, uma pia e um vaso sanitário, Roberto foi colocado junto a mais 16 presos. Uns, por motivação política, outros por serem ladrões, presos comuns. Assemelhavam-se, no entanto, àquela ausência de liberdade. E evitar conversas passou a ser uma estratégia.

Fizeram um revezamento para dormir, pois era impossível que todos se deitassem ao mesmo tempo. E um sofrimento novo apareceu, o de usar o vaso sanitário naquelas condições. Levaram Freire a diversos interrogatórios, nos quais lhe apresentaram os modos com que se faziam esses questionamentos: bofetões, pontapés, tentativas de afogamento, paus de arara. As histórias que chegavam com outros presos sobre torturas e sofrimentos traziam um componente inédito de sofrimento psíquico. Mas um aprendizado se fazia: resistir ao inimigo é uma maneira de vencê-lo!

Ao sair dessa primeira experiência carcerária, Roberto Freire tinha compreendido que resistir era um caminho necessário a ser percorrido. E com as armas que mais sabia manejar: a Arte e a Cultura!

Procurou a TV Record, falou com Paulinho Machado de Carvalho, diretor do veículo, e iniciou um projeto para a realização de um seriado de televisão, "Gente como a gente", o mesmo nome de uma primeira peça teatral escrita por ele para o Teatro de Arena anos antes. A história versava sobre uma família de classe média baixa e seu cotidiano. Projeto aceito, passou a ser dirigido por Ademar Guerra e contou com artistas de primeira grandeza, como Lélia Abramo, Felipe Carone, Silnei Siqueira, João José Pompeo, Armando Bógus e Irina Grecco. Um grupo de amigos, resistindo juntos.

Enquanto esteve preso no Dops, usando jornais velhos onde se deitava para dormir, Roberto Freire esboçou uma trama, contando a história de dois adolescentes, algumas de suas características, e nesses rascunhos, que pretendia transformar num romance, colocou o nome dos personagens, inspirado na história *Daphnis e Chloé*, de Longus.

Foi sozinho para São Sebastião, a fim de se recompor fisicamente das violências da prisão. Lia, naquela época, Jack Kerouac, *On the road*, outra fonte de inspiração. Delirantemente, dia e noite, vomitou tudo que sentia sobre a impossibilidade do amor, retratada na vida dos dois adolescentes. Dois meses regados a uísque com muita concentração e poucas visitas de Gessy. Ao voltar, trazia cerca de 400 páginas de um romance ainda em primeiro tratamento.

A TV Record iniciou a produção de "Gente como a gente". Os contatos com o pessoal da AP tinham diminuído muito, devido às circunstâncias, mas não se interromperam. Um aviso recebido num desses contatos foi para que permanecesse "limpo", sem material que pudesse ser apreendido, em caso de nova investida policial.

Após o fim de "Gente como a gente", outro seriado de Roberto Freire começou a ser feito: "João Pão", praticamente com o mesmo diretor e o mesmo elenco, contando a história de um menor abandonado. No meio dessa produção, foi abordado por duas viaturas de polícia e retirado do seu carro recebeu um violento golpe nos rins, desmaiando. Retornou à consciência já na cela do Dops.

A primeira prisão enfocou nos interrogatórios, sobretudo, o *Brasil, Urgente*. Nesta segunda vez, informaram-lhe que tinha sido aberto um Inquérito Policial Militar (ipm) sobre sua atuação no Ministério da Educação, como diretor do snt [Serviço Nacional de Teatro] . Em *Eu é um Outro*, Roberto Freire faz um agradecimento à crítica Bárbara Heliodora, sua sucessora no cargo do snt, e companheira do seu parceiro do Instituto de Física, Darcy Fontana de Almeida, por nada ter sido entregue à polícia que o pudesse comprometer. Mas já havia deixado muitos documentos nos quais sua visão socialista ficava explícita.

A tv Record resolveu não continuar com "João Pão", e como recomendaram às empresas que não empregassem pessoas consideradas subversivas, nunca soube se foi esse o argumento usado pela televisão. Estava novamente desempregado.

Procurou Samuel Wainer, diretor da *Última Hora*, por intermédio de um jornalista pernambucano, Múcio Borges, que, por telefone com Samuel Wainer, contratou-o para escrever crônicas diárias sobre a vida em São Paulo, com o nome de "Cidade sem portas". Ali, conheceu o crítico de cinema Ignácio de Loyola Brandão e junto com outro participante do jornal, Walter Negrão, passaram a ter bons momentos de *happy hour* com grandes conversas.

Loyola tinha acabado de escrever um primeiro livro de contos, ainda sem nome. Roberto Freire leu e gostou muito. Notou que os contos todos se passavam à noite. Mas Loyola não queria usar "noite" no título. Roberto Freire sugeriu *Depois do sol*, que foi adotado. O apadrinhamento do título foi retribuído com a leitura crítica do livro de 400 páginas escrito em São Sebastião, cheio de redundâncias e prolixidades. Loyola revisou e enxugou o texto, que se tornaria, editado pela Brasiliense, por Caio Gracco, o primeiro grande romance de Roberto Freire, *Cleo e Daniel*. Loyola também foi lançado por Caio Gracco na Brasiliense; o batismo dos dois recém-nascidos livros, com seus compadres mútuos, foi praticamente na mesma época.

Roberto Freire, ao lançar *Cleo e Daniel*, pegava em armas. A arma precisa da poesia que contagiava toda uma geração que se identificava com aqueles sentimentos. A arma mortífera que transformava um livro em um elemento conscientizador e crítico muito mais do que documentos doutrinários. A arma letal que eternizava dentro de toda uma geração um desejo de sensibilidade e de liberdade. A arma que engatilhava a libido criativa e amorosa para fazer uma renovação. Uma recolocação. Uma revolução.

Os "malditos" foram assim chamados por uma imprensa mais acomodada em manter os rótulos do que decifrá-los. Plínio Marcos foi um deles. Outro foi Itamar Assunção. Jards Macalé também recebeu o carimbo. Em *Cleo e Daniel* os "malditos" proliferavam e ganhavam papéis protagonistas porque ali estavam estabelecidos de maneira tão natural que parecia não haver mais nenhuma linha divisória entre a "normalidade" e a "maldição". Não era tão casual.

Na música popular brasileira, Itamar Assumpção, com Arrigo Barnabé, Premeditando o Breque, e outros vários artistas se reuniram na Vila Madalena e Pinheiros, em São Paulo, e criaram um movimento que escapava das garras da grande "produção", em geral multinacional, que dominava as gravadoras de discos e, consequentemente, as exibições e participações em rádios e televisões. Foram rotulados também como "malditos" sem que gostassem desse apelido. Os filhos de Roberto Freire, Tuco e Paulo, transitaram, foram amigos e tocaram junto com esses artistas.

Entrevista com Ignácio de Loyola Brandão

Eu não posso dizer o ano exato em que conheci o Roberto, mas posso dizer que foi próximo a 1964/66, porque em 1964 veio a "dita cuja", aí a Última Hora, já em abril, ficou meio morta. Comecei a conviver com o Roberto na Última Hora, antes do golpe militar, lá no Anhangabaú. Era o grande momento do Última Hora porque era um jornal que não tinha assinante, tinha uma venda de banca fantástica, defendia trabalhador, defendia o PTB, defendia Jango, Getúlio, essas coisas, foi fundado por ele. A equipe da redação era incrível. Vladimir Herzog trabalhou lá, Clarice Lispector, Sérgio Arapuã, Sérgio Porto, Nelson Rodrigues, todos eles trabalharam lá. E um dia apareceram na redação o Roberto Freire e o Walter Negrão. O Walter Negrão já trabalhava no Última Hora, era repórter e um bom fazedor de histórias dramáticas, histórias para chorar, igual ele fez depois na [revista] Cláudia. Ele foi contratado para a Cláudia para fazer as histórias emocionantes. E o Negrão, ali junto com o Roberto, escrevia uma novela para a Record, publicada em quadrinhos, em fotos no Última Hora, e depois ia para a televisão. Era uma coisa incrível, ele aparecia na redação com maços de papel na mão e passou a usar as laudas do jornal. Antigamente havia laudas, de tamanho único, ótimo para escrever e ele escrevia muitas vezes a lápis e eu muitas vezes tinha que passar aquilo a limpo e estar sempre ligado. Mas adorava fazer. Achava ótimo, estava vendo a coisa ser criada e eu nunca tinha visto a criação de novela, ia vendo pedaço por pedaço, parte de um ou outro capítulo, era meio bagunçado aquele material, não sei como eles ordenavam na hora de mandar. Ele [Roberto] também fazia uma coluna no Última Hora, de vez em quando tinha uma crônica dele, e eu também fazia. Eu, ele e o Negrão, a gente saía sempre juntos no final do expediente.

Fui fazendo amizade com ele e com o Walter. Além de datilografar, eu fazia crítica de cinema para o jornal.

E aí eu escrevi meu primeiro livro: Depois do sol, *que são contos sobre a noite paulistana, todos se passam à noite, porque a gente saía muito à noite e eu ficava imaginando. Eu vim de Araraquara, onde havia dois bares e só. Aqui em São Paulo havia vários, um monte de inferninho, puteiro, boate, a gente entrava sem pagar, porque jornalista não pagava. Eu terminei o texto e não sabia que título dar, pedi uma sugestão para o Roberto. Ele sugeriu* Noite *como título do livro. Mas eu não gostei. Então ele disse:* Depois do sol, *e dei o título. O primeiro título do meu primeiro livro foi dado por ele. A amizade foi se estreitando, eu gostava de encontrar com ele, conheci a Gessy nessa época, linda a Gessy, era linda e gostosa. E naquela mesma época ele escreveu* Cleo e Daniel.

Ele apareceu com aquele calhamaço e pediu que eu lesse. Li, cortei muita coisa e eu falei assim: "Agora você tem que mandar redatilografar tudo isso, tem que ser profissional". Eu arranjei uma moça para ele, Marianinha, que era datilógrafa da Assembleia, isso eu lembro, porque ela fazia para mim. Tinha que datilografar para entregar para o editor, tinha que entregar um original, limpo, direitinho. Mandamos fazer, ela entregou e relemos. Até chegar um momento que eu disse: "Olha, acho que está bom, Roberto", senão nunca ia acabar isso. E eu não era a maior autoridade no assunto, tinha publicado meu primeiro livro e também não sabia escrever livro direito, escrevi um e estava escrevendo outro, que era o "Bebel". Foi aí que acho que ele mandou para o Caio [Gracco]. Em seguida eu dei para ele ler o meu primeiro romance, o "Bebel" e o título dele era: "Bebel e seus amigos", era uma bosta de título, eu sei, mas era o que eu tinha conseguido. Ele foi lendo, era a história de uma menina de televisão, e eu falei: "É um meio que você conhece, vê se me ajuda", e essa menina é engolida pelo sistema e tudo. Um dia ele passou pela minha mesa, ele e o Negrão voltavam da televisão lá pelas 18/19h, e ele virou e falou assim para mim: Bebel que a cidade comeu, *e esse foi o título do livro. Então eu devo a ele esses dois títulos de livros.*

Eu gostei muito de Cleo e Daniel *na época, era um livro moderno, atual, falava de jovem como ninguém tinha falado e eu acho que esse livro ainda hoje é injustiçado, porque ele precisa ser relido e tem que ser relançado. Os nossos personagens eram desbundados, eram outra coisa, politizados, que-*

riam mudar o Brasil, queriam mudar as coisas. Eu fui ver o filme, eu achei fraco, porque ele não sabia fazer filme.

Mas, para mim, ele fazia muita coisa, ele era trabalhador árduo. Ele lia, escrevia, fazia jornal, novela, teatro, e não sei o quê, tinha também a coisa de psicanálise. Bagunçava um pouco, porque não tinha um foco. Lembro que foi ele quem me apresentou Silnei Siqueira. Eu fazia jornal ainda e fui várias vezes à montagem e vi o Morte e vida crescer no palco e aprendi uma coisa que eu nunca fiz: teatro. No fundo sempre pensei: eu tenho que fazer uma peça teatral, no fim nunca fiz e não tenho capacidade.

O Roberto me apresentou muita gente. Não só o Silnei, mas também o Chico Buarque. O Roberto era um ídolo pra todos nós. Depois o Roberto sumiu totalmente e nunca mais o vi. De repente ele estava em Mauá. Eu lembro que mandei uma carta, que nunca foi respondida. Depois ele se separou da Gessy, aí ele começou com o Soma e então escreveu Sem tesão não há solução. E eu começava a pensar que ele ia ser um bom parceiro para o Zé Celso, porque os dois tinham essa coisa, eram contra tudo do país, não aguentavam aquela coisa velha e tal.

Eu li Viva eu, viva tu... (risos). O meu exemplar está em Araraquara, porque eu tenho uma biblioteca aqui e outra lá, porque não cabe. Minha mulher falava: "A laje não vai aguentar". Ela é arquiteta. Então eu mando para Araraquara. Todos os livros dele estão lá, faltam alguns. Viva eu, viva tu, viva o rabo do tatu (risos) será que funciona hoje ainda?

Depois o Roberto foi ficando melancólico, até que no fim ele nem falava mais comigo, eu mandava recado e ele nem respondia. Essa coisa da cegueira me impressionou muito.

Ele tinha 81 anos quando morreu, quase a minha idade, hoje. Eu nem sabia disso. Eu lembro que ele sumiu e ninguém teve notícia. Quando ele ficou doente, alguém me falou e eu queria ir lá, onde for, como for e ninguém me disse onde era, o que era, alguém disse: "Ele não quer ver ninguém". E isso me deixou um pouco mal. "Diz que é o Ignácio", mas ele não queria ver ninguém.

Por que essa solidão dele? Quem viveu essa solidão final dele? E o que será que provocou isso naquela cabeça dele? Eu lembro que uma vez ele me falou: "Você nunca agradeceu eu ter dado o título dos teus dois primeiros livros". Eu respondi: "Ah, Roberto, claro que eu já agradeci, eu já falei isso publicamente, mas eu não vou ficar falando isso o tempo inteiro". E ele: "É, *tem que ser grato, Ignácio. Na vida tem que ser grato". Ele me chamava de Ignácio e todo mundo me chamava de Loyola. E eu falei: "Tá bom!" Agora é curioso, porque a velhice te traz muito mais consideração das coisas, e você entende e fica menos amargo.*

De onde nasceu essa amargura dele no fim da vida? Acho que é importante você colocar isso neste livro. Em que momento nasceu isso? Eu achei até curioso, porque a gente se dava tão bem, ele gostava tanto de mim, eu gostava muito dele, e aí eu ia: "Ele não quer ver ninguém". Eu: "Mas, diz que sou eu", resposta: "Não, ele não quer ver ninguém". Então está bom, estava com problema na cabeça, alguma dor qualquer. A última coisa que aconteceu entre nós foi ele pedir a minha apresentação para o Eu é um Outro.

Eu me lembro de uma coisa: eu tinha duas madrinhas quando fazia crítica de cinema. A madrinha loira e a morena. É claro que eram duas mulheres pelas quais eu tinha paixão. Uma era Joana Fomm, a morena, e a outra era Helena Ignês, a loira. E um dia ele falou para mim: "Pô, vamos lá no Arena, vamos ver aquela Joana Fomm de que você tanto gosta"; – depois, em 1966, eu namorei a Joana Fomm – a gente foi várias vezes para ver a Joana Fomm no Arena e ele ficava encantado com ela. Ele tinha o olhar para mulheres nessa época. Eu lembro que quando foi feito o filme Bebel, *com a* Rosana Ghessa, *ele falou: "Vocês escolheram muito bem, gostosa, coxuda, vulgar, deve ser uma boa trepada".*

E ele tinha tantos projetos, será que de repente ele foi se perdendo e achando tudo uma bosta? Eu lembro que a turma da Realidade, *porque era um período crítico, me passaram para a redação dessa revista, aqui entre nós, era a turma mais arrogante que eu já conheci. Eram os melhores textos, melhores repórteres. Mas também os mais arrogantes. Quem conversava comigo dentro da* Realidade *era o Jorge Andrade, que era quem fazia os perfis para a revista, e fazia muitíssimo bem. O Roberto também foi trabalhar lá. Eu lembro pouco do Roberto na redação. Mas o Roberto não ficou muito tempo, ele não era arrogante, para mim nunca foi. Ele não tinha o espírito* Realidade.

Esses dias eu dei uma entrevista para aquele jornal de literatura Rascunho, *do Paraná, por causa dos meus 80 anos. E pensei o seguinte: você hoje está, mas amanhã você não está. A exclusão é uma coisa muito comum na nossa profissão, de repente você está fora e acabou e você não sabe por quê. Isso deve ter magoado o Roberto. Se eu começar a ser esquecido também vou ficar puto, só que aí eu vou lá xingar todo mundo. Ele foi um dos primeiros caras que viu o começo do* Não verás país nenhum. *Uma vez encontrei com ele e eu falei: "Mas você sumiu", e ele respondeu: "Não, você que sumiu, eu estou aqui. Você não fez mais nada?". Eu: "Acabei um livro agora", não tinha acabado, estava acabando, na verdade. Dei um capítulo para ele ler de* Não verás país nenhum, *que é um capítulo em que as pessoas destroem a Casa dos vidros d'água, um museu com vidros de todos os rios brasileiros. As pessoas desesperadas vão lá e destroem tudo. Ele falou: "Essa coisa da água. Você sabe que a água vai acabar no futuro". E eu: "Eu tenho lido sobre isso, por isso escrevi [sobre]". E ele: "Olha, o tema é engraçado". Aliás, eu tinha dado para ele como um conto, e depois contei: "Isso aí é parte de um livro, um romance", e depois dei um exemplar pra ele. Nunca soube se ele leu o* Não verás país nenhum.

Mas quando ele leu aquele trecho, eu lembro que falei: "Você que me deu os títulos daqueles dois livros, tem alguma ideia pra esse?" E ele: "Que tal Deserto suspenso?" *Mas aí eu achei o "Não verás país nenhum", por acaso. Um dia meu pai falou: "Olha um caderno da tua infância que eu achei". Meu pai era muito engraçado. Era um caderno do colegial, tinha umas crianças entrando na escola e atrás o Brasil e o poema do Olavo Bilac. E fui lendo: não verás país nenhum, não verás país nenhum, ficou na minha cabeça e dei o título. Foi o primeiro livro que ele não deu o título, mas ele se entusiasmou com o tema.*

Entrevista com José Armando Ferrara, cenógrafo de *Morte e vida severina*

A aproximação e amizade com o Roberto Freire começa na trajetória da Escola de Arte Dramática quando eu era um desenhista de Arquitetura. Não muito oportunamente falando, eu me recusei a fazer o vestibular para Arquitetura e comecei a exercitar-me como desenhista projetista quando alguém disse o seguinte: "Está começando um curso de cenografia numa escola de artes dramáticas, por que você não faz?" Eu perguntei: "Mas isso tem alguma coisa a ver com vestibular?" "Não, é um curso livre". Eu fui fazer esse curso. A escola era do Alfredo Mesquita, que subsidiava tudo. Lá eu conheci Aracy, Miriam, Silnei, Juca de Oliveira e tive um papel relativamente importante na escola, porque eu abracei a escola. Ainda trabalhando na Secretária de Obras Públicas, à noite, eu ia fazer esse tal curso de cenografia. A escola funcionava na Rua Maranhão, em uma casa adaptada. Não tinha prancheta na escola. Mas o Alfredo Mesquita era muito amigo da família que dirigia a Fundação Mandala, que estava sendo inaugurada naquele momento, naquele prédio, um monstro, que tinha prancheta e muito mais coisa. Então o que acontecia: tinha que ter aula prática, mas como é que você iria desenhar sem prancheta? Então o Alfredo Mesquita fez um acordo com o pessoal e quando não havia aulas práticas na Fundação Mandala, tinha na EAD.

Só que o Alfredo não conseguiu manter a escola na Rua Maranhão, problemas de especulação imobiliária, porque a casa era alugada, apesar de os proprietários serem também Mesquitas. Ele conseguiu, então, um espaço na Pinacoteca, onde funcionava o Liceu de Artes e Ofícios, que já estava se mudando. Começou uma nova Escola de Artes Dramática, e a gente teve que adaptar, fazer um projetinho de um teatro, fazer um projeto de um refeitório, enfim, adequar o porão onde funcionava o Liceu à Escola de Arte

Dramática. E coube a mim o papel de adequar aquele espaço que era só o porão à Escola.

Foi quando o Roberto Freire chegou para dar aula de Psicologia do ator. Nessa transição eu me aproximei do Silnei, da Miriam, da Aracy Balabanian, com quem eu tive um affair afetivo, da Mônica Pacheco também... Era a minha turma. E quem fazia teatro? Era uma puta ou era uma bicha (risos), e eu, que, além de ir fazer teatro, também fiz escola de Artes Plásticas, era um marginal total. Só não fui bicha, mas era marginal. Acho que esse é o primeiro depoimento que dou, depois de 70 anos, que eu consigo assumir: eu deveria ter feito a faculdade de Arquitetura, não fiz. Não fiz a faculdade, o que vou fazer? Fiz teatro e artes plásticas. Fiz também um curso de artes gráficas no Senai, coisas paralelas. E ocorre é que essa identificação, essa força com a Arquitetura permanece, apesar de ser simplesmente um desenhista que estava fazendo cenografia. Eu faço essa ligação, porque é muito interessante com relação ao Roberto Freire: a gente começa um trabalho que também é ligado com a Ação Popular.

Eu fui da Ação Popular, porque minha atual mulher era professora na PUC, *de língua e literatura, Lucrécia D'Alessio Ferrara. No curso de cenografia havia cinco, seis pessoas: eu, a Sara Felers, Miriam Leitão, Maria Rita, que fazia Arquitetura e mais dois outros rapazes. Eu saía do trabalho na Secretária de Obras e ia direto para a escola na qual o Alfredo oferecia a famosa sopa. Então eu chegava mais cedo e ficava por ali, conversando. Silnei era advogado, no mesmo prédio em que funcionava também a ação de ordem pública, e a gente conversava antes de começar a aula. E Silnei falou: "Olha, Ferrara, você não quer fazer o cenário de uma peça? Tem aí o Roberto Freire, que está dando aula e acabou de escrever uma peça – Natal na praça – e me convidou para dirigir. Você é a pessoa mais próxima aqui, tá sempre por aqui, as outras pessoas eu não conheço. Quer fazer?", e eu falei: "Faço!" Só que aconteceu o seguinte: o pessoal da fábrica de cimento Votorantim estava em greve, e o Roberto propôs apresentar a peça lá, primeiro para os grevistas, na porta da fábrica. Isso tinha, de certa forma, a ver com o início da Ação Popular, porque eu era ligado aos dominicanos, e o Roberto também tinha ligação com eles.*

E lá fomos fazer, então eu conheci o Roberto. Chamamos Aracy para fazer o personagem e a gente estreou o Natal na praça *lá na frente da fábrica. Nasce aí minha amizade com o Roberto. Ficamos muito próximos, o Roberto estava no Serviço Nacional de Teatro como presidente. Roberto falou: "Preciso falar com você, Ferrara, sei que você mexe com arquitetura e eu estou querendo comprar uma casa em São Sebastião e precisava de uma orientação, você poderia ir comigo para avaliar a possibilidade dessa casa?". Falei: "Vambora!". Na época ele tinha acabado de comprar um fusca, 1966, e a gente foi para São Sebastião. Era uma grande viagem, em todos os sentidos. A casa tinha sido um alambique, tinha uma base de pedras, era uma casa centenária. Roberto falou: "O que você achou?". Falei: "Dá pra fazer isso aqui virar uma casa. Eu projeto, não tem problema". Roberto: "Mas eu não tenho dinheiro". Eu falei rindo: "Vamos fazer o seguinte: o meu primeiro pagamento vai ser esse fusca". E ele topou na hora. E fizemos uma casa maravilhosa. Destelhei a casa todinha, peguei três caiçaras pra me ajudar, e eles escovavam tudo, telha por telha. Então, praticamente junto com a atividade da escola, eu era aluno, o Roberto era professor, eu tinha o trabalho na secretária também como funcionário público, e mais a tal obra do Roberto Freire, em São Sebastião. No final de semana, ele alugava uma kombi e descíamos com o material.*

Uma vez, eu estou lá parando em um pedágio, 11 horas da noite, no final da estrada antes da [Rodovia] Tamoios, um guarda rodoviário me para, eu com o material todo na Kombi, e ele pergunta: "O senhor está sozinho? É que tem uma família de índios que precisa descer, pode levar?". Índios! Porque tem uma aldeia lá em Bertioga. Ele disse: "Não se preocupe, o senhor leva até Caragua [Caraguatatuba], no posto para, tem o meu colega e deixa eles lá, porque eles vão para Bertioga". Sobem umas cinco, seis pessoas. Programa de índio mesmo descer a serra, em sete pessoas numa Kombi já lotada de materiais (risos). Foi interessantíssimo. Eles não falavam absolutamente nada em português. Consegui deixá-los e fui embora. Levei os índios mais algumas vezes. E a casa foi ficando semipronta, quando nasceu a ideia de Cleo e Daniel. Então a gente chegava na sexta-feira com a casa quase pronta, o Roberto Freire: "O Ferrara, queria que você lesse um pedacinho de Cleo e Daniel (risos). Às vezes o Roberto levava a Gessy e as crianças, e a gente chegava meia-noite, as crianças pequenas, Gessy cansada. Quando eu não lia, ele mesmo lia pra mim. Tinha um grande terraço lá, elevado um metro e meio, com uma base todinha de pedra, e a gente ficava ali. Lendo.

Ali também nasceu a ideia do Tuca, acho que por causa do Natal na praça. E a gente ficou muito próximo, porque junto com tudo isso ele falou:

"Ferrara, meu escritório é muito pequeno, eu tenho muito livro". Então fui eu projetar o escritório dele, lá na Cândido Pinheiro. Com a quantidade de livros, o escritório era em cima da garagem de uma casa alugada. O que eu fiz: mais ou menos dois metros de altura, eu passei quatro, cinco vigas de madeira e fiz a biblioteca para cima, porque todo dia tinha reunião. Biblioteca suspensa, não tinha outro jeito (risos). E deu samba, porque eu lembro também que ele escreveu uma novela para Record de que eu participei, chamada "Banzo", tudo ali.

Eu fiz os figurinos para "Banzo". Exatamente, porque misturamos todas essas atividades. Depois, eu me casei em 1966 em um sítio. Foi uma missa concelebrada por três dominicanos, com música do Chico Buarque, o Roberto Freire foi um dos padrinhos.

A possibilidade de fazer o Tuca deveu-se ao fato de o Roberto ser o grande mentor, ligado a tudo isso de teatro eu acho, não sei se é correto, que o teatro universitário nasce a partir daí também, porque então vão surgir o Tesp, o Tusp. O Tuca foi uma referência, um modelo.

O Roberto fez muita coisa com o pessoal da igreja. Mas essa história de ele ser religioso é tudo mentira. Olha, eu acompanhei o Roberto durante um bom período, durante a construção da casa, e depois do Morte e vida. Nós eramos muito amigos dos dominicanos, isso era. Imagine: um dos três dominicanos que celebrou meu casamento, amigo nosso, muito amigo do Roberto, saía do convento e ia para a minha casa com uma amiga intelectual, e comia a menina lá em casa. Eu já casado. Um dominicano. Hoje essa amiga intelectual é casada, tem três filhos (risos).

Eu fiz uma exposição com o Adrianaldo Praga sobre o meu trabalho, toda a estrutura da minha exposição construí dentro do convento, eu não tinha espaço, não tinha dinheiro para pagar marceneiro, então os dominicanos me deixaram construir lá. Eu e o Roberto eramos dos poucos que entravam na cela, um lugar lá no terceiro andar do convento onde eles bebiam, conversavam... e tal. E eu e o Roberto íamos lá nos esconder (risos).

O Roberto chamou o Chico [Buarque] para fazer Morte e vida severina. E o Chico não tinha nenhuma importância, ele era um estudante de Arquitetura, e o Roberto falou: "Vamos chamar esse menino aí para fazer a música". E nós fazíamos as reuniões do Morte e vida nessa garagem, aí o Chico chega lá com a musiquinha da peça. E não é que ali também nasce "A banda"! Então você tem que fazer um link político, a meu ver, intelectual *e artístico, porque a gente era ligado aos dominicanos, à Ação Popular, ao teatro, à música...*

Pois é, mas antes disso eu estou tentando me lembrar de uma entidade de que fiz parte, com Zé Osório, Silvio Bresser Pereira, Lucrécia, e era ligado a esse pessoal do "Terra e Paz". Sei que era um movimento católico, onde eu fui conhecer minha mulher. Ai a gente começa esta atividade da Ação Popular e tem um padre, que é o Padre Corazza, da Universidade Católica, que estava lá como Capelão e procurou o Roberto Freire porque ele achava que precisava ter um trabalho artístico ou, se não artístico, um trabalho político dentro da Universidade. Foi quando a gente montou o Tuca. "Precisamos fazer". Mas há algumas coincidências, porque a Universidade estava construindo aquele monstro, que na realidade era um teatro para colação de grau, Auditório Tibiriçá, que é o nome original, e eles hoje absorveram como Tuca, eles não têm essa propriedade, eles não têm esse direito. Tanto é que a marca Tuca é minha, quem desenhou aquela marca fui eu (risos).

Então, eu acho que essa ideia de Tuca nasce nesse momento com o Freire e com o Corazza. Como viabilizar dentro da Universidade? Daí entra o Nagib, que é do teatro também. Às vezes a gente se reunia no GG, que era o escritório central. Tinha ideias, mas não tinha dinheiro. E a gente ficava ali, pensando em como fazer... Então eu aprendi a beber, não bebia, nunca tinha fumado (risos). Eu acho que esta coisa com o Roberto dura muito tempo, porque depois do escritório a gente fez um projetinho de um consultório na Rua Batatais. Era uma inquietação muito grande, eu já estava iniciado na bebida e na vida, ele falou: "Ferrara, eu acho o seguinte: eu queria fazer um consultório que não tivesse parede, uma casa", eu de novo: "Vamos lá ver a casa", e ele: "Aqui eu quero fazer uma sala de atendimento, mas eu não queria parede". Complicado, né? (Risos). Era um retângulo e eu fiz dentro dele uma elipse. Então eu acabei com os ângulos de paredes. E revesti tudo com madeira branca. Ficou legal. E a gente fez isso numa casa alugada. Ele adorou. Mas ainda tinha mais uma coisa, ele não queria manter a hierarquia do analista na cadeira dele, o paciente no divã. Então o que a gente fez: dois pufes, e o paciente, ao entrar, escolhe, ele pode se sentar onde quiser. Tudo isso era absolutamente branco, o chão preto e o teto branco.

Veja, na realidade, essa minha trajetória, mesmo não sendo arquiteto, eu incorporei à arquitetura. E graças ao Roberto Freire, fazendo a casa dele, os consultórios, ajudando nos projetos dos teatros. Depois disso ele ainda me veio com essa: "Meu irmão comprou uma casa no Pacaembu, e ele quer fazer uma reforma, você faz?" (Risos). Novamente estou lá eu fazendo arquitetura com o Roberto Freire. Muita coisa. Tanto é assim que a partir do Tuca, das experiências do Tuca, depois do sucesso do Morte e vida estava sendo criada a TV Cultura, no governo Sodré. E quem vai para a presidência da TV Cultura é José Bonifácio Coutinho Nogueira, que tinha sido Secretário da Educação, e ele chama o Roberto Freire, porque ele achava que a experiência de Teatro Popular precisava ser colocada na televisão. Roberto falou: "Olha, não sou só eu, tem o Silnei, diretor, e o Ferrara, cenógrafo". "Vocês três, eu quero os três". Então a gente foi contratado pelo Bonifácio Coutinho Nogueira. Não existia a TV Cultura, existia uma ideia, eles tinham comprado o canal 2. E eu sei que durante mais ou menos 2, 3 meses, eu não sei avaliar com muita precisão, a gente tinha reunião semanalmente para discutir o que era um teatro popular, um teatro na televisão. A gente falava, falava com o Walter Durst, falava com o Eduardo Moreira, o pessoal da televisão. Um dia o Roberto falou: "Bonifácio, eu estou fora. Vir aqui, receber dinheiro e não trabalhar", porque não saía, não caminhava. As coisas não começavam. O antigo canal 2 tinha dois estúdios e estava sendo importado o equipamento para poder montar. Roberto falou: "Bonifácio, eu vou embora. Não quero fazer isso". Silnei falou: "Eu também não tenho trabalho". Eu falei: "Vou embora". Vamos fazer o seguinte, o Bonifácio falou: "Deixa esse Ferrara comigo pra gente ir montando as coisas". E eu montei o departamento de cenografia do canal 2 (risos), fiquei lá 20 anos, porque daí eu fiz: "Pedacinho de chão", "Vila Sésamo", deitei e rolei e acho que o conceito de cenografia daquele momento, quem deu fui eu. Então fui premiado com aquele prêmio importante da televisão, como é que chama? Aí um cara da Globo que se chama Pacoti, que já morreu, me telefona dizendo: "Eu quero que você venha trabalhar aqui".

Este troféu aqui. (diz mostrando o troféu). O Roquette Pinto. Que maravilha (risos). E aí eu só não fui para a Globo porque tinha que mudar para o Rio de Janeiro.

Mas, voltando ao Roberto Freire: além do período Tuca, ele tem esse nascimento do Cleo e Daniel, o primeiro diretor que fez o filme foi o Rui Guerra, que eu acho que foi ruim, tem essa experiência de chamar o Chico Aragão, a Stefânia e a gente diagramar o livro. Participei de algumas coisas. Levei a capa do meu pai, levei sapato. Mas depois a gente se afastou.

Eu vou me permitir novamente fazer uma volta. Eu acho que minha contribuição para o Morte e vida *foi muito importante. Não seria o que foi se não tivesse aquela cenografia. Isso nunca foi reconhecido pelo Roberto, nunca foi reconhecido pelo Silnei (risos), mas foi, efetivamente, um achado, porque eu fiz os figurinos, a cenografia e ajudei na iluminação. Se você pegar, dentro da história do teatro, aquele foi um trabalho e tanto. E a Cacilda Becker e o Flávio Império fizeram a peça circular muito. E junto com* Morte e vida severina *tem o* O&A, *que, o meu ver, é um novo prenúncio da cenografia, jamais eu me esqueço da dificuldade de montar aquela estrutura. Não sei se você teve a informação de que a estrutura saía do palco. Pois é. Só não saía mais porque não tinha mais coxia, então ela saía só metade. Você tinha o motor, ele era tensionado com o cabo de aço e no final você acionava. Só que apenas a metade, você não tinha mais coxia. E o fato de sair do plano e do plano vertical, os três pavimentos, também era uma coisa absolutamente nova.*

Tanto que depois disso, eu fiz até o altar do Papa. Na primeira visita do Papa, em Aparecida do Norte, quem fez o altar fui eu. Eu fiz uma cruz de 15 metros de altura naquele pátio do estacionamento que o cara fotografou e pôs lá, não sei se você conhece a sede da estrutura tubular aqui junto do canal 2, durante anos aquela cruz era um projeto que eu tinha feito (risos). Mas o Morte e vida, *voltando um pouco, eu acho que a importância da função do Roberto Freire, da ação, da presença, porque se não é a ideia de montar um curso, não adianta a gente só ter o texto, o texto é o elemento, mas a gente precisa dar informação para esse texto. Foi quando ele convida o D'Avessa, a Lélia, que davam aulas para aqueles meninos, e nós fizemos a seleção de quem ia compor o elenco da peça.*

Tinha um problema sério, no "Morte e Vida", um problema no piso. Como é que eu ia resolver o problema do piso? Porque você tinha aquele problema das chamadas sesvarias. Não tinha dinheiro. Meu sogro tem um armazém: Secos e Molhados (risos) na rua Mercúrio, 50 anos trabalhando com arroz, feijão. Eu já tinha me separado da Aracy, fiquei um tempo com ela e acho que já estava com a Lucrécia, minha atual mulher. A Lucrécia dava aula, saia da aula ali da PUC *e vinha acompanhar os ensaios do "Morte e Vida" e falou: "Zé Armando, eu vou falar com meu pai para ver se ele não tem uns sacos" (risos). E foi assim. Todinho o chão com saco de feijão e arroz.*

Depois, resolvemos o problema do piso com saco de feijão e arroz porque não tínhamos dinheiro. Forramos o piso com sacos de estopa... Foi muito saco. Assim como o problema da roupa, aquilo é algodão cru de péssima qualidade. O grande achado era ele ser o manto. E a uniformidade. Aí o seguinte: tudo despacho. E aquelas menininhas que nunca pisaram no chão (risos). Realmente tem umas passagens muito interessantes que, é claro, hoje viraram, eu diria para vocês, uma glória. Mas pisar no chão? Pisar no saco de estopa? Tinha que fazer laboratório toda noite (risos). Tadinhas (risos). O Sábato [Magaldi] liga para o Roberto Freire: "Roberto Freire, vai ter um festival de teatro universitário na França, em Nancy, por que você não manda o Tuca?". Aí foi aquela loucura, fiz a planta, tinha então que fazer a inscrição, inscrever o Tuca, mandar os elementos para poder fazer parte. Então fiz uma planta do cenário. Manda para o Chico: "Ferrara, mas você precisa ir pelo menos uma semana antes para ver como é que está a construção do cenário". Mal falava português. Eu a Elza Lobo e o Henrique Suster, que era o superintendente. A Lucrécia, minha mulher, ainda comentou algo importante: "Mas você precisa levar o mínimo, pelo menos para se virar e sobretudo, porque estava fazendo frio" (risos). Arrumamos a passagem e lá vou eu, a Elza e o Henrique. Chegamos meio-dia, mais ou menos, tinha um ônibus que saía da praça de Nancy. Ligamos para a Embaixada do Brasil para falar com a Gilda, estava em hora de almoço. Chegamos ali e tinha que esperar essa mulher chegar. Então a gente vai a um bistrô, pega o cardápio (risos): "Esse aqui ó, esse aqui acho que dá para a gente pagar". Vieram três fatias de salame (risos). Quando chegou a Gilda, maravilhosa, ela falou: "Ferrara, você tem que ir urgente para Nancy, tem um trem que você pega e vai direto, eu já avisei lá o pessoal. E a Elza e o Henrique ficam aqui para cuidar da parte do grupo, essas coisas todas", e ela me mete em um trem, chegaria lá à noite. Cheguei. E lá não tinha nada pronto. Não tinha cenário nenhum pronto. Tive que improvisar e colocamos uma tapeçaria, um grande tapete improvisado no chão. Chega o grupo, essa mulherada, ou todas essas meninas. Primeira coisa: no hotel da praça principal de Nancy, todo mundo querendo tomar banho, foram tomar banho. Deu um curto-circuito, tiveram que chamar o corpo de bombeiro. Imagina, tomar banho para o francês era uma coisa do passado (risos).

E como foi difícil. Aquele movimento de conseguir dinheiro, de fazer passeata, a gente estava lá e a gente recebia as notícias da dificuldade que era de mandar esses 20 e tantos elementos pra França, pra fazer teatro brasileiro. O João Cabral [de Melo Neto] achava que a peça só tinha importância a partir da montagem, da música, isso ele dizia. E ele viajava com a gente, eu me lembro que a gente viaja com o João Cabral e ele assim muito executivo. É isso. Eu tenho esse livreto do "O&A" que eu acho importante como documento, tenho o primeiro programa, tenho muito recorte de jornal que foram selecionados.

Nós tentamos o ano passado fazer uma comissão de ex-tucanos, junto com a Elza,a Lucrécia, uma associação dos amigos do Tuca, infelizmente não foi para frente, porque na realidade a gente queria retomar essa experiência dentro da Universidade, por duas razões: primeiro, isso tudo hoje, porque a Lucrécia continua na ativa, Lucrécia, minha mulher, que continua na PUC e, segundo, como naquela época, ela continua achando que ter uma atividade artístico-teatral seria muito bom no contexto do que é a Universidade hoje, mas não foi para frente, lamentavelmente. Não sei se a Elza comentou isso com vocês.

Tuca

Após o golpe de 1964, durante pouco mais de quatro anos, a Ditadura precisou aprender a se tornar Ditadura. O primeiro general-presidente, um cearense com absoluta falta de carisma chamado Humberto de Alencar Castelo Branco, chegou afirmando a rápida transitoriedade do período de exceção militar e prometendo eleições para presidente para o ano seguinte. A cultura e suas manifestações foram toleradas como parte natural da expressão de um povo, possivelmente por Castelo Branco ter alguma ambição mais intelectual.

De maneira rápida, a Ditadura aprendeu a ter cuidados com o exercício do poder. Parceiros no patrocínio do golpe, os ex-governadores Ademar de Barros e Carlos Lacerda, e o ex-presidente Juscelino Kubistchek foram cassados e impedidos de se firmarem como lideranças civis. Um ano depois do nascimento, a Ditadura acabou com os partidos políticos e a promessa da eleição presidencial prevista para 1965 foi completamente esquecida. Em 1967, o segundo general-presidente, Artur da Costa e Silva, com óculos escuros e uma fama logo espalhada de chucro, assumiu e mostrou que a Ditadura já sabia como marchar de maneira dura. Nos anos que antecederam a chegada da linha dura, a Arte e a Cultura brasileira foram exuberantes e mostravam seu protesto e descontentamento com aquilo que dirigia o país sem rumo. Roberto Freire, com sua ligação com os padres dominicanos, e sua militância na AP, percebeu que a proximidade com a PUC (Pontifícia Universidade Católica) era mais que geográfica – de poucos quarteirões – aproveitou bem essa vizinhança.

Em 1965, alguns professores e muitos alunos da PUC se reuniram com a intenção de tornar mais rica a vida universitária de quem ali estudava. Decidiram criar um teatro e o local escolhido foi um auditório na Rua

O REVOLUCIONÁRIO DO TESÃO *111*

Monte Alegre, ao lado da entrada para os estudantes, numa recepção linda ofertada a quem chegava àquele quarteirão de ensino. O Auditório Tibiriçá virou o Teatro da Universidade Católica, já batizado, desde o começo, com o apelido carinhoso que ainda se mantém, o Tuca.

Roberto Freire logo se engajou e virou o diretor artístico da nova empreitada. Levou junto uma equipe formada pelo diretor teatral Silnei Siqueira e pelo cenógrafo José Armando Ferrara. Na superintendência do projeto, um estudante de Direito, Antônio Mercado Neto.

Um objetivo logo estabelecido entre os criadores e frequentadores do Tuca era a oposição à chamada Lei Suplicy, que limitava as reuniões estudantis e proibia a formação de Centros Acadêmicos. A Comissão Estadual de Teatro, presidida por Nagib Elchmer, estimulou bastante o Tuca em sua luta contra a censura e o regime arbitrário.

Somente com estudantes como atores e atrizes e também como técnicos, veio a preparação para uma primeira montagem, escolhida após a leitura de vários textos, um poema de João Cabral de Melo Neto, "Morte e vida severina". Não era um texto para teatro e isso exigiu um esforço maior do grupo em sua preparação. Roberto Freire chamou um jovem músico e estudante de Arquitetura para que musicasse o poema. E, assim, Francisco Buarque de Holanda iniciava sua maravilhosa carreira para se tornar um dos maiores compositores de todos os tempos no Brasil.

A montagem foi inscrita para participação no Festival Mundial de Teatro Universitário, que aconteceu em Nancy, na França, em 1966. Não teve apoio financeiro de nenhuma instituição, sendo negada não só a ajuda em dinheiro pelo SNT, do Ministério da Educação e Cultura, como também foram proibidos de hastear a bandeira brasileira e executar o Hino Brasileiro na abertura do Festival. O Itamaraty ainda ofereceu três passagens aéreas para o grupo, que tinha mais de 33 pessoas.

Passeatas nas ruas, pedindo dinheiro, apresentações musicais de artistas que ofereciam suas participações gratuitamente, e a bilheteria de suas apresentações foram os recursos arrecadadores. O empresário Márcos Lázaro colocou vários de seus artistas fazendo shows ao final da peça para arrecadar mais algum dinheiro. Mas, ainda assim, uma dívida de 20 milhões de cruzeiros velhos foi assumida na véspera do embarque.

Na França, aqueles estudantes deslumbrados e ansiosos por mostrar seu trabalho, faziam também suas farras e se divertiam bastante. No dia da abertura do Festival, desobedecendo à proibição, a bandeira foi hasteada e o hino foi tocado. E no dia da apresentação, o auditório, os jurados, os críticos e jornalistas presentes foram surpreendidos pela apresentação de uma obra-prima. Quando o personagem Severino iniciou sua apresentação, o Brasil mostrou ao mundo não só uma obra que despontava a trajetória de um retirante, sempre encontrando a Morte ao seu redor, mas a Esperança Severina renovada.

A montagem ganhou o grande prêmio do festival e foi um enorme sucesso de público e crítica. Em seguida, o Itamaraty enviou ajuda financeira para o grupo permanecer na Europa, cumprindo os vários convites que recebeu. Mais cinco apresentações na França, incluindo Paris, e 11 em Portugal, onde o próprio autor, João Cabral, viu e se encantou com o que havia sido feito a partir de seu poema.

No Brasil, *Morte e vida severina* foi apresentada 243 vezes, antes de ceder seu palco para uma segunda montagem do Tuca, *O&A*, de autoria do próprio Roberto Freire e, novamente, com trilha músical de Chico Buarque, mas desta vez com direção musical e orquestração dirigida pelo maestro Júlio Medaglia.

Entrevista com Chico Buarque

Eu conheci o Roberto na casa dos meus pais. Ele era muito amigo da Miúcha, mas ele se dava bem com meu pai e minha mãe também. Ele, a Gessy e a Miúcha tocavam violão e cantavam. O Roberto também tinha ligação com os padres do colégio onde eu estudava, o Colégio Santa Cruz. Mas, o que aconteceu foi que, antes do Morte e vida severina, ele era jurado de um festival de música em 1964, 65, Festival da Record, e talvez por ele gostar muito da minha irmã, ele foi um dos que votou na minha música, numa participação lá em Guarujá, "Sonho de carnaval", e a música foi para a final aqui no Rio. Eu não ganhei o festival, mas mesmo assim, em seguida, ele me convidou para fazer a música da peça.

Não tremi porque eu era um moleque, tão irresponsável quanto ele. Pra você ter uma ideia, eu fiquei sabendo depois, ele montou a peça à revelia de João Cabral, João Cabral não autorizou a montagem da peça. E eu conhecia pouco a poesia de João Cabral, na verdade eu conhecia mais por influência paterna, eu conhecia mais Manuel Bandeira, [Carlos] Drummond, enfim, ele foi irresponsável por me chamar, e eu de aceitar. Eu estudava Arquitetura e a peça estrearia o Tuca, não era da USP, era da PUC, um espetáculo feito e estrelado por estudantes universitários. Tinha lá o Roberto Freire, o diretor Silney Siqueira, o cenógrafo Armando, o coreógrafo, e o resto era tudo molecada como eu de 21 anos.

Mas quando aceitei o convite, claro, fui me familiarizando mais com o poema, na época eu fiz até uma pesquisa. Mas você quer saber, eu só estou falando de mim, é para falar do Roberto, inclusive foi por indicação dele que eu fui fazer uma pesquisa, e eu fui parar em um pesquisador lá em São Paulo, um pesquisador de música nordestina. Eu conhecia pouco, então eu vi lá aquelas fitinhas, não eram nem cassete, eram aquelas fitinhas de rolo de gravadorzinho pequeno. *Passei horas ouvindo aquelas coisas todas, baião, fandango, e etc., e tal, pra mim, pra eu conhecer, pra eu me impregnar de música nordestina. E tinha também um moleque, Edu Lobo, ele tinha feito a música de* Arena conta Zumbi, *eu achava tudo o máximo, adorava, então eu topei esse desafio. Aí tinha duas coisas, tinha uma coisa que era dos cantos, "boca chiusa" que chama, eram aquelas canções que sublinhavam o texto, quem está tocando, isso era mais fácil, vamos dizer assim, o mais difícil era musicar os poemas de João Cabral. Você vai ver direitinho que houve um corte de músicas.*

Eu não lembro quem eu vi primeiro, tinha mais uma pessoa que eu não lembro o nome, era um professor de música, era um bombeiro, ele é quem ensaiava a gente, o coro, porque essa coisa de vozes eu praticava com minhas irmãs, e levava lá nesses lugares, as minhas irmãs para poderem mostrar para o maestro do Corpo de Bombeiros, para esse maestro que ensinava a gente, e as músicas eram aprovadas pelo Roberto Freire, Silney, Roberto, eu me lembro que foi o grupo todo, foi isso.

Eu ia assistir quando podia, afinal eu era estudante, tinha outras coisas para fazer, ia para botequim, encontrar com os amigos, acompanhava por fora, porque eu não fazia parte daquele grupo, só tinha feito a música. A Bi fazia, ela participou, ou não? Acho que ela participou do O&A, o espetáculo posterior, Morte e vida, *não, eu lembro, a mulher da janela é a atriz Ana Lúcia Torres, daí, tinha a Tina, que fazia outro personagem, tinha a Ana, a mulher da janela, o Evandro, que fazia o Severino. O Evandro morreu num daqueles grandes incêndios, não me lembro se no Joelma, ou o outro lá, morreu inocente. O que eu lembro, é que o Roberto foi o idealizador do Tuca, ele que escolheu a peça, ele que escolheu a equipe, eu, o Silney, ele colocou essa gente e entregou a direção ao Silney Siqueira. O Roberto era uma espécie de supervisor geral. Em O&A, eu já estava afastado, não foi como* Morte e vida severina, *já estava aqui no Rio, eu já fiz alguma coisa, mas já estava bem distante. Eu fiz alguma coisa, eu me lembro, ter feito uns temas assim, sem letra, a letra o Roberto que colocou, O e A (risos). Ele tinha um lado disciplinador, quando precisava.*

Depois nós fomos para a Europa, no primeiro momento é a história do João Cabral, enfim a peça Morte e vida severina *foi convidada a participar do Festival de Teatro Universitário de Nancy, um festival tradicional enfim, aí eu me lembro bem, porque eram dois violonistas, e um dos dois não podia viajar, aí perguntaram se eu podia participar, e eu subi no palco, tocando violão. Vendi meu primeiro fusquinha, que foi comprado com meu primeiro salário da TV Record, que era de 500 contos, vendi não para ajudar a trupe do festival, mas para me ajudar, para poder viajar e beber vinho.*

Eu paguei passagem pro Chico Maranhão? É, acho que eu paguei, porque ali todo mundo era estudante, acho que me senti na obrigação de ajudar. Foram feitos vários shows lá, para arrecadar dinheiro, porque a gente não tinha ajuda nenhuma, foi tudo meio na marra mesmo. Quando a gente chegou a Paris, eu tinha uma tia morando lá, ficamos hospedados na casa dela, umas oito pessoas bêbadas, dormindo no sofá, no tapete, ficamos lá uma semana, fizemos a apresentação, aconteceu que ganhamos o prêmio, e na saída da apresentação estavam o Barrault, grande ator, o ministro da Cultura, Jack Lang, a trupe, e o convite para fazer o espetáculo no Teatro Ophera, em Paris, e no meio disso, ele fez umas viagens no interior da Alemanha, e ficou ocupando a garotada, e fizemos dois espetáculos no teatro, que era um teatro importante. O João Cabral apareceu em Portugal, ele se encantou e entrou, como quem vai para um circo, e aí começou a acompanhar a gente, Lisboa, Coimbra, Porto, Buenos Aires, aí foram acontecendo vários festivais. Aí o João Cabral foi amolecendo aquele coração de pedra, e começou a gostar da gente, começou a gostar das moças que estavam lá, as meninas universitárias no espetáculo, enfim ficou encantado com o grupo.

Eu lembro que o Roberto Freire apareceu no meio dessa viagem, porque ele estava aqui, e ele chegou a Paris depois do grupo, e era uma bagunça, sei lá, nós éramos uns 30 estudantes cheios de adrenalina, e era difícil segurar essa turma, porque a gente ficava alojado em uma sala de aula, acho que eram férias lá, arrumaram um alojamento pra gente lá, só que a gente tinha que chegar no último trem, não tinha metrô lá, então tinha que sair à meia-noite, então a gente ia passear em Paris, beber, cantar... Eu fiz um samba, na época, e o chapéu estava lá, e a gente colocava no chão, e eles jogavam dinheiro, e é claro que a gente ia beber, e aí meia-noite em ponto tinha que pegar o trem, mas é claro que ninguém conseguia pegar o trem da meia-noite. Então a gente pegava o primeiro trem de manhã, passava a noite na farra, aí o Roberto Freire deu uma bronca, foi uma bronca geral, especialmente a mim. Eu perguntei: "Como que pode? Eu sou o compositor!" (risos), ele chegou lá impondo disciplina, alguma coisa aconteceu lá, deve ter tido alguma queixa, sei lá.

Do rompimento eu me lembro bem; bom o Tom Jobim não era amigo do Roberto, pode ter ficado chateado, porque a história envolve o Tom também, a história é a seguinte, quando teve o festival na Rede Globo, se eu não me engano em 1970, 71, a gente usou esse festival para denunciar a censura, acho que a ideia foi do Guarabira, ele falou comigo, e eu falei com os compositores: "pessoal, vamos entrar neste festival, mas não é para valer, na hora н a gente tira as músicas, pra criar um quê", então a música que eu escrevi pro festival era em parceria com o Tom.

Enfim, foi uma encrenca isso, a gente deixou rolar, e quando chegou a hora, em vez de apresentar as músicas, nós mandamos uma carta, renunciando à participação no festival. A Globo, para ter certeza de que o festival seria prestigiado, convidou alguns compositores, 12 ou 13, que não precisariam passar pela eliminatória, eram Edu Lobo, eu, Tom, Rui Guerra, enfim, embarcamos nessa história que foi ideia do Guarabira, havia uma certa desconfiança porque o Guarabira era da grade da Globo, mas ele trabalhou bem, aí isso rendeu, porque tivemos que depor no Dops, e tinha um general lá barra pesada, e um funcionário da Globo tentando obrigar a gente a voltar atrás e reinscrever as músicas no festival, e foi uma parada dura.

E o Roberto foi convidado a participar do Júri, não lembro se nesse ano, ou no ano seguinte, eu estava rompidíssimo com a Globo, ou a Globo rompidíssima comigo, enfim, a Globo durante anos me proibiu, me censurou lá, eu não podia ir à Globo, meu nome não podia ser citado na Globo, a Marieta [Severo] foi solidária comigo e deixou de participar das novelas, e depois no fim a Globo já queria fazer as pazes, aí eu é que já não queria mais, enfia as pazes no cu, aí o Roberto decidiu participar do júri, e eu fiquei puto, não só participar, como dizer que era importante, aquelas coisas, fazer guerrilha lá dentro, ele achava importante, aí deu aquela confusão lá (risos), ele ficou puto comigo, eu aqui, tá vendo, e depois ele é que brigou com a Globo.

O Roberto era muito passional, ele era meu amigo, meu irmão, meu padrinho, meu fã, meu ídolo. Vai falar mal de mim a torto e direito. Vai ver ele repensou, eu só discordei dele, a gente estava brigado com a Globo, e ele resolve ser jurado da Globo. Basicamente era isso, eu estava brigado com a Globo, e ele foi participar do festival da Globo, e ele se justificou.

Eu adorava o Roberto, mas ele tinha essa coisa assim, quando ele era contra, ele soltava os cachorros, comigo ele foi bem agressivo, eu devo ter lido alguma coisa na imprensa nessa época, também não era para tanto, a gente discordou, discordou e pronto, normalmente amigos assim se reencontram, ponderam. Mas ele não. Eu acho, não tenho certeza, pela imprensa ele mandou um recado. Depois telefonado. E daí, eu não me lembro mais de ter visto o Roberto. Talvez, depois de um bom tempo ele tenha me convidando a fazer uma terapia, eu falei: "está maluco, fazer terapia com esse doido, (risos), não, não, tô fora".

Bom, depois, já não tinha mais contato com ele, quando ele virou terapeuta, porque eu me lembro do Roberto esse tempo todo, quando ele frequentava a minha casa, no tempo do Tuca, e tal, ele indo à igreja, todo certinho, casado com a Gessy, tal, mais tarde eu ouvia falar que ele andava com os garotos e tal, que ele tinha uma moto e andava pra cima pra baixo, esse negócio todo, e que ele tinha virado homossexual, nem era bi, era homo, mas eu não sei, foi só de ouvir falar mesmo. Mas, quem sabe a última namorada possa responder alguma coisa, ou não, isso eu não sabia, não sabia nem que ele tinha casado com uma menina assim tão jovem, eu perdi o contato com ele, perdi mesmo.

O que posso dizer é que Roberto Freire faz, fez falta, independentemente da época que a gente está vivendo hoje, quando ele passou a se interessar mais por psicanálise do que pela atividade cultural. A gente perdeu um grande agitador cultural que ele era, um grande agitador cultural, e ele optou por outro modo de vida, ok, é opção dele, nós, artistas, perdemos com a renúncia dele, sim porque ele renunciou, que eu saiba. Eu acho que as pessoas de São Paulo queriam ter um Vinícius [de Moraes], e o Vinícius estava aqui no Rio, sim, ele gostava de bebidas, ficar perto de pessoas mais jovens, tal, mas o que eu achava de diferente no Vinícius, por exemplo, esse tipo de rigor, de disciplina que o Roberto tinha, nada a ver com o Vinícius. O Vinícius era mais anarquista que o Roberto, não sei no fim da vida, mas na época que eu convivi com o Roberto, ele tinha a maior admiração pelo Vinícius, de certa forma acho que ele queria escrever igual ao Vinícius, fazer as coisas que o Vinícius fazia, as músicas, os poemas e tal, mas na vida dele, no convívio, ele era bem diferente, Vinícius era cúmplice da gente, da garotada, amigo da gente, o Roberto não, ele tinha uma coisa mais professoral que o Vinícius nunca teve. Na verdade, quando eu li Cléo e Daniel, sei lá, eu tinha 19, 20 anos, eu não tinha discernimento, mas lembro que na época eu gostei muito.

Existe outra memória?

Carlito Maia já havia passado pelas mais importantes agências de publicidade do Brasil e do mundo, quando foi eleito, em 1978, o "Publicitário do Ano", e naquele momento ajudava a fundar o PT (Partido dos Trabalhadores), sempre prometendo que abandonaria o partido, caso este chegasse ao poder. Foi o criador de *slogans* famosos como "OPTEI" e "Lula-lá". Morreu em 2002, antes de ver o PT chegar ao poder, mas viu seu nome ser dado a um troféu que premia pessoas que desenvolvem ações sociais em defesa da Cidadania e dos Direitos Humanos. Não seu nome de batismo, Carlos Maia de Souza, mas Carlito Maia, como sempre foi conhecido, o autor de deliciosas frases como "Acordem e Progresso", e " Uma vida não é nada, mas com coragem pode ser muito".

Pois foi Carlito Maia um dos nomes mais importantes para que o Tuca pudesse ir à França participar do Festival de Teatro Universitário. Foi ele também quem conseguiu que Roberto Civita empregasse Roberto Freire na Editora Abril, em uma nova revista lançada em 1965: *Realidade*.

Roberto Freire sempre o considerou um padrinho maravilhoso, inclusive por acreditar que esse período da revista foi um dos mais felizes de sua vida pessoal e profissional, quando, inclusive, ganharia o Prêmio Esso de Reportagem, em 1968, com uma matéria sobre os "Meninos do Recife". Carlito Maia foi mais que um padrinho. Foi um amigo cuja inspiração influenciava o espírito livre de Roberto Freire. É difícil encontrar algum ator ou atriz que não tenha recebido, em algum momento de uma estreia, um cartão e flores de Carlito Maia, com o sempre presente desejo de "Merda" para aquela temporada.

Em *Realidade*, Roberto Freire recebeu uma coluna mensal, "Ronda", para falar sobre arte e cultura. Mas Roberto Freire, inquieto como sempre, naquele tempo, queria ser repórter e ficou insatisfeito com isso. Narciso Kalili, com quem já tinha trabalhado na TV Record, o conhecia e o recebeu bem na revista. Porém, Roberto sentia uma grande frieza e rejeição por parte dos outros colaboradores. Grande parte da equipe jornalística tinha ideais marxistas, e ele já trazia a fama anarquista.

Uma vez, Roberto Civita apareceu na redação e pediu que fosse dada uma matéria para um jornalista italiano, Alessandro Porro, seu amigo. Na pauta, arte e psicanálise. Porém, no dia agendado para a entrega da matéria, Porro se declarou incapaz para completá-la e sumiu. Faltavam quatro dias para o fechamento da revista. O pânico se instalou na equipe e Kalili sugeriu que Roberto Freire a completasse, já que dominava bem o assunto. Paulo Patarra chamou Freire, na sala de Civita, e fez o convite, que foi aceito com duas condições: que tivesse um editor de texto e que, caso aprovada a matéria, ele pudesse passar para a reportagem.

Duas solicitações que, mais uma vez, seriam fundamentais na vida de Roberto Freire. Primeiro, porque pôde se tornar repórter, como desejava. E, segundo, Sérgio de Souza fez então a colaboração editorial da matéria sobre Psicanálise, e se tornou um dos mais queridos amigos e parceiros de sua vida, a ponto de ser o revisor de muitos de seus livros, e ter o livro *Os cúmplices* dedicado a ele. Ao final da vida de ambos, que morreram com pequena diferença de tempo, eles estavam brigados, sem se falar, o que não diminuiu para nenhum deles a importância recebida pelo outro.

Quando a revista saiu, a matéria despertou muita curiosidade, muita repercussão e utilidade, já que não era um assunto tão comum, como é hoje. Foi vendida, em seguida, para uma revista escandinava. Pronto! Agora era um repórter e pôde desfrutar do coleguismo e amizade de toda a equipe. Já para o número seguinte, como repórter, a pauta lhe pedia uma entrevista com Pelé, que gerou uma das capas mais famosas daquela época, com o jogador, às vésperas da Copa da Inglaterra, vestindo o chapéu da guarda da Rainha.

Entre tantas outras coisas, a revista *Realidade* ficou marcada por contar com um processo editorial de autogestão, em que o consenso era buscado até ser atingido. Roberto Civita participava pouco das reuniões, e se fazia representar, nos seus pedidos, por conversas prévias com Paulo Patarra. Todavia, algumas sugestões provenientes dessas reuniões foram muito importantes para a revista, como a foto feita frontalmente da vagina de uma mulher, no momento do parto, em que a cabeça de seu filho surge. Fato que gerou a proibição do número todo da revista, então dedicado à mulher, e a consequente comemoração dos leitores que conseguiram a revista antes de sua apreensão.

Paulo Patarra era um líder no modelo anarquista, indispensável e nunca impondo suas decisões. E assim, Roberto Freire se tornou responsável também por alguns estilos adotados, advindos de seu aprendizado como psicanalista, com poucas perguntas, deixando os entrevistados discorrerem livremente sobre suas questões. E sem anotar nada, nem gravar, o que impressionava por sua fiel reprodução. Certa vez, Roberto Freire explicou a Alceu de Amoroso Lima que usava a memória afetiva em seu trabalho jornalístico e ouviu do seu grande mestre: "Existe outra memória?"

Como escrevia redigindo sempre na primeira pessoa do singular, sua subjetividade ficava presente registrando o que acontecia, dando um retrato do ambiente do entrevistado, e ali aparecia uma leitura política e poética.

Roberto Freire, com seu estilo, fez matérias sobre Pelé, Roberto Carlos, Garrincha, João Cabral de Melo Neto, a Iyalorixá Olga de Alaketu, Mestre Pastinha, então o maior capoeirista brasileiro, um matador de aluguel chamado Zé Crispim e com menores de rua no Recife. Para esta última, foi para Pernambuco junto de um fotógrafo, Geraldo Mori, com quem ainda não tinha trabalhado. Ficaram hospedados em um dos melhores hotéis da cidade na época, o Hotel Avenida, à beira-mar. Como não conseguia o contato com os meninos que procurava, Roberto Freire decidiu se passar por um vendedor de café na rua. Uma primeira vez, derrubaram sua bandeja e os copinhos e ficaram rindo dele. Mas, aos poucos, foram se aproximando, ele considerado também como um marginal.

Depois da aproximação e muita conversa, foi convidado a dormir com eles, debaixo da ponte. O convite veio do líder dos garotos, o Manga Rosa, com 12 ou 13 anos, um garoto branco, de pele bem vermelha e cabelos loiros. Foi aprendendo com eles a organização que tinham, seu radicalismo, especialmente quanto ao conceito de traição, o que poderia valer uma condenação à morte. Assim, tinha que esconder, a qualquer custo, sua condição de jornalista e, mais ainda, de médico. Para aumentar a confiança, participou de ações coletivas, como roubos e transporte de drogas.

Um dia, resolveram assaltar uma padaria no centro da cidade. A função de Roberto Freire era, enquanto vendedor de café, vigiar e avisar se a polícia se aproximasse. A padaria estava repleta de doces encomendados para um casamento de gente rica, e eles ficaram se empanturrando de tudo até ouvirem o sinal e fugirem. No entanto, o abuso alimentar gerou uma série de diarreias e vômitos em alguns deles, e foi Roberto quem os socorreu dando soro e alguns medicamentos comprados em uma farmácia. Quando revelou seu papel de médico, foi obrigado a sair do grupo, com olhares de desprezo, mas também de certa gratidão.

Antes dessa expulsão, teve que conviver com um episódio trágico. Um companheiro do grupo foi preso, reconhecido, após um assalto, pelo guarda de uma loja. Preso, apanhando da polícia, entregou o grupo, provocando a prisão de boa parte dos meninos. Posto em liberdade logo em seguida, esse garoto foi achado e trazido para debaixo da ponte. Foi amarrado e, pela manhã, foi jogado num rio. Roberto ficou sabendo do ocorrido, e horas mais tarde viu o corpo do garoto alcagueta boiando, o que o levou a um sentimento profundo de depressão. Quase abandonou a matéria, sendo confortado por Geraldo Mori, com quem teve coragem de chorar livremente.

Logo em seguida, Roberto foi conversar com o pai e a mãe de uma menina de 11 anos, levada pelos próprios a uma cafetina, para ser entregue, ainda virgem, a um coronel fazendeiro do interior que pagaria bem por essa primeira noite da menina. Inconformado, Roberto teve uma crise de angina pectoris, ao ouvir as explicações de que "ela vai ganhar num dia mais do que nós ganhamos em um ano inteiro. Com esse dinheiro, poderemos sustentar seus irmãos menores. E, de qualquer jeito, mais cedo ou mais tarde, ela não vai virar puta mesmo?". Naquela noite, Roberto foi internado em um hospital no Recife e recebeu a visita de Dom Helder Câmara.

Quando Dom Helder estava no quarto com Roberto Freire, um enfermeiro chegou para entregar um telegrama que dizia: "Amor. Seus companheiros de Redação". Roberto Freire foi até a parede onde estava pendurado um crucifixo, o retirou de lá, e colocou o telegrama no lugar. Dom Helder sorriu, aparentemente concordando com ele, pegou o crucifixo e o colocou em uma gaveta. A matéria escrita após a experiência no Recife lhe rendeu o Prêmio Esso de Jornalismo e causou um enorme furor em sua publicação.

Entrevista com o jornalista José Hamilton Ribeiro

Eu acabei ficando muito amigo de todo o pessoal da equipe da Realidade, mesmo depois que a revista parou, a gente se curtia, se visitava, éramos todos muito amigos, agora o Roberto Freire é uma pessoa de quem eu lembro todo ano, todas as vezes que eu preciso usar uma muleta, porque numa época que ele foi esquiar, no Canadá, ele teve um problema na perna e precisou usar muleta, e comprou, então, um par de muletas canadenses de muito boa qualidade, e depois que chegou ao Brasil, depois que se curou, ele pegou as muletas e me deu, e eu tenho até hoje, e todas as vezes que eu tenho problema com a perna mecânica, eu volto para a muleta, e me lembro do Roberto, então, é uma presença constante na minha vida. De tempos em tempos me apoio nele para continuar caminhando.

A equipe da Realidade, o núcleo duro, mais unido era, Sérgio de Souza, Paulo Patarra, Narciso Kalili, José Carlos Marão, Voile Guimaraes, Eduardo Barreto, que era da arte, a Lana, depois virou a mulher do Sérgio, e, em volta desse núcleo duro e da revista, circulavam mais outras pessoas.

Roberto Freire era do núcleo de criação, embora oficialmente fosse só um repórter, como eu, mas ele era muito criativo, muito, assertivo, batalhador, e tinha uma capacidade de liderança muito forte, ele acabou liderando uma facção dentro desse núcleo muito duro, uma facção assim muito radical, ele liderou em função da sua criação, ele fazia parte do núcleo de criação da revista, mas ele palpitava na revista toda.

Certa vez, incumbiram o Roberto de fazer uma espécie de panorama cultural do Brasil na revista. E ele fez muito bem, porque ele já participava dessa coisa da cultura, e já sabia o que era fazer uma revista, o que ela significava culturalmente, e que áreas da cultura ela atingia mais e melhor. A contribuição dele para a revista foi muito grande pelo viés psicológico ou psicanalítico, que ele dava nas suas reportagens, e que era visto pelos outros repórteres, como certa emulação que nos fazia pensar que a gente tem que fazer um pouco também como o Roberto faz, com essa profundidade que ele dá, na descoberta do personagem, na descrição do personagem, as ferramentas que ele tinha para penetrar no personagem e pegar características bem no âmago do personagem que nós, repórteres comuns, não conseguimos normalmente, então a gente via o Roberto com essa emulação, a gente tem que cuidar mais dessa parte, o perfil psicológico dos personagens da revista.

O Prêmio Esso de Reportagem também foi um reconhecimento a esse tipo de abordagem que ele criava nas suas reportagens com mais profundidade. Por certo que foi uma característica da reportagem da revista, o material do Roberto era visto como material da revista Realidade.

Ele era uma pessoa doce, fora das lutas políticas e das lutas da facção dentro da revista, era uma pessoa que gostava de valorizar os outros, procurava valorizar os colegas, ainda que tivesse pouco para valorizar, ele conseguia ver o melhor de cada um, ele enaltecia as qualidades. Na revista ele não gostava de ser referido como médico, ele não gostava, toda vez que a gente perguntava como fazia para curar isso ou aquilo, ele respondia, "não sei, procure um médico", ele não assumia esse negócio de médico, eu lembro uma vez que eu estava muito gripado, eu pedi para ele um remédio, ele falou, "o remédio bom que eu tenho é caipirinha".

Ele gostava mesmo de caipirinha, gostava muito de uísque também, tinha um pessoal que tomava uísque com ele, eu não era de uísque, era mais de outras coisas... Um cara que era muito amigo do Roberto era o Sérgio de Souza, eram grandes amigos, foram vizinhos até certo tempo, mais que uma amizade, era uma cumplicidade, o Roberto escrevia à mão, como vocês sabem, e chegava para o Sérgio aquele monte de papel escrito à mão, e o Roberto não tinha noção do tamanho de reportagem, então ele escrevia as reportagens dele, aí o Sérgio pegava aquilo, mandava datilografar, havia pessoas que entendiam a letra do Roberto para poder passar a limpo. E uma vez transcrito e datilografado, aquele material era muito maior que o comum na revista. As reportagens eram longas, então competia ao Sérgio ler aquilo com capricho e enxugar, fazer caber sem perder toda aquela profundidade do Roberto. Ele mesmo não mexia, ele só anotava, fazia uns códigos assim, aí chamava o Roberto, se escreveu, vai ter que escrever de novo, esse pedaço tem que ir para frente, o que está na frente passa para trás, enfim eles *discutiam a arquitetura da reportagem, voltava o material para o Roberto, ele escrevia de novo, e assim nessa luta dos dois, mas uma luta muito, muito amorosa, mutualmente positiva, os dois trabalhavam sem estresse, sem dor.*

Acabaram brigando depois, vai ver por alguma coisa incidental ou substancial, eles tinham uns elementos que os uniam, sobretudo a capacidade de criação, criatividade dos dois, o Roberto era muito criativo, o Sérgio também, então os dois somavam isso, mas eu não sei detalhes do porquê eles se desentenderam. Às vezes, uma coisa assim olhada a distância parece pequena, mas, no momento, talvez fosse uma divisão de poder na Caros Amigos, que eles compartilhavam, mas chegou uma hora que a coisa pendeu para um lado e isso pode ter ferido, eu não sei detalhe, mas eu achava sempre que havia mais coisas que os uniam do que os separavam.

A gente se reunia muito, a equipe da Realidade, para fazer a pauta da revista, escolher os assuntos da pauta, e ali era o momento em que a gente discutia muito a revista, o país, as pessoas a posição de cada um na revista. Era quase uma terapia de grupo, porque o Roberto dava certa profundidade aos debates, muita gente, ali, se curava, e outros se perdiam (risos). Ele era contundente. Ele era uma pessoa muito cortês, isso ele era, ele me deu a muleta, me deu livros, ele chegava e dizia, "ó, você vai gostar de ler esse livro, comprei para você", um gesto de cortesia, ele era muito cortês; nessa época, ele era casado com a Gessy, e eu ia muito à casa dele.

Se você não concordar, não posso me desculpar...

A Editora Abril percebeu o valor de sua equipe jornalística e teve medo disso. Roberto Civita resolveu tirar seu Diretor de Redação, Paulo Patarra, e passá-lo para outra função. E, em seu lugar, colocou o jornalista italiano Alessandro Porro, o mesmo que tinha abandonado a matéria sobre Psicanálise e que, segundo Roberto Freire, não tinha o menor respeito e aprovação da equipe. Roberto foi demitido após chamar o novo chefe de "mentiroso, hipócrita e puxa-saco", já que estava elogiando uma matéria feita por Roberto Freire, sem que a tivesse lido. Em seguida, aconteceu a demissão de Woile Guimarães, por também ter discutido com Porro. Aos poucos, toda a equipe foi se demitindo. Como só os dois primeiros tiveram direito à indenização, já que os demais se demitiram, usando a ética autogestiva, decidiram que dividiriam essas indenizações entre todos e, juntos, os demitidos formaram uma editora.

Nessa nova editora surgiram as revistas *Bondinho*, *Revista de Fotografia* e *O Grilo*, uma publicação de cartuns dos melhores profissionais de todo o mundo, e a coleção "Jornalivro", com a edição de obras brasileiras. Todas as publicações foram muito bem aceitas pela juventude da época.

Mas a pressão sobre o grupo da Editora Arte e Comunicação era terrível: a Editora Abril, ao perceber que o *Bondinho* fazia frente à *Realidade* e lhe roubava leitores, passou a ameaçar os jornaleiros, dizendo que não lhes venderia mais as revistas infantis, como *Pato Donald*, se essas bancas continuassem vendendo a *Bondinho*.

Para conseguir bons cartuns para *O Grilo*, Roberto Freire foi para a França, Inglaterra e Itália, e, de lá, trouxe contratos de autorização para a publicação de Crumb ("Mr. Natural"), Reg Smythe ("Zé do Boné"), Wolinski e Pichard ("Paulette") e Guido Crepax ("Valentina"). No mesmo sentido, Hamilton de Almeida foi aos Estados Unidos e fez o contrato com Tom K. Ryan ("Tumbleweeds"). O "Jornalivro", para sentir o mercado para a ousadia de publicar livros completos, editou *Cleo e Daniel*, nesta época já com várias edições tradicionais, e, em uma semana, venderam 15 mil exemplares. Além do grande sucesso financeiro, havia o aspecto da popularização de livros clássicos, com títulos de Graciliano Ramos, Mário de Andrade e Eça de Queirós.

Quando a Editora Arte e Comunicação foi fechada, ficou uma sensação deliciosa de que era possível fazer um jornalismo independente, criativo, autônomo, competente e moderno. Nomes destacados por Roberto Freire em *Eu é um Outro* que participaram desse movimento foram Paulo Patarra, Sérgio de Souza, Narciso Kalili, José Hamilton Ribeiro, Hamilton de Almeida, Carlos Azevedo, José Carlos Marão, Woile Guimarães e Eurico Andrade, além dos diretores de arte Eduardo Barreto e Paulo Poklé, dos fotógrafos Luigi Mamprim, Geraldo Mori, Jorge Love, Maureen Bisiliat, Cláudia Andujar e David Zing, um time invejável de grandes nomes da imprensa brasileira.

Entre esses companheiros, merece destaque Geraldo Mori, que esteve com Roberto Freire na epopeia recifense, e que por duas condutas marcariam a vida do Bigode. A primeira, quando teve sua crise de angina pectoris, com Mori lhe carregando para o meio da rua, explicando que jornalista não morria na cama, e sim no meio do asfalto. Isso o salvou, pois um grande congestionamento se formou e o socorro chegou; a segunda, após Mori ter substituído Roberto Freire no grupo dos meninos, enquanto este estava hospitalizado e, nos últimos dias, escondido, de madrugada, chegou ao Hospital com os dois principais líderes daquele grupo de garotos que foram se despedir e dar seus últimos depoimentos aos dois.

Geraldo Mori foi assassinado em circunstâncias desconhecidas até hoje. Não morreu na cama, portanto. Mas Roberto Freire, a pedido da esposa dele, após o desaparecimento de vários dias, o localizou, com duas perfurações de bala no coração, dentro do necrotério.

A ditadura militar seguia firme e forte no poder.

Entrevista com Solano Ribeiro, diretor de quase todos os festivais de MPB

Vamos começar do começo, conheci Roberto Freire quando eu era aluno da EAD, Escola de Arte Dramática, e ele era professor de Psicologia do ator, nosso primeiro contato foi de aluno e professor, de início um contato meio superficial, mas, depois de alguns anos, eu estava meio em parafuso e resolvi fazer análise, e falei com ele pra saber o que ele achava, se eu devia ou não fazer, e ele me perguntou o que eu achava que tinha, eu disse, "acho que é frescura, mas eu preciso confirmar". Fui ao consultório que ele tinha no centro da cidade, fizemos uma sessão exaustiva, e ele me falou, "você precisa fazer consultas diárias, porque você precisa de atenção", e aí eu fiquei em pânico.

Naquele tempo todo mundo ia pro Gigetto, lá, quando você não tinha dinheiro, você podia assinar uma nota, até um teto, quando chegava ao teto das assinaturas, aí não dava mais, você tinha que acertar a conta. Mas o Jesus não deixava ninguém passar fome, ele dizia: "você tem que pagar o que está devendo, mas você não vai passar fome", então eles serviam, para os devedores, uma sopa que era uma pavesa, um caldo de carne com pedaços de pão e um ovo em cima, que estava de bom tamanho. Nessa noite, no mesmo dia em que estive com o Roberto no consultório, eu fui ao Gigetto e o Roberto estava lá, e foi ficando, eu não estava com ele, depois ele me chamou e me juntei a ele, e, de repente, ele ficou completamente bêbado, aí eu falei "eu acho que eu não estou precisando de tudo aquilo que você falou, quem está precisando é você", então minha vida como paciente do Roberto durou um dia, meio-dia da sessão até encontrar com ele naquele estado.

Dali em diante, fomos mantendo um contato meio que esporádico, e entramos pelos caminhos da convivência com o teatro, depois da EAD eu trabalhei no Teatro de Arena também, com o Chico de Assis, eu entrei no Arena pra substituir o Flávio Miliaccio, pra fazer Eles não usam black-tie, *depois* Revolução na América do Sul *e depois eu fiquei fazendo* O testamento do cangaceiro", *do Chico de Assis, com Lima Duarte, isso foi entre 1958 e 60. Então, passamos a ter esses encontros esporádicos.*

Um dia ele estava todo feliz porque ele tinha feito, no consultório dele, um ovo, para que o paciente se sentisse como se estivesse no útero materno, e ele estava todo feliz com aquele ovo todo branco, aí um dos pacientes dele disse: "Roberto, você disse que a gente pode fazer o que acha que deve fazer?" "É, claro, tem total liberdade." "Olha, eu estou muito impressionado com esse ovo aqui, mas eu estou achando ele muito branco, eu posso pintá-lo?" Ele olhou e disse: "pode". Aí, na sessão seguinte, o cara chega com uma lata de tinta. Aí o Roberto disse para ele, que ele podia fazer tudo que quisesse, inclusive pintar o ovo, "mas se você pintar esse ovo, eu te encho de porrada, porque eu também posso fazer tudo que eu quiser" (risos), aí o cara desistiu.

Nesta época começamos a fazer aquelas noites de Bossa no Arena, que foi o que inspirou o Boal a fazer Arena conta Zumbi, *que foi o maior sucesso. A partir daí a minha participação na música começou a acelerar e a minha convivência com ele foi se estreitando, até o momento em que eu o convidei a participar do júri do Festival, mas o mais marcante foi aquele de 1972, o que aconteceu no último* FIC. *Houve um prosseguimento, mas esse foi o último* FIC *mesmo, o grande evento tinha sido em 1968, com o "Sabiá" e o Vandré, e a proibição de que o Vandré ganhasse e aquela coisa toda. Os militares falaram para o Walter Clark que o Vandré não podia ganhar aquele festival, foi taxativo assim. O júri não se influenciou, mas, segundo a direção da* TV *Globo, eu participei diretamente, fui eu que escolhi com o Renatão, Renato Correia de Castro, as músicas que participariam da fase Paulista do Festival, eu e ele, nós dois, houve uma pré-seleção.*

Nós colocamos intencionalmente sabendo que os militares iam ficar putos, não me lembro de todas as músicas que elegemos, mas a gente elegeu também a do Gil, a do Caetano e a do Vandré. "Questão de Ordem", do Gil, depois proibiram, e o que aconteceu é que o júri ficou, não vou dizer intimidado, mas cheio de grande estranheza com aquela música do Gil, que era uma música experimental, e depois o Caetano fez todo aquele discurso, e ele, o Caetano, ele mesmo, já tinha desistido do festival, mas foi lá pra fazer aquela cena com o júri de São Paulo, o que eu digo é o seguinte, o júri é sempre conservador, a tendência de todo júri, a não ser quando a coisa é muito gritante, pelo menos dos festivais que eu fiz.

O REVOLUCIONÁRIO DO TESÃO 129

Outro exemplo desse é o "Ponteio" ganhar, quando a música mais interessante era "Domingo no Parque", hoje pergunta para qualquer daqueles jurados se dariam para o "Domingo no Parque", mas na hora lá, e também a gente tem que reconhecer que naquele momento o trabalho do Edu era magistral, e aquele ano também era muito complicado, porque tinha muita coisa muito forte.

Mas como eu dizia, a minha experiência com o Roberto foi que eu chamei ele pra ser jurado do festival de 1972; nesse festival aconteceram muitas coisas, entre elas o fato de eu estar morando na Europa, eu estava fazendo um documentário pra uma TV Alemã, e quando fui pra Londres passar o final do ano lá com o Caetano e o Gil, chegou no dia de Natal a notícia de que o Caetano podia voltar e o Gil também, eles poderiam voltar pro Brasil.

Aí chegou um telegrama do Boni pra mim, na casa do Gilberto Gil, dizendo que o Zé Otavio e o João Araújo estavam indo pra falar comigo, pra eu ligar não sei em qual número lá, para encontrá-los em Paris, aí nos encontramos, fomos a um Midem importante, por conta do Roberto Marinho, que fez uma apoteose, fechou um cassino e fez um show com artistas brasileiros e tudo, pra promover a Som Livre, e então eu recebi o convite e resolvi fazer o festival de 1972. O Boni disse que o festival precisava ser recuperado e que eu poderia fazer isso, só eu teria a possibilidade de fazer isso, eu vim, mas diante da carta branca que eu exigia pra fazer.

A carta branca significava: eu faço a escolha das músicas, eu faço a escolha do júri, eu vou orientar todo o festival na sua parte nacional, na parte internacional, eu dou uns palpites, inclusive trouxemos o Piazzolla e o americano David Cleiton Tomas para escolher as músicas junto comigo. Para compor o júri, peguei a Nara Leão como presidente do júri, que era uns dos itens para recuperar o festival, que estava muito desgastado com o que o Marzagão tinha feito no ano anterior, que havia, inclusive, constrangido o Tom Jobim e o Chico... O Chico foi até vetado pela Globo depois... Eu não sabia disso, senão eu não teria topado, mas eu já estava no olho do furacão, e aconteceram as eliminatórias, uma das músicas que causou grande, grande frisson foi "Cabeça", do Walter Franco, e o pessoal do júri, que era todo meio de vanguarda, inclusive o Roberto Freire, estava fechado com "Cabeça", e o pessoal ficou meio que preocupado assim, e eu falei pro Bonique tanto fazia ganhar "Cabeça", uma música de vanguarda, ou uma música do Raul Seixas que estava lá, não fazia mal, porque todas as *músicas poderiam ser usadas pela Globo, os caras assinariam um termo lá, então tanto fazia... Mas, eis que chega, pelo Walter Clark, vinda do Roberto Marinho, a informação de que a Nara não poderia mais ficar na presidência do júri. Já tinham acontecido as eliminatórias, faltava só a final, e eu argumentei: "se você tirar a Nara do júri nesse momento, você vai causar um tremendo desconforto pra mim, e pra todo mundo que estiver achando que o festival está se recuperando, inclusive a própria Globo vai perder com isso", aí a coisa foi taxativa: "olha, a ordem chegou do Roberto Marinho, se é ordem do Roberto Marinho, ninguém vai fazer mais nada. Então o Zé Otavio, que era o diretor geral do festival e diretor da parte internacional, disse que ia embora. Se a Nara sair, eu também saio, como é que eu vou explicar, isso não tem o menor sentido, aí passamos a noite inteira bebendo muito naquela noite, pra me convencer.*

Se eu tivesse saído, o festival estava perdido, e talvez fosse o mais certo a fazer, mas tinha contrato e tal, aí eu vi uma solução, a Nara sai, mais sai o júri inteiro, e quando me perguntarem, eu explico que trocou o júri, a justificativa foi que nós tiramos o júri brasileiro, Nara, o Roberto, todos eles, porque a gente colocaria um júri internacional que estava lá, porque a música brasileira que ganhasse ia concorrer em um festival internacional, então a gente ia dando uma leitura de um júri internacional pra coisa lá.

O que acontece é que existia lá um movimento muito forte ao redor do Walter Franco, inclusive no meio, e circulando entre os jurados, estava o empresário do Walter, e eles começaram com a conversa que aquilo era uma manobra, para não dar a vitória pro Walter Franco, o que não era verdade, mas na leitura deles parecia assim, então isso foi um buchicho desgraçado que aconteceu até que, na noite da final, o pessoal do júri estava lá, mas estava assistindo, e o Roberto Freire escreveu um manifesto e ia ler esse manifesto no palco no intervalo, e aí os seguranças foram lá e enxotaram o Roberto Bigode do palco.

Ainda assim, na sequência, o Walter Clarck quis me impor a mudança do resultado do festival: "vai lá e dê a vitória pra Maria Alcina", eu falei: "escuta, os jornalistas, todo mundo já está sabendo, o resultado já vazou, então eu acho que não é bacana fazer uma coisa dessas e ele falou: "Caguei para você se você não acha bacana, eu estou mandando". Respondi: "Você está mandando porque você é meu patrão, mas não vai mandar mais, a partir desse momento eu peço demissão e você não é mais meu patrão, vai para a puta que o pariu". Saí, fui embora.

O Gran Finale viria na sequência, aí o Zé Otávio e a mulher dele, eu e minha mulher fomos jantar depois do festival, no Ninos, e já estávamos terminando, quando numa mesa próxima sentam dois diretores da Globo, o Galo e o Otacílio, com as mulheres também, e a gente estava lá, diante daquele clima, mas já enchendo a cara, e de repente chega e adentra ao restaurante o Roberto, que chega pra mim falando alto: "você perdeu todos os seus amigos, nunca mais você vai ter esse pessoal para as coisas que você fizer". Mas o Roberto estava me espinafrando de brincadeira, nós tínhamos uma intimidade suficiente pra ele fazer de conta que estava, só que um dos diretores da Globo atirou um cinzeiro sextavado na nossa direção, que não pegou no Roberto por um triz, e explodiu no vidro do fundo e quebrou todo o vidro, aí eles vieram e agrediram o Roberto, eles escolheram o Roberto pra dar vazão a sua imbecil fúria, e foi uma briga feia lá dentro, cadeira pra cá, garçom correndo, mulher gritando e aquela coisa toda, e o Roberto ficou todo rasgado, machucado, e nós saímos do Ninos e fomos levar o Roberto pro hospital pra ver se tinha alguma coisa, mas não tinha nada de grave. Então, para espairecer, resolvemos descer até a praia, e levamos duas garrafas de Dom Perignon, e o final do festival foi na praia eu, o Otávio, as mulheres e o Roberto Freire tomando no gargalo uma Dom Perignon.

Mas eu tinha chamado o Roberto para ser do júri porque minha intenção era mesmo que fosse um júri diverso. Essa diversidade era exatamente pra não ter o que eu observava nos festivais anteriores, os jurados tinham sempre a mesma linha, era tudo parecido, porque eles escolhiam um júri que fazia um pouco a estética do estilo que eles queriam impor, e então eu fiz um júri de seleção: ia buscava os lados mais diversos, colocava o Sérgio Cabral do sambão, colocava o Décio Pignatari, que já era de outra linha, colocava o Rogerio Duprat, o Damiani Cozzella, o Júlio Medaglia, então existia conflito no gosto de cada um, claro, e com isso a gente conseguia um quadro bastante diversificado de músicas. Senão o festival ia ser muito monótono e sempre igual.

E o Bigode tinha esse olhar mais progressista. Politicamente sim, esteticamente não creio, embora ele tenha sido favorável ao "Cabeça" do Walter Franco. E aconteceu uma coisa muito louca, porque a gente estava escolhendo as músicas, e ali estava uma coisa que a gente não entendia bem, estava uma coisa confusa, não tinha muito nexo, até que a gente levou pra um gravador estéreo, e a gente ouviu num gravador estéreo o que ouvia em uma pista só, e aí que a gente sentiu o que era aquilo, e no primeiro momento o Júlio Medaglia disse: "eu quero fazer o arranjo para essa música", e aí o que aconteceu, ele estava na Alemanha, e mandou uma partitura que nenhum maestro conseguiu ler aquilo, imaginou transformar o "Cabeça" em partitura, não tem sentido, então eu optei em usar o background da própria gravação, ele fazia a primeira voz e a gente colocava tudo aquilo que "Cabeça" se tornou, algo muito interessante, e foi até adotada pelo Chacrinha, então era interessante o trabalho, e o Roberto era um dos defensores do "Cabeça" e todo o júri, o João Carlos Martins, ele também era jurado e não gostou da música, então, existia essa divergência estética musical que trazia muita riqueza praquela época, praquela decisão.

Eu nunca tive problema com jurados, todos eles topavam participar, inclusive alguns jurados foram de certa maneira estranhos; Salomão Schwartzman, por exemplo, quando foi jurado, discordava de tudo e de todos, mas a maioria sempre prevalecia, e prevalecia sempre o resultado que quase sempre batia com o resultado do público, a gente sempre teve essa convergência, então não tivemos problema. A não ser com "Arrastão", porque "Arrastão", do Vinícius e o Edu Lobo, interpretada pela Elis [Regina], era favorita naquela ocasião, público e crítica. Só que o Wilson Simonal, na época, tinha seus shows patrocinados pela Rodhia e tinha todo o interesse publicitário, e tal, e este patrocinador tentou aliciar o júri para dar a vitória ao Simonal. Eu percebi aquela jogada porque tinha muitos presentes, muito almoços, agrados praquela turma toda, e recados e percebi que o Simonal ia ganhar, mas naquele momento era gritante a superioridade de "Arrastão" e da Elis, e aí, no dia da final, vendo que a vaca tinha ido pro brejo, eu liguei pro Valter Silva aqui em São Paulo, fiquei esperando, porque pra falar com São Paulo, naquele tempo, você levava uma hora, chega na telefonista, tá bom, te ligo dentro de não sei quanto tempo, então depois de muito esforço eu falei com o Pica-Pau, e contei pra ele o que estava acontecendo, e ele tinha um programa, o "Pickup do Pica-Pau", ele foi pra rádio e desancou o festival, desancou a mim, e contou tudo o que estava sendo tramado, e eu falei pro Lívio: "Lívio, o Valter Silva, neste momento, está falando, contando toda essa história na Rádio de São Paulo", o Lívio ficou apavorado porque ele era da agência, ele não era da Rhodia, mas era o representante, era o intermediário, ele era da propaganda, aí ele então liberou os jurados para votar em quem quisessem, e aí, deu a vitória do "Arrastão".

O Simonal, acho que sabia daquilo tudo, foi vítima da própria arrogância, porque, de repente, ele se considerou poderoso, e se considerou íntimo dos poderosos, e aí aconteceu um fato no bastidor, ele foi arrogante, ele foi muito inábil nessa ação, e aí virou tudo contra ele, porque algumas figuras envolvidas eram figuras públicas e notórias que faziam parte do estafe da Rede Globo, então o Simonal passou a ser persona non grata *na* TV *Globo, tanto é que eu tive um problema quando eu fiz o festival de 1972, eu coloquei o Simonal cantando, teve gente que foi me xingar lá, diretores da Globo, porque eu não podia fazer isso, me cobraram, veementemente, ter colocado uma* persona non grata, *e por isso, depois,* persona non grata *na Globo passou a ser eu.*

Eu também tive um problema com o Vandré, quando ele inscreveu a música "Disparada". Ele queria cantar a música. Eu colocava na inscrição, eu não converso com representante, nem com advogado, nem com empresário, nem nada, eu converso com o artista, porque o cara vinha me lamber o saco pra ver se eu classificava ele, quando o cara entrava já vinha empresário, advogado, assessor de imprensa, o cara já virava um astro assim que era classificado. E aí tinha os compositores e os intérpretes, e naquele festival estava definido que eu decidiria quem interpretaria qual música. A decisão da apresentação da música era minha, não tinha conversa. E eu fui falar com o Vandré, porque ele queria cantar a música dele. Eu disse: "você não vai cantar, e ele perguntou por quê, e eu respondi: "porque você vai estragar a sua música, você não tem a força que a sua música exige". E ele, ressabiado: "então quem você vai pôr pra cantar a música?", e eu: "o Jair Rodrigues". Ele ficou aterrorizado: "mas como, um sambista, ele vai lá plantar bananeira no palco, ele vai fazer aquela farra, deixa que disse, que pensa, o Jair Rodrigues não!". Eu falei "confia em mim", eu tinha visto o Jair, eu vi o Jair brincar de música sertaneja, aí eu falei nossa é muito bom, ele brincava mesmo com a voz. Aí o Vandré estava lá, todo bravo e não queria deixar, eu falei: "vamos fazer o seguinte, venha assistir a um ensaio comigo, aí, se você tiver alguma divergência, nós vamos continuar discutindo", não disse que ia atender o pedido dele não, aí ele foi assistir ao ensaio e ficou maravilhado, ele conversou com o Jair, eles decidiram como o Jair tinha que cantar, mas ainda pediu para o Jair não fazer palhaçada, não plantar bana-

neira... O Jair incorporou mesmo, seguiu à risca, tanto é que o Jair, até pouco tempo antes de ele morrer, não existia lugar que ele fosse que ele não tinha que cantar "Disparada", em todo lugar, ele não conseguiria sair do lugar se ele não cantasse "Disparada", e então ele fez muito bom uso da música do Vandré, mas o Vandré, eu não deixei cantar mesmo.

Mas, voltando ao Bigode, ele foi muito importante. Pela cultura e pelo que ele representou de convivência com as pessoas que giravam em torno dos acontecimentos daquele momento, na arte, na cultura brasileira. E mesmo politicamente as posições dele foram sempre coerentes com o pensamento político dele.

Depois do Ato Institucional nº 5, em 1968, criou-se um vácuo, que foi preenchido pelo marketing do campo da música, esse espaço não ficou vazio, entrou um monte de porcaria musical que está aí até hoje, até porque, nesse perído, muita gente do movimento musical daquela época foi preso, exilado, desapareceu, e o marketing ocupou o espaço, e não foi apenas com os compositores, foi com todo mundo, jornalistas, escritores, sindicalistas, professores e tudo mais, então isso deixou um buraco. Aí entraram em peso as grandes empresas, que estão muito mais preocupadas em divulgar a sua marca do que apoiar a cultura, e criou-se toda uma estrutura que faz com que invistam não no artista ou no disco dele, mas em um negócio. Uma aplicação financeira rentável que não tem a menor preocupação cultural nem estética, nem artística, nem nada.

O André Midani está hoje com 82 anos. Ele foi muito esperto, ele foi muito beneficiado pelo meu trabalho, porque ele passou a contratar todo mundo, um dia ele falou para mim: "Solano, eu só não tenho o Roberto Carlos", a grande frustração dele. Mas o André foi muito vivo, contratou todo mudo que ele pôde, e a eventual mágoa que eu tenho do André, é que ele é um segregacionista; pra você ter uma ideia, foi ele quem provocou a saída da Rita [Lee] dos Mutantes. Tinha um conjunto que eu estava produzindo, na época, que chamava o Bando, e ele foi lá e tirou o grupo de mim, ele queria fazer uma coisa pra dizer que era obra dele, e desagregou certos grupos, desagregou muita gente. Ele é um cara que teve muito poder, foi da Philips, que depois se transformou em Polygram, no tempo em que tinha muito dinheiro a indústria do disco, depois ele conseguiu criar a WEA, que era um braço da Warner, e ele é um cara bastante cuidadoso, bastante pro-

fissional, porque quando morreu o dono da Warner, ele casou com a mulher dele. Era tudo dele.

Hoje, eu faço um programa na rádio Cultura AM, que se chama "Solano Ribeiro e a nova música do Brasil", é um programa que só apresenta produção independente, e ele está num nível muito alto de quantidade e qualidade, porque essa nova geração que está fazendo música hoje, foi estudar música, então quando você pega um compositor, ele foi estudar na França e fez faculdade de música, aquela geração que apareceu na MPB, eles eram músicos intuitivos, não tinham um preparo musical, só que o talento era tão grande que o trabalho deles superou a falta de conhecimento da parte teórica musical, agora essa nova turma foi se preparar, e, claro, ainda tem gente talentosa surgindo, quando você ouve uma coisa e vê que aquilo tem base, você descobre coisas muito valiosas, é um movimento que existe no Brasil inteiro, só que não tem acesso à mídia. A minha grande briga aqui na Cultura é mostrar que nós podemos fazer outro movimento musical, mas precisamos colocar isso na TV pra chegar ao grande público, porque se colocar na TV, não significa que a gente vai dar audiência na TV Cultura, mas significa que vamos dar início a um movimento que vai mexer com a mídia e vai criar um público. Tudo que eu fiz, todo trabalho que resultou nos festivais da Record e da Globo, teve início num Teatro de Arena com 150 pessoas assistindo às apresentações, aquilo foi um trabalho, um trabalho de longo prazo, que nem foi tão longo assim, porque a gente começou e depois explodiu tudo, e a música é uma coisa explosiva mesmo, então, se houver um catalisador, funciona. Foi assim com a Elis, com um monte de gente com sequência na Record, pode-se criar um movimento musical muito maior e mais forte do que foram a Bossa Nova e os Festivais antigos, por exemplo. Naquela época nem todo mundo tinha televisão. Mas eu falo isso, e falam: "quem é esse senhor que vem falar de futuro de novo?"

O João Saad era casado com a mulher do Mappin. Que também teve um caso com o Walter Clark, e até onde a gente sabe era uma piração total, imagine o João Saad naquele circo. O que acontece é que existem influências políticas que se sobrepõem ao profissionalismo, ao conhecimento, porque você não improvisa um profissional de televisão, não há a menor possibilidade, o sujeito, pra entender o que é televisão, precisa puxar o cabo lá embaixo, como foram os grandes diretores de televisão, Boni, Daniel Filho, Walter Clark, essas pessoas todas começaram entendendo qual é o processo, e aí sabiam de tudo. O Boni era capaz de pôr um programa no ar e dirigir, eu sou capaz de botar um programa no ar, do zero, e ele existir. Tanto é que fiz um festival na Cultura que, infelizmente, foi mal, terminou mal, porque terminou com o público rejeitando o resultado, e o resultado resultou num bloqueio em relação a isso. Mas eu também não acho que um festival tenha sentido naquele formato que era antes, hoje o que se vende para TV são formatos, tanto é que a Globo vai comprar formato de televisão da Holanda, vai comprar formato musical nos Estados Unidos, faz esse "The Voice", que nada mais é do que um programa de calouro ruim. Hoje você fala em festivais e as pessoas acham que festival é o Rock in Rio, o Lollapalooza, esses grandes eventos midiáticos e comerciais.

Quando eu pus na televisão novas músicas e novos compositores, havia também o compromisso de valorizar a produção nacional; hoje, na televisão, ficam botando um monte de gente cantando música estrangeira e competindo entre si, todos os programas são programas de calouro, ninguém se preocupa com a base. Eu tenho até um formato criado, que dei o nome de "A música", que não visa mais a competição, é uma coisa pra você estimular novas parcerias e estimular novas músicas, esse me parece um grande começo.

É assustador você ouvir as rádios na FM, você vai achar que não está no Brasil, vai achar que está em outro país, a coisa que você menos vai ouvir ali é música brasileira, e quando ouvir música brasileira, são essas porcarias desses sertanejos universitários, ou pior, algum pastor dando o recado dele lá em pregações malucas, em músicas malfeitas. E na TV também.

A fila tem que andar, eu acho que você não pode achar que os grandes nomes da música brasileira ainda são Chico Buarque, Caetano Veloso, Gil, Tom Jobim, eles tiveram uma grande importância, e sempre terão, mas tem que haver uma sequência, essa sequência foi interrompida pela ocupação do marketing. Outro problema é que a política de incentivo no Brasil é um absurdo. Criou-se todo um mecanismo. E mesmo com a Lei Rouanet ou o apoio da Petrobras, ou de uma empresa privada, muitas vezes tem que passar pelo filtro do braço responsável pela Cultura no Estado, que vai só deixar passar aquilo que é do interesse dele, e, em segundo lugar, isso está na mão do marqueteiro, do patrocinador, e esse pessoal se vê como investidor, não como apoiador de verdade. Na maior parte das vezes, o que esses caras que hoje dizem que colocam dinheiro na cultura querem é levar o dinheiro do incentivo fiscal. Há sempre interesse financeiro, nunca cultural.

O REVOLUCIONÁRIO DO TESÃO 137

Entrevista com André Midani

Bom, então é isso, vamos falar do Dr. Roberto Freire, e eu te adianto que não tenho Alzheimer, mas um dia estou achando que ainda vou ter, em certos momentos os nomes são difíceis de aparecer. Eu não me lembro de como conheci o Roberto, nem quando foi a primeira vez que encontrei com ele, não me lembro. Mas eu sei que encontrei um dia o homem, e ele, primeiramente, ficou muito interessado nesse sírio-franco-brasileiro aqui, que capitaneava uma companhia de discos multinacional e tinha 80 por cento dos indispensáveis da época.

Só não tinha o Roberto Carlos e o pessoal de Minas Gerais, o "Clube da Esquina." E eu encontrei no Roberto Freire não só uma referência, encontrei nele, então, uma pessoa que me ajudava a compreender melhor os próprios artistas. Naquela época, eu passei por um período, vamos supor que fosse nos anos 1969, ou 1970, em que eu estava com esse montão de artistas, cada um mais inteligente que o outro, cada um mais exigente que o outro, uma época de turbulência, primeiro com a ditadura, depois no relacionamento com os artistas e a companhia de discos, ou seja, o artista queria muito mais dizer de sua vida do que lhe era permitido. Então organizei o que se chamou de Grupo de Trabalho, aqui no Rio, com intelectuais de boa capacidade que representavam na época pensamentos contemporâneos, e a gente se encontrava a cada 15 dias, eu acho, nas quartas-feiras, num hotel qualquer, a gente fazia isso meio escondido da Redentora, tínhamos pessoal do Pasquim, tinha a nossa companhia, era cheio de contestatários, cheio de contestantes, e eu participava, quer dizer, eu que organizava essas reuniões e eu era o último que falava, primeiro ouvia todo mundo, só quando vários estavam falando ao mesmo tempo, eu botava ordem porque é uma especialidade de brasileiro, todo mundo quer falar ao mesmo tempo e ninguém quer ouvir.

Eles falavam cada um sobre seus pensamentos, sobre um determinado artista, isso durante umas duas ou três horas; na semana seguinte ou na quinzena seguinte, se convidava o artista e todo mundo perguntava e batia um papo com o artista, e tinha uma terceira reunião, sem o artista, em que as pessoas conversavam sobre o resultado desse pensamento, desse encontro, e eu estava nessa situação confortável de ouvir, ouvir, ouvir tanto que ia adquirindo conhecimento sobre os artistas e a cultura brasileira.

E quando eu ia a São Paulo, ia a São Paulo toda semana, costumava encontrar o Roberto e colocar esse tipo de assunto com ele. O Roberto foi uma presença importante na minha vida, porque me dava força nas coisas em que eu era tímido, e eu encontrava nele um poço, uma fonte de pensamentos livres que me permitiu, nessa época mesmo, ser mais inteligente como patrão, mais eficaz como patrão, mais bem situado como patrão, porque atrás do patrão vem a pessoa boa nisso, mas a influência que ele teve foi profissional, porque eu tenho a impressão de que, dentro da tormenta do Roberto, havia no pensamento dele uma importância que não existia na cabeça de outras pessoas, então eu creio que ele tinha interesse genuíno em estruturar uma relação comigo, para que eu prestasse atenção a determinados aspectos de seu pensamento que ele encontrava em mim, uma pessoa que poderia talvez realizar os sonhos, ele tinha um canal atrás de mim, e eu tinha um canal atrás dele. E eu contava sobre os projetos e ele me dava dicas, direções. Certamente o meu desenvolvimento, meu empenho em trabalhar essa faixa de expressão que se chamou de rock brasileiro ou o pop teve lá o olho, o olho nem tanto, mas o dedo do Roberto.

Como eu disse, eu não tinha o Mílton Nascimento e o Roberto Carlos, mas eu tinha Caetano, Gil, Jorge Ben, Tim Maia, Raul Seixas, Elis Regina, Betânia e, deus me perdoe, mas esqueço os nomes, porque havia outros, muitos outros, muita gente importante.

Mas você vai também entender facilmente sendo psiquiatra, psicólogo, a partir do momento que você percebe a existência do ego, é complicado, é ter um motor primeiro mais eficaz, necessário, indispensável para que o artista possa luzir, tem que ser muito louco de subir no palco aos 20, 22 anos e se expor para um público que nem está interessado no seu caso, isso não existe hoje, cantar e levar um grito, ser vaiado, vai embora filho da puta, sei lá, a pessoa tem mesmo que ter um ego maluco. Eu conheci, trabalhei com uma dessas divas, e um dia, por problemas políticos na época, ela, que é realmente uma diva, foi vaiada, e ela saiu de lá e disse: "vocês viram como eles gostaram do meu show?", isso na coxia lá atrás, então é um ego tão poderoso que interpreta tudo que quer, porém tem que admitir que isso é a força maior, além do talento, além de não sei o quê, além de todo o resto.

Mas voltando ao Roberto, ele era um anarquista. Exatamente, exatamente. Mas ele tinha propósitos, era comprometido com tudo, e eu só pude ter uma companhia tão ousada numa época como a da ditadura, porque eu tive muitos colaboradores, e naquela época a gente tinha que se comprometer para segurar a elite, porque tivemos muito problema com a censura, e você tinha que ter amor, muito amor, fazer as coisas por amor, por justiça, ou por qualquer coisa, ainda que fosse por uma anarquia.

Eu tinha noção do talento desses meus artistas e o maior respeito, mas eu não tinha a menor noção da importância política e artística em que eles já estavam e atuavam. Consciência histórica de quanto isso era importante, não. Eu trabalhava: o disco da Elis está saindo agora, tem a peste daquela música, tem show, tem gravação, como é que a gente vai fazer?

E era difícil lidar com aquilo tudo. Com certeza você já ouviu falar que a Globo só queria fazer festivais competitivos, os artistas não queriam, na companhia tínhamos artistas que poderiam aguentar um festival, não competitivo, então organizamos um festival não competitivo, coisa única. Nunca companhia nenhuma teve a audácia de fazer isso, e foi o ninho da censura lá, porque tinha essa famosa música "Cálice", que a censura tinha vetado, e outros músicos que não podiam cantar, por conta de censura, não se podia nada, aí veio a intervenção deles nos microfones, teve o Raul Seixas, que se apresentava pela primeira vez, ele era assim absolutamente contundente e tinha a Betânia e a Gal, no apogeu da sua beleza, homossexual , teve o Caetano ajoelhado no chão aos pés de Jorge Ben, coisa importante no comportamento, era também um desafio, vamos ver até onde a gente pode ir, até onde nossos artistas querem ir, e pronto, simplesmente isso. Certamente as pessoas olhavam para essa minha companhia, eu achei maravilhoso, sempre achei maravilhoso, mas eu era muito tímido, frente a esse olhar, porque justamente eu não tinha consciência, não tinha interesse, nem uma coisa intelectual, nenhuma coisa patriota, nenhuma coisa poética em si, eu sabia que tudo era política, mas não tinha uma bandeira da minha pátria ali, eu sabia quem era inteligente, muito inteligente e por isso eu apoiava e me apoiava.

Claro, Roberto Freire fará sempre falta, sempre evidentemente, se ele estivesse aqui hoje, em plena força da sua pessoa, certamente que o pensamento dele seria o mesmo, de modo diferente, mas sempre uma pessoa como ele é indispensável, como Caetano é indispensável, e sempre vai ter um Caetano em cada lugar.

A música brasileira, hoje, se você a olha com olhos do passado da sua juventude, e da minha, você olha pelo caminho que tem que percorrer e você diz, bom, então evidentemente que não tem nada, agora se você tira esses preconceitos e olha o Brasil geográfico hoje, e econômico, você vai ver que o poder carioca e o poder paulista em termos das novidades musicais importantes não existem mais, o que existe é a Paraíba, existe Belém do Pará, províncias brasileiras que, de uma hora pra outra, são suficientes a elas mesmas, essa necessidade de fazer sucesso no Rio ou em SP é coisa do passado. Porque também o interior brasileiro, qualquer que seja hoje, está muitíssimo poderoso economicamente, e quando você começa a olhar que a cultura sempre evoluiu, como na maior parte dos casos debaixo das asas da economia, você pode ver que o futuro da música brasileira deverá ser a música sertaneja mesmo, tem mais dinheiro, tem mais universidade, tem mais serenidade, tem mais tecnologia, tem mais empresários e cabeças pensantes comercialmente, mas tudo o que não tem ainda é o poder total, mas tem que notar que as duplas sertanejas normais já estão cantando em Salvador, em São Paulo, em qualquer lugar. Eles estão utilizando tecnologia contemporânea, que artistas do Rio e SP não têm considerado nem podem experimentar por falta de quê? Por falta de dinheiro, e essa coisa de sempre olhar para seu passado, enquanto o Rio olhar seu passado, não vai produzir grande coisa, evidentemente, São Paulo tem mais dificuldade, dificuldade de morrer, não quer morrer.

As pessoas vão nascendo e morrendo. Um astro, por exemplo, só pode ser feito quando estiver no palco com coisas com as quais o público se identifique, e se o sujeito tem uns 24, 25 anos, vai cantar para um público majoritário de 18, 17 a 25 anos, e daqui a pouco esse público se apaixona por aquele ídolo e vai vivendo sua vida, quando esse ídolo chega aos 70 anos, mais da metade desse público já morreu, entende? Então é o que sobra da vida (risos), então é isso, todos eles, todos nós, eu não subi no palco, mas, enfim, eu tenho alguns anos a mais do que esse povo, não é o estilo, tudo vai desaparecendo, surge gente nova, pensamento novo, tudo novo.

Hoje, eu faço minhas as palavras do Gil, "tem muitas maneiras de fazer música, eu gosto delas todas", você já conhece essa frase, tendo respondido dessa maneira posso dizer que escuto os artistas com quem eu trabalhei, até hoje, todos eles, e às vezes eu escuto música, especificamente, muitas sonatas para piano de Beethoven, de Chopin, de Mahler, de formação de orquestras, é isso. E o que é mais interessante é uma grande perplexidade porque é muito complicado de entender, mas uma vez que entendeu, é uma fonte de prazer muito grande.

Para mim, O Roberto foi uma pessoa decisiva na minha formação e em tudo o que a gente conversou.

Aprendi a dizer Não

Em 1966, A tv Record resolveu entrar para valer na onda dos festivais. Solano Ribeiro, ao saber que o 2º Festival que a tv Excelsior queria preparar tinha o nome de Lívio Rangan e sua querida Rhodia como patrocinadora, pediu demissão para Edson Leite. Junto vinha acontecendo outra coisa importante: [Mário] Simonsen, o dono da tv Excelsior, tinha sido um grande apoiador do governo Jango, e a Ditadura, chamada então de "Redentora", estava de olho nele, que morreria em março de 1965, dias depois de ter seus bens sequestrados. A tv Excelsior começou um longo processo de perdas, ações de despejo, atrasos de salários, mudança de diretoria até abril de 1970, quando seus transmissores foram lacrados.

A partir do AI Nº1, a "Redentora" preparava o terreno para a instalação de inquéritos policiais-militares, e aí perseguições, prisões e torturas patrocinadas pelo novo regime. Os estudantes foram um dos primeiros alvos, e, coincidentemente, tiveram a sede da UNE incendiada. Parlamentares e juízes foram cassados, e as Ligas Camponesas viraram um alvo direto. Nas artes, Carlos Lyra, Dias Gomes e Mário Lago foram presos.

Em outubro de 1965, todos os partidos políticos foram extintos e surgiram apenas dois partidos: a Aliança Renovadora Nacional (Arena), de apoio incondicional ao regime, e o Movimento Democrático Brasileiro (MDB), de oposição, desde que absolutamente moderada e servil. Foi a proclamação do AI Nº2.

A tv Excelsior ainda faria seu 2º Festival em 1966 e premiaria "Porta-Estandarte", de Fernando Lona e Geraldo Vandré, cantada por Vanelisa Zagni da Silva, a Tuca, que morreria precocemente em função de dietas que fazia para emagrecer. Tinha um parceiro na cantoria, Airto Moreira, mas quem gravou a música com Tuca depois foi o próprio Vandré. Airto se juntaria a Theo de Barros, Heraldo do Monte e a um albino músico chamado Hermeto Paschoal para formar o "Quarteto Novo". Em uma excursão promovida pela Rhodia foi reduzido a um "Trio Novo", por imposição de Lívio Rangan, que achava Hermeto muito feio, destoando do conjunto. Em 1967, Airto Moreira partiria para os Estados Unidos para uma carreira de enorme sucesso, junto de uma companheira musical e amorosa, Flora Purim.

Neste Festival, dois nomes surgiram: uma cantora chamada Maria da Graça Costa, que era chamada de Gracinha e que, mais tarde, adotaria o nome Gal, e um rapaz muito tímido, mineiro, chamado Mílton Nascimento.

Enquanto a TV Excelsior começava sua agonia, a TV Record começava seu período mais glamoroso. Reagindo a um terceiro lugar na audiência, quando a TV Excelsior liderava com quase metade dos televisores ligados em suas atrações, e com a TV Tupi em segundo lugar, a Record contou com um grande aliado, o empresário Marcos Lázaro, que contratou Elis Regina com exclusividade e fez uma parceria com a TV Record para um programa comandado por ela. Para formar um casal de apresentadores, chamou também um sambista muito simpático e que, com muito carisma, trazia toda a plateia com ele: Jair Rodrigues. O programa, que viraria história, chamava-se "O Fino da Bossa".

Logo depois, a TV Record colocaria outro programa musical no ar. Com artistas mais antigos e com carreira já consolidada, surgiu "Bossaudade", apresentado por Elizeth Cardoso e Cyro Monteiro. Nesse mesmo momento, a TV Record colocou no ar outro programa, dirigido ao público mais jovem e com ligações mais fortes com o rock e com a música pop internacional: "Jovem Guarda", apresentado por Roberto Carlos, tendo Wanderléia e Erasmo Carlos como seus coadjuvantes.

Solano Ribeiro foi contratado para dirigir o novo festival. Os militares já estavam apreensivos com os shows musicais. No Rio, "Opinião", primeiro com Nara Leão, depois com Maria Bethânia, ao lado de Zé Kety e João do Vale, e dirigido por Augusto Boal, com textos de Oduvaldo Vianna Filho, o Vianinha, Paulo Pontes e Armando Costa, todos originários do Centro Popular de Cultura (CPC), ligado à UNE, era um enorme sucesso.

Solano chamou para um trabalho sigiloso num salão de uma escola da mãe do jornalista Alberto Helena, além deste, o maestro Júlio Medaglia, o produtor Roberto Corte Real, o artista César Camargo Mariano, que passava ao piano as 2.635 músicas inscritas e Roberto Freire. Feita essa seleção, o júri foi formado, com esses cinco prejulgadores, e mais Mário Lago, Franco Paulino, Paulo Vanzolini, Luís Guedes, Denis Brean, Alberto Medauar e Sílvio Túlio Cardoso.

A qualidade musical era muito boa, letras incríveis estavam entre as tantas apresentadas. Entre os que nem foram selecionados para o festival estavam nomes como Adoniran Barbosa, João do Vale, João Roberto Kekky, Ataulfo Alves, Capiba, Toquinho e Dori Caymmi.

Os jurados, que só eram revelados no início da competição, costumavam frequentar os mesmos ambientes de bares e casas noturnas. Isso trouxe acontecimentos curiosos, como quando Geraldo Vandré, dando carona em seu fusquinha a Luís Vergueiro e Alberto Helena Jr. (este jurado sem que os outros soubessem), parou o carro e disse que ia cantar uma música dele que tinha sido classificada e que ele achava que iria ganhar o Festival. Disse ainda que era a maior revolução, que misturava o sertanejo moderno com Guimarães Rosa e cantou "Disparada". Alberto Helena ouviu, ficou quieto, mas já sabia que essa era, realmente, uma grande possibilidade.

"Ensaio geral", de Gilberto Gil, "Lá vem o bloco", de Guarnieri e Carlos Lyra, "Canção para Maria", de Capinam e Paulinho da Viola, "De amor ou paz", de Luís Carlos Paraná e Adauto Santos, "Canção de não cantar", de Sérgio Bittencourt, "Jogo de roda", de Ruy Guerra e Edu Lobo e "Um dia", de Caetano Veloso estavam entre as participantes. Havia mais uma que logo chamou muito a atenção: "A banda", de Chico Buarque.

Havia um problema no som do teatro. O produtor Manoel Carlos, percebendo isso, sugeriu um truque que funcionou bem demais. Chico Buarque, o compositor, entrava e cantava sozinho uma primeira vez, e aí Nara Leão, a real intérprete, entrava acompanhada por uma bandinha na sequência. "Disparada" também teve uma história curiosa. Vandré, a princípio, não aceitava a ideia de que Jair Rodrigues pudesse cantá-la, achando que ele era um sambista muito brincalhão e a música dele era séria.

Solano Ribeiro insistiu que Vandré assistisse a uma apresentação de Jair Rodrigues. O Quarteto Novo o acompanhou e trouxe mais uma novidade, uma queixada de burro que, simbolicamente, unia o sertão com a música mais cosmopolita, enquanto abria a canção.

Nessa semana, Hebe Camargo recebeu em seu programa os jurados Paulo Vanzolini, Franco Paulino, Raul Duarte, Denis Brean e Roberto Freire para falar sobre o festival. Tentou, sem muito sucesso, que adiantassem algo de seus votos. Mas, claro, eles não entregaram. Roberto Freire lembrou que cabia a cada jurado lutar por aquilo que melhor existia na música brasileira, defendendo as revelações que surgiam, atentando para a importância que o vencedor teria em sua carreira com sua música. "A banda" e "Disparada", as favoritas do público, eram o assunto em todo o Brasil, e só se falava nisso. As torcidas monopolizavam as atenções.

Entre os jurados, essa divisão também se fazia sentir. Um segredo, guardado durante muitos anos por Zuza Homem de Melo, que era o engenheiro de som naquela noite, além de ser o assistente direto de Paulinho Machado de Carvalho, foi recentemente revelado. Ao fazerem a contagem final dos votos, "A banda" ganhava de "Disparada". Sete votos contra cinco. Paulinho Machado de Carvalho ouviu dele que havia sido criado um impasse terrível. Chico Buarque se negava a receber o prêmio e, se isso fosse determinado, ele o devolveria em público.

Os jurados voltaram a se reunir com essa notícia para resolver o problema. Foi quando o jurado Mário Lago, compositor célebre, ator e militante histórico da esquerda, afirmou que concordaria com um empate das duas músicas com uma condição: "Ensaio geral", de Gilberto Gil, cantada por Elis Regina, com uma letra fortemente política, tinha que ficar entre as finalistas. Se estivesse, ele concordaria com o empate entre Chico e Vandré e seu parceiro Theo de Barros. Todos toparam.

No anúncio da premiação, Randal Juliano, que era o apresentador, ainda teve que conviver com as reclamações de Caetano Veloso, que dizia ser um absurdo a música de Gil ter ficado em quinto lugar, já que era a mais importante música feita até então na arte popular brasileira.

Chico festejou, inicialmente no bar ao lado da tv Record, depois seguiu para a casa dos pais dele, no Pacaembu. Nara Leão foi com ele, mas depois saiu com Flávio Rangel. Jair Rodrigues foi para o "Jogral", numa boca livre patrocinada pelo dono, o compositor Luís Carlos Paraná, que ganhara o 2º Lugar com "De amor ou paz". Vandré e Theo só souberam do resultado dois dias depois, pois estavam viajando, por meio de telegrama mandado por Paulinho Machado de Carvalho. Roberto Freire foi jantar no Gigetto, onde encontrou Caetano Veloso e foi cumprimentá-lo pelo prêmio de "Melhor letra", e ouviu dele que não precisava ser cumprimentado. Só queria receber parabéns quando ganhasse o 1º Lugar.

O disco com "A banda", uma das duas vencedoras, vendeu 10 mil cópias em 24 horas. E Jair Rodrigues nunca mais pôde fazer qualquer show sem que cantasse "Disparada". A música popular brasileira era a grande vencedora, como Cyro Monteiro tinha previsto.

Ainda neste ano, 1966, a TV Globo resolveu beber do sucesso dos festivais e inventou o seu: Festival Internacional da Canção, o primeiro FIC, dirigido por Augusto Marzagão, um homem sempre ligado ao poder. Era chamado de "Homem do FIC", depois de ter dirigido seis das sete edições que o FIC viria a ter.

Neste primeiro ano, o FIC foi vencido por uma linda canção de Dori Caymmi, "Saveiros", apresentada, como as outras, com um péssimo som no Maracanãzinho. E com uma tônica forte na tristeza, contrastando fortemente com a alegria da "Banda", meses antes. Chico Buarque estava presente, convidado como jurado. Foi tão solicitado pelo público que foi ao palco e cantou "A banda". Em seguida, o Quarteto em Cy também teve que ir ao palco e repetir a marchinha alegre. O clima se tornou negativo e, quando "Saveiros" foi anunciada como vencedora, a vaia foi generalizada, o que fez com que Nana Caymmi chorasse muito, não só por isso, mas também por causa de um boato maldoso que dizia que Dorival Caymmi tinha comprado os votos dos jurados para os filhos Dori e Nana. A vaia era totalmente injusta com Nana Caymmi, mas tinha chegado para ficar.

Com o sucesso dos festivais, Marzagão queria reunir dois festivais em um só. Um de música brasileira e outro de música internacional, com a canção brasileira vencedora participando da fase internacional. No início, Marzagão levou a ideia à TV Globo, mas Walter Clarck, então o todo-poderoso da casa, não mostrou grande interesse. Marzagão procurou então a TV Rio e a emissora carioca topou a parceria. Quando a TV Globo mudou de ideia e procurou o acordo, foi a vez de Marzagão esnobar a proposta.

Entrevista com Zuza Homem de Mello

Eu fiz uma entrevista com o Roberto Freire na época em que eu estava escrevendo o livro A era dos festivais. *Sempre achei que ele era de uma importância fundamental, primeiro porque era um dos poucos jurados ainda vivos na ocasião, a maioria já tinha morrido, e ele tinha uma ascendência muito grande sobre os demais jurados.*

A minha convivência com o Roberto não é tão assídua assim como você talvez possa imaginar, porque eu tinha uma atividade diferente da dele, muito diferente. A minha convivência com ele não existia praticamente, o que existia era a percepção da importância dele exatamente como uma pessoa que tinha participado de atividades ou iniciativas culturais e, principalmente, os textos dele na revista Realidade, *que eu lia frequentemente e acho que ele escreveu com certa frequência pela lembrança que tenho.*

Eu não tenho nada a acrescentar além do que está no meu livro, só a reprodução disso, o episódio que está no livro, aquele em que o Paulinho de Machado me entregou o envelope contendo as anotações dos jurados ficou guardado comigo em total segredo durante 20 anos, e só veio a público quando eu escrevi o livro, inclusive meu querido amigo Humberto Werneck, que escreveu 'Prefácio do Monte de Zulei' recentemente, estava sentado neste mesmo sofá em que você está quando me entrevistou para o livro que ele escreveu sobre o Chico Buarque e quando chegou a esse ponto, eu falei "Olha Humberto, eu não posso abrir", porque naquela ocasião o Paulinho ainda era vivo, e prometi a ele que não ia abrir. Quando fui escrever o livro, eu o entrevistei e pedi autorização pra ele e ele concordou, por isso o relato foi feito.

O que eu acho importante acrescentar, e que não está no meu livro, é que o Roberto votava no Chico, ele era um dos defensores do Chico. Pelo que ele me disse, ele sempre votou no Chico em outros festivais, ele votava no Chico como torcedor mesmo, ele era próximo do Chico, tire as conclusões que você bem entender sobre isso... Mas essa proximidade existia, tanto é que ele fez Morte e vida severina *e as famílias eram amigas, ele frequentava a casa do Sérgio Buarque de Hollanda no Pacaembu, onde o Chico vivia. Ele nunca escondeu que votava no Chico, pelo menos, pra mim, não. Mas isso, às vezes, foi posto em dúvida na época por alguns jornalistas que ignoravam o que estavam escrevendo, não percebendo que essa era a postura pela qual o Solano e o Paulinho não abriam mão, quer dizer, tinham que ter os dois lados da medalha presentes, tanto que, quando houve a proposta do Paulinho, ele optou pelo empate, alguns jurados foram radicalmente contrários a essa ideia, acharam que não. Não sei se o Roberto participou dessa radicalização, então havia de fato dois grupos com ideias diferentes, quase que opostas, o que era altamente saudável.*

Nos festivais da Record eu participava de uma maneira bastante profunda, observando, como eu era técnico de som, e não tinha nenhuma influência sobre os cantores e compositores, eu era amigo ou desconhecia os novos, então pra mim não importava nada, era uma atitude diferente de alguém que estivesse envolvido. Verdade é que os jurados tecnicamente não se envolviam, chegavam na hora e ficavam em uma sala separada para a decisão, então não havia uma ligação entre jurados, compositores e concorrentes. Claro que alguns eram mais amigos que os outros, alguns podiam pender para uma decisão melhor. Se a gente levar em conta as decisões dos jurados em todos os festivais de 1965 a 1972, esses que estão no livro, com exceção daquele que colocou a música "Margarida" em primeiro lugar, as decisões foram bem adequadas, talvez a mais surpreendentemente adequada tenha sido colocar o Paulinho da Viola como vencedor em um festival de uma música, a rigor, eles puderam perceber como aquilo era significativo para a época, eles foram muito corajosos na decisão. No Rio de Janeiro, quando deram a vitória para "Sabiá", mostra a visível independência dos jurados, ou seja, diante de uma reação tão contundente como a que aconteceu em relação à música do Vandré ["Pra não dizer que não falei das flores"], eles não deram a vitória para o Vandré, eles não cometeram o engano cometido no ano anterior pelo júri, que não deu a vitória para " Travessia", que merecia ter ganhado e incontestavelmente não se pode comparar "Margarida" com "Travessia", o tempo só aumentou a força de "Travessia" e jogou "Margari-

da" onde merecia. Nos festivais há essas manifestações de público que são diferentes das dos dias de hoje, por razões políticas. Não podemos esquecer que a maioria na plateia dos festivais eram estudantes universitários, pessoas que eram contra a ditadura militar, que usavam os festivais para protestar contra o o regime existente no Brasil na época, isso é absolutamente fundamental no livro A era dos festivais.

Incontestavelmente esse foi um período de auge da Música Popular Brasileira que as pessoas cobram que se repita e esse é um grande e grosseiro engano, você não pode querer exigir o mesmo que aconteceu, aquele foi um momento inusitado da canção brasileira, em que havia uma quantidade enorme de artistas de tanto talento surgindo ao mesmo tempo, principalmente com algumas obras-primas que duram até hoje, cantadas até hoje com o mesmo entusiasmo. No entanto, algumas novas diretrizes, mudanças de rumo da MPB, das quais para mim a fundamental, mais fundamental que a chegada do tropicalismo até, para mim essa questão fundamental na era dos festivais foi os próprios compositores cantarem as suas canções, isso acontece em 1967, foi a grande virada, transformou a MBP de maneira radical em termos de registros, os compositores passaram a defender suas próprias canções, isso não existia antes. Então, essa virada, no festival de 1967, não tem nada a ver com o Roberto Freire, é outra história, estou falando de outra coisa, porque pra mim isso é um dado fundamental no episódio de 1967.

"Disparada", de longe, é a melhor de todas as histórias dos festivais, a maior de todas. Sempre, até o fim da vida, Jair Rodrigues emocionava a plateia quando cantava "Disparada". Inclusive eu fiz um projeto de uma série de shows no Banco do Brasil, e em todos ele cantava "Disparada". É a única música que ele manteve no repertório até o final da vida, todas as outras entraram e saíram, mas "Disparada" não saía, marcou a vida dele. "Disparada" é uma genial criação do Vandré e do Theo De Barros, e o Jair soube compreender a letra. Normalmente a letra é feita depois, "Disparada" é uma canção incontestavelmente muito mais rica do que "Caminhando", do que "A banda", nem se discute, tanto é que "A banda" é uma obra do Chico, uma canção menor, que ele quase nem canta. "A banda", de certa forma, foi um produto de momento, exaltado, por causa da época e tal. Mas a consistência de uma canção é provada com o tempo. Não é porque uma música do Michel Teló é cantada no mundo inteiro que ela tenha con-

sistência, que seja uma grande canção. Não é. Existência é o tempo que vai mostrar. É claro que as pessoas que têm uma vivência no mundo da música são capazes de perceber isso antes do tempo. Eu tenho certa vivência com música e, imediatamente, quando veio "Disparada", eu pensei, essa é a canção, na primeira audição que se fez.

As quatro canções do ano seguinte são obras-primas, uma igualdade de qualidade de tal ordem que qualquer uma das quatro poderia vencer o festival, sem que houvesse protestos. Isso é importante. Sem que houvesse protestos. Como de fato aconteceu. No entanto, não era nem o Chico, nem o Caetano e nem o Gil. Era uma música de alguém que tinha menos público que venceu. Mas não houve protestos. Não houve protesto, todo mundo achava o que eu acho até hoje em dia, qualquer um poderia vencer. O Roberto foi jurado no festival em 1967.

Eu tenho certeza, quase certeza, de que o Roberto votava no Chico de olhos fechados. No caso, no festival do ano seguinte, foi "Roda viva", que é uma grande canção. E, principalmente, como eu escrevi no livro, porque teve uma participação fundamental do Magro em "Roda viva", o Magro deitou e rolou quando fez o arranjo da canção. A ideia de arranjo sempre foi uma coisa importante, uma canção precisa de um arranjo bom, muitas vezes ela não atinge o público porque o arranjo não foi bem feito. O arranjador pode acabar com a música, mas também pode levantar a música, o Magro levantou a música, que já era boa. Uma boa música, com um ótimo arranjo e com uma apresentação impecável, não tem defeito. Tanto é que ninguém nunca cantou melhor, não existe uma gravação melhor de "Roda viva" do que a original, no festival, pode procurar.

Caminhando contra o vento...

Em 1967, muito prestigiada com o sucesso do ano anterior, a TV Record fez seu 3º Festival de MPB. Como houvera incêndios em seus espaços, inclusive no Teatro Record, foi alugado o Teatro Paramount, que também passou a servir para os novos programas da emissora, filhotes dos sucessos musicais da emissora como "Esta noite se improvisa", "Pra ver a banda passar", "Família Trappo" e outros mais.

Elis Regina, nessa época, era profundamente brigona, e, além de Maysa, tinha tido problemas com Nana Caymmi e seu irmão Dori. E começou a viver outro problema, o seu programa com Jair Rodrigues, "O Fino da Bossa" caía na audiência, enquanto a "Jovem Guarda" estourava todos os índices de audiência.

Solano Ribeiro, novamente na direção do novo festival, estava encantado com um disco que chegara às suas mãos, "Sgt. Peppers Lonely Hearts Club Band", dos Beatles, mostrado por Zuza Homem de Mello. Gilberto Gil também sentia esse deslumbramento. Caetano Veloso era outro fã e mostrara esse mesmo disco, com todas as letras traduzidas, a Tom Zé, no apartamento do seu empresário Guilherme Araújo. E toda essa turma acreditava que o som estava se universalizando.

Elis, a pedido de Paulinho Machado de Carvalho, após o fim de "O Fino da Bossa", comandou, junto com Jair Rodrigues, a primeira edição de outro programa, chamado "Frente Única". A ideia era convidar os músicos para cada um apresentar uma edição do novo programa. Geraldo Vandré apresentou a segunda edição, que teve como convidados Clementina de Jesus e Lennie Dale. Uma terceira edição seria apresentada por Chico Buarque, Wilson Simonal e Nara Leão. Mas essa não aconteceu, foi substituída por uma passeata, em plena [Avenida] Brigadeiro Luiz Antônio, passando pela frente do Teatro Paramount, com uma faixa que anunciava a "Frente Única – Música Popular Brasileira", e tendo na frente Elis Regina, Jair Rodrigues, Geraldo Vandré, Zé Kety, os cantores do MPB-4, e, estranhamente, Edu Lobo e Gilberto Gil. A passeata ficaria marcada como sendo contrária ao uso de equipamentos eletrônicos na MPB, especialmente a guitarra elétrica. Tudo isso fazia parte de uma estratégia bolada por Paulinho Machado de Carvalho para trazer audiência e visibilidade para seus contratados, dos mais tradicionais ou da Jovem Guarda.

Edu Lobo, no livro *Uma noite em 1967*, responde claramente que a "briga" entre a MPB e a "turma da guitarra" era produzida pela TV, e que ele, que participou da passeata da Frente Única, não tinha nada contra a guitarra. Heraldo do Monte, que tocava com ele, usava uma guitarra e eram maneiras diferentes de fazer música. No mesmo livro, Caetano Veloso conta sobre a reunião feita antes da passeata, para a qual ele foi, convidado por Gilberto Gil, mas sem autorização de usar a fala, proibição de Paulinho Machado de Carvalho. Todos defendiam a Música Popular Brasileira. Elis e Ronaldo Bôscoli, convidado dela, mas com direito a falar, defenderam a questão da nacionalidade. Geraldo Vandré afirmou ser contra a alienação e que deveria ser tomada uma posição contra isso. Nara Leão se reportou diretamente a Paulinho Machado de Carvalho, dizendo: "você é o dono da emissora, faz os programas que quiser, nós aceitamos se quisermos e combinaremos com você a que preço, isso é uma combinação profissional. Mas, se eu continuar aqui na TV Record e tiver que fazer programas, eu não quero aparecer no mesmo lugar em que esteja a Elis Regina". As coisas estavam fervendo. Dias depois, houve uma nova passeata, Nara e Caetano não participaram e ficaram no Hotel Danúbio e, vendo a passeata pela janela, Nara comentou que parecia uma coisa fascista do Partido Integralista.

Nesse dia, foi dada a notícia de que o General Castelo Branco havia morrido em um acidente aéreo, jamais totalmente explicado. Ele já não estava mais comandando a "Redentora". Em seu lugar, outro General, Arthur da Costa e Silva, com uma cara de buldogue bravo, era quem mandava. A linha dura vinha tomando seu lugar tristemente histórico, e uma frente ampla e única militar preparava seus atos institucionais mais severos.

Gilberto Gil, que participou da passeata, surpreenderia o mundo dali a alguns dias com a música que inscreveu no 3º Festival da Record.

Os jurados foram escolhidos: Roberto Freire , junto com Chico Anísio, os maestros Júlio Medaglia e Sandino Hohagen, Roberto Corte Real e Raul Duarte, que representavam a TV Record, o poeta Ferreira Gullar e sua mulher Tereza Aragão, que era jornalista, Carlos Manga, representando a TV Rio, Carlos Vergueiro, em nome do jornal *O Estado de S. Paulo*, Salomão Schwartzman, pela revista *Manchete*, Franco Paulino e Sérgio Cabral, como críticos musicais, Luís Guedes, pela revista *Cash Box* e Sebastião Bastos, indicado pela Associação Brasileira de Produtores de Discos.

Havia torcidas organizadas. Uma ex-namorada de Chico Buarque agitava em nome dele. A moçada da Jovem Guarda estava com Roberto Carlos. A turma do Tuca e da Arquitetura estava, sob a liderança de Jacaré, um amigo de Chico Buarque, apoiando uma música chamada "O combatente", de Walter Santos e Tereza Souza, que seria interpretada por Jair Rodrigues.

Sônia Ribeiro e Blota Júnior eram os apresentadores. O sucesso era tão previsível que, naquela primeira noite, já estava à venda o LP da Philips com as 12 músicas daquela primeira eliminatória. Jair Rodrigues, junto com o Quarteto Novo, e o próprio compositor Walter Santos abriram com "O combatente", seguidos de Gal Costa cantando "Dadá Maria", de Renato Teixeira, que, um pouco depois, seria consagrada nacionalmente com "Romaria". Veio "E fim", de Sônia Rosa, e, em seguida, a primeira explosão que surpreenderia a todos: "Roda viva", de Chico Buarque, com ele e o MPB-4. Depois, "A Moreninha", cantada por Djalma Dias, canção composta por Tom Zé. Na sequência, a segunda explosão: "Ponteio", de Edu Lobo e Capinan, com ele e Marília Medalha, Quarteto Novo e Momento Quatro. A eliminatória seguiria com "Eu e a brisa", cantada por Márcia, música de Johnny Alf. No ensaio, à tarde, antes de iniciar a apresentação, a orquestra que acompanhava tudo, dirigida pelo maestro Ciro Pereira, tinha aplaudido, de pé, essa canção. Mas o clima de festival não prestou atenção à obra-prima de Johnny Alf, e, à noite, ela passou despercebida pelo público. Teve ainda "Minha gente", de Demétrius, "Ela, Felicidade", com Claudete Soares, e "O milagre", com Wilson Simonal, sem empolgar ninguém. A penúltima música, sim, provocou a terceira explosão da noite, ainda que um pouco menor do que as outras: "Maria, carnaval e cinzas", de Luiz Carlos Paraná, interpretada por Roberto Carlos, lendo a letra porque não tinha decorado. Alguém da Jovem Guarda cantando um samba composto por um dos mais tradicionais compositores da MPB. Os jurados estavam atentos a tudo isso.

A derradeira canção foi "Bom-dia", de Gilberto Gil, com Nana Caymmi, então sua companheira, e com um pequeno naipe de cordas. Era uma referência a "Eleanor Rigby", do LP dos Beatles, "Revolver", que tinha, por sugestão de Paul Mc Cartney, a presença de um octeto de cordas, inicialmente pretendendo uma coisa "a la Vivaldi", mas que foi baseada em uma trilha de Bernard Hermann para o filme *Fahrenheit 451*, de [François] Truffaut.

Os jurados escolheram "Roda viva", "Ponteio", "Maria, carnaval e cinzas" e "Bom-dia". Como era bastante claro que esta música entrara entre as finalistas no lugar de "O combatente", Nana Caymmi recebeu uma enorme vaia. Teve gente que quis tirar satisfação com os jurados. Na semana seguinte, teve até abaixo-assinado levado à redação da *Última Hora*, passeata e protestos. Era um grupo formado por Alípio Correia, Regina Guimarães, João Roberto Batata, Manoel Muniz de Souza, Carlos Zaidan, Telé Cardim, que ficaria muito conhecido por diversas façanhas nessa era dos festivais, e liderados por um sobrinho de um deputado Cantídio Sampaio, o "Jacaré". Combatiam a favor da letra de "O combatente" que dizia: "Tem liberdade me esperando, eu vou, tem esperança me acenando, eu vou, tem verdade me levando, eu vou".

Nessa segunda eliminatória, O Quarteto abriu cantando "Rua Antiga", de Roberto Menescal, seguido de Claudete Soares com sua "Brinquedo". Simonal veio a seguir cantando "Belinha", de Toquinho e Vitor Martins, provocando o primeiro frisson no público. Depois, "Por causa de Maria", com Silvio Cesar e os Titulares do Ritmo, seis cantores cegos. Até aí era um festival alternando boas músicas e reações diversas de acordo com os grupos de torcedores. E então, a música brasileira teve uma de suas revoluções maiores. Gilberto Gil, que dias antes tinha participado da passeata contra as guitarras, acompanhado por Os Mutantes, com surpreendentes guitarras elétricas, apresentou a sua "Domingo no parque".

Quando a orquestra atacou o arranjo de Rogério Duprat, e os cantores iniciaram "O rei da brincadeira, ê José, o rei da confusão, ê João, um trabalhava na feira, ê José, outro na construção, ê João..." a ideia do novo, com qualidade extrema, guitarras e berimbau e orquestra juntos no palco, mostrou um caminho absolutamente sensacional para a MPB. Os jurados, inclusive, Roberto Freire, logo perceberam que estavam diante de uma obra-prima.

Na sequência, "Uma dúzia de rosas", de Carlos Imperial, recebeu uma enorme vaia, que foi dirigida ao autor, que vestia um hipócrita *smoking* perto de um camarote. O intérprete, Ronnie Von, sofreu por ter sido escalado para esse papel. "Manhã de primavera", de Adilson Godoy, com os Golden Boys, também foi muito vaiada pela ligação dos cantores com as jovens tardes de domingo. "Cantiga de Jesuíno", de Capiba e Ariano Suassuna, foi interpretada por De Kalafe. Aí, veio Marília Medalha com o Momento Quatro com "Diana pastora". Na sequência, o segundo meteoro da noite: Elis veio trazer "O cantador", com o compositor Dori Caymmi ao violão. E foi aquele furor.

"A estrada e o violeiro", de Sidney Miller, com o autor e com Nara Leão trouxeram a letra lindíssima, mas grande demais para os padrões de festival. E aí chegou Jair Rodrigues, com "Samba de Maria", de Francis Hime e Vinicius de Moraes. A plateia ainda gritava por "O combatente", o que fez com que Blota Jr. pedisse silêncio "para não atrapalhar a festa". Paulinho Machado de Carvalho sempre explicou que tudo era como se fosse uma luta de *telecatch*, com a torcida, e sabia como ninguém criar aquela quase que absoluta audiência.

As classificadas foram "Domingo no parque", "O cantador", "A estrada e o violeiro" e "Samba de Maria". Esta convocou as vaias novamente, e Jair Rodrigues, sempre amado intensamente pelo público, teve que receber o apoio de Elis, Gil, Nara, Dori e Nana, que entraram para acompanhá-lo. O público gritava "marmelada". Três dias depois, um dos jurados, Chico de Assis, colocou fogo escrevendo um artigo na *Última Hora*, em que denunciava a TV Record por pressionar o júri para classificar as músicas de Elis e Jair, que eram contratados deles. Dizia que a TV Record tinha o resultado no bolso do colete e que o júri era composto de paus-mandados da televisão. Paulinho Machado de Carvalho publicou no Estadão uma resposta, defendendo seus jurados. Chico de Assis ainda escreveu outro artigo, contemporizando, e profetizando que essa época seria lembrada por muitos anos. E, por fim, encerrando essa polêmica, a *Última Hora* publicou uma foto com os dois se abraçando e com uma explicação sobre a não classificação de "O combatente".

Havia mais uma eliminatória. Só se falava disso em tudo o que era lugar. O governador Abreu Sodré e o prefeito Faria Lima entraram em contato com a organização do festival tentando ingressos para eles. A noite abriu com Geraldo Vandré e sua "Ventania", cantada junto com o Quarteto Novo. Em vez do boiadeiro do ano anterior, agora era celebrado o chofer de caminhão. Foi seguido de Wilson Simonal, vestindo uma túnica no estilo militar, cantando a "Balada do Vietnã". Depois, Agnaldo Rayol veio com "Anda que te anda", e, antes de começar, já foi vaiado. E aí, o carnaval chegou. O MPB-4 trouxe um frevo de Chico Maranhão, "Gabriela", e a torcida, bem organizada, abriu um monte de guarda-chuvas como se fosse Recife. Em seguida, uma música de Pixinguinha e Hermínio Bello de Carvalho, "Isso não se faz", cantada por Elza Soares. Na sequência, Jamelão trouxe "Menina moça", de Martinho da Vila. E aí, começou o apocalipse.

Sérgio Ricardo apresentou o seu "Beto bom de bola", acompanhado por um coral de operários da Willys, fazendo uma alegoria próxima da vida de Garrincha, então namorado de Elza Soares. Maria Odete se colocou a seguir e cantou "Canção do cangaceiro" e logo depois Erasmo Carlos trouxe uma "Capoeirada", vaiada como era esperado. Maria Creuza cantou "Festa no Terreiro de Alaketu", do namorado Antônio Carlos, que fazia dupla com Jocafi. Hebe Camargo entrou para cantar "Volta amanhã" e recebeu a grande vaia da noite.

Encerrando a noite, Caetano Veloso entrou acompanhado de um grupo de rock argentino, os Beat Boys, cabeludos e com guitarras. As vaias começaram antes dos primeiros acordes. Caetano entrou com uma determinação absurda e foi mudando a atitude da plateia. "Alegria Alegria" terminaria como a mais aplaudida da noite. Criada no Solar da Fossa, onde morava então, a ideia tinha surgido enquanto andava pelas ruas de Copacabana, "sem lenço e sem documento, nada no bolso ou nas mãos".

As classificadas foram "Ventania", do Vandré, "Gabriela", "Alegria Alegria" e "Beto bom de bola", escolhida para receber a enorme vaia que estava represada dentro dos peitos da plateia. Dois jurados receberam ovos que foram jogados por alguém que não queria essa música. Os jurados sentiam certo medo, o que fez com que um deles resolvesse, na hora de ir embora, sair fingindo estar indignado com alguma coisa, para não sofrer qualquer risco à sua saúde. As eliminatórias tinham cumprido seu papel e agora era esperar o dia 21 de outubro de 1967 para ver o que iria acontecer.

O chefe da segurança dessa noite foi o delegado Fleury. Acostumado desde então às torturas e aos maus-tratos, percebeu que havia ali um ambiente impossível de controlar.

Nana Caymmi, escolada em vaias depois do Maracanãzinho, levou "Bom dia" com o acompanhamento das vaias, que já gritavam "Fora" antes de a música iniciar. A segunda apresentação foi de Nara Leão e Sidney Miller, com "A estrada e o violeiro". Caetano entrou sem seguida, com gritos de "Já ganhou".

Gil e Os Mutantes novamente encantaram com "Domingo no parque". Era um filme contando a estória de três personagens, num triângulo amoroso, com um crime passional. Gil tinha composto no Hotel Danúbio, após receber uma visita do pintor Clóvis Graciano, e com lembranças baianas lhe povoando, enquanto Nana Caymmi dormia no quarto ao lado. O maestro Júlio Medaglia tinha iniciado o arranjo, mas como virou jurado, passou a bola da orquestração para Rogério Duprat. Airto Moreira foi convidado por Gil para participar e negou, ao saber da influência da música dos Beatles na cabeça do compositor. Então, Duprat sugeriu Os Mutantes: Sérgio, Arnaldo e Rita Lee, que tocavam no programa de Ronnie Von.

Aí, chegou a vez de "Beto bom de bola". Sérgio Ricardo tinha feito outro arranjo e tirado o coral dos operários da Wyllis. Blota Jr. quis preparar o ambiente pedindo um voto de confiança na nova apresentação. Isso deflagrou a vaia. Sérgio Ricardo tentou ganhar a confiança da plateia: "Eu quero que vocês me ouçam um instante. Aqui na plateia há gente inteligente". As vaias duplicaram. Sérgio Ricardo tentou então começar a cantar, mas não conseguiu nem ouvir seu acompanhante Theo de Barros, um pouco atrás. Até então nenhum festival tinha tido reação desse tamanho. Sérgio Ricardo desistiu: "Vocês ganharam. Mas, isso é o Brasil não desenvolvido. Vocês são uns animais". Blota Jr. correu para tirar o microfone das mãos de Sérgio Ricardo, que quebrou seu violão em um pedestal e o jogou na plateia. Blota Jr., sem saber o que fazer, perguntou se alguém havia se ferido na plateia. Theo de Barros se escondeu atrás do piano, temendo que algo fosse jogado da plateia para o palco. Alguém da plateia solicitou ao delegado Fleury que prendesse Sérgio Ricardo. Ele foi desclassificado pela organização do festival, mas Ferreira Gullar foi contra, alegou que o júri era soberano e a televisão não podia decidir assim. O clima era absolutamente maluco. Blota Jr. voltou para avisar a plateia da desclassificação.

Na coxia, Edu Lobo comentou com Marília Medalha: "Só temos duas chances. Ou esse clima se inverte, ou ninguém vai nem ouvir a nossa música". Blota Jr. anunciou a continuidade do festival. A próxima canção era "Ponteio". E o clima mudou!

Roberto Carlos brincava nas coxias dizendo que "Ponteio" estava desclassificada porque Sérgio Ricardo tinha quebrado e jogado o violão fora, portanto não dava mais para pontear. "Roda viva", que concorria ao festival, naquele momento era também a trilha sonora de uma peça de teatro de Chico Buarque. Dirigida por José Celso Martinez Correa, a montagem foi vítima de uma ação fascista do Comando de Caça aos Comunistas (CCC), que invadiu o teatro, agrediu os atores e atrizes, obrigando as atrizes a ficarem nuas.

Elis Regina ganhou como Melhor Intérprete. A Melhor Letra foi para "A estrada e o violeiro". E os quatro primeiros lugares foram pela ordem:

"Ponteio"

"Domingo no parque"

"Roda viva"

"Alegria Alegria".

Mas, naquele festival, se fosse mudada a ordem entre essas quatro músicas, de qualquer maneira, dava certo também!

Entrevista com Sérgio Ricardo

*O Roberto Freire, eu conheci na casa de Caetano Zamma, naquelas domin-
gueiras que eles faziam lá, um encontro semanal, ou ocasional, mas onde
músicos se encontravam. O Zamma era uma pessoa muito agregadora, tinha carisma, era um bom compositor, todo mundo respeitava muito, e lá
foi onde eu conheci o seu parceiro, o Roberto, que me surpreendeu pelo ser
humano maravilhoso, muito simpático, uma pessoa muito preparada, muito culta, um grande escritor, um grande poeta. E ele era uma surpresa em
cada música que ele fazia, porque parecia um modernismo muito grande,
conseguir transformar um pouco a literatura da canção numa obra de arte
mesmo, fazia seus versos maravilhosos.*

*"Mulher passarinho", eu me lembrei de repente da música, estou naque-
la fase do esquecimento, a memória não tem aquele chip incrível, que possa
abraçar todas as informações, mas eu tenho que lembrá-los dos acontecimentos dos meus 83 anos, é impossível, alguma coisa passa despercebida,
mas aí é outro assunto, voltemos a nosso Roberto, eu estava falando... ah,
da beleza da "Mulher passarinho", e tinha outras coisas você vai me lembrar
ao longo desta conversa...*

*De toda forma o cordel de composições que ele tem junto com o Cae-
tano, que foi a parceria que eu presenciei, que eu pude ouvir tête-a-tête,
naquelas reuniões, e fiquei muito fã dos dois inclusive, o Roberto também é
muito bom compositor, e ele como letrista realmente é um fenômeno, perto
daquela brasilidade que surgia no momento da Bossa Nova, coisa da Bossa Nova, que da linha dele tinha uma outra vertente, literária e simbólica
muito importante, diferente daquilo que se fazia pelo Rio de Janeiro, e que
passou a ser a canção paulista, era mais uma outra personalidade musical
e literária, e aí nos tornamos amigos. Ele gostava e respeitava muito meu*

160 PAULO JOSÉ MORAES

trabalho e eu o dele, e isso nos aproximou, e volta e meia eu estava na casa dele, ou estava na casa do Caetano, nos encontrando e trocando ideias a respeito da música popular e os caminhos da nossa criatividade, e ficamos assim irmãos, viramos irmãos, mesmo um morando no Rio de Janeiro e o outro em São Paulo, com essa distância no meio que foi ficando cada vez maior, inclusive porque a Bossa Nova desapareceu, entraram algumas coisas no meio, aliás, ele andou fazendo umas músicas de contestação também, que eu me lembro, não me lembro o nome mais das pessoas...

Minha parceria com Vandré era literalmente uma parceria, parceria de uma identificação, de uma posição política que a gente resolveu assimilar. O Roberto também, numa certa fase da vida dele, encampou uma bandeira. A AP, que era bem mais radical do que a gente, eu acho. Eu, por exemplo, não pertencia a nenhuma organização, e o Vandré também não, e nós caminhávamos mais paralelamente, nos arriscando como todos, eu, por exemplo, sofri uma represália da ditadura que permanece até hoje, eu vivo no anonimato até hoje, quer dizer, a mídia não me chama pra coisa nenhuma, estou proibido de atuar, minhas músicas foram proibidas de tocar no rádio, eu não cheguei a ganhar nenhum festival ou ser uma personagem de festival, a não ser aquela quebra de violão. Eu poderia estar aí até hoje, cantando, mas fui esquecido, assim como teria sido Roberto Freire, assim como está também o Geraldo Vandré, Theo de Barros, e tantas outras pessoas que levantavam aquela bandeira, e que na verdade sucumbiram dentro da história da música popular.

O povo se alienou demais, houve uma ditadura, 20 e poucos anos são duas gerações, sei lá quantas gerações, e transformou a mentalidade da juventude, modificou. Hoje, de Brasil, nós temos muito pouco a ver, no cinema, na música, na poesia, poesia eu não sei, mas no teatro, quer dizer, aquele teatro que se fazia, o Teatro Opinião com Arena, Guarnieri, Boal, isso não existe mais... Aqui tem o "Está na Rua", que é um espetáculo feito em praça pública porque eles não têm penetração nem condições de receber financiamentos para fazer suas peças, então fazem na raça, e, como aqui no Vidigal, é o caso também do maior amigo que eu tenho.

Chico Buarque esteve aqui, aí foi uma comemoração, aí é outra história, uma história mais política mesmo, há 40 ou 30 anos atrás, eu me mudei pra cá, comprei um apartamento com o resto do poder financeiro que eu tinha, comprei esse apartamento, e mais um barraco lá na ponta do morro, e fui morar no barraco e aluguei o apartamento, entendeu? Vivia no barraco, mas esse meu barraco tinha já uma conexão ao anarquista especial, ele foi marcado pra ser derrubado junto com os outros barracos praquela grande remoção daquele ano, em plena ditadura, meu barraco virou, eu juntamente com os moradores e a associação dos moradores fizemos do meu barraco uma sede da associação, e me tornei assim um aliado deles na luta que acabou sendo ganha por nós, quando eu trouxe pra briga o Sobral Pinto, que foi e defendeu a causa e ganhou, tranquilamente, a suspensão da remoção, isso é uma história, uma história gloriosa... Depois eu vim morar no apartamento.

Eu fiz um show naquela época, chamado "Tijolo por tijolo", assim que ganhamos a causa e cada morador ganhou o seu espaço, eu fiz um show com o Chico Buarque, o João Bosco, e vários outros nomes da música popular brasileira. Eles foram lá pra gente levantar um subsídio pra compra dos tijolos para oferecer aos moradores para começar as suas construções, trocar os barracos por casa, e isso repercutiu muito na sociedade carioca, então foi uma coisa de grande sucesso porque os dois espetáculos que fizemos lotaram, e agora nós fizemos 37 anos da fundação do Vidigal, misturada com o negócio da remoção, e em protesto a uma coisa que está acontecendo no morro hoje, que é a remoção branca, ou seja, você não tem como controlar, porque o sujeito chega e pergunta quanto que ele quer pelo barraco, você é pobre e diz que quer tanto pelo barraco, aí ele dá duas, três vezes mais, e fica com aquele espaço, num terreno com a vista mais linda do Rio de Janeiro, sim, aqui é onde tem as vistas mais lindas do Rio, essa daqui minha é uma bobagem perto da vista que tem lá em cima do morro.

Especulação imobiliária, que não é bem imobiliária, é branca, é aquele cara que chega, que vem da Europa, que chega e vem de lá meio na pior, então escolheu o morro, mas que tem uma graninha no bolso ou então é um canalha que quer aproveitar a pobreza do favelado e comprar aquela vista dele, e você não pode impedir essa coisa, você não pode chegar pro sujeito e dizer pra não vender seu barraco, bom, mas enfim eu tô caindo fora do nosso tema...

Então, nós fizemos um show agora, para esclarecimento dos favelados, sobre o cuidado que eles têm que ter ao vender o barraco deles, ao receber uma oferta porque ele não só vai criar um problema na favela, vai transformar uma realidade, vai ajudar a transformar uma comunidade, vai inter-

ferir na evolução dessa comunidade, que está assim de uma forma muito bonita, sendo próspera com o teatro do "Nós do Morro", com a cultura que se desenvolve aqui, aqui todo mundo é amigo do outro, eu, por exemplo, aqui nesse edifício, não conheço praticamente ninguém, mas em compensação ao descer pra rua eu sou popular, e não por causa da mídia, por causa de um trabalho feito aqui com eles, uma irmandade que foi criada por aqui, então é uma pena se perder essa coisa social importantíssima que se tem no Vidigal mais do que em outras favelas do Rio de Janeiro, talvez mais, por que eu não sei, não conheço bem as outras, mas acho difícil encontrar uma solidariedade tão grande como a que existe aqui.

Se Roberto Freire estivesse vivo, ele estaria aqui. Com toda certeza ele estaria morando aqui, era uma briga boa pra ele, assim como é pra esse menino, eu não tô querendo lembrar o nome dele por uma burrice total, mas, meu Deus do céu, rapaz do morro, que coisa absurda, não posso dar entrevista mais, esqueço tudo, mas, enfim, eu vou lembrar o nome dele, foi o menino que fez o teatro no Vidigal, que é uma maravilha porque congregou todos os artistas da região e todos. Inclusive alguns já foram pra Globo...

Roberto Freire faz falta na cultura brasileira, como eu acho que faz falta, por exemplo, o Darci Ribeiro na política brasileira, tipo de gente assim que sabe interferir, com capacidade e com domínio de transformação, quer dizer, dotado dessa capacidade de transformação.

Agora, sobre aquela coisa de quebrar o violão, hoje eu não repetiria o gesto de brigar com a plateia, até porque agora toco piano.

Entrevista com o maestro Júlio Medaglia

Eu conheci o Roberto Freire, éramos muito amigos, em muitas oportunidades estivemos juntos, em diversas situações, a gente fazia parte de um grupo de pessoas que estava provocando aquela década de 1960 cheia de ideias. O mundo inteiro pegava fogo e a gente pegava as lascas aqui e tentava pôr fogo a nossa maneira. E o Roberto Freire, do ponto de vista literário, foi aquele que teve um pouco mais de ousadia e capacidade de entender a época e colocar aquilo em peças teatrais, artigos, textos, e em comportamento também, então nós estávamos sempre juntos, a gente se encontrava em alguma situação, inclusive quando ele fez o filme Cleo e Daniel *eu regi a partitura, a trilha sonora inteira do filme, de alguma forma a gente estava sempre ligado. Nossa participação em festivais também foi interessante porque esses festivais feitos no estúdio da Record eram o carro-chefe da* MPB, *e a música popular era o carro da movimentação cultural do Brasil como um todo.*

Foi um caso curioso as coisas se inverterem, quer dizer, não eram os poetas de academia que ditavam quais as normas da cultura de vanguarda, mas sim a cultura popular que excitava a parte de cima e a parte de baixo, tirando de cima e tirando de baixo também, tanto é que eu vim de cima, da música erudita e escrevi arranjos para um monte de gente, inclusive para o Caetano Veloso.

O Roberto Freire era uma pessoa com quem a gente dialogava com toda facilidade, mas porque a gente estava sintonizado na mesma faixa de onda, cada um fazendo uma coisa diferente do outro, mas que sempre se encontrava em algum botequim da cultura.

Evidentemente eu considero o O&A a parte mais importante que a gente fez porque acredito que eu tenha entendido muito bem a coisa, porque Morte e vida severina *tinha um tom mais linear, entoava mais aquele folclore nordestino, aquela coisa mais música de raiz que tem a ver com a peça do João Cabral e o Chico fez um belíssimo trabalho, e o pessoal do Tuca soube entender muito bem e fez aquele bruto sucesso internacional. Depois o Avancini fez na TV Globo uma belíssima leitura, eu deveria ter feito a música, mas eu estava nos EUA naquela época e infelizmente foi a única coisa que o Avancini dirigiu e eu não fiz a música. Depois "Grande sertão, veredas" eu fiz a música, aliás, com o filho do Roberto Freire como violeiro e como catalisador de toda aquela cultura popular mineira, pois ele entendia daquilo mais que eu.*

Na hora de fazer o O&A eu entendi perfeitamente o que o Roberto pretendia, porque não tinha texto, não tinha leitura, era só comportamento e som, mais precisamente duas letras que decidiam o caminho das coisas na peça. Então eu achei também que ali não era lugar de colocar música no sentido tradicional da palavra, não era pra pôr violino, nem piano, nem trompete, nem alguém cantando nada, exceto no finalzinho quando que o Chico entra e faz uma espécie de moral da história. Então, durante toda a peça, assim como ele conseguiu com a capacidade dramatúrgica fora do comum segurar a barra e fazer o público ficar grudado o tempo todo, com apenas duas letras, dois fonemas melhor dizendo, eu imaginei que a música deveria ter a mesma característica e provocar a ambientação, apenas com ruídos como se estivesse mexendo com a cabeça das pessoas, e as pessoas se sentirem aturdidas com aquele comportamento, e a música entrava na cabeça das pessoas, ela não era linear, ela não tinha texto, ela não tinha sonoridades convencionais, eram sonoridades abstratas, completamente abstratas, e mexia com a imaginação das pessoas. Acredito que eu tenha feito com que esse tipo de som valorizasse a ideia do Roberto Freire. A peça veio completar aquele universo de comunicação sem comunicação, e fez muito sucesso, inclusive, eu tenho aqui não só o programa, mas uma série de textos da imprensa dizendo que as pessoas entenderam muito bem, dizendo que o O&A faz chorar, as pessoas entendiam o que estava acontecendo, porque elas estavam imbuídas de uma determinada situação de época e de repente tudo aquilo era exposto sem palavras, estavam implícitas, e não explícitas as ideias, todo mundo entendia a situação. Então foi um enorme sucesso.

Um amigo meu, que era diretor do Conservatório de Boston, e eu o considero o maior compositor norte-americano, Gunther Schuller, que está fazendo 90 anos neste ano, assistiu àquilo e falou, "olha, a minha peça, eu acabei de compor, uma ópera igual a sua", ele tinha feito uma peça nos EUA, em que era feita uma estrutura exatamente onde as pessoas circulavam naquela estrutura tubular, e a música dele era totalmente dodecafônica, ou seja, não tinha som no sentido tradicional, estava falando uma linguagem universal, estava se comunicando. Lá na Alemanha, também havia aqueles efeitos de música eletrônica, que se desvinculavam daquela linguagem tradicional do repertório europeu de composição, então nós estávamos fazendo um evento realmente de oportunidade internacional, não sei até que ponto isso foi bater fora do Brasil, mas foi algo importante.

Então, eu realmente tive a felicidade de poder conviver com o Roberto, que era uma pessoa com a qual tive absoluta identidade de ideias, de caminhos, de soluções, além de grande amizade que evidentemente estava acima de tudo. Foi a época em que a cultura popular tinha grande importância, e nós fomos bater juntos em alguns festivais.

Na Globo, eu participei daquele de que ele participou também e houve aquele tumulto, aquelas agressões, eu participei do júri prévio, selecionamos as músicas, depois eu fui para Berlim, eu tinha que reger lá na filarmônica porque essa oportunidade eu não podia perder, mas depois eu vi pelos vídeos e pelos livros, pelos artigos e por tudo na época. Mas ele foi uma pessoa que participou ativamente dessas atividades dos festivais, fazendo com que tanto ele, como todos aqueles que fizeram parte dos jurados, como César Mariano, Augusto de Campos, Hamilton Godoy, o próprio Sérgio Cabral só nas partes finais, Ferreira Goulart também, esse pessoal todo fazendo com que nós não tivéssemos cometido nenhum único erro, isso eu posso te dizer de boca cheia. Inclusive, na época no festival de 1960, um grupo de compositores e letristas tinham sido deixados de fora, fizeram um tremendo manifesto contra nós, que nós tínhamos sido injustos, a TV Record estava tão bem de vida e segura de si que o Paulinho Machado de Carvalho disse: "então montem outro festival alternativo que eu dou as condições de fazer", e eles fizeram um segundo festival com músicas que tinham sido deixadas de fora, e com todas as características e jurados, nós não participamos, porque até o júri foi escolhido pelos alternativos e pelos excluídos. No dia seguinte, saiu no Jornal da Tarde a manchete "E o júri tinha razão", a gente vê todos aqueles festivais, todas aquelas músicas e os autores que aqueles festivais projetaram são realmente os autores que fizeram a música brasileira daí em diante, eu até fui agora assistir a um show do Valter Franco lá no Tuca, só tinha molecadinha de 15, 16, 20 anos, e o Valter Franco fazendo 70 anos, e eu falei que o que ele fez aconteceu há 40 anos atrás, em 1972, no festival da TV Globo em que eu estava presente, e de repente as pessoas começaram a cantar a música do Valter Franco e eu me lembro de que, quando nós classificamos a música dele, ele levou um susto, primeiro foi engraçado porque não tinha música, eram só uns ruidinhos de nada, eu achei engraçado pela ousadia, mas não tinha muito sentido, depois, de repente, ele se deu conta de que tinha duas trilhas, aí eu consegui um gravador melhor que tinha quatro pistas e vieram todos aqueles efeitos da música "Cabeça", e eu fiz o arranjo. E com isso o Valter Franco foi projetado, e naquele festival de 1972 surgiu toda uma nova seleção de músicas interessantes, também a nossa presença foi marcante, de lá pra cá, infelizmente, a industrialização da música brasileira tomou uma velocidade que o pessoal não tem mais tempo de pensar e dialogar com o talento, aí virou isso que a gente vê por aí.

Inclusive tinha nesse festival "Eu e a brisa", tinha o "Ponteio", "Domingo no parque", "Roda viva", Alegria Alegria", se você tirasse uma delas e colocasse qualquer outra alterando as primeiras colocações, estava certo também, porque eram absolutamente de primeira qualidade e fizeram história todas elas. "Roda viva" fez parte da história brasileira pela música e pela peça de teatro; "Domingo no parque", que eu comecei a fazer o arranjo, estava bem adiantado até, mas eu havia sido convidado para o júri, então falei para o Rogério de Brasília, sem nenhum tostão no bolso, porque tinha sido expulso da universidade, "acaba você o arranjo que eu vou pro júri", e com os 50 cruzeiros que ele ganhou, ele pôde comprar feijão pra mais uma semana, sendo que "Alegria Alegria" era arranjo meu, sem instrumentos, eu só orientei a parte de guitarra elétrica, eu fui convidado pra fazer o arranjo em "Tropicália", mas eu achei que o barato não era ter instrumentos, o barato era ter instrumentos eletrônicos e uma marcha arranjo convencional, esse atrito entre essas duas linguagens é que o Caetano sabia, o Caetano é uma cabeça brilhante, e nesse sentido então "Alegria Alegria" quando entrou uma marcha arranjo com guitarras elétricas e baixos elétricos, foi um desastre porque o público vaiava que nem louco, no decorrer da música nesses três minutos de duração o público entendeu que aquilo era uma nova realidade, ele entrou vaiado e saiu aplaudido.

Aí não tem preferência, aquelas músicas todas faziam um painel, cada uma fazia um painel diferente, a gente costumava dizer que o "Domingo no parque" era um filme felliniano, "Alegria Alegria" era um filme godardiano, a gente comparou com os dois cineastas da época, porque uma era uma crônica de costume e a outra era mais intimista, mas eram obras que tinham a ver, a música do Gil é um roteiro cinematográfico, ele tá falando e de repente ele interrompe e cita "olha a faca", "cuidado", como se estivesse fazendo um corte cinematográfico. E "Alegria Alegria" era um comentário do mundo urbano; por outro lado, "Roda viva" agredia toda uma situação política e social brasileira sem ser panfletária, e isso só o Brasil conseguiu. Os Bob Dylans da vida, todo esse pessoal que fez músicas de protesto, eram panfletários, eram choramingões, aqui não, aqui o pessoal falava com bom humor, "você não gosta de mim, mas sua filha gosta", quer dizer, com bom humor, usando a linguagem, e não a língua, que era a grande diferença, e nesse ponto cada uma das válvulas fazia parte de um xadrez, de um caleidoscópio que se completava, então não se pode dizer que entre essas músicas todas uma é mais importante que a outra. Assim como "A banda" e "Disparada", claro que foi num ano anterior, "A banda" era uma marchinha sem vergonha e simples de ser cantada na rua, entrava na cabeça das pessoas, e "Disparada" era um trabalho de orquestração de altíssimo nível, eu fiz até um arranjo depois para um grupo, mas eram linguagens diferentes que se completavam, não se conflitavam e se complementavam.

A primeira coisa que eu fiz na vida como maestro foi reger em São Paulo a música do barroco mineiro, que trabalhei com o Curt Lange, que era um musicólogo alemão que descobriu toda a música de Minas Gerais. Porque os chamados musicólogos brasileiros, de musicólogos não tinham porra nenhuma, era uma ciência que não existia por aqui, e esse doutor Curt Lange era musicólogo pela universidade de Leipzig, e ele veio aqui ao Brasil e viu aquelas igrejas, aquela arquitetura, aquela escultura e falou "como não tinha música?", e todo mundo falou que aqui não tinha música, procuravam as igrejas e não achavam música, e o Curt Lange falou "vocês estão completamente enganados, tem um tal de profissionalismo essa arquitetura, essa escultura, essa pintura, então é certo que tem música também, deveria haver produtores de música pra produzir música no nível dessas igrejas, não é o padre da igreja que ia chamar o organista pra tocar", então o Lange saiu batendo de porta em porta lá e conseguiu descobrir em fundos de quintais obras em pedaços de papel de música e ele começou a comprar aquilo, comprava bem barato porque eles vendiam aquilo pra fazer foguete pra São João, porque papel velho pega fogo e explode fácil e Curt Lange comprou montanhas de papel velho com dinheiro do bolso dele, e aí, no Rio, o pessoal questionava se ele não tinha inventado aquela música. Quando viram que ele publicou uma peça, aí perceberam que tinha sentido, aí virou a coisa, queriam mandar prender o Curt Lange, porque diziam que ele estava fugindo com o repertório brasileiro, um tesouro nacional. Eu fui resolver esse negócio, fui até a casa do velho Sérgio Buarque de Holanda, que naquele dia tinha mudado para a Rua Buri, 35, e ele disse "você é a primeira visita porque mudamos hoje pra cá". Ficamos conversando e eu disse a ele "o senhor precisa dar um aval pra gente nessa, o Curt Lange é um pesquisador sério, um musicólogo Alemão da melhor categoria, veio para América Latina fazer um trabalho trazido pelo Uruguai, criou a melhor Orquestra da América Latina em Montevidéu, e descobriu o Barroco mineiro, fez trabalho teórico de primeira", e o Sérgio falou, "eu acredito em você e vamos em frente". Aí ele convidou o Curt Lange pra dar dez aulas na Universidade de São Paulo sobre Barroco mineiro, e eu, no último dia, fiz um artigo de página inteira no Estadão com o título "O milagre musical do Barroco mulato", e à noite eu regi o concerto no Teatro Municipal.

Aí aconteceu uma coisa engraçada, depois de eu falar com o Sérgio e ele concordar comigo, dona Memélia nos servia um cafezinho quando ele disse: "maestro, me diz uma coisa, essa tal de Bossa Nova em que meus filhos estão metidos, isso daí é alguma coisa, é música, vale a pena, é coisa séria?". E então eu respondi, "mestre é a melhor música de câmara, sofisticada e popular que se faz no mundo hoje em dia", aí comecei a falar como era João Gilberto, Tom Jobim, e então, ele disse: "Memélia, chama as crianças" (risos), e a crianças, que já não eram mais crianças, desceram do andar de cima, e sentaram ali, o Chico, a Miúcha e a Aninha, que tinha 11 anos e era uma bonequinha, sentaram os três ali e ficamos conversando, e ele ficou convencido de que aquilo era boa música. E eu que fui buscar o aval para o Barroco mineiro acabei dando o aval para a Bossa Nova na casa deles. Depois eles nãos me deixavam ir embora, ficamos falando sobre música, e um foi dormir, outro foi dormir e eu fiquei com a Miúcha lá sentado no jardim até as duas horas da manhã, tocando violão e cantando.

Foi nessa época que o Roberto e o Chico se aproximaram, porque o Chico estudava lá na faculdade, então tinha essa relação pessoal, mas tinha uma relação intelectual também, o Chico vinha de uma família que tinha uma importância cultural no país fora do comum, que era o pai dele, ou seja, tudo se completava, aquela história do Brasil, aquela visão diferenciada que o velho tinha da cultura brasileira, a nossa visão da coisa, a situação do Brasil não democrático e a tentativa de valorizar as nossas coisas importantes, a visão crítica da realidade, milhões de coisas faziam com que a gente estivesse mais próximo um dos outros e quando surgia uma obra, estava sempre um de nós lá presente, assim como depois eu fiz "Grande sertão: veredas" para a TV Globo com Avancini, que foi a única grande e perfeita leitura do romance de Guimarães Rosa feita para a tela, que é, realmente, absolutamente perfeita a visão do Avancini da obra, uma coisa seca, sem glamour, sem nada, aquela coisa agreste, parecia bem a Minas medieval, e a música que fiz foi nesse sentido também, uma música de efeitos, de ruídos, sem glamorizar aquele medievalesco que tem no romance de Guimarães Rosa, e quem me deu assessoria na época foi exatamente o filho do Roberto Freire, o Paulo Freire, que conhecia muito bem a estrutura cultural daquela Minas tradicional.

De início eu tive resistência na TV Globo, porque eles imaginavam assim como o Chico que era um cantor popular, compositor popular, quem fez a canção "Morte e Vida Severina", eles imaginavam como é Minas, Milton Nascimento, na realidade não tinha nada de Milton Nascimento porque "Grande Sertão veredas" era aquela coisa rude, aquela coisa seca, não tinha nada de glamour das minas seresteira, e o Avancini enfrentou todo mundo, enfrentou Daniel Filho, a música tem que ser como Julio Medaglia quiser.

Também me lembro de que se discutiu muito quem deveria fazer, o Avancini achou que poderia ser a Bruna Lombardi. Ele gostava dela e tinha muito domínio sobre ela como atriz. Mas pensou-se em tudo, pensou-se em pegar uma sapatona qualquer, alguém disse isso, mas o Avancini era o melhor diretor da televisão brasileira, sem dúvida nenhuma, ele era capaz de fazer um cachorro interpretar Shakespeare, e a ideia de ser uma mulher, é claro, que ela não deixava de passar uma beleza, mas isso aí fez com que ele sentisse o cheiro da fêmea. Se fosse o Tarcísio Meira fazendo o papel de Diadorim, aí é claro que ia ser difícil sentir o cheiro de fêmea no Tarcísio Meira, mas ele procurou masculinizar o mais possível a Bruna, e eu acho que ele conseguiu. Discutiu-se muito quem iria fazer, mas o Avancini era completamente alucinado, e quando ele começava a trabalhar, enlouquecia deus e todo mundo, trancava a gente num hotel aqui em São Paulo e ficávamos cinco ou seis pessoas dia e noite, almoçando, jantando, tomando café juntos e falando, falando, discutindo o tempo todo, programando e produzindo as coisas. Quando fomos lá pro interior de Minas fazer as coisas durante algumas semanas, aquilo foi que nem vapt-vupt, que nem Hollywood, porque estava tudo tão bem organizado e produzido, que quando começou a filmar foi uma cena atrás da outra. O Avancini sabia o que ele queria muito claramente. E o Avancini, o diretor, acabou virando um porta-voz, porque foi ele quem dirigiu tudo, mas a concepção era toda do Roberto Freire, a concepção toda era dele.

Nos anos 1970, eu fui morar na Alemanha e fiz uma série de programas para a TV Alemã, chamava em alemão "Canta Brasil", eu vim pra cá com sete técnicos da TV Alemã e filmei muitas pessoas, julguei muitos artistas e fizemos quatro programas, e o sucesso foi tão grande que eles pegaram do lixo de lá tudo o que foi jogado fora e fizeram um quinto programa, só com as coisas que tinham sido cortadas. E quando eu traduzi pro alemão os textos daquelas músicas, que eram músicas do Chico, do Caetano, do Gil, do Paulo César Pinheiro, eles disseram, "mas a gente queria música popular brasileira", e eu falei "isso daqui tá na televisão de maior audiência, essa música dá 97 pontos de audiência". Os alemães não acreditavam que uma coisa daquela qualidade, daquela criação poderia ser popular. O Brasil fazia a melhor música popular do mundo naquele momento.

Eu lembro até que quando surgiram Os Mutantes, fui eu quem trouxe o arranjo de "Domingo no parque", e eu escrevi um artigo na Veja *de página inteira que dizia, " os Beatles são uns chatos, estão se repetindo há anos, a vanguarda de rock está em São Paulo e são Os Mutantes", aí eu explicava por que Os Mutantes tinham essa provocação cultural, comportamental e artística que só havia aqui no Brasil, e não na Inglaterra. Naquele momento, o pessoal de música erudita de vanguarda estava em contato direto com os músicos populares, assim como a poesia concreta dos irmãos Campos estava ao lado da poesia de Cuíca de Santo Amaro na música do Caetano. Isso sim foi um fenômeno cultural que o Brasil teve e que não teve em nenhum outro país. Por falar nisso, eu tive o prazer de ver, há uns tempos atrás, uma foto do filho do John Lennon que hoje é presidente do fã-clube dos Mutantes em*

Londres, com as bolachas dos Mutantes embaixo do braço. Então meu artigo estava certo.

É claro que depois de certo tempo entrou a Yoko Ono e ela deu uma sacudida geral, aí os Beatles retomaram a criatividade e a liderança com os discos que eles fizeram no final dos anos 1960, e aí impulsionaram outra vez as ideias, mas num dado momento a música brasileira era mais importante do que qualquer outra, não só aqui no Brasil, mas também em muitos países do exterior, em qualquer lugar, não tenho a menor dúvida, pela qualidade musical e literária.

Depois, fizeram um filme sobre o Tropicalismo que era um besteirol, filmaram as pessoas de porre parecendo que o Tropicalismo era só uma coisa de maconheiros que não sabiam o que fazer da vida. Eu dei um depoimento de quase uma hora explicando detalhes, porque eu era uma espécie de relação dos tropicalistas e a área intelectual, porque eu que apresentei Caetano e Gil, esse pessoal, ao Zé Celso, ao Rogério, fui eu que fiz esse link, e os caras lá entenderam só a periferia do Tropicalismo, ah, a Carmem Miranda é bonita, oba-oba, os caras puxando fumo em Londres como se fosse um bando de desvairados que de repente fizeram a coisa. Porra, o negócio era muito mais profundo, com conceito, como eu disse, a revolução era mais pela linguagem que pela língua, mas havia coisas muito importantes do ponto de vista do comportamento deles, em cenas, do uso de guitarras elétricas, a maneira de se vestir. Enquanto o pessoal da MPB se apresentava de smoking, o Caetano e o Gil vinham com aquelas roupas desconjuntadas. Então tinha esse tipo de conflito, e os caras não entenderam e fizeram um péssimo documentário, e eu ia até processar eles porque usaram o meu arranjo e não me citaram. O arranjo da música "Tropicália" faz parte da história do Tropicalismo, e o próprio Caetano declarou que o arranjo é tão importante quanto a música. E no final eles colocaram meu depoimento inteiro, e percebi que quem comprou o vídeo vai ver que o que eu estou dizendo é mais tropicalista do que todas as imagens que eles passaram.

Assim como tantos nomes que citei aqui, Roberto Freire foi um destes agentes importantes na cultura daquela época.

Acreditando nas flores vencendo o canhão

Vinha chegando 1968. A ditadura endurecia e os protestos populares cresciam. Entendia também que ali, nos festivais, estava sublimada uma energia de revolta muito grande.

Nesse ano, ainda, aconteceu o II FIC, agora com toda a organização da TV Globo. Ganhou uma música chamada "Margarida", de Gutemberg Guarabira, mas o que teve de mais importante foi o surgimento de um mineiro tímido, Mílton Nascimento, mostrando duas preciosidades, "Morro velho" e "Travessia", compostas no mesmo dia.

Em São Paulo, a TV Record fazia a primeira Bienal do Samba, que teve como vencedor Baden Powell, com um parceiro novinho, desconhecido até então: Paulo César Pinheiro. A música era "Lapinha" e foi cantada por Elis Regina. Entre as canções não premiadas, "Coisas do mundo, Minha Nêga", de Paulinho da Viola, "Tive sim", de Cartola, e "Pressentimento", de Elton Medeiros.

No Rio, a Globo montou o III Festival Internacional da Canção, o FIC. Nos Estados Unidos, os jovens protestavam ferozmente contra a Guerra do Vietnã. Em Paris, gritavam slogans contra o governo francês, e soltavam frases anarquistas como "É proibido proibir". Em diversos lugares do mundo, os jovens iam para as ruas. Praças de guerra surgiram nos conflitos contra os governos estabelecidos. Uma frase passou a ser pichada em muros de São Paulo e Rio de Janeiro: "Abaixo a Ditadura". No Brasil, surgiram líderes estudantis importantes como José Dirceu, Luiz Travassos, José Arantes e Vladimir Palmeira. No dia 26 de junho, artistas e intelectuais saíram em uma enorme passeata, a "Passeata dos Cem Mil". Chico Buarque, Mílton Nascimento, Gilberto Gil, Caetano Veloso, Edu Lobo estavam presentes.

O REVOLUCIONÁRIO DO TESÃO 173

Roberto Freire, novamente chamado por Solano Ribeiro, junto com os maestros Erlon Chaves e Rogério Duprat, Geraldo Casé, Francisco de Assis e Renato Corrêa de Castro, tinha a missão de selecionar 24 músicas entre 1.008 inscritas no Festival. Havia uma novidade, uma fase paulista, antes da final no Rio.

Os ventos que sopravam no mundo também sopravam em São Paulo. Os títulos das canções davam uma ideia do clima de tensão que se mostrava: "É proibido proibir", de Caetano Veloso; "Canção do amor armado", de Sérgio Ricardo; "Questão de ordem", de Gilberto Gil; "América, América" de César Roldão Vieira; "Pra não dizer que não falei das flores", de Geraldo Vandré.

O Festival Internacional da Canção, chamado FIC, em sua terceira edição, estava programado, sem que ninguém soubesse, para ser o detonador, ou pelo menos, um dos detonadores, de uma grande reação militar.

Caetano Veloso, com "É proibido proibir", que já era uma citação de uma pichação em um muro parisiense, "Il est interdite d'interdire", gritava contra a ação proibitiva da censura, e convidava a todos a "derrubar as prateleiras, as estantes, as vidraças, as louças, os livros sim...". Acompanhado pelos Mutantes, que vestiam roupas plásticas, enquanto a maioria dos artistas se apresentava sobriamente, muitos de terno, inclusive.

Caetano tinha a cabeleira enorme, usava cordões metálicos pendurados junto com dentes de animais. E, ao final, um *happening* com um americano, John Dandurand, que ninguém sabia de onde vinha, que gritava e dizia coisas sem sentido algum. "É probido proibir" foi classificada e recebeu em sua reapresentação uma sonora vaia. Também foram classificadas "Caminhante noturno", com Os Mutantes, "Canto ao amor armado", "Quadro", "Onde anda Yolanda" e "Na boca da noite", de Paulo Vanzolini e Toquinho, que se tornaria um clássico da MPB.

Na segunda semifinal, "Questão de ordem", de Gilberto Gil, com ele e os Beat Boys, e novamente o americano maluco, desta vez tocando uma calota, foi eliminada. Era uma marchinha convencional, que Gil desconstruiu ao máximo. Foram classificadas "Oxalá", de Theo de Barros, "Dança da Rosa", de Chico Maranhão, "América América", de César Roldão Vieira, e uma de Vandré, "Caminhando" ou "Pra não dizer que não falei das flores".

Vandré apresentou-se sozinho, com seu violão, e essa canção com somente três acordes bradava: "vem, vamos embora, que esperar não é saber. Quem sabe faz a hora, não espera acontecer..." O público, formado em grande parte pelos estudantes da PUC, não aceitou que Caetano e Gil tivessem uma postura universalizante, queria que eles fossem diretos no confronto com o regime militar. Vandré estava fazendo isso.

Caetano Veloso ficou muito injuriado por Gilberto Gil não ter sido classificado e, no palco, pleno de vaias, fez um discurso improvisado, que foi gravado e saiu posteriormente com o nome de "Ambiente de Festival", onde se destacavam frases como: "Mas é isso que é a juventude que diz que quer tomar o poder? Vocês têm coragem de aplaudir, este ano, uma música, um tipo de música que vocês não teriam coragem de aplaudir no ano passado. Quem teve essa coragem de assumir essa estrutura e fazê-la explodir foi Gilberto Gil e eu. Não foi ninguém, foi Gilberto Gil e eu!"

Na plateia, muitos estavam de costas e vaiavam assim mesmo. Uma faixa foi levantada com a frase "Folclore é Reação". No palco, choviam bolas de papel, copos de plástico, bananas, tomates. Gil entra no palco, sorrindo, e abraça Caetano, que continua: "Vocês estão por fora! Não dá pra entender vocês. Mas que juventude é essa? Vocês jamais conterão ninguém. Vocês são iguais sabem a quem? São iguais sabem a quem? Tem som no microfone? Vocês são iguais sabem a quem? Àqueles que foram no *Roda viva* e espancaram os atores! Vocês não diferem em nada deles, vocês não diferem em nada. E por falar nisso, viva Cacilda Becker..."

Um pedaço de madeira arrancado do cenário voa no palco e atinge a canela de Gil, que não se abala, se abaixa e morde um tomate que joga na plateia. Era um espetáculo jamais visto antes na televisão. Caetano continua com as guitarras distorcendo sons para fazer eco ao que acontecia: "O problema é o seguinte: vocês estão querendo policiar a música brasileira. Mas eu e Gil já abrimos o caminho, o que é que vocês querem? Eu vim aqui pra acabar com isso. Eu quero dizer ao júri: me desclassifique!" Os jurados estavam tão perplexos quanto todos.

Caetano canta qualquer coisa e, de repente, para e diz "Chega!". Sai abraçado com Gil e com Os Mutantes, após mais de quatro minutos catárticos.

Os jurados classificaram "É proibido proibir", mas Caetano tinha jurado nunca mais participar de festival. Caetano foi avisado que poderia cantar usando a mesma roupa, mas sem a participação do "alemão escandaloso", que, na verdade, era americano. Caetano deixou no ar a questão de sua participação, era uma provocação a mais.

No dia da apresentação final, Cynara e Cybele apresentaram a belíssima "Sabiá", de Tom Jobim e Chico Buarque. Um canto destacando simbolicamente o exílio daqueles que eram proibidos de estar em seu próprio país por razões políticas. Chico Buarque estava na Europa, mas Tom Jobim acompanhou o ensaio. Foi a primeira música da noite, bem aplaudida.

Vandré entrou após outras duas músicas. A plateia carioca vibrou enormemente com a letra panfletária e aplaudiu delirantemente. Outras músicas foram bem recebidas, como "Andança", de Danilo Caymmi e Paulinho Tapajós, cantada por Beth Carvalho, e "América América", com César Roldão Vieira.

Os militares haviam dado seus "aconselhamentos": Vandré não poderia ganhar. No AI-3, já haviam fechado o Congresso. No AI-4 a Constituição tinha sido fortemente atingida. O que se podia esperar naquele momento?

Veio a noite da finalíssima. Tom Jobim tinha passado um telegrama pedindo a presença de Chico Buarque, já temendo o impacto de uma plateia eufórica com o canto de Vandré em contraponto ao lirismo de "Sabiá". E tudo caminhou próximo ao esperado, até que foi anunciado o 3º lugar para "Andança", o 2º para "Caminhando", de Vandré, que não conseguia nem começar a música tantas eram as vaias que a queriam como vitoriosa. Todos já sabiam, antes do anúncio, que "Sabiá" era a vitoriosa. Vandré tentou falar com a plateia: "Antônio Carlos Jobim e Chico Buarque de Hollanda merecem o nosso respeito". As vaias cresceram. Parecia que aquela plateia estava pronta para linchar os jurados e seguir marchando para derrubar o governo militar. Depois de mais algumas tênues tentativas, Vandré declarou que "Tem uma coisa só: a vida não se resume em festivais".

Quando ele inicia sua música, as vaias param e um enorme aplauso faz acompanhamento. E ele, que cantava sozinho, só com o violão, foi acompanhado então por milhares de vozes.

Quando é anunciada a vencedora, as vaias voltaram reforçadas. Cynara e Cybele, assustadas, tentaram cantar, sem ouvir nada. Tom Jobim foi acompanhado até o estacionamento com seguranças. Foi então que Tom decidiu chamar Chico Buarque, já que a vencedora se apresentaria defendendo o Brasil na parte internacional.

"Sabiá", interpretada por Cybelle e Cynara, tendo ao lado Tom Jobim e Chico Buarque em *smokings* muito bem-comportados, foi apresentada na parte internacional e ganhou o prêmio para o Brasil. A torcida aplaudiu bastante dessa vez.

Pouco depois, em 13 de dezembro, o governo decretou o AI-5. Liberdades constitucionais foram suspensas, as decisões governamentais eram muito ampliadas, as decisões para votar e ser votado em questões sindicais estavam suspensas, ficavam proibidas quaisquer manifestações contrárias ao regime, a liberdade passava a ser vigiada, estabelecia-se a proibição de ir livremente a qualquer lugar. Qualquer um podia ser proibido de exercer sua profissão, ter seus bens confiscados e a concessão de *habeas corpus* estava suspensa.

Caetano Veloso e Gilberto Gil foram presos, tiveram seus cabelos raspados e obrigados a se exilar. Foram para Londres. Chico Buarque se autoexilou na Itália, após virar alvo preferencial dos militares. Geraldo Vandré teve que fugir e se esconder até sair do Brasil para o Chile. Taiguara teve que ir embora também. Mílton Nascimento foi proibido de ver o filho por mais de uma década.

A Era dos Festivais estava na UTI. Nesse mesmo 1968, a TV Record fez seu IV Festival. Roberto Freire, mais uma vez, foi jurado. Ganhou "São São Paulo, meu amor", de Tom Zé. A TV Globo ainda faria o IV FIC, vencido por "Cantiga por Luciana", o V FIC, que premiou "BR-3", e o VI FIC, em que "Kyrie" ganhou. A TV Record fez o seu V Festival, com a sensacional "Sinal fechado", de Paulinho da Viola como vencedora. Mas os festivais mostravam sua fragilidade, com os grandes artistas fora do país e outros que não se interessavam mais em correr riscos em razão da Censura.

Em 1972, Solano Ribeiro foi chamado para esse réquiem, e, como sempre, chamou Roberto Freire para o júri. Os militares usavam e abusavam dos poderes. Prendiam e torturavam, faziam desaparecer qualquer um que fosse ameaça ou contra o governo militar. As músicas estavam sob forte vigia da censura. A presidente do júri era Nara Leão. Junto com Roberto Freire estavam o maestro Rogério Duprat, o poeta Décio Pignatari, o jornalista Sérgio Cabral, o pianista João Carlos Martins, os radialistas

Big Boy e Walter Silva, o empresário de Gil e Caetano, Guilherme Araújo e o jornalista Alberto de Carvalho. Havia um perfil progressista, inovador, revolucionário nesses jurados.

Logo se destacaram "Diálogo" de Baden Powell e Paulo César Pinheiro, e "Fio Maravilha", de Jorge Ben. E a plateia estranhou e vaiou "Cabeça", de Walter Franco, com uma poética avançada e sons estranhos. "Eu quero é botar meu bloco na rua", de Sérgio Sampaio, entrou entre as classificadas por insistência de Nara Leão. "América América" também seguiu o caminho da exceção e foi classificada além do que era previsto.

Maria Alcina, a intérprete de "Fio Maravilha", assustou muita gente, inclusive por um figurino ousado. Sérgio Cabral, sempre ao lado do tradicional samba, que parecia ser uma voz contrária à tendência de ousadia do júri, deu uma declaração em que destacou a música "Cabeça", lembrando que a canção mostrava que a vanguarda brasileira se diferenciava da norte-americana. E aí, como lembra Zuza Homem de Mello, "trovejou".

Walter Clarck, diretor todo-poderoso da TV Globo, chamou Solano Ribeiro e lhe disse que "os militares mandaram que Nara Leão fosse afastada do júri". Eles não tinham gostado de uma entrevista dela ao *Jornal do Brasil* onde criticava o que acontecia no país. Solano Ribeiro colocou seu cargo à disposição, não concordando com a decisão de demissão de Nara. Roberto Freire, Walter Silva, Décio Pignatari e Rogério Duprat também se levantaram contra essa arbitrariedade. Entenderam que era uma pressão para "Cabeça" não ser premiada.

A TV Globo propôs, então, que o júri todo fosse substituído por um júri internacional. Os jurados ficaram revoltados e resolveram escrever um manifesto à imprensa. Enquanto as músicas foram sendo apresentadas, Roberto Freire berrava nos camarins contra a violência que estava sendo cometida. Decidiu-se, então, que alguém entraria no palco para ler o manifesto que tinha sido escrito.

Roberto Freire entrou como se fosse músico de um grupo, começou a ler o manifesto, e o som foi desligado, logo em seguida ele foi agarrado por seguranças da TV Globo, arrastado até uma sala cheia de policiais onde o delegado ordenou: "Podem bater porque ele também é comunista". O resultado: fraturas nos dois braços, no malar, em quatro costelas e uma couve-flor sangrenta no lugar do rosto.

Boni viu quando Nara Leão disse: "Se vocês não lerem o comunicado, nós invadimos o palco e vamos todos ser espancados". Boni foi rápido e disse que, tirando um parágrafo que falava mal da Globo, ele autorizaria a leitura. E assim foi feito.

"Os integrantes do júri da fase nacional do VII Festival Internacional da Canção, (abaixo identificados), cumprindo sua finalidade de apontar as duas composições musicais que representarão o Brasil na final internacional, decidiram indicar as seguintes: "Cabeça", de Walter Franco, e "Nó na cana", de Ari do Cavaco e César Augusto. Ao tempo que divulgam esta decisão, os membros do júri manifestam sua estranheza ante a decisão do Festival, destituindo-os sem qualquer explicação. A organização do Festival, sem considerar a decisão do júri, proclamou as duas vencedoras: "Fio Maravilha" e "Diálogo". A vencedora da fase internacional foi uma música da Itália, desagradando a própria TV Globo, que já investia na Maria Alcina.

Zuza Homem de Mello, no seu fantástico *A era dos festivais: uma parábola* reafirma que o povo brasileiro precisa saber. Saber também que em 1º de outubro de 1972 terminava o último festival de uma era. Acabou-se. A Era dos Festivais saiu do ar!

Cleo e Daniel, o filme

No final de 1969, por meio de seu irmão Renato, Roberto Freire recebeu a informação de que Júlio Bozano, diretor do Banco Bozano Simonsen, tinha lido *Cleo e Daniel*, gostado muito, e acreditava que daria um bom filme. E que pretendia financiar a produção. Um almoço no Rio de Janeiro deu início a esse processo.

Roberto Freire era médico, psicanalista, com experiência anterior em pesquisa e em Endocrinologia, dramaturgo, diretor de teatro, tinha tido passagens pela política teatral, poeta, compositor em parceria com Caetano Zamma e era também um apaixonado por cinema e especialmente por Luchino Visconti, naqueles dias com *Rocco e seus irmãos* em exibição. Adorava os filmes de Fellini, o chamado Cinema de Autor. E sentiu-se assim preparado para fazer cinema. Não era um roteirista e partiu para essa experiência com sua ousadia costumeira. Nunca tinha dirigido e resolveu dirigir seu *Cleo e Daniel*. E, o mais arriscado, no Brasil, com uma tradição cinematográfica esparsa e de muito risco.

Um amigo português, Fernando de Barros, que já fazia cinema há algum tempo, assumiu a produção. O roteiro enfoca os personagens Cleo e Daniel quase que totalmente, desprezando os "elefantes", Benjamim e Gaby, que traduzem o ambiente altamente angustiante que é o verdadeiro contraponto para as dificuldades no exercício do amor dos adolescentes no livro. Ao deixar esses personagens num plano oculto, o roteiro perde força dramática e se torna uma historinha de amor comum. Muitas das falas marcantes da montagem de *Cleo e Daniel* para o teatro, em 1985, também ficaram fora do filme.

Roberto Freire desejou que o personagem Rudolf Fluegel, eixo central da narrativa, cruel e violento, fosse feito pelo ator Jardel Filho. Erro no tratamento da questão por parte da produção e questões financeiras impossibilitaram esse acordo. E quem acabou fazendo o papel foi John Herbert, sem a força dramática necessária, sem o vigor quase psicótico que o papel exigia, transformando-o num personagem chato e miseravelmente condenado às repetições de caretas que ele fez em todo o filme. No elenco estavam grandes atores: Lélia Abramo, Haroldo Costa, Sílvio Rocha, Beatriz Segall, Sady Cabral, Myriam Muniz, Rodrigo Santiago e Sônia Braga. Mas as dificuldades no roteiro e na compreensão de seus personagens esvaziaram muito a potencialidade de seus papéis. Chico Aragão, um fotógrafo, foi escolhido, pessoalmente por Roberto Freire, por sua beleza física, de acordo com a concepção que o autor tinha de Daniel. Não comprometeu tanto, já que seu personagem estava bastante perdido na questão das drogas e dos relacionamentos, e, realmente, estava bastante bonito em cena. Irene Stefânia fez Cleo, e aí, além da beleza radiante da atriz, apareceu fortemente o seu talento dando a dimensão exata para a angústia e o desespero da personagem.

A edição foi feita por Máximo Barro, que sentiu falta de material para fazer um trabalho mais elaborado. A iluminação e a direção de fotografia foram feitas por Rudolf Icsey e, em geral, cumpriram bem suas metas. Definidas as principais sequências, estas foram sendo filmadas prioritariamente, o que foi muito bom, porque, como era comum no cinema brasileiro, e ainda muitas vezes o é, o dinheiro acabou no meio da produção. Roberto Freire teve um colapso nervoso, internou-se para repouso, e depois voltou para filmar o que faltava, nas condições precárias que tinham sobrado.

O resultado final se mostrou irregular, não atingindo o objetivo de Roberto Freire, que, em 1985, ao assistir à pré-estreia da montagem teatral de *Cleo e Daniel*, afirmou que "a peça conseguiu manter o clima que ele havia escrito no livro, mas não conseguiu colocar no filme".

Envergonhado, deprimido e assustado com as primeiras críticas ao filme, Roberto Freire foi para a Itália, Roma, e só viu o filme novamente, em 1999, a convite de Aníbal Massaini, que o havia convertido em vídeo, e exibido no Canal Brasil, do qual era um dos donos.

Chico Aragão, desde então, tornou-se um fotógrafo bem-sucedido e hoje mora em Portugal. Irene Stefânia seguiu uma bela carreira como atriz, estudou Psicologia e foi uma psicodramatista também muito talentosa.

Da viagem para a Itália, Roberto Freire seguiu para Paris. Lá se encontrou com Chico Aragão. Juntos, viajaram, se divertiram e curaram a depressão que Roberto Freire levara junto. E foram ao Palais des Esports, em Paris, assistir a um espetáculo teatral de um grupo americano, que fazia bastante sucesso por lá. A montagem mudaria a vida de Roberto Freire, da Psiquiatria e Psicologia brasileiras, e de inúmeras pessoas a partir dali. Chamava-se *Paradise now*, e o grupo era o Living Theatre, que se proclamava anarquista e que deixara os Estados Unidos por se negar a recolher Imposto de Renda enquanto o dinheiro público americano financiasse a Guerra do Vietnã. Seus diretores era Julian Beck e Judith Malina. A preparação corporal dos atores usava técnicas baseadas num discípulo de Freud que havia rompido com ele, e que tinha sido expulso da Sociedade Psicanalítica de Viena por ser comunista. Apesar de ter tido um histórico ligado a Freud, Roberto Freire nunca tinha ouvido falar desse seu discípulo, já que no Brasil, como em muitos outros lugares, seu nome era expurgado também: Wilheim Reich.

O bode, obstinado e teimoso, iria estudar até não poder mais a teoria de Reich. E assim, balir, balar, bodejar, berrar ou, curiosamente, gaguejar, como é chamado seu ato sonoro. O tigre, líder nato, iria trazer uma nova forma de atuação terapêutica para esse mundo. E assim, bramar, bramir, urrar, miar ou rugir, nos nomes que são dados às suas manifestações. Se até esse momento Roberto Freire tinha tido um enorme tesão em fazer revolução, agora começaria a fazer a Revolução do Tesão!

Entrevista com Irene Stefânia

O convite veio do próprio Roberto. Eu o conhecia só de livro, só livro, quando eu estava fazendo meu primeiro filme, Mundo alegre de Helô, *eu ficava muito tempo esperando até arrumar a câmera e tal, aí me botaram um livro na mão, que era o* Cléo e Daniel, *e eu fiquei lendo o livro na filmagem inteira, achei fantástico o livro, e fiquei super feliz quando o Roberto me convidou para fazer o filme.*

Eu acredito que foram uns dois meses de filmagem, depois nós fizemos umas duas semanas extras, porque deviam ser refilmadas algumas coisas, fazer algumas coisas que não tinham sido feitas, acho que por aí, demorou um tempo. O Roberto teve um estresse no meio do filme, então ele ficou internado durante um tempo, então não é que a gente parou, porque o assistente dele continuou a fazer o filme, e depois ele voltou, uma coisa assim.

Foi maravilhoso! A personagem era fantástica, tanto é que eu me dispus a fazer como o Roberto queria, tudo que ele queria, inclusive a cena de nudez, tudo fazia parte da personagem, e era uma coisa tão dentro da personagem que eu fiz sem problema. Acho que foi a única cena de nudez que eu fiz, acho que fazia parte do contexto do filme, da personagem, ficou bonito, na história, aquilo fazia sentido.

Roberto fazia laboratório, acho que uns dois meses de laboratório, eu tinha até esquecido disso, eu achava estranho, porque lá no Rio a gente não fazia muita coisa nesse sentido, a gente fazia a cena simplesmente, ainda mais com Nélson, eu tinha feito Fome de amor, *que era uma coisa muito, muito à vontade sem roteiro fixo, a gente chegava no dia, aí ele dava o que a gente ia fazer, ele mesmo inventava algumas cenas na hora, era muito solto, na praia, Angra dos Reis, em Parati, e eu vinha para São Paulo fazer o laboratório com o Roberto, e achava estranho porque, eu nunca tinha feito* teatro, e cinema para mim era botar a câmera na frente e a gente fazer as coisas de forma espontânea, e com o Roberto ficou aquela coisa do laboratório, eu achei interessante fazer o laboratório.

Depois que a gente faz teatro, a gente vê que tem que ensaiar bastante, é diferente a coisa. E com o Roberto tudo era uma coisa mais pensada e tal, eu até brincava com ele, "ô, Roberto, assim não se faz cinema, tem que fazer como o Nélson" (risos). Ele não era rígido, mas ele era mais fechado, ele era bastante extrovertido, contava mil casos, era muito interessante tudo que ele contava, mas ele era uma pessoa mais reservada, ele não falava sobre os sentimentos dele, o que ele achava ou deixava de achar e tal. Falava do trabalho. Mas a gente conversava muito com o Roberto.

Inclusive a gente fazia exercícios com outra pessoa, não era nem com ele, era mais com assistente. Era com uma pessoa que fazia trabalho corporal, fazia laboratório mesmo, era especificamente para a gente desenvolver o personagem. Com o Chico Aragão eu tive muito mais contato, a gente teve uma convivência muito maior, a gente teve um trabalho muito grande, por conta das nossas personagens no filme, e com o Chico eu lembro que era muito engraçado porque ele não gostava de fazer cinema, ele era fotógrafo, ele gostava de ficar atrás da câmera, não na frente, e também ele se sentia incomodado, eu ainda brincava com ele, "então vamos fazer de costas as cenas" (risos), mas ele fez bem as cenas, ele fez muito bem.

Eu acho que não teve estreia do filme. Eu não sei, porque eu morava no Rio, e o Roberto aqui em São Paulo. E eu não tive contato com ele, que eu saiba não teve estreia, eu não fui a estreia nenhuma do filme, eu acho que vi, passou no Rio, assim rapidamente, uma semana, eu vi o filme lá, a crítica parece que não foi boa, disseram que o filme era quadrado, a montagem era um pouco ultrapassada, uma coisa assim, eu não lembro muito bem como era a crítica, sei que o Roberto ficou passado com o filme, com a crítica, com tudo.

Depois do filme, nós nos encontramos em Cannes, uma vez num Festival de Cannes, ele estava lá, sempre do mesmo jeito, falando, falando, agradável, sempre contando mil coisas, sempre interessante o papo dele, a gente pode ficar a noite inteira, o dia inteiro conversando com ele, que era sempre atraente. Roberto sempre foi gentil comigo, nunca vi alguma cena que depusesse contra ele, não.

Eu fiz televisão, fiz uma novela na TV Tupi, outra na TV Globo, um especial na Globo também, e uns 20 filmes, foi só. Teatro eu fiz pouco, fiz uma peça no Rio, chamada Duralex, sed lex, no cabelo só Gumex, do Vianinha, dirigida pelo Gianni Rato. Logo em seguida, comecei a fazer Psicologia, aí enveredei por esse lado, mas depois, aqui em São Paulo, a Dulce Muniz me convidou para fazer uma peça lá no teatro dela, eu fiz, em 2001, fiz várias lá. E depois parei.

Para dizer a verdade, eu não me dava muita importância como atriz, para mim era uma grande aventura fazer cinema, era uma diversão, eu curtia bastante, aconteceu, foi um acaso na minha vida, não era uma coisa que eu tinha programado, foi acontecendo, eu fui fazendo e tal, mas eu não tinha vocação para atriz, sabe? Então fui ver por outro lado, que é o que eu tenho mais vocação, e hoje eu não me ligo muito a esse passado de atriz, apesar de ter gostado de fazer, me trouxe coisas boas, mas não vejo assim, vejo como uma passagem na minha vida. Agora sou terapeuta, eu fiz formação em Psicodrama.

Entrevista com Chico Aragão

Quando saiu o filme, ele foi para Europa, encontrou comigo lá, fui encontrar com ele em Roma. O filme estreou no Brasil, depois ia para San Sebastian, num festival, mas não sei por qual razão, talvez técnica, não se conseguiu concluir o filme de acordo com as exigências técnicas lá do festival e o filme não entrou.

Eu aproveitei para entrar em Roma com o Bigode e por meio dele conheci o Chico Buarque. O Bigode estava lá para fazer uma entrevista com a Florinda Bulcão para a "Revista 70", que durou pouquíssimo tempo. Lá nós fomos fazer a tal da entrevista e eu insistia com a Florinda que queria fazer alguma coisa em Milão, porque o que eu queria era fazer fotografia.

Eu até disse a ela, eu disse assim: "eu queria que você me apresentasse a alguém em Roma, Roma é muito cinema, Milão é onde a fotografia funciona mais a sério". E ela disse: "Mas você fez um filme", eu disse: "mas não quero fazer nenhum filme". "É que o Sérgio Leone está procurando um cara que é muito o teu perfil". "Não, esquece isso aí, porque meu negócio não é cinema, eu adorei fazer meu papel, eu adorei fazer, depois na hora da estreia eu nem fui ver, porque não tinha perfil para estar no Public Eye".

Quando cheguei a Roma, tentei de todas as maneiras pedir ao Bigode, que era a pessoa mais generosa do mundo, para me apresentar a alguém, ele: "Eu não conheço ninguém nessa área". Então eu fui até Florinda. Eu já não lembro se foi por meio da Florinda, do Chico, de quem foi, eu sei que peguei um trem e fui para Milão, e aí aconteceu uma coisa engraçada, eu encontrei com um cara brasileiro, e numa conversa com ele, ele pôs todos os empecilhos possíveis, porque a coisa mais difícil do mundo é ser assistente de alguém aqui em Milão. Nessa altura do campeonato, eu fiquei pensando assim: como é que eu vou fazer para esse cara deixar de ser tão chato, eu vi-

rei para ele e falei assim: "Que pena". "Não, aqui não há hipótese, não tem a menor chance", ele era um cara brasileiro muito bem empregado. Muito bem relacionado lá. E ele me disse, "Volta para o Brasil, tem um puta mercado no Brasil". "Mas isso é uma questão de honra", eu disse, e ele: "Honra do quê?" Eu: "É que eu falei para a minha mãe, que é uma das maiores acionistas da Editora Abril, que eu vou conseguir, e ela me disse que eu não vou conseguir de jeito nenhum, se eu voltar para o Brasil sem realizar o sonho da fotografia aqui, entende..." Era mentira a observação da minha mãe sobre mim e mais ainda que ela fosse alguma acionista da Abril. Por acaso alguém da família dela teria sido da Abril. Mas quando eu falei isso, os olhos do cara mudaram: opa, vou achar uma correspondência. Mal eu cheguei ao hotelzinho, tinha um recado para mim. Liguei e ele disse: "Você é um homem de sorte", eu: "Não diga", ele: "Pois é. Tem uma festa de um fotógrafo muito importante aqui na cidade, no sábado, e o máximo que eu posso fazer é te convidar, isso eu posso fazer, vem comigo e quem sabe...". Esse cara me arranjou um emprego na cozinha e fiquei em Milão.

A gente tem, pelo menos, dois tipos de amigos: aquele a quem a gente foi apresentado formalmente, e o amigo que não pede licença e entra, escancara na sua vida e vira um grande amigo, que é o caso do Bigode. Ele era um cara que nunca foi formal, vivia muito na real. Mas pelos olhinhos brilhantes dele, aquele magnetismo que ele tinha, não precisa conhecer nem um pouco para perceber que ele estava aqui, mas já estava ali. Vivia em uma ponte triangular entre ele aqui, ele indo pra lá, e ele lá já voltando com informação daqui e já querendo ir pra lá, o que criava nele certa ansiedade.

Eu estava em uma sala há mais de quatro horas, na mesma festa que ele, na casa da irmã dele, e de repente ele vira e diz assim: "Cara, você é o perfil exato do personagem do livro do qual eu sou autor e pretendo ser diretor do filme". Fiquei olhando para ele. Conversa para cá, conversa para lá. Eram umas 4 horas da manhã, eu já estava meio alterado, mas, enfim, lá ele me deu um cartão, ele era de São Paulo, estávamos no Rio, a casa da irmã dele era no Rio. E eu era do Rio. E ele diz: "Me procura aqui nesse hotel amanhã". Eu acordei com uma ressaca daquelas, devo ter tomado alguma coisa, uma Coca-Cola para curar a ressaca e liguei para o Bigode, porque eu simpatizei com ele. O Bigode tinha essa capacidade, era um líder nato, ele tinha uma capacidade de controle incrível e uma capacidade zero de ser controlado. Se você tentasse manipular o Bigode, você precisava ser muito

O REVOLUCIONÁRIO DO TESÃO *187*

inteligente e ele ia acabar te pegando na reta, na curva, ele pegava. Então o grande lance com o Bigode, e tem muito a ver com a personalidade dele, é jogar completamente aberto. Sempre fui de uma ludicidade total, então a gente se entendeu muito bem. Eu fui a esse tal de hotel em que ele disse estar hospedado e ele me explicou melhor o livro, e eu disse que não tinha prática nenhuma em atuar, "Mas a gente acha um jeito de te educar rapidamente". Resumindo, eu fui para São Paulo, aquilo teve realmente um laboratório, uma preparação, no meu caso, um pouquinho mais intensiva, porque minha experiência era realmente zero e eu me sentia à vontade fazendo o filme, eu era uma porcaria como ator. E eu fiquei um pouco envergonhado, e vi que uma hora estava bem, uma hora estava mais ou menos, outra hora estava péssimo (risos). Era uma colcha de retalhos de várias proveniências em interpretação, ou seja, mal, na minha opinião. Mas conheci uma grande figura, que foi o Bigode, uma coisa extraordinária.

Depois, como eu queria ser fotógrafo, eu inventei para o Bigode que eu realmente já era fotógrafo, mas eu não era nada, queria ser, inventei que era fotógrafo e ele acreditou rindo, porque ele sabia que era sacanagem, no fundo ele sabia, eu sei que ele sabia. Mas ele disse: "Olha, você quer tanto ser fotógrafo que eu vou dizer que você é." E ele me vendeu para o Sérgio de Souza, para o Eduardo Barreto, enfim, me vendeu para a Realidade, quem é que quer mais do que começar na Realidade?, impossível. E isso tudo aconteceu assim, digamos que as filmagens tenham começado no começo do ano de 1969, laboratório começa a rodar em abril, maio, eu já estava trabalhando na Realidade. Daí me meti e fui andando, comecei, aí sim, a fazer umas coisas que tinham a ver comigo, sem técnica nenhuma.

Eu olhava para o George, aquela turma maravilhosa que estava lá, e o George era com quem eu mais me identificava, eu fazia tudo tremendo. E pedindo opinião de tudo mundo, querendo saber. Mas ali eu já me sentia bem em casa. Eu fazia coisas que não tinha a menor condição técnica de fazer, mas era essa coisa de quando você se entrega e sai, parece uma conspiração grande. E isso: se entregar é o que eu acho que mais funciona com o Bigode. Ele transitava de uma coisa para outra com muita facilidade e certeza. E ele é brilhante em várias delas, é um amador endoidecido, apaixonado em outras coisas em que ele não brilha muito, porque não é o canal dele, mas ele é uma figura de uma entrega total e nisso eu me identificava com ele, e ele se identificava comigo. Então a gente ficou amigo, amigo mesmo.

Eu vi o Bigode em vários picos, uns muito altos mesmo, outros bem baixos. Uma vez eu brinquei: quem é seu psicólogo? (risos) Uma época em que ele andou mal, acho que algo não estava funcionado como ele queria. Foi quando ele voltou a fazer análise. Ele não fazia análise, ele fazia psicoterapia, não é isso? Loboterapia, me lembro de vários nomes que ele foi empregando para os esquemas que ele ia adotando. Uma vez eu fui para São Sebastião, era brincar de criança, umas 10, 15 pessoas na casa dele, isso era raríssimo, hoje então é impensável.

Depois eu fiquei na Europa. Eu não voltei para o Brasil. Eu fui para uma viagem de 15 dias, um pouco antes de essa festa acontecer, e eu arrumar o emprego na cozinha de um restaurante, e não voltei. Quer dizer, voltei três anos depois. E então, em São Paulo, a gente ainda se via. A gente se viu, certeza absoluta, mas não se via tanto. Não, mentira! Quando eu voltei para São Paulo, claro que se via, primeiro ele morava na [Rua] Pamplona.

Eu me lembro de ele ter arranjado uma namorada, e ela estava na espera, na casa dele, e eu entrei na casa dele para tomar um copo d'água. E lá estava essa namorada que virou namorada, porque no fundo era uma paciente dele, gostosérrima. Enfim, claro que mantive contato com ele depois, durante pelo menos alguns anos. Depois a gente foi se afastando, cada um para o seu lado, e as vidas foram tomando caminhos diferentes.

Comigo acho que não teve briga não, a gente tomou caminhos completamente diferentes mesmo. Comigo ele não brigou. E eu não consigo me imaginar brigado com o Roberto, não. A gente discutia, todo mundo discute, brigar não. Às vezes eu percebia que ele estava mal, como todo mundo, mas ele se jogava mais de cabeça, não fazia ideia mesmo, sem pé de pato, sem nada, sem paraquedas, com tudo. Para o Bigode, utopia e realidade eram a mesma coisa. Utopia era só uma questão de tempo.

O Bigode faz muita falta hoje. Se ele estivesse aqui, eu não consigo nem imaginar o que ele estaria fazendo. Agora, ele teria muito pano para se divertir, poderia ser do contra, tinha muita matéria para ser do contra. Quer dizer, como eu disse: se eu tivesse arrependimentos o Bigode, certamente estaria na caixinha de arrependimentos, de não o ter visto mais tempo. Mas o tempo é o tempo, o tempo é assim. Foi tão bom, então ficamos com isso que foi tão bom.

A REVOLUÇÃO DO TESÃO

Roberto Freire criança, mais ou menos aos seis anos, quando ainda gaguejava.

Com os filhos Tuco e Paulo.

Com os três filhos.

Roberto Freire durante exibição teatral no Programa Nacional de Teatro, década de 1960.

Serjão, o grande amigo da vida toda.

Durante as filmagens de *Cléo e Daniel*.

Bigode, com a Pedra Selada ao fundo.

Grupo em Visconde de Mauá.

Durante terapia em grupo, em Visconde de Mauá.

Escrivaninha, em Visconde de Mauá.

Com João Cabral de Melo Neto.

Com Chico Buarque, na rua e no Tuca.

Bigode no programa de Hebe Camargo.

Com Roberto Carlos.

Com João da Mata, herdeiro da Somaterapia.

Com a Companhia Dramática Formicida Avec Cachaça.

Conversando com morador de Visconde de Mauá.

Roberto Freire com Jaime Cubero e Sérgio Norte.

Passeio na garupa de moto.

Bigode na pedagogia libertária.

Roberto Freire sendo preso na apresentação da FIC.

Gessy, a primeira companheira.

Bia Pereira, a segunda companheira.

Vera Schoeder, a última namorada.

O fotógrafo Xande Campbell e amigo.

Zé Bolão e Fátima, caseiros de Visconde de Mauá.

Alcides, o Buí, cuidador do Bigode nos últimos anos de vida.

Imagens do filme
Cleo e Daniel.

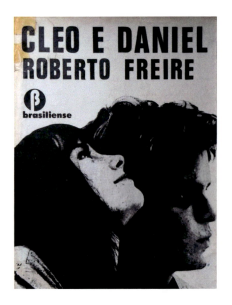
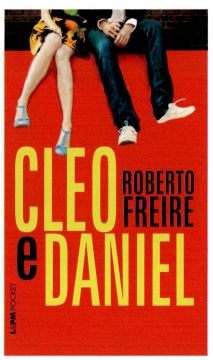
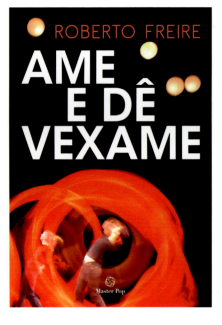

Capas de livros de Roberto Freire.

O amor é como um grão, uma semente de ilusão

Em 1982, Gilberto Gil lançou a canção "Drão", uma lindíssima homenagem à sua ex-esposa Sandra, a Sandrão ou Drão, apelido que carregava desde criança, e que é mãe de três dos filhos de Gil, após 17 anos de convivência: Pedro (que faleceu em um acidente de carro, aos 19 anos), Maria e Preta. Talvez seja a música mais famosa em que a musa é uma "ex". Mas Gil não foi o primeiro a ter esse sentimento. Dez anos antes, em 1972, Roberto Freire, após 18 anos de casamento, decidiu separar-se de Gessy, com quem teve seus três filhos, Pedro, o Tuco, agora também falecido, Paulo e Beto. E o Bigode também fez uma canção em homenagem a essa relação. Em parceria com Caetano Zamma, Roberto Freire havia escrito a letra de "Casal modesto". Na verdade Roberto já tinha a letra há tempos. E Zamma musicou o texto.

"Foi num bairro modesto
De gente que luta
Por um sonho qualquer.
Foi numa rua modesta
De gente que sofre
Pelo sonho que tem.
Foi num quarto modesto
De gente que vive
Sem dinheiro, sem paz:
Um homem e uma mulher
Um casal bem modesto
Espera um aumento
No ordenado e nos filhos,

Mas para o ano quem vem.
Foi numa cama modesta
Que se apertaram as mãos
Cheias de calo e ternura.
E refazem no amor
A esperança em semente
Que falta tanto
Pra tanta gente
Que tem sobra de tudo
Do que eles não têm."

A de letra de Roberto Freire foi escrita quando o caçula, Beto, nem havia nascido, num período muito difícil, enquanto trabalhava na Refinaria de Capuava com grandes dificuldades financeiras.

Quando Roberto Freire voltou de Paris, absolutamente desejoso de conhecer a obra e a teoria de Wilhelm Reich, sentiu que havia também a necessidade de uma transformação em sua vida, que considerou então uma representação de vida burguesa, que decidira combater em todos os *fronts*, usando seus ideais anárquicos para tal.

Roberto afirmou, em sua autobiografia, *Eu é um Outro*, que o amor por Gessy não acabou nunca, e acreditava que o dela por ele também não. Mas teve a necessidade absoluta da separação, com toda a dificuldade para explicar racionalmente e conseguir o entendimento dela. Roberto Freire percebeu o grande sacrifício que Gessy fez em sua vida para ser a companheira dele, com seus projetos artísticos e financeiros. E soube também que ali estava consignado o casamento burguês, contra o qual ele foi se libertando e ela foi aceitando. A ditadura, e o seu confronto, a arte e todos os trabalhos que ele realizava exigiram dele longos afastamentos de sua casa, às vezes desaparecimentos não avisados, houve também as prisões, as torturas, e, consequentemente, uma instabilidade grande no equilíbrio financeiro.

Uma das consequências da boêmia que Roberto Freire viveu foi o hábito crescente do uso do álcool, que ele via como um paliativo para a forma em que vivia, o que também provocava um grande sentimento de culpa pela vida difícil e atormentada que destinava à Gessy e aos filhos. Quando mencionou pela primeira vez o desejo de separação à Gessy, ouviu dela que ela só aceitaria a separação quando ele deixasse de amá-la. E então, Roberto Freire se internou para tratar da dependência alcoólica. E descreveu a experiência vivida por Rudolf Fluegel no romance *Coiote* como a de sua internação, à base de injeções de insulina. Era um tratamento cruel e incomum. Como Roberto Freire muitas vezes usou o recurso de colocar fatos reais em narrativas ficcionais, e também de usar elementos ficcionais em relatos de sua vida, fica a eterna desconfiança de que ele realmente tenha tido aquele tipo de tratamento.

Quando saiu da internação, foi encontrar Gessy e os filhos em São Sebastião. Os meninos estavam na praia quando ele comunicou a ela da decisão, recebendo o questionamento sobre o fim do amor. Ele mentiu, disse que o amor tinha terminado. Gessy levantou-se e disse que ele podia partir em seguida, e que falasse com os meninos depois, em São Paulo, após a volta. Nunca mais tocaram no assunto, desquitaram-se, e, alguns anos depois, divorciaram-se. Gessy casou-se de novo com outro médico, este viúvo. Roberto Freire passou a viver sua solidão amorosa, que trazia a liberdade na vida social. E pôde enfim se dedicar ao anarquismo, como ele o entendia, combatendo inclusive a burguesia no seu modo tradicional de convivência por meio de um núcleo familiar.

Foi morar na Rua Guarará, no Jardim Paulista, e lá também funcionou seu consultório. Passou a ler compulsivamente Reich, Alexander Lowen, com sua Bioenergética, Frederick Pearls, o criador da Gestalterapia. Não parou de beber jamais, como mostrou um acidente em que dormiu na direção de seu carro e bateu em um muro na Rua Pamplona, resultando em uma longa internação, com lesões nos braços, costelas e uma perna quebrada.

Roberto Freire contou um episódio como real em sua vida após a separação de Gessy. Referiu-se a uma primeira namorada chamada Nina, uma alemã, que namorava, ao mesmo tempo, três outros amigos dele, todos estrangeiros. Disse que ela tinha uns 20 e poucos anos, loira, com cabelos curtos e sempre vestindo calças jeans. E que os amigos, um checo, um inglês e outro norte-americano, assim como ele, não se incomodavam com a relação múltipla. Disse que foi Nina quem o apresentou a Visconde de Mauá. No *Coiote*, quem apresenta esse vilarejo a Rudolf Fluegel é uma italiana, Ita, que o personagem conhece quando internado para a desintoxicação.

Roberto Freire contou que ela sumiu por um ano e que, quando ele estava sozinho em Mauá, tinha muita saudade dela. Portanto, foi nesse período que Roberto Freire se instalou inicialmente num sítio em Mauá. Tinha saudade do amor dele com ela, que nunca tinha se realizado, a não ser em "sonhos, em fantasias e em loucos delírios", como ele mesmo descreveu. Havia os relatos dos amores físicos de Nina com os outros namorados dela.

Em Mauá, Roberto Freire tinha se estabelecido em uma casa pequena, de madeira, dentro de um bosque de eucaliptos, à beira do Rio Preto. E ali, preparando um romance que se passava em Mauá, aconteceu o seu "sonho, fantasia ou louco delírio". Importante lembrar que o romance que se passa em Mauá é *Coiote*, publicado em 1986, e que tem um enredo que encantou muita gente, com características oníricas, fantásticas e loucamente delirantes, em que o personagem Rudolf Fluegel reaparece, após sua participação cruel e decisiva na tragédia de *Cleo e Daniel*. Continua com seu cinismo, tornou-se dependente de álcool fortemente, não exerce mais a Psicanálise e vai morar em Mauá.

Na internação, conhece a italiana que vai lhe vender o sítio em Mauá, e também uma mulher com então 70 anos, Leonora, que confessará ter sido amante de Wilheim Reich. Em Mauá, acordará no meio de uma noite com um uivo forte perto de sua casa e descobre um rapaz, de 17 anos, que tem essas crises esporadicamente. Chama-se André, mas traz a alcunha de Coiote. É um protomutante, vindo do futuro, para anunciar os tempos que estão chegando.

Num dia, logo depois dessa madrugada uiventa, Rudolf encontra o Coiote nu, aproximando-se lentamente de uma vaca, com quem terá um relacionamento sexual. O Coiote está acompanhado de uma menina, um pouco mais nova, Pâmela, que é apaixonada por ele. No retorno a São Paulo, após mais uma crise do Coiote, acompanhado por um vizinho, chamado Bruxo, que tem dois filhos gêmeos com os nomes de Pancho Villa e Emiliano Zapata, acaba conhecendo a mãe do Coiote, Cecília, que inclusive conta que é amante do filho, tendo sido sua primeira mulher.

Antes de continuar resenhando *Coiote*, importante dizer que Roberto Freire contou ao autor desta biografia, muitos anos antes da publicação do livro, que tinha conhecido, em uma viagem à Itália, uma família anarquista, com "dois filhos gêmeos, Pancho Villa e Emiliano Zapata", tal como são descritos no romance.

O personagem Coiote conversa e é amigo de Manó, um duende com um palmo de altura, mas que se veste como os mineiros vizinhos de Roberto Freire em Mauá. O livro é dedicado a três pessoas. Uma delas é Zé Ernesto, um desses mineiros vizinhos, que se tornou seu caseiro, com a rubrica "para o duende Zernesto". As outras duas são "Nando (em memória) e Xande (em esperança), descritos como "coiotes". Junto parafraseia Louis Aragon: "Amigos cujos corações vi bater nus quando eu lhes rasguei as camisas".

Nando foi seu paciente, com citações em *Os cúmplices* e *Eu é um Outro*, e que se suicidou. Xande foi seu companheiro, posteriormente, em muitas viagens, dividindo casas e sonhos. Em um posfácio, Roberto Freire contou que o *Coiote* levou 11 anos para ser escrito. Portanto, desde 1975. Disse que o romance não deve ser visto apenas como obra de ficção, "porque os coiotes existem mesmo, e que é para eles e com eles que trabalha e luta cotianamente". Relatou, ainda nesse posfácio, que, após o término do livro, deu-se conta de que ele, Roberto Freire, tinha se tornado o *alter ego* de Rudolf Flugel. E não o contrário!

No *Coiote*, após ter sido instalada uma comunidade anarquista em Visconde de Mauá, com mais de 100 pessoas jovens, e no momento em que começam a chegar jovens do mundo inteiro atrás desse *modus vivendi*, priorizando a autogestão, e praticando amor livre, inclusive grupal, uma guerra tem início. De um lado, os moradores tradicionais da região, com seus policiais fortemente armados, que vão, inclusive, matar o Coiote e um filho dele recém-nascido. De outro lado, uma organização dirigida pela ex-amante de Reich, que tem um plano de borrifar a comunidade toda com bombas de orgone, que foram produzidas, secretamente, seguindo orientações de Reich antes da morte dele. Quando essas bombas são acionadas, a população rural da região e os policiais se envolvem em uma grande orgia sexual sem limites.

Rudolf, seguindo as orientações do duende Manó, vai à nascente do Rio Preto e desloca umas pedras que, em sequência, provocam uma grande inundação em toda a região.

Roberto Freire descreveu como real um momento vivido em Mauá. Numa tarde com chuva intensa, quando começava a anoitecer, a porta

O REVOLUCIONÁRIO DO TESÃO *197*

de sua casa se abriu e surgiu Nina, encharcada, abraçando-o, rolando seu corpo molhado junto ao dele, enlouquecido de felicidade, querendo fazer amor naquele momento, "antes que descobrisse ser sua presença pura fantasia de autor delirante ou de amante frustrado e carente".

Nina insistiu que fosse, naquela hora, escurecendo e em plena chuva, ao topo da Pedra Selada. Dentro do carro dela, o toca-fitas tocava a Segunda Sinfonia de Brahms. Roberto Freire contou que percebeu que Nina estava sob o efeito de cocaína. Então, "era tudo uma viagem de cocaína, dela e minha, um no delírio do outro". Chegaram à base da Pedra Selada e a escalaram, "em cerca de uma hora". Transaram, enfim, se amaram de todas as formas possíveis, sobre as pedras e sob a chuva, em silêncio. Já amanhecia, e depois de um enorme abraço, adormeceram. Quando Roberto Freire acordou, não havia mais ninguém ali. Contou que teve uma nova excitação, percebeu a sensação do amor, até o orgasmo. Ao voltar para casa, escreveu um poema.

Nas 17 vezes que o autor desta biografia subiu a Pedra Selada, há mais de 30 anos, sempre com tempo bom e de dia, nunca conseguiram fazer essa subida em menos de três horas e meia.

A cidade foi também a semente da Somaterapia, reichiana, anarquista, da capoeira, da poesia e da transformação prática da vida burguesa na vivência marginal, do combate teórico aos preconceitos e homofobias a uma prática libertária de sexualidade e vivências amorosas. Da implantação e configuração da palavra "Tesão" em seu cotidiano. Porém, enquanto isso se formatava, Roberto Freire teve um segundo relacionamento importante com Bia Pereira. Em sua autobiografia, Roberto Freire "esqueceu" de citar essa segunda companheira, Bia, que foi muito presente em seu início em Visconde de Mauá.

Entrevista com Bia Pereira

O Tuco acha que essa autobiografia que ele escreveu não valeu, ele estava muito amargo. Ele não era assim. Pena que vocês perderam o Zé Ernesto. Eles tinham uma relação muito fraternal. O Zé falava assim: "eu e o Bigode, a gente não vai se separar nunca, a gente já brigou, já brigou, mas não vai se separar nunca, um casamento para sempre". A Gessy desconhece completamente a Somaterapia, mas ela conviveu com ele até o fim.

Então, a minha história com ele foi rápida, na verdade começamos a ficar juntos em 1980, e fomos até 1984 ou 85. Sendo que a gente morou dois anos juntos, mas depois continuamos amigos, convivendo até eu começar a namorar o Bob, eu acho, eu atribuo a isso, ele começou a ficar incomodado e começou a me evitar mais.

Na época em que eu o conheci, eu era casada, tinha uma filha de seis meses, e meu casamento ia mal e eu trabalhava na Globo com Carlito Maia. Enfim, o casamento ia mal, e o Bigode começou a ir à Globo entregar textos de "Malu Mulher", e a gente começou a conversar, conversar, e começou a me despertar alguma coisa ali, eu cheguei a falar pro Bahia, meu marido, falei, "ó, Bahia, está acontecendo isso e isso, a gente precisa ver melhor a nossa relação", ele disse "não, não, não é nada disso", e continuou tudo do mesmo jeito, aquela coisa, até que uma hora eu vi que não dava mais, e nos separamos e aí fui ficar com o Bigode, na verdade, eu não fui morar com ele de imediato porque o Bahia, meu marido, me ameaçou, aí eu fui ao advogado, enfim aquela coisa em que não vale a pena entrar, porque o Bahia é uma ótima pessoa, essas coisas difíceis... Depois fomos morar juntos, eu e o Roberto alugamos um apartamento na Rua Monte Alegre. Fomos morar juntos, Juliana era pequenininha, sem o apoio da minha família, a família dele me dando apoio, a irmã dele, até que um dia ele falou, "ah, então, va-

mos fazer um jantar na casa da minha irmã, convidar seus pais, para eles verem que eu tenho família, que tenho sobrinho", foi aí que quebrou o gelo, e a situação ficou melhor.

Ele ajudava todo mundo. O irmão dele que também era alcoólatra, dava mil problemas, ele ajudava. Os sobrinhos também, sempre cuidando dos sobrinhos, o que acho que o incomodava era essa coisa da família tradicional, de ter que almoçar aos domingos, ter que engolir o cunhado chato, sabe esse tipo de coisa, ele não suportava mesmo, nem se submetia a isso, mas ele tinha um superafeto por todos.

Na época ele fazia "Malu Mulher", acho que fez também "Carga Pesada", e "Obrigado, Doutor", fazia isso, ele já tinha feito a "Grande Família", aí ele alugou um apartamento no Rio, antes de a gente morar junto, eu fiquei um tempo na casa da minha mãe, e ele ficou no apartamento no Rio, eu ia para lá ou a gente se encontrava em Resende, e subia para passar o final de semana em Mauá, e depois eu vinha para cá, depois ele resolveu ficar no Rio, porque ele estava na Globo, e fez a novela "O Amor é nosso".

Ele fez toda a novela, mas a novela não fez sucesso, uma novela com Fábio Júnior e a Glória Pires. A novela não fez muito sucesso, escrevia com ele o Cuca, que era um autor de novela também, que já tinha escrito "Marina". E o Bigode ficava em casa, escrevendo, escrevia à mão, aí eu digitava pra ele, ele escrevia, eu digitava, e mandava para a Globo. Ele encontrava com o Cuca e o Wilson Aguiar Filho, eles se encontravam e discutiam como iam ser os capítulos, você fica com esse, esse outro fico eu, você fica com tal núcleo, eu com tal núcleo, aí se desenvolvia, depois se juntavam e mandavam os textos prontos.

O Cuca morreu de aids, faz tempo, morreu brigado com o Roberto, também. Eu sei que ele ficou mal, depois que saiu da Globo, como é que foi, ele teve um descolamento de retina, e ele começou a fazer, a reativar os grupos de Soma. Ele começou a fazer uns grupos de Soma, eu até que organizei para ele, chamei pessoas para irem fazer uma aula, para montar os grupos dele, em Belo Horizonte também tinha outro cara, com quem ele escreveu um livro. Eu até tenho esse livro lá em casa, acho que tem os nomes, mas, ele ficou um dia lá, acho que ele estava em Ribeirão Preto, fazendo um curso, e percebeu que a visão dele estava ruim, e o cara olhou, achou que era descolamento, foi para Minas e lá já foi internado, eu fui para lá, ele foi operado, ficou péssimo, com um mau humor horrível.

Ele ficava em casa ouvindo Mahler, com luz escura. Por sorte eu tinha um trabalho e viajava muito, eu estava fazendo um documentário, então não ficava em casa, por isso que deu para a gente conviver bem nesse período.

Com os meninos dele também era ótimo, o Beto morava com o Bigode. Era o mais próximo, o Tuco já era casado com a Neca, que hoje gosta que a chame de Fernanda, com quem ele teve uma filha; e o Tuco também era muito próximo do Bigode, e o Paulo era o mais independente, era com quem eu tinha mais afinidade. Na época, ele estava com a Mônica Mata, ele foi morar em Paris, nós fomos visitá-lo, depois dessa história, de descolamento de retina, a gente foi para Paris visitar o Paulo, e foi lá que degringolou a nossa relação, porque o Bigode achou que comecei a ficar mais próxima dos filhos dele que dele, eu me divertia mais com o Paulo e com a Mônica do que com ele, então ele achou que já estava muito velho para mim, e o que aconteceu, ele sempre dizia isso, "eu não quero que você seja uma enfermeira", porque eu era muito mais nova que ele.

A gente viajou pela Itália, encontramos a Mônica e o Paulo lá, foi uma farra, eles também não conheciam a Itália, então para nós foi tudo novidade, o Bigode já conhecia, e a Mônica também já conhecia, depois Paris, quando chegou a Paris, o Paulo e a Mônica foram para casa deles, e o Bigode já tinha morado lá, também era como se fosse a casa dele, e eu queria conhecer Paris, eu não queria ficar andando ali no quarteirão de casa, eu queria andar mais, eu estava em Paris, e o Bigode começou a achar que eu não estava mais a fim de ficar com ele, aí a gente acabou se separando lá. Voltamos em voos diferentes, uma noite ele bebeu, saiu, sumiu, enfim.

Ele era divertido. Ele dizia que eu era muito certinha, jornalista, tudo certinha, então ele me contava uma história, aí ele ia contar aquela história para alguém e ele mudava toda a história. Aí eu falava, não, Roberto, mas não era assim, era assado, ele falava assim, "Bia, deixa eu ser criativo, eu não quero contar sempre a mesma história, deixa eu mudar. A história é minha".

É folclore que ele bebia o dia inteiro. Ele tomava, às vezes, uma caipirinha de manhã, na praia. Se estivesse na praia, ele bebia de dia. À noite sim, à noite ele bebia mais. Eu nunca vi ele se drogar, ah, tomava uns remedinhos, tinha esse do nariz, sim, alguns calmantes, mas eu não sei quais ele tomava. Ele bebia bastante, mas sabia parar. No final, ele estava bebendo vodca com laranja, na praia era vodca com laranja, ele era super bom. Eu estava com ele quando ele comprou a casa na Ilhabela, que era em cima de um penhasco, um lugar maravilhoso, você tinha a vista assim de 360 graus, e aí ele pegou um rapaizinho, que é um peão lá, que passou a trabalhar pra ele, e ele ensinou o menino a fritar camarão, a fazer caipirinha, então vivia na mordomia. Ele gostava de comer bem, ele sempre teve uma estrutura para cuidar dele, mesmo no final, duro, ele tinha esse rapaz com quem vale a pena vocês conversarem também, que é o Bui.

No final, ele ficou cuidando do marido da Gessy, ele era baiano, era de um hotel, eu acho, ele era analfabeto, aí o Bigode trouxe ele pra ser garçom do Bigode, depois veio a ser professor de capoeira, no grupo lá do Bigode, depois ficou motorista dele.

Ele gostava da teoria da capoeira. Sempre soube que ele jogava futebol, outro dia eu falei pro Tuco, "o Bigode com 50 anos não conseguia subir as escadas, depois do infarto", aí ele disse, "é, também nunca fez nada". Ele fez um campo de futebol lá em Mauá, um super campo num lugar lindo e tudo, mas eu acho que era mais para os meninos. Eu subi a Pedra Salada uma vez, é puxado. Ele andava pelo campo, era o esporte dele, ele andava pelo campo. Com ritmo de cardiopata, porque ele tinha tido o infarto. Eu trabalhei com ele na TV Tupi, eu lembro que o elevador ia até um determinado andar, e tinha que subir mais dois lances de escada, e ele subia, parava, subia, parava, por causa do infarto.

A gente acabou ficando próximo no período da novela, que eu acho que foi no intervalo de algum documentário meu, tanto que foi o período que a gente ficou próximo mesmo, todo dia. Em São Paulo, a gente alugou o apartamento na [Rua] Monte Alegre, minha filha era pequenininha e ficou conosco, era uma alegria. Ele era bem-humorado, essa é uma lembrança boa que eu tenho, e o Tuco também é bem-humorado, era uma coisa muito gostosa estar com eles. A ruptura com o Beto não foi natural, mas eu não sei o que aconteceu, não foi natural não, foi alguma coisa ligada à mulher dele, o Bigode me contou uma vez que ele estava na Europa, resolveu fazer uma surpresa, foi a Amsterdã, eles moravam lá, aí ligou da estação dizendo que ele estava lá, aí o Beto disse, "você não devia ter feito isso, a gente não vai poder te receber", eu não sei, não sei direito, não sei mesmo. Isso é todo o pouco que sei sobre a briga dele com o filho.

Ele tinha dado uma parada na Somaterapia, porque começou a escrever na Globo, já com o problema na vista, ele resolveu retomar a Somaterapia. Eu fiz o primeiro grupo, eu montei, chamei um monte de amigos para conhecer e achei superinteressante, fiz o workshop com ele. Achei que foi ótimo, mas não fui fazer terapia com ele, ele falava muito que eu não precisava de terapia, "você é uma pessoa terapeutizada, não precisa", eu não sei se ele não queria que eu fizesse com outra pessoa, enfim, ele era muito ciumento, mas disfarçava bem.

Ele adorava gente, estar com pessoas, adorava encontrar com jovens, com os amigos, com os músicos, alguns amigos intelectuais também escritores da Globo, às vezes a gente saía para jantar, muitas vezes era com os amigos dos filhos.

Minha mãe era muito católica, o Roberto estava mais para ateu. Mas ele era muito amigo de gente da igreja. Era muito amigo do Frei Betto, da dona Stella, às vezes a gente ia visitá-la em Belo Horizonte. A gente gostava de comer um pouquinho, em Belo Horizonte. O Tonico, que era o irmão do Frei Betto, era meio piradinho, uma época, acho que eu já estava até separada do Roberto, estive em Belo Horizonte e fiquei com o Tonico em casa, o Betto estava há dois dias com o Tonico bem piradinho, não estava aguentando mais, aí eu disse, "deixa ele aqui comigo", tranquei o apartamento inteiro e fiquei lá com ele. E lá em Belo Horizonte, é que mora aquele mineiro que escreveu o livro com o Roberto, eu vou olhar, eu tenho o livro lá em casa. Eles estavam desenvolvendo a terapia, depois, eles também romperam. Brigaram. Mas o Roberto tinha razão sempre.

O Roberto era uma ótima pessoa. Mas não suportava algumas coisas. Eu me lembro de algumas brigas assim de ressentimento, o Narciso, o Sérgio, eles eram muito amigos, todos eles vinham da Realidade, Zé Hamilton, e aí quando nós trabalhamos na tv Tupi, deu problema, o Sérgio rompeu e saiu, e saiu todo mundo, o grupo inteiro. Quando o pessoal da rádio combinou de sair todo mundo, e o Narciso ficou, foi convidado a ficar e ficou, o Bigode ficou puto, e dizem que o Bigode que ficou na cabeça do Sérgio para o Sérgio ficar puto com o Narciso também, mas, enfim, ali já teve esse afastamento do Narciso com o Sérgio, eu mantive relacionamento com os dois, trabalhei com o Narciso e trabalhei com o Sérgio. Depois de um tempo, na Caros Amigos, a Lana pode te contar, ela rompeu com o Sérgio também, ele era um cara briguento, era um cara alto astral, muito inteligente, visionário e briguento, briguento. O Roberto era briguento também.

Na autobiografia, o meu nome ele não cita. De mim, ele não fala nada, eu também não sei por quê. Ele estava bravo comigo, por que eu não sei, até *outro dia estava conversando com o Tuco sobre isso, por que será? A gente estava tentando lembrar por que ele estava bravo comigo. Eu acho que é um pouco isso, coisa de velho, quando a gente se afastou, eu comecei a ficar com o Bob. Ele achava que o Bob não tinha nada a ver comigo, a gente continuou amigo, às vezes saíamos juntos, mas depois, uma vez, eu estava na Ilhabela, e veio um recado dele dizendo que era para eu não falar mais com ele, eu disse "está bom".*

O Bigode, com certeza, é uma pessoa incrível, com todos os defeitos que todo mundo tem e muitas virtudes, acho assim, ele era inteligente, brilhante, bem-humorado, briguento, às vezes ele não tinha razão, mas ele sempre achava que tinha, não tinha jeito.

A Vênus platinada: O amor é nosso?

Roberto Freire já tinha trabalhado em televisão, havia feito uma novela na TV Recorde escrito livros, crônicas e artigos, quando chegou à TV Globo. No mesmo período em que foi espancado por seguranças desse órgão de imprensa, ajudando os "gorilas" da ditadura, o Bigode já andava pelos corredores com seus textos debaixo do braço.

Em 1981, entre abril e outubro, junto com Walther Negrão, Walter George Durst, Moacyr Scliar, Ferreira Gullar e Ivan Ângelo, ele passou a escrever episódios que eram exibidos nas sextas à noite, com direção geral de Walter Avancini e Fábio Sabag, e ainda contando com outros diretores como Antônio Abujamra. Já na primeira exibição, "Por um fio de vida", Walter Avancini dirigiu um episódio escrito por Roberto Freire. O médico era representado por Francisco Cuoco (Dr. Rodrigo Junqueira), um ginecologista desiludido com a profissão, que acaba em Andorinhas, uma fictícia cidade interiorana, com pessoas bem pobres, onde socorre um garoto que cai de um cavalo em uma cerca, necessitando de uma cirurgia de emergência, o que ele faz num hospital fechado e sem condições, mas salva o garoto. É ajudado por uma freira, Nicette Bruno, estreando na TV Globo.

Um ano antes, Roberto Freire já tinha participado da premiada produção de "Malu Mulher", estrelada por Regina Duarte, e que colocou a mulher divorciada em várias situações que nunca eram debatidas, além de abordar assuntos como o orgasmo feminino, o lesbianismo, o aborto, a pílula do dia seguinte e até a pesquisa em campo fingindo ser uma prostituta. Essa minissérie recebeu diversos prêmios internacionais, foi vendida para mais de 50 países e sofreu muita perseguição da censura. Dirigida por Daniel Filho, entre maio de 1979 e dezembro de 1980, foi um belo marco ao atingir ícones profundamente machistas de nossa cultura.

Entre abril e outubro de 1981, a TV Globo ousou colocar no seu horário costumeiramente leve e doce, com comédias românticas ou histórias épicas, um texto de Roberto Freire e Wilson Aguiar Filho, o "Cuca". Chamou-se "O amor é nosso" e tinha a direção geral de Carlos Zara e Gonzaga Blota, com direção também auxiliar de Jorge Fernando. Fábio Jr. Fazia o principal papel, Pedro, que era um cantor buscando sucesso e reconhecimento artístico no Rio de Janeiro. Ele sai de casa quando descobre que sua namorada está envolvida com seu irmão. Vai morar em uma república, onde passa a conviver com dois irmãos, Bruno (Buza Ferraz) e Nina (Myriam Rios). Ela se apaixona por Pedro, mas fica dividida com o amor de outro namorado (Stephan Nercessian). Na república, moram várias pessoas, entre elas, Gina, uma fogosa recepcionista (Isis de Oliveira) e um jovem poeta, Ivo (Daniel Dantas), que vive da venda de seus livros de poesia. Ali estão, portanto, a personagem Gina de "A mulher que devorou Roberto Carlos" e a citação explícita ao seu amigo Plínio Marcos.

Um religioso amigo do pessoal da república, Padre Leonardo (Stênio Garcia), quer ajudar aqueles jovens e acaba se envolvendo no desaparecimento de uma moça, Cintia (Simone Carvalho), sendo acusado como responsável por esse sumiço. A referência ao envolvimento de religiosos, como seus amigos dominicanos, em situações políticas e policiais é marcante.

Roberto Freire deu entrevistas explicando que, no começo, era um texto dele, ajudado por Wilson Aguiar, mas que a participação dele havia crescido tanto que era melhor serem reconhecidos como coautores. Isso não desviou o olhar da censura sobre o Bigode, já tantas vezes preso por participações políticas, e foi um dos textos mais cortados da história da teledramaturgia brasileira. Isso desfigurou a trama, que tinha muitos personagens, criando um enredo difícil de ser acompanhado. Muitas vezes o material sofria cortes da censura e ia ao ar mutilado. Estranhamente não houve preservação desse material, sobrando apenas alguns *teasers* de apresentação. Essa produção era reconhecida como "o maior fiasco da TV Globo em todos os tempos".

O crítico Artur da Távola definiu, no jornal *O Globo* de 25 de outubro de 1981, um dia após a reapresentação do último capítulo da trama: "Muito difícil fazer um balanço crítico de 'O Amor É Nosso'. Diante de tantas alterações, impossível analisar a obra. Não há obra. A novela acabou diferente, desossada, embora de certa forma até divertida. Mas morrerá sem deixar saudade. A novela ficará como essas pessoas que morrem jovens, partem cheias de promessas e esperanças do que poderiam ter sido, se tivessem vindo a ser."

José Bonifácio de Oliveira Sobrinho, o Boni, diz que foi um dos três melhores textos que ele já viu em toda sua história de televisão. Walter Negrão, no meio da novela, substituiu Roberto Freire e Wilson Aguiar Filho e levou "O amor é nosso" até o fim. A censura era cruel.

Roberto Freire ainda criaria um supersucesso: "A Grande Família". Entre 1972 e 1975, com colaboração de Oduvaldo Viana Filho, o Vianinha, Paulo Pontes, Max Nunes e Armando Costa, dirigida por Mílton Gonçalves e depois por Paulo Afonso Grisolli, teve em seu elenco original Jorge Dória, Eloísa Mafalda, Luiz Armando Queiroz, Djenane Machado e Osmar Prado. O personagem de Luiz Armando Queiroz, o filho dessa família, era o "Tuco", assim Roberto Freire homenageava o seu primogênito. O sucesso foi tão grande que a TV Globo relançou a série com novo elenco, em 2001, permanecendo no ar até 2014.

Entrevista com José Bonifácio de Oliveira Sobrinho, o "Boni"

Estive com o Roberto Freire na TV *Excelsior, antes da Globo. Quando eu fui pra Excelsior em 1963, levei o Solano comigo, nós estávamos montando a* TV *Excelsior e pensamos que o Roberto Freire pudesse contribuir com alguma coisa, a grande inquietude dele, a efervescência intelectual do Roberto. Acho que foi a primeira participação do Roberto num grupo de criação. Foi a primeira participação dele, que deu umas ideias fantásticas para o teatro que era dirigido por Walter e escrito por Túlio de Lemos, mas ele tinha uma ligação muito grande com o Túlio não só por causa do Teatro de Arena, mas por afinidades políticas.*

Roberto Freire seria atualíssimo na televisão de hoje, tanto que tenho pena de ter perdido duas novelas, uma do Walter George Durst, que foi "Despedida de casado", o melhor texto de novela que nós perdemos, e a outra "O Amor é nosso", do Roberto Freire, que a censura estragou. Era um primor de novela, em todos os aspectos, as análises que ele propõe, mas a censura interveio de tal maneira que era melhor a gente nem ter começado a fazer, porque ela destruiu completamente o texto do Roberto Freire e provocou nele um desencanto geral com essa questão de novela porque ele via que não adiantava construir, ele não conseguia romper a barreira da censura...

Glória Pires e Fábio Jr. faziam "O Amor é nosso", em 1981, a gente via o fascínio do Roberto Freire, a gente conversando com ele, essa questão do anarquismo, que estava presente na vida dele, aquela história dele: "se não tiver luz no fim do túnel, eu vou passar por cima do túnel", era uma coisa que ele repetia constantemente, de forma que eu achava a contribuição dele muito importante e é importante esse traço da personalidade do Roberto Freire, de ele saber que por meio da arte popular, do teatro, da música, da televisão, ele podia ensinar um pouquinho das ideias dele e ele acreditava nisso, ele não tinha nenhum preconceito, então ele fez o que fez na Globo, ele foi artífice no "TV Mulher" junto com o Nílton Travesso, ele fez episódios magníficos na "Grande Família", propondo uma análise da família pela ótica da Somaterapia, episódios maravilhosos...

Na verdade, logo no começo, "A Grande Família" foi escrita pelo Oduvaldo Viana Filho, o Vianinha, e ele precisava de um apoio, e foi o Roberto Freire que deu esse apoio, depois o Vianinha saiu, e o Roberto continuou, ele escreveu alguns episódios tão fantásticos na televisão que não vi nada parecido até hoje, bem construídos e com análises bem feitas da família dentro da ótica anarquista dele, depois ele fez coisas incríveis também quando nós começamos "Malu Mulher", havia certa dificuldade de entendimento daquilo que eu queria porque eu queria fazer uma coisa mais pesada. Pra você ter ideia, no primeiro capítulo de "Malu Mulher", a personagem tinha acabado de perder a filha e foi participar de um concurso do programa do Sílvio Santos pra poder ganhar dinheiro pra sustentar a filha, e era uma comédia de oito episódios, quando eu convoquei o Roberto Freire, e disse "só quero uma análise de profundidade dessa nova mulher que tá saindo". O Daniel Filho era responsável pelo projeto e estava com dificuldade de arranjar um destino pra mulher, ele descobriu o que a gente queria na reunião da qual o Roberto participou, "vocês querem é chumbo grosso, então vocês vão ter chumbo grosso", aí eu falei que estava nascendo realmente a verdadeira "Malu Mulher, que estava andando em outro rumo, foi muito importante a contribuição do Bigode.

Já com a Regina [Duarte], os textos todos conduziam a uma comédia, e não era aquilo que eu queria, nós conseguimos, com a ajuda do Roberto, encontrar um caminho, que foi o caminho seguido depois pelo Manoel Carlos, pelo Daniel Filho e também por alguns capítulos que o Roberto escreveu, essa contribuição que ele deu foi essencial para dar destino ao programa.

A novela do Roberto, sem a censura, teria sido um sucesso inacreditável, porque abordava assuntos diversos de forma muita inteligente e muito mais sofisticada, com toda nossa estrutura familiar social, seria uma coisa sensacional. "O Amor é nosso", eu preferia que ela tivesse sido censurada totalmente, porque a tentativa de fazê-la ir ao ar deturpou toda a obra do Roberto.

Eu tentei, desde 1977, venho tentando fazer a televisão avançar um pouquinho, aprofundar essa questão da análise de comportamento no sentido

O REVOLUCIONÁRIO DO TESÃO **209**

*familiar social, e o Roberto foi fundamental nisso, era o único jeito de for-
mular aquilo que eu pensava na prática, entendeu, e ele era uma pessoa
muito boa nessas coisas de comportamento.*

*Ele era muito dócil, dócil porque ele jamais contrapunha uma ideia sua,
a não ser com uma ideia melhor, se você falasse isso aqui, assim não, não,
não é por aí, e que tal se fosse assim, ele nunca se omitia em relação a nada,
e sempre estava com ideias efervescentes. Muito importante também foi a
participação do Roberto nos festivais, porque ele sempre foi o cara que tumul-
tuou o júri, quer dizer, um júri que tivesse o Roberto Freire estava em paz,
porque ele fazia o pessoal repensar e contestar resultados. Era um sujeito de
muita visão, muito avançado no comportamento, nas relações sociais, ele era
capaz de configurar as ideias.*

Está no meu livro, quer dizer, no Livro do Boni, *esse episódio está re-
latado lá, inclusive eu participei dessa cena com o Solano Ribeiro e com o
Walter, quando o Solano se demitiu e xingou o Walter. Xingou, eu estava
presente, eu assisti a essa cena porque eu estava com o Solano quando o
Walter nos atropelou e queria discutir o resultado do festival, realmente,
houve pressão em relação a duas músicas, mas elas já estavam ok, quem
trouxe essas duas músicas foi o Renato Correia de Castro, pra colocar no
festival, é que aquilo já estava popular, mexer com aquilo seria pior, então
o Walter tinha muito bom senso, argumentou com os militares que mexer
com aquilo seria um desastre total, que era melhor deixar assim, e o Walter
os convenceu disso aí, mas o Walter não concordou com o resultado do festival porque não tinha nada a ver, mas isso já era um outro fato. O Walter
queria que o Solano mexesse no resultado do festival e isso seria impossível,
nós éramos contra isso, a posição do Walter atropelando a parte artística
que era da minha responsabilidade, ele foi direto em cima do Solano, que
saiu, foi embora lá pro Nino onde encontrou com o Roberto Freire, então
aconteceu aquele episódio da agressão ao Roberto Freire.*

*Vou te dar a segunda versão dele, lá tem exatamente a descrição desse
episódio, porque eu estava ao lado do Solano. O livro do Walter é mais ou
menos uma defesa, pelo fato de ele ter saído da Rede Globo, ele está procurando culpados por aquilo, eu, por exemplo, não tive culpa nenhuma.
Inclusive nesse meu segundo livro eu também volto a esse assunto do Walter,
não sei se você chegou a ver o segundo livro, eu tenho os dois aí pra você ver,
mas o Walter saiu da Rede Globo por ele mesmo, quer dizer, foi um conflito*

dele com a empresa, e ninguém mexeu nisso, eu não mexi, ninguém mexeu, eu até não gostaria que ele tivesse saído, se o Walter tivesse ficado lá, ele estaria lá até hoje, eu acho...

O Walter Clark era um grande nome da parte comercial, ele era um grande aglutinador, foi ele que montou essa turma toda, foi ele que me convidou pra ir pra TV Globo, sem o Walter, não haveria a montagem dessa equipe Depois ele foi ficando aborrecido com diversos problemas, inclusive quando a autoridade dele foi contestada pelo próprio Roberto Marinho, quando pegou a TV Iguaçu lá do Paraná, e, a pedido dos militares, cancelou do dia pra noite a TV Iguaçu, coisa que não poderia ter feito, então, entregou a TV Paranaense, e desde aquele momento o Walter começou a se distanciar, aquele foi teoricamente o momento em que o Walter se demitiu da Rede Globo; mais tarde, as reações dele contra a empresa foram todas baseadas no fato de ele ter sido contestado e ter feito alguma coisa pra atender os militares, que o Roberto Marinho fez sem consultar nenhum de nós.

Quando o Walter saiu, nem havia sequer o Padrão Globo de Qualidade, o Walter entrou em 1966, e saiu em 1977, quer dizer, o Walter ficou na Rede Globo dez anos e pouco, eu fiquei na Rede Globo por 31 anos, e o padrão Globo que nós conseguimos estabelecer foi constituído a partir de l980, o Walter já não estava lá há três anos, quando a gente começou a adquirir material, conseguir recursos de produção, foi quando eu comecei a fazer minhas experiências.

Minha primeira experiência com o Roberto Freire foi em 1981, mas em 1977 eu já tinha testado "Despedida de casado", com o Walter George Durst, a gente começou a mexer na qualidade, tirar Darci, tirar Chacrinha, tirar um pouquinho antes de o Walter sair, tirar "Adoro Macadame", que ele havia levado, então essa mudança com a qual ele concordava, começou no finalzinho do trabalho do Walter, mas nosso grande período de ouro na Rede Globo foram os anos 1980, quando nós conseguimos fazer muita coisa nova ainda e mexer um pouquinho na qualidade do conteúdo.

Bom, havia a censura, e se usava um termo que era PTA, você fazia um texto e mandava alguém dá uma PTADA nele, pra enganar a censura, mas nem sempre aquilo tinha algum resultado, porque algumas coisas eles não viam, mas implicavam com outras de maneira tão ridícula, por exemplo, um dia, no "Bem Amado", eu tive que cortar 30 vezes o nome "coronel", eles censuraram a palavra "coronel", mas não censuraram a abertura do

Vinícius de Moraes, que dizia assim, "Estamos presos num barril num paiol de pólvora, num paiol de pólvora", isso não censuraram não. Não tinham talvez perspicácia suficiente pra chegar a isso aí, e censuraram "coronel", então a gente ia penteando a novela, mas na novela do Roberto Freire, eu acho, foi onde a censura fez mais estrago, nela toda.

A do Dias Gomes, eles simplesmente impediram, a do Walter George Durst também, a do Roberto Freire não porque acho que eles não sabiam direito quem era o Roberto Freire, então passou, e de repente eles foram dando conta do conteúdo do Roberto Freire, que era realmente maravilhoso, e começaram a cortar de tudo que era lado, eles deceparam a novela do Roberto Freire, como sinopse, como estrutura, junto com "Despedida de casado" as duas foram as melhores novelas que eu já tive em minhas mãos, até hoje; a novela "O Amor é nosso" era um primor de estrutura, de texto, uma análise comportamental de altíssimo nível, e fácil de ser compreendida, foi escrita pra ser uma novela de sucesso, mas ela foi ao ar e não virou nada, não foi nem fracasso, nem sucesso, cheia de cortes da censura, e o Roberto desistiu de escrever porque ele não conseguia vencer a censura, o Wilson Aguiar ficou sozinho, não deu conta do conteúdo do Roberto porque ele não tinha o mesmo nível de formação, e o Walter Negrão acabou terminando essa novela melancolicamente.

Aí ele começou a se enveredar no lado acadêmico, começou a fazer esses workshops e veio fazer essas conferências, congressos e coisa e tal, ele estava tentando ficar internacionalmente famoso, ele tinha desistido do Roberto Freire simples e amorável que era o Roberto de antes, sabe? Eu acho que foi o desencanto que o levou a pensar, a formular essa codificação da teoria dele, e isso só podia ser feito de uma forma acadêmica, ele desistiu da prática, e aí eu venho a concordar com o Chico Buarque: "É governo, eu sou contra".

A gente brincava muito na televisão, você sabe, contrarregra é aquele cara que carrega os instrumentos na televisão, o Roberto era o contrarregra intelectual, era um cara contra as regras todas. Impressionava pelo seguinte: a conversa com Roberto Freire começava de uma maneira difícil porque você colocava uma coisa, e ele falava que não era aquilo que você tava falando, só que tinha essa vantagem, como eu disse agora há pouco, imediatamente ele acrescentava qual era a visão dele e a visão dele, embora às vezes não podia ser correta, mas era brilhante, brilhante sempre, sobre as coisas mais corriqueiras que você possa imaginar, ele tinha sempre uma nova versão do que aquela coisa poderia ser, então o negócio era quebrar realmente todos os paradigmas.

Eu acho que em muitas coisas ele era impaciente, essas coisas do festival, tudo aquilo que ele dizia estava certo, só que não precisava ser daquela maneira, ele queria fazer tumulto, a ideia dele seria respeitada sem fazer tumulto, mas ele gostava da efervescência, ele gostava de fazer espuma. Na novela também, quando a censura começou a mutilar a novela dele, eu falei assim: "vamos usar a inteligência e tentar contornar a censura", ele não quis saber disso, "não vou censurar, o Wilson remenda a novela, passa a ser minha e dele, eu vou fazer o que eu tenho que fazer, eu não vou driblar a censura, isso não é meu problema, isso é problema de vocês".

O Roberto faz falta, faz muita falta, porque ele era a figura essencial do provocador, então mesmo que você trabalhe em renovar, você espera uma oportunidade pra fazer isso, ele não tinha isso não, cada vez que ele fazia uma coisa ele queria fazer outra, então essa figura do agitador, no ponto de vista social, na parte do intelectual ele era mais que um agitador, porque ele provocava, quer dizer, ele fazia, ou se ele não fizesse, alguém faria, porque ele desafiava, então faz falta, faz falta.

Como pessoa ele era uma figura brilhante, numa conversa com Roberto Freire você já saía diferente, bastava uma simples conversa de 15 minutos e você saía outra pessoa, ele tinha um poder de convencimento e um alcance incríveis, pela imaginação dele surgiam coisas que você jamais pensaria na sua vida, ele era muito criativo, então você saía modificado, entrava de um jeito e saía de outro numa simples conversa.

Sedutor, totalmente sedutor, sedutor daquele jeito que não era grudento, sabe? Se você não procurasse o Roberto Freire, ele não procurava você, ele não era uma pessoa que tentava trazer as pessoas pro seu canto, e aglutinar pessoas com suas ideias, isso ele só foi fazer mais tarde quando se voltou mais pra parte acadêmica, mas eu acho que ele faz falta porque teria mexido com tudo, ele foi mais útil por aquilo que provocou do que por aquilo que fez. Eu mesmo conheço pelo menos umas 40, 50 pessoas no meio artístico que, de alguma forma, beberam do conhecimento do Roberto Freire.

Na televisão de hoje está faltando o Roberto Freire. O que acontece é o seguinte, a televisão de hoje é muito bem produzida, nós temos hoje um jornalismo extraordinário, e a teledramaturgia está retomando, ela está procurando caminhos, mas acho que ainda faltam teóricos não só como Roberto

Freire, mas como Dias Gomes, porque não adianta você fazer apenas espetáculos por fazer, nem de vez em quando aparecer um espetáculo com uma proposta e depois os outros não seguirem. Está faltando uma ideologia, não precisa ser uma ideologia importada, tem que ser criada dentro da empresa, mas eu acho que se você não faz nada, já disse no meu livro, com pessoas de televisão, você tem que chegar lá e trazer sua contribuição de fora, então eu sempre me preocupei com isso, e o Roberto Freire foi uma dessas contribuições, outras eu trouxe, fui buscar, eu fiz 282 peças na televisão que não eram de autores de televisão, pessoas de fora da televisão, então você tem que beber do conhecimento que está de fora. Sem contribuição de fora, não há como renovar a televisão.

Obrigado, eu quero te agradecer, te agradecer por você estar fazendo o livro, é mesmo muito importante, realmente, registrar esse vulcão que é Roberto Freire, e que eu sempre admirei muito.

Eu perdi o seu retrato...

Adoniran Barbosa foi, talvez, o mais paulistano dos compositores brasileiros. Uma característica sua foi fazer muitos sambas bem-humorados. Mas, um deles, "Iracema", tem um amargor curioso, e sem perder a poesia. O cantor inicia dizendo que "nunca mais viu a Iracema", mas é a ela que ele se dirige. Diz que ela foi embora. Relata ter chorado bastante, e muito por ela ter sido seu grande amor. Em seguida, conta, relembrando, que sempre lhe dizia para tomar cuidado ao atravessar as ruas, mas que ela não escutava não. Um texto então é intermediado na música contando que faltavam 20 dias para o casamento quando ela atravessou a Avenida São João sendo então atropelada e morta. Encerra dizendo que hoje "você vive lá no Céu, bem juntinho de Nosso Senhor". E que, de lembranças, guarda somente suas meias e seus sapatos, porque perdeu "o seu retrato".

Roberto Freire, tal qual o narrador da música de Adoniran, fez questão de sempre afirmar que Gessy foi sempre, eternamente o seu grande amor, e que chorou bastante na separação. No entanto, o anarquismo e as ideias para uma nova maneira de lidar com a psique dos outros exigiam essa separação. E, dessa forma, ele foi enfrentar seu destino.

Voltando da Europa, passou a estudar Reich, Bioenergética, Gestalt e outras variáveis que olhavam para a dinâmica psíquica. Desde que era estudante, Roberto Freire não aceitou a discriminação que era feita aos "diferentes" nos tratamentos mentais. Sabia que a Psiquiatria oficial usava internações indiscriminadas, inclusive por interesses privados e políticos, assim como o uso crescente e poderoso de medicações psicoativas. Percebeu também a grande alienação dos médicos, inclusive dos psiquiatras e psicólogos, nessas questões.

Não podia ser pelas exclusões um caminho verdadeiramente regenerador. E os métodos psicoterapêuticos, como a Psicanálise, por onde havia passado e estudado, atingiam, no máximo, um resultado adaptativo de seus clientes. Adaptação às condições extremamente neuróticas que a sociedade se estabelecia. Notou que muitas dessas neuroses, como Reich havia dito, eram resultado de uma couraça que se estabelecia por frustrações, diversas vezes provocadas por brutais castrações de valores e desejos no campo da sexualidade.

Junto aos estudos que passou a fazer, teve contato com pessoas que utilizavam caminhos semelhantes. Foi o caso de Sylvio Zilber e Myriam Muniz, um casal de atores que usavam técnicas corporais para desbloquear os corpos dos seus alunos para ficarem mais livres a fim de expressar seus personagens.

Com Sylvio e Myriam, um cenógrafo, artista plástico e professor também criava muitos exercícios. Era Flávio Império. Roberto Freire se juntou a eles e ao espaço que estava sendo criado, o Centro de Estudos Macunaíma, inicialmente no Alto da Lapa, depois na Barra Funda, na Rua Lopes Chaves, em uma casa que tinha sido de Mário de Andrade.

Roberto Freire passou a morar na Lopes Chaves e a atender ali. Como via os exercícios de Sylvio, Myriam e Flávio, passou a aprendê-los e a usá-los. Com os bons resultados obtidos, principalmente nos seus pacientes mais "bloqueados", foi formando uma teoria. O recheio era Wilhelm Reich, a Bionergética temperava, a Gestalterapia compunha a cobertura. Buscou vários nomes para essa técnica. Escolheu, inicialmente, "Psicotransa". Leu os teóricos da Antipsiquiatria e colocou-os na massa. Mudou o nome para "Somaterapia".

O trabalho sistemático com o corpo passou a ser feito com os jogos de capoeira e, para tal, refletiu muito sobre o sentido libertário de uma academia chamada "Capitães de Areia", sobre a qual escreveu um capítulo para seu livro *Viva Eu, viva tu, viva o rabo do tatu*, sua publicação inicial sobre a Somaterapia.

Somaterapia! Emergia o conceito da utilização de uma libido, muitas vezes reprimida, como fator revolucionário. A gíria já existia, mas, a partir de Roberto Freire, passou a ter este significado marcante: o Tesão.

Roberto Freire passou a incomodar muita gente. E a desacomodar muito mais. Seu trabalho foi objeto de várias teses acadêmicas, em Santa Catarina e em São Paulo, que mostraram a importância cultural da Somaterapia. Destacou-se Ivone Menegutti, na Universidade Federal de Florianópolis, e na PUC-SP o trabalho de Cleide Batistuzzo. Houve ainda o trabalho de um de seus assistentes, George Goia, na Universidade Federal do Rio de Janeiro. Mas Freire estava consciente da sua marginalidade, especialmente na vida acadêmica brasileira.

As faculdades de Medicina e de Psicologia, ainda hoje, têm programas curriculuares que muito pouco ou nada falam da Somaterapia. Não faz muito tempo, uma importante faculdade de Medicina paulista teve na sua grade um semestre sobre como os novos médicos devem se vestir e, portanto, se apresentar elegantes aos olhos de seus pacientes. Durou apenas um semestre essa disciplina, retirada após a constatação do ridículo que apresentava. No entanto, ainda se prepara o novo profissional para adotar modelos conservadores em todo o percurso, deixando espaço bem amplo para as inovações tecnológicas, vistas, estas sim, como revolucionárias. A Medicina de imagem segue um caminho absolutamente referendado em sua formação. Uma consequência disso, cada vez menos se formam novos pediatras, por exemplo, que devem ter disponibilidade para os socorros eventuais noturnos, e cada vez mais novos médicos de imagem, que não precisam sequer conhecer pessoalmente seus pacientes. O resultado previsível disso é que o paciente se transforma num órgão examinado ou em um sintoma determinado. É o "fígado" ou a "próstata" vista logo cedo, ou "o emagrecimento" ou a "hemorragia" logo mais à tarde.

Na Psiquiatria, após décadas de fortalecimento das internações, com seus terríveis e desumanos encarceramentos eternos, o que aconteceu foi uma enorme e crescente valorização de psicotrópicos, que fazem atualmente o papel das camisas-de-força químicas. E, com estratégias eficientes de marketing, passam a uma cultura cotidiana considerada comum, em expressões como "não deixo meu Rivotril longe de minha bolsa por nada deste mundo". A ideia da "salvação" ou "cura", contida numa medicação desenvolvida em laboratório, de quando em quando, ganha respaldo em reportagens especiais nos telejornais "informando" a população desses milagres e, mantendo o anonimato do patrocinador dessas matérias, deixa de lado a crítica sobre esses métodos terapêuticos.

Na área da Saúde Mental, Psiquiatria e Psicologia, o exercício da consciência como fator transformador é absolutamente necessário. E Roberto Freire percebeu claramente isso. Ele afirmou, indo mais à frente, que, após a conscientização, ainda deve haver uma ação complementar, senão o processo fica incompleto. Daí o exercício prático corporal para performatizar essa ação complementar.

A capoeira nos liga, historicamente, a tradições de luta e resistência. Desenvolvida por negros escravos, que preparavam seus corpos para embates contra os algozes opressores, tinham ainda o poder musical e de seus cantos para modelar essas lutas. Roberto Freire nunca foi um capoeirista, mas percebeu o valor simbólico e histórico da capoeira. E, poeta como nunca deixou de ser, colocou a capoeira a favor da Somaterapia. Seus clientes passaram a gingar divertidamente enquanto se preparavam para os embates duros que seus corpos iriam ter contra toda a costumeira vida que sugere as castrações. Principalmente do desejo.

O desejo, é uma força motriz enorme, capaz de ser o grande elemento para a ação transformadora e consciente, já que está presente nos corpos de todos nós. Esse desejo, mesmo quando não expresso diretamente à sexualidade, ainda faz referência constante à vontade necessária para elaborarmos alguma coisa nova ou até para cumprirmos tarefas com mais prazer.

Desejo, Vontade, Prazer. O nome que se oferecia para conter tudo isso era Tesão: gíria que concentrava uma referência jovem, portanto nada convencional. Tesão cabe perfeitamente no vocabulário de qualquer jovem e provoca estranhezas nas convencionices dos mais velhos. Não parece possível, em uma Câmara de Deputados ou em um Senado, ouvir algum dos presentes se dirigir a outro afirmando que "Vossa Excelência não tem o tesão necessário para o programa que está sendo apresentado". Mas é absolutamente plausível e corriqueiro ouvir "que tal jogador não tem tesão compatível com este time", "aquela banda canta sem tesão pelo gênero que escolheu" ou "que tal artista é absolutamente um tesão!".

O romantismo de Roberto Freire, desde *Cleo e Daniel*, já expressava sentimentos por meio do Amor como o contrário da Morte, e não da Vida, que pode se transformar em algo triste e sem emoção. O Amor, expresso pelo veículo do Tesão, ganhava uma dimensão enorme. Na sua formação cristã e católica, Roberto Freire ouviu que "Deus é Amor". Depois, destacou que o "Amor era a oposição às forças destruidoras da Vida", questionando, assim, afirmações clássicas freudianas.

Entrevista com o ator Sylvio Zilber

Quando eu conheci o Roberto, ele era professor de Psicologia do ator da Escola de Arte Dramática. Solano era meu amigo de classe, eu, ele, a Miriam, o Silney, todo mundo ligado ao Roberto, já naquela época ele nos cutucava de perto, aqueles moleques alienados, aí a gente ficou muito amigo, muito ligado, eu costumo dizer que não tenho vaga memória, eu tenho vaga lembrança (risos), e como hoje em dia nas biografias não se pode dizer qualquer coisa, é proibido, então eu vou dizer o que eu lembro. E pode ter falhas de memória.

Eu era aluno dele em 1958, 59, eu, o Silney, a Miriam, Sérgio Mamberti, era uma turma boa, o Solano, que depois não quis ser ator, mas está hoje na TV Cultura. Na segunda parte, quando a gente se aproximou, a gente ficou muito amigo, ele saía muito com a gente. Outro momento que eu fui saber dele foi quando eu já tinha me formado, e ele foi montar o Tuca, com o Silney, montar Morte e vida severina, *aí eu e meus amigos acompanhamos a direção do Silney, que era nosso colega de classe, e acompanhamos o molequinho Chico Buarque com o violão, compondo as músicas para a peça.*

A gente acompanhou muito o Roberto nessa Morte e vida severina, *que foi aquele evento maravilhoso, até hoje está na memória da gente. A gente saía muito junto com o Roberto e, quando a gente chegava lá, já sabia o que fazer, e vinha com aquela dose de uísque para o Roberto, que ele adorava, ele era como um preceptor da turma, acho que por ser mais velho, eu tenho a lembrança do Roberto como agitador, e quando veio o golpe de 1964, o Roberto já era um sujeito visado.*

De repente, eu estava na Rua das Palmeiras, em frente a Rádio Nacional, que veio a ser depois a TV Globo, e um dia toca a campainha da porta, eu abro e vejo uma velhinha, com uma roupa comprida, e eu olhei, olhei,

O REVOLUCIONÁRIO DO TESÃO 219

era o Roberto, que tinha tirado a barba e estava fugindo da polícia, ele nunca contou como chegou lá, não sei se foi a Gessy, que deixou ele lá de carro, não sei, e ele ficou em casa, ficou um bom tempo em casa, e foi lá que ele escreveu uma boa parte do Cleo e Daniel, depois de um tempo, já não lembro mais quanto, ele foi embora, e o Dops levou ele, ele teve que responder a um inquérito. Nós estávamos ligados ao Movimento Financeiro da Ação Popular, AP, ligada aos dominicanos.

Ele era muito ligado à Editora Duas Cidades, que a gente fundou para financiar a AP, uma distribuidora de livros, um tipo clube do livro, chamado Sinal. Era eu, Roberto, Silvio Luiz, Arlindo Saulo e Benedito, enfim, era um pessoal ligado ao movimento de esquerda, então a gente distribuía livros, e as pessoas ficavam sócias, os estudantes universitários ligados a nós entregavam os livros, uma vez por mês distribuíam os livros, claro que a gente pegava todos os livros de esquerda, era muito curioso porque a revista da Civilização Brasileira tinha uma tiragem de 3.000 mil exemplares e, quando ela saía, a gente já tinha vendido 600, 800.

Na ocasião do AI Nº 5 , em 1968, eu era encarregado de fazer a seleção dos livros, a gente tinha uma revistinha, a gente distribuía revistas, livros, discos, todo esse movimento para financiar a AP, e o Roberto, não diretamente, mas ele ajudou a fundar e o fato de estar ligado a todas essas pessoas fez a gente ficar bem próximo; mais adiante, por volta de 1970, a Miriam, o Roberto Freire, o Flávio Império e eu fundamos o Macunaíma.

Foi lá em uma casa da Lapa, e o Roberto acompanhava, mas ele tinha sua clínica à parte, em outro lugar, e a gente ficou quase dois anos nessa casa na Lapa, eu, a Miriam, o Flávio Império, o Roberto, Marcelo Peixoto e o Cláudio Lucchesi. A escola estava indo muito bem, só que era um bairro residencial, uma casa bastante grande, e os vizinhos começaram a se incomodar. Uma vez, chegou a polícia lá, porque ali era um lugar subversivo, e o delegado apareceu e disse: "o senhor me desculpe, mas os vizinhos reclamaram", mas não foi nada, a casa tinha vidros fumê, então se você olhasse de fora para dentro você via o perfil das pessoas e as moças iam de malha, e olhando parecia um corpo nu, o perfil de um corpo nu, aí disseram que era um lugar de sacanagem, a polícia foi lá de novo e viu as moças trabalhando todas de malha e disse, "desculpe", pela segunda vez, (risos), a terceira vez disseram que era um centro de umbanda, aí o delegado disse, "não tem nada, eu sei, mas vê se vocês conseguem mudar daí".

Então começamos a procurar outro lugar, e a Fanny Abramovich disse: "eu tenho uma escola que eu estou montando em outro lugar, a escola era na Rua Lopes Chaves, então a gente já tinha uma escola chamada Macunaíma, e foi para a casa do Mário de Andrade, aí eu disse "agora a gente está na nossa casa". Há um episódio maravilhoso: fomos visitados pelo Grande Otelo na nossa escola, a Macunaíma, ele estava fazendo o filme e foi lá, eu tenho fotografia dessa coisa toda. Havia umas salas vazias lá, então o Roberto resolveu fazer a clínica lá, e ele era um terapeuta clássico, e começou a questionar esse tipo de coisa, e naquela época era um movimento Reich, aí ele começou a desenvolver essa coisa da Soma, você conheceu o Roberto, o Roberto não era pessoa que fazia trabalho corporal, daí eu peguei um repertório de técnicas de teatro, e a gente foi desenvolvendo por meio das técnicas de teatro os primeiros exercícios, as primeiras vivências da Somaterapia, depois ele continuou, ele ficou bastante tempo lá na Macunaíma. E tinha uma coisa, as pessoas confundiam a escola e a Somaterapia, e eu falei pro Roberto fazer terapia com seus clientes, a gente tem a escola, está no mesmo lugar, não tem nada a ver, mas ficou uma troca de influência, e a escola, naquela época, mexia bastante com as pessoas, era recomendada por vários terapeutas: "quer se exibir, se soltar, vai lá", e as pessoas iam e encontravam espaço, era mais aberto, mais solto.

Fiz o filme Cleo e Daniel. *Também fiz* Macunaíma, *nessa época, o filme. E me cortaram, eu não apareço. No caso do* Cleo e Daniel, *ninguém ficou contente com o filme, nem o Roberto, o filme não era bom, aquele espírito do livro ele não conseguiu passar no filme, eu não lembro direito do filme, mas lembro que acompanhei, enfim, eu a Mirim ajudamos muito na interpretação dos atores. O Chico não era ator, era um rapaz bonito, galã, a Stefânia era atriz, mas tudo era uma coisa muito amadora assim, o Roberto não era diretor de cinema, ele não dominava uma equipe. Depois, ele nunca tentou de novo, o Roberto era ligado em todas essas coisas de músicas, festivais, textos, livros, o Roberto era, digamos, um Vinícius de Moraes paulista, ligado em amor, ligado nessa coisa de afetividade, ligado em mulheres. Um Vinícius de Moraes paulista, é a imagem que eu faço dele, também muito cercado de jovens, sempre, e ele também passava a ser um condutor, eu frequentei muito a casa dele, a gente era muito amigo, conversava muito.*

Eu não tenho nenhuma lembrança de ele usar drogas, a única droga era o remédio da rinite, e aquilo passou a ser uma dependência, mas outra droga não, eu sei que ele gostava muito de beber uísque, era um bebum, era muito ligado a mim e a Miriam, tanto que quando a gente se separou, ele acompanhou o processo de separação. Quando eu era casado com a Miriam, ele me apelidou de rochedo, aquele cara que segurava as pontas, porque ele era muito ligado às viagens da Miriam, mas é isso, ele sempre ligado aos jovens, sempre ligado a essa coisa de afetividade, de emoção.

Roberto Freire faz muita falta hoje, está tudo mudado, uma frase de que eu gosto: "existem duas coisas infinitas, o universo e a estupidez humana, quanto ao universo eu não tenho certeza". Fantástico. Hoje em dia a estupidez humana anda em alta, eu digo que hoje não são os homossexuais que estão saindo do armário, os heterossexuais é que estão saindo do armário e mostrando quem eles realmente são, preconceituosos, agressivos, violentos, são os heterossexuais que vão atrás dessas mídias, que estupidez humana, olha o que as pessoas dizem, olha que as pessoas fazem, e você não tem como argumentar, porque o nível desse extremismo é alto, e é mundial, esse extremismo todo, e em nível nacional, estamos correndo o risco de perseguições a religiões, eu posso matar você, porque você simplesmente veste a camisa de um outro time que não é o meu, simplesmente, nunca te vi, passo perto de você e simplesmente pego uma barra de ferro e bato na sua cabeça, porque você torce para outro time, ou porque você tem uma opção sexual diferente da maioria, você nem pensa, olha, eu estou assustado, estou assustado.

Essa violência destemperada é assustadora, eu estou assustado, eu fiz uma adaptação do Cândido, de Voltaire, o Cândido é um rapazinho que se apaixona por uma princesa, e apanha, apanha, sai pelo mundo e sofre, sofre, e tem o mestre, o mundo é bom, e ele apanha, apanha, até que enfim eles se reúnem. E diz assim, "vamos cuidar do nosso jardim", e eu estou cuidando do meu jardim.

Na ditadura, os papéis estavam definidos, a gente sabia quem era quem, nós fazíamos parte do Sindicato dos Artistas, e o Secretário de Cultura do Estado [de São Paulo] era o Cunha Bueno, e eu fui lá com a Lélia Abramo, como sindicalista, e o Cunha Bueno dizia assim: "vocês estão de um lado, e eu estou do outro, mas vamos negociar", ele sabia quem éramos nós, e nós sabíamos quem era ele, esta semana eu fiquei sabendo que o vizinho que mora numa casa ao lado da minha tem no porta-luvas do carro um revólver, acho que nunca usou, mas quem tem, um dia vai usar, se tem é porque pretende usar, eu não posso dar um tiro em ninguém, porque eu não tenho revólver, mas se você tem revólver, você pode atirar em alguém, você tem uma probabilidade de eventualmente, dependendo da circunstância, você ir lá e dar um tiro em alguém, está do meu lado, quem é ele? Eu não sei. Pois é, nós estamos muito mais cercados de loucos do que a gente imagina.

Também tem o seguinte, eu aqui posso estar gravando e filmando vocês, não tem mais privacidade, aconteceu uma coisa aqui, você liga para o jornal, você pega o celular, filma e manda para o jornal, qualquer um, então você fica sabendo, essas coisas existiam também, só que a gente não sabia, mas agora com a mídia digital, a gente fica sabendo de tudo, as pessoas postam tudo.

Você tem ido ao Teatro Oficina? Eu respeito muito o passado, o Oficina, o Zé Celso, mas tem um espetáculo hoje em dia que o ator urina no público e caga em cena, e diz que ele pega a merda para fazer uma hóstia, você quer ver isto? E ele dando entrevista, ele diz, como ele tem que se alimentar todo dia para ele poder cagar na hora certa, é isso, isso é uma loucura, infelizmente é um Teatro Oficina hoje.

Sabe, a violência está na epiderme de qualquer coisa, e em todos os níveis, nós vamos ser um país teocrático, em 2040, mais de 50% da população vai ser evangélica, eu não vou estar aqui em 2040, eu já não vou estar aqui faz tempo. Mas estamos caminhando para um país de extremos.

Roberto Freire ficaria muito chocado, porque ele não teria vez neste país de extremos. As obras dele são românticas, puro romantismo. Não era puritano, era a linguagem daquela época, não sei se mais sutil, mais delicada, menos grosseira, sabe, esses dias eu contei os espetáculos que estavam em cartaz em São Paulo, só de teatro 78, 78 espetáculos só esse final de semana. Se você quiser fazer dois programas culturais por dia, num ano você não vê tudo. Agora, o que as pessoas estão indo ver? Ver um sujeito contar piadas, stand-up, o sujeito conta uma, conta outra, então, esse cara chega, nem vai para o camarim, ele chega na hora do espetáculo, senta, começa a falar, e as pessoas morrem de rir, e o cara fica um ano em cartaz, e as pessoas dizem que foram ao teatro, as pessoas têm preguiça de pensar, não pensam, elas querem rir sem pensar, hoje em dia pensar é perigoso ou então dá muito trabalho. O povo vai para dar risada, é nível Zorra total, Praça da alegria, é desse nível, com todo o respeito com aqueles humoristas de antigamente, Chico Anísio, Jô Soares, tanta gente que passou pelo humor brasileiro, de nível, mas agora, umas piadas grosseiras, quanto mais, mais risada.

Eu lembro bem da peça O falso brilhante, *na peça a gente começava com todos os clichês possíveis e imaginários, e no fim a gente dá uma virada. Essa peça maravilhosa surgiu a partir das sessões de terapia que a Elis fazia com o Bigode. Eu e a Miriam nos revezávamos como egos-auxiliares do Bigode, e foi numa sessão dessas que a Miriam sugeriu que do material terapêutico que aflorava se caminhasse para um espetáculo. Essa foi a participação do Roberto. Então, na elaboração do espetáculo, juntaram-se o Naum, o Viola, o Zé Rubens e eu, que fui assistente de direção. Nessa fase artística, não houve a participação do Bigode, diretamente na montagem, só na parte terapêutica.*

O Roberto Freire era o incomodado, e daí o incomodador.

Viva eu, viva tudo, viva o Chico Barrigudo

A quadrinha indicava esse verso que é bem conhecido. Mas a sua primeira parte era mais desconhecida: "Viva eu, viva tu, viva o rabo do tatu!". Em 1976 tinha sido lançada a edição comemorativa dos dez anos de *Cleo e Daniel*, quando Roberto Freire lançou este novo livro. Ali estavam colocadas as bases que indicavam para onde iria sua vida.

A capa mostrava uma pichação num muro de madeira, em vermelho forte, com os dizeres VIVA EU VIVA TU VIVA O RABO DO TATU! Sem vírgulas, mas com o ponto de exclamação. Num só fôlego, mas demonstrando um final de período. A explicação que o Bigode deu na época é que havia a segunda parte, que nunca foi escrita por ele.

Na primeira página, a dedicatória: Para Plínio Marcos e Chico Buarque. Dois artistas que ele tinha ajudado em seus inícios de carreira e que ele admirava. Na sequência, a homenagem a seus mestres Alceu de Amoroso Lima, Carlos Chagas Filho, Alberto D'Aversa e Samuel Barnsley Pessoa. Um pensador católico, conhecido como Tristão de Ataíde, democrata-cristão e crítico da censura; um médico e professor de Física biológica, responsável por seu estágio no Collège de France; o crítico teatral e seu colega nas aulas da Escola de Arte Dramática, além de muito amigo; e, por fim, o grande médico e parasitologista, também conhecido por sua militância comunista.

Mais uma página e a citação de um verso do poema "Cantares", do espanhol Antonio Machado: "Caminante, no hay camino, se hace caminho al andar..."

Vira-se a página e um poema todo, de Eduardo Alves da Costa, "No caminho, com Maiakovski", do livro *O tocador de atabaques*, de 1969, edição do autor.

Uma última página de citações traz uma frase de David Cooper, da antipsiquiatria, de seu livro *A decadência da família*: "Fazer amor é bom em si e quanto mais isso acontecer de qualquer modo possível ou concebível entre tantas pessoas quanto possível e o maior número de vezes possível, tanto melhor".

Seguem-se o índice e um pequeno prefácio em que o Bigode diz que espera que o título dado ao livro possa logo esclarecer do que se trata: um chamado para a luta, um grito de guerra, que aprendeu com os meninos de seu tempo de infância, prontos para o que desse e viesse, tanto nas guerras do faz-de-conta como naquelas do faz-de-verdade. Um argumento poeticamente poderoso.

Na introdução, Roberto Freire já declara que " as pessoas que procuram psicoterapia sabem por que necessitam dela, os terapeutas devem também fazê-las saber, clara e honestamente, por que, para quê e como a praticam".

Alerta, ainda, que quer chegar a uma forma de psicoterapia que atenda e sirva às pessoas, independente de seu nível cultural, de sua classe social e de sua realidade econômica, mas se afirma como sendo uma pessoa e um terapeuta dialeticamente contraditórios. Cita Wilhem Reich, Ronald Laing e David Cooper, e fala em Somatologia e sua forma prática, Somaterapia, sem explicar técnicas utilizadas nem usar citações bibliográficas. Explica uma metodologia, que nem sempre utilizou, com duração de oito meses, com sessões de três horas, divididas em duas metades, a primeira com exercícios não verbais e depois avaliação e discussão dos exercícios e da problemática dos clientes.

O primeiro capítulo traz um texto publicado em julho de 1976, no jornal *Aqui São Paulo*, chamado "É preciso saber morrer o pai pra não cometer suicídio". E nele se desdobra sobre um poema de David Calderoni, estudante de Psicologia, poeta e músico.

A poesia é um elemento fundamental na vida, no trabalho, nas relações de Roberto Freire. Onde ele se metesse tinha que ter um ambiente poético. No livro *Viva eu, viva tu, viva o rabo do tatu!* isso ficou claro e explícito.

Em fevereiro de 1977, Roberto Freire publicou um artigo no "Folhetim", caderno da *Folha de S. Paulo*, que depois o incluiria no novo livro, com o nome de "Carnaval, futebol e samba", onde comenta um conceito de [Jacob] Moreno, no psicodrama, a respeito de reserva cultural e espontaneidade. Ressalta, em diversos momentos desse artigo, o que chama de "saldos do povo" que existem nele, apesar de tudo. Interessante que ele destaca três manifestações culturais de origem extremamente populares e que estão, no seu ponto de vista, se descaracterizando e perdendo sua espontaneidade pela ação externa, especialmente da televisão, destacando a TV Globo.

Os desfiles carnavalescos, sem dúvida, com o passar do tempo, foram se transformando em produto a ser vendido turisticamente, com verbas injetadas para esse fim, e seus criadores originais foram perdendo espaço dentro das escolas. O samba tradicional foi também sendo rotulado como "samba de raiz" ou "sambistas de morro" e assim foram criados muros que os separavam de novos valores mais adequados ao que as televisões pretendiam vender, e aí deram lugar a "grupos de pagode" ou sambistas novos, com aparência, vestuário e linguajar mais adequados aos galãs televisivos do que aos tradicionais compositores, muitas vezes com figurinos pobres.

Mas o futebol foi uma exceção que vale a pena ser destacada. Ainda que os órgãos de controle, tipo CBD (hoje CBF), tenham passado a defender interesses muito mais comerciais, inclusive com a exportação desenfreada de talentos brasileiros, e aí contribuído para desmontagem de grandes seleções nacionais, surgiu um movimento anarquista na cidade de São Paulo.

Roberto Freire gostava muito de futebol. Era torcedor fanático do São Paulo Futebol Clube. Mas não foi em seu clube que surgiu essa exceção. O São Paulo representava uma fatia populacional mais rica e poderosa economicamente, possível de ser classificada como um "clube de ricos", o que fez com que Estevan Bourrour Sangirardi, um grande jornalista, criasse um personagem que representasse o São Paulo em seu programa radiofônico, que tinha enorme audiência, o "Show de Rádio". Era o Lorde Didu Morumbi, que dialogava a cada fim de jogo com seu mordomo sobre os resultados, e quando o time era derrotado, pedia seus "sais", para um banho restaurador, simbolicamente indicando drogas de consumo de uma classe mais abastada, como a cocaína.

Os personagens que representavam a Sociedade Esportiva Palmeiras eram o Comendador Fumagalli e sua "noninha", estabelecendo uma classe média como origem desses personagens. E o Sport Clube Corinthians Paulista, identificado com a massa mais pobre da sociedade, era representado pelo crioulo Joca e "sua Nega", que moravam na Marginal, sem número, e com a constante solicitação do personagem Joca para que sua companheira lhe trouxesse "a ampola", a pinga, fosse para os momentos mais tristes, para enfrentar a angústia ou nos momentos mais triunfantes para comemorar.

Pois foi no Corinthians que aconteceu uma revolução no futebol: a "Democracia Corinthiana". Em um sistema em que as ideias eram debatidas e votadas em vestiário para serem aprovadas, num processo de autogestão, sinal maior da tendência libertária, foram liberando as cervejas e os cigarros onde eram costumeiramente proibidos, aboliram os regimes de concentração de dias antes dos jogos, passaram a opinar sobre seus ideais políticos e defendê-los, inclusive entrando para jogos decisivos com faixas pedindo que todos votassem nas eleições que se aproximavam, combatendo, assim, o voto nulo, desejado pelos militares, ou estampando frases em suas camisas com mensagens libertárias.

Suas teses anarquistas, em pleno vigor de uma ditadura cruel e repressiva, traduziram-se na experiência maior das possibilidades de liberdade que pretendiam atingir. Um desses momentos marcantes foi a emenda Dante de Oliveira, proposta por um deputado de Mato Grosso, assim chamado, que pretendia restabelecer a eleição direta para presidente, abolida desde o golpe de 1964. A defesa dessa ideia, crescente e entusiasmante, foi unindo lideranças civis de diversos partidos, criando palanques inéditos onde figuravam Ulysses Guimarães, Leonel Brizola, Lula, Fernando Henrique Cardoso, Franco Montoro, entre muitos outros, com um cacife de artistas altamente empenhados nesse movimento, que foi chamado de "Diretas Já!".

Em 1984, um pouco antes da votação da emenda, [o jogador do Corinthians] Sócrates foi envolvido em uma venda milionária para a Fiorentina, grande clube da Itália. No último comício das "Diretas Já!", com um milhão de pessoas no Anhangabaú, em São Paulo, com a presença de Casagrande, Wladimir, Adilson Monteiro Alves, que sempre se apresentavam nos palanques na campanha, Sócrates fez questão de declarar que "se a emenda fosse vencedora na sua votação dali a alguns dias, ele não sairia do Brasil". Portanto, abrindo mão da enorme quantidade de dinheiro que lhe garantia a independência financeira pelo resto dos seus dias.

A reação popular foi uma ovação imensa. Mas não sensibilizou a maioria dos deputados necessários, e a emenda foi derrotada, adiando a eleição para presidente por mais alguns anos.

Era o Corinthians, era a Democracia Corinthiana. E torcedores de outros times declaravam apoio àquele clube de origem popular, e com o maior número de torcedores do Estado. A origem de seus membros não importava. Era o Casão, o Magrão ou o Doutor, era o Saci, era o Adilsão. Como diz seu hino "és do Brasil o clube mais brasileiro". E, naqueles tempos, anarquista!

Com certeza, o Bigode continuou torcendo pelo seu São Paulo. Mas admirou e torceu muito por essa inédita experiência autogestiva se espalhar e concretizar dentro do universo reacionário do futebol.

Entrevista com o psicólogo e poeta David Calderoni

Fui muito amigo do Roberto Freire. No colégio Equipe fui amigo do Paulo, filho dele, tocamos juntos, era muito gostosa nossa relação. Em 1975 o Paulo tocou guitarra numa canção que eu fiz para a trilha de um filme do André Singer, chamado "O último rock do Equipe", então nos gostávamos muito, eu e o Paulo, e eu entrei em Psicologia em 1976 na USP, eu estava entre Sociologia, Física ou Psicologia, quando eu descobri por meio da leitura da primeira página, me parece da Revolução sexual, *do Reich, que era possível analisar o processo de estagnação da Revolução Soviética por intermédio da introdução da moral sexual repressiva, então é possível juntar todas as coisas, e logo em seguida me parece que eu falei com o Paulinho, acho que foi isso, e daí ele falou com o pai, e o pai me recebeu, e contou um monte de coisas pra mim, a gente simpatizou e como eu estava procurando terapia, comecei essa relação com o Roberto como cliente.*

A gente conversava, conversava, conversava, a gente conversava muito sobre política. No livro, ele fez uma dedicatória cifrada que eu posso decifrar aqui, pelo menos o quanto eu pude entender, daquilo que eu me lembro hoje daquela ocasião. "Para David, meu poeta", isso era uma coisa assombrosa nele, ele dizia que eu era um grande poeta, que eu era o poeta dele, que eu era muito bom, e eu devia seguir por aí. Me valorizava demais, pois foi a primeira figura pública que não tinha papas na língua e que, com grande entusiasmo, me chamava de poeta, poeta, então por isso "meu poeta".

Havia um bar onde as pessoas se reuniam, iam chegando e ele estava lá, e eu disse: "hoje eu quero falar com você sobre o que eu achei do seu artigo". Ele, "pois não". Ele virou: "senta aí, mete o pau, o que você achou, não sei o quê." E eu: "Então, bacana, coisa e tal, é uma interpretação possível, mas eu acho que você usou o meu poema, que também tem outras interpretações, pra na verdade dar a sua interpretação de mundo, eu posso até concordar com ela, mas pode dar a interpretação pro leitor de que eu estava pensando exatamente nisso que você falou, quando, na verdade, tem uma série de complicações". Aí ele disse: "Não. Mas isso é sério. Mas legal, legal o que você está dizendo". Porém eu vi que ele ficou meio magoado, porque era uma grande honra, e eu vou lá e tenho uma crítica pra dizer, mas isso nada nos abalou, ao contrário, porque havia muito amor na nossa relação, e luta porque eu estava numa postura de uma polêmica de dizer a minha opinião, e ele valorizava obviamente isso também, mas claro que isso gerava um movimento afetivo contrário. Ser criticado nos coloca no nosso desejo de acertar sempre, o sempre estar em harmonia com o outro, por mais aberto que sejamos ao conflito da democracia, do anarquismo, da liberdade, enfim que se queira essa linha, o conflito nos custa um pouco.

Na dedicatória do livro, ele se refere a esse fato anterior, que foi a minha crítica de maneira cifrada. Ele já era separado da Gessy.

Eu estou aqui falando pra você, é como se eu estivesse pedindo sigilo ético, mas, na verdade, você está aqui pra colher dados, está escrevendo um livro sobre ele, mas se eu falar o que eu vou falar, ou pensei em falar, vocês terão nas mãos esse dado, e eu não sei... eu acho que vou contar: eu não sei dizer, hoje em dia, se o Bigode foi mesmo bissexual, ou não, espontaneamente não, se alguém viesse me perguntar, mas eu não pensaria em classificá-lo dessa maneira, mas é claro que ele tinha uma grande abertura pra tudo.

Aconteceu que, um dia, ele foi me visitar, eu acho que eu nunca contei isso pra ninguém, gozado, e daí nós saímos, eu fui acompanhá-lo, uma coisa assim, deixa eu me localizar em que ano foi aquilo, eu acho que já tinham nascido três dos meus quatro filhos, o último nasceu em 1987, devia ser por volta da década de 1980, antes de 1987, a gente saiu caminhando junto e ele me falou que eu era um poeta grande, e que ele me amava, e ele se aproximou de mim e me deu um beijo de língua, e eu não sabia o que fazer, esse homem é maravilhoso, amo ele demais, mas isso não era uma coisa que fosse do meu repertório comportamental, vamos dizer, e eu fiquei muito desorientado, não sabia o que pensar, o que fazer e aconteceu. O que entendi é que ele realmente me amava, amava muito, sempre com adjetivos super altivos em relação a minha poesia, e outras coisas, ele valorizava minha arte, era uma coisa muito tocante, muito comovente, porque quando o Paulinho veio tocar a parte dele na música "O menino e a rosa", por exemplo, *o Roberto estava internado com problema no coração, o Paulinho passou a noite com o pai, e o Roberto falou, "vai lá, que eu aguento as pontas aqui, você tem que ir lá gravar com o David, vai sim, vai lá gravar", o Paulo pode recordar isso... eu fiquei muito tocado com isso, pensei: que grandeza de alma, porque novamente havia a reiteração do amor e dedicação que ele sentia por mim.*

Eu não sei, agora conversando com vocês, a lembrança está vindo, ele falou alguma coisa, quando ele se aproximou fisicamente, eu vi que ele estava me abraçando de uma maneira estranha, mas eu correspondi ao abraço, um abraço, e nesse abraço ele se aproximou e teve o contato e tudo, e ele disse: "amo você como homem. Você não deixará de ser homem", ele tentou me formular, explicar alguma coisa do que significava aquilo, eu escutei tanto que eu estou conseguindo lembrar agora, não entendo o que ele queria dizer exatamente, acho que ele tinha uma concepção de homem, um amor de homem, alguma coisa assim... Mas ele dizia umas coisas gozadas de mim também, porque nessa época eu não sei como eu andava, e ele dizia que parecia que eu andava sentado, não sei o que ele queria dizer com isso, eu não sabia se ele achava meu corpo atraente. Ele dizia que eu andava sentado.

Isso contrasta com a coisa de amor de homem, não sei o que pode ser, talvez me tranquilizar dizendo que eu não deixaria de ser homem ou alguma coisa assim, mas não teve nenhuma sequência nisso, e só quando eu li o Coiote e aquelas colocações, então eu pensei: será que ele está se colocando de forma corajosa ou ingênua? Não sei se foi uma defesa que eu tive em relação a tudo isso, porque eu nunca tinha formulado assim: ele é bissexual. Mesmo porque essa classificação possivelmente esconde tantas diferenças dessa singularidade dos que podem transar; além do mais, será que só existe homem e mulher? Tantas sutilezas e gradações podem existir.

Me lembro de muitos elementos que aconteceram naquele dia, o mais justo a dizer seria uma explicitação do desejo dele, que tinha sua intensidade, sua exigência pulsional, ele estava ali, é interessante isso aí. Ele falava do meu futuro, o que eu deveria fazer, inclusive em relação ao meu casamento, e me dava conselhos, eu acho que ele falou: "casa, mas não pode deixar sua arte, não pode sucumbir ao fato de você... Eu sei que você é casado, tem filhos, tem responsabilidade e coisa e tal, mas a arte é missão, e sua missão aqui é ser artista", e algo assim, sabe, não sei se ele usou o termo missão, mas enfim... isso era uma coisa, até o último contato que eu tive com ele, isso era inquestionável.

Quando eu o visitei pela última vez, ele morava num flat aqui na [Rua] Teodoro Sampaio, o meu disco saiu em 1998, ele faleceu em 2008, então, foi em algum momento entre 1998 e 2008, porque ele estava combalido, usava o tampão no olho...

Achei um absurdo, agora, não falarem o nome dele [Roberto] na comemoração dos 50 anos de Morte e vida severina, isso não pode acontecer, isso deve ser denunciado, combatido... É um crime contra a história, contra a memória dele e contra a geração que conviveu com ele, da cultura que ele ajudou a construir... Ah! Essa hipótese de o Roberto ter se tornado persona non grata *na* PUC... *Eu não entendo.*

Entre tantas coisas na vida, eu fiz psicanálise, fundei movimentos políticos, e acabei deixando meio de escanteio a poesia e a música, mas fiz livro, gravei CD *de música, tive cargos e graduação, mestrado, doutorado, pós-doutorado, aquelas coisas todas, a academia implica também, embora, a modéstia às favas, eu fiz um caminho de liberdade dentro da Universidade, e nesse sentido eu acho que honro profundamente o que houve entre mim e o Bigode, um mestre. Muitas vezes eu escuto a voz dele dizendo: "e aí meu, e aí, o tempo passou como é que é, o que você fez, você fez tudo que podia fazer, tá fazendo? O que vai ser teu futuro agora? Já tá aposentado em uma das coisas que você faz, e agora?"*

Algo marcante, muito importante, de que eu me lembro eram as viagens. A gente conversava muito sobre política, e uma parte da minha educação política no sentido da formação política indubitavelmente passou por isso. Ele me contou muitos detalhes sobre as torturas que sofreu. Falou dos vários "telefones" que recebia, das surras que levou, e isso causou o descolamento da retina dele, foi uma coisa que o marcou profundamente.

O Bigode investiu tanto em mim, gostava de mim, ele falou uma hora assim pra mim: "Você e Paulinho têm essa coisa de fio forte dentro de vocês, um fio forte, uma coisa que vai e que não desiste". Então esse fio forte eu acho que foi sendo difratado em vários campos e eu estou aqui me reconciliando um pouco comigo mesmo, tive que correr pra conseguir o ideal que ele projetava pra mim, como se o fato de ele me valorizar tanto me trouxesse como dever corresponder ao que ele esperava de mim, mas veja, ele diz nesse prefácio do Viva eu, viva tu, viva o rabo do tatu *que é obrigação nossa atuar*

O REVOLUCIONÁRIO DO TESÃO 233

nos campos políticos e sociais... Eu acho que isso foi o que eu mais acabei fazendo na vida: juntando a vida acadêmica, a vida profissional com as questões políticas, não política partidária, eu não sou filiado a nenhum partido, não consigo, porque eu sou anarquista, porque isso não seria a verdade, mas é porque eu não tenho uma condição psicológica existencial de entrar nessa torção de verdade que acontece quando a linguagem deixa de ter compromisso com a verdade e passa a ter compromisso com a linguagem da guerra, então aí a retórica, posso dizer hoje e amanhã dizer outra coisa, desde que o meu objetivo é de conquistar uma posição seja lá onde for, quem sabe de uma leitura equivocada da posição, então posso falar o que eu quiser e ser um instrumento de luta, num contexto de injustiça, de desigualdade, que precisa ser superado, então essa é a lógica.

Eu vou encerrar como eu me sinto sempre: um contador de histórias. Vou citar três pessoas aqui, me permito isso, uma que diz assim: "Quero ser o mais breve dos loucos a passar por esse mundo e me iludir com a eternidade, e que dure uma rosa, o mesmo tempo de um beijo". Isso é do Pedro Costa. Uma segunda coisa é: "Hoje encontrei com meu pai, e dói pensar o quanto eu ainda sou filho, é preciso matar meu pai, o teu, os nossos pais, mas, sobretudo, é preciso sabê-los morrer pra não cometer suicídio". E a terceira, do Bigode, que diz: "É o amor, e não a vida o contrário da morte, precisamos distinguir entre estar vivos e morrer". O amor dele era imenso, lindo!

Nandos...

No dia 1º de julho de 1976, Roberto Freire publicou no jornal *Aqui São Paulo* um artigo chamado "Me custou anos aprender a ouvir criativamente", que ele incluiria no livro *Viva eu, viva tu, viva o rabo do tatu!* (1977).

Lá, ele inicia dizendo que tudo o que sabe de mais proveitoso sobre sua própria vida aprendeu com seus clientes e amigos. Conta um episódio desses, em uma sessão de grupo terapêutico, quando um cliente contou que certo dia foi chamado com urgência pela mãe, que morava em um apartamento. Encontrou-a bastante nervosa, aliás, mais indignada que nervosa. E ela lhe disse: "meu filho, você precisa tomar uma providência urgente na portaria do edifício. Diga ao porteiro que não deixe mais subir até aqui gente que já morreu. Nem seu pai, está ouvindo? Não aguento mais essas visitas, porque elas me assustam, me cansam e me perturbam, ficam falando coisas antigas que não me interessam mais. Se eu falo pra eles coisas de hoje, ficam me olhando abobalhados, não conhecem ninguém, não sabem de nada, e se intrometem, dão palpites. Eu acabo sempre brigando com eles. Depois fico com remorsos, porque, coitados, já morreram. Faz esse favor para a sua mãe, meu filho? Eu sei que isso é coisa da minha velhice, mas acontece mesmo, viu?"

Ainda contou a reação do grupo, rindo da história. Mas, em seguida, confessou que o riso tentou disfarçar a percepção de que a mãe do outro cliente estava muito velha, com um tipo de arteriosclerose que misturava memória e realidade, passado e presente, com plena consciência disso.

Na sua autobiografia, *Eu é um Outro*, publicada em 2002, Roberto Freire conta que sua mãe, dona Lola, que morava com sua irmã Marilu no Rio[de Janeiro], veio para São Paulo quando essa irmã viajou com o marido para Moscou, ficando na casa da outra irmã, Vera, num apartamento em Higienópolis. Junto morava a Nair, uma antiga e querida empregada, e dispunham da ajuda de um enfermeiro e, quando necessário, de um médico especialista, que ela admirava e respeitava. Numa visita, sua mãe lhe diz:

"Roberto, desça já na portaria do prédio e proíba o porteiro de deixar subir aqui qualquer parente nosso, inclusive seu pai. Eu sei que ele já morreu, mas ele vem aqui, só para fazer críticas e queixas de você e sobre a vida que você leva. Você sabe que eu também não concordo com você e essa vida que você leva, mas não suporto que o critiquem para mim!".

Roberto ainda insistiu: "Nem papai pode subir aqui?"

E ela respondeu: "Ele é o que me faz mais mal! Não sei como pode estar sabendo das coisas de sua vida, meu filho, se ele já morreu há tanto tempo!"

No dia seguinte, ela perguntou se Roberto tinha falado com o porteiro, e diante da negativa dele, concluiu: "é como se eu estivesse sonhando e vou falando coisas. Depois eu me assusto, lembrando o que disse. Ainda bem. Mas não conte para ninguém. Vão pensar que estou ficando louca."

Logo depois, dona Lola voltou ao Rio, e sua irmã Marilu contou que outros episódios nessa linha já tinham acontecido. Numa visita posterior, fez uma pergunta à mãe sobre a hora em que tinha nascido para satisfazer uma namorada que queria fazer um mapa astrológico dele e precisava saber esse dado.

Dona Lola lhe disse: "Não sei quem é esse senhor, muito menos a hora em que ele nasceu!"

Ela não se recuperou jamais.

Fica a dúvida sobre esse relato: no livro de 1977 Roberto Freire preferiu colocar essa história romanceada na boca de um cliente ou no livro de 2002 romanceou usando sua própria mãe como personagem? De qualquer maneira, a questão era a necessidade de aprender a ouvir criativamente!

Roberto Freire disse que a principal experiência de sua vida foi com Nando, para ele o deflagrador que o fez ser capaz de encarnar de modo mais completo possível todas as teorias científicas e políticas, inclusive vivendo intensamente o seu humanismo anarquista da forma mais apaixonada e corajosa que lhe foi possível.

Roberto Freire contou que a mãe e a irmã de Nando o procuraram quando atendia no Macunaíma. Nando estava internado em um sanatório, com diagnóstico de esquizofrenia, tomando eletrochoques, por decisão do pai, que não o aceitava, e o chamava constantemente de louco. A cena lembrava algo da visita de Cleo com sua mãe ao consultório de Rudolf Fluegel, em *Cleo e Daniel*. A hostilidade do pai era muito parecida com a narrada em *Os cúmplices*, com o personagem Nando. E, no *Coiote*, estava descrita a protomutância do personagem.

Freire disse que nessa consulta com a mãe e a irmã de Nando lembrou-se muito de Zé Luiz, seu amigo de adolescência. O plano de tirar Nando do sanatório era o mesmo da retirada de Daniel, no romance, ou seja, uma fuga ajudada pelo psiquiatra rebelde ao sistema. A leitura de livros de antipsiquiatria, especialmente *A fabricação da loucura*, de Thomam Szazs, empurraram-no na direção de assumir o tratamento de Nando.

Isso depois de conversar, em uma visita acompanhando sigilosamente a mãe de Nando ao sanatório, e conhecê-lo, passando a acreditar fielmente que se tratava de um protomutante. A mãe dele convenceu o pai a pedir a alta do filho e deixá-lo em tratamento com Roberto Freire. Essa terapia, nada convencional, iniciou-se com os grupos do Macunaíma, depois com uma franquia de horário absoluta para que Nando nunca tivesse barreiras para procurá-lo e, por fim, a introdução dele na sua família, conhecendo seus filhos.

As citações culturais, como Jimi Hendrix, e *Os cantos da terra*, de Mahler, são as mesmas mencionadas em *Coiote*, muitas vezes em circunstâncias absolutamente iguais. A mãe separou-se do pai de Nando e foi viver com um novo companheiro, que cedeu um apartamento para que Nando o ocupasse. Quando o pai dele soube, foi atrás para novamente interná-lo. Nando fugiu e foi até Mauá, buscando o apoio de Roberto Freire.

Noutro episódio, Roberto Freire recebeu um telefonema de Nando, que estava internado novamente, mas teve essa ligação interrompida, por não ter sido autorizada. Depois Roberto Freire foi informado de que Nando se matara, injetando veneno de rato em suas veias, deitado na cama do pai.

O amor, em uma expressão inédita, que tinha sentido por Nando, era também a expressão primeira (proto) de uma mutação que acontecia em Roberto Freire. Um amor original, intenso, que não diferenciava gêneros.

Daniel era seu (proto) Nando, Chico Aragão era seu Daniel, o seu Nando pulava das páginas de *Os cúmplices* para as de *Coiote*, e este livro era dedicado ao Nando e ao Xande, outro protomutante. E todos eram Zé

Luiz, o seu Outro eterno. O seu Roberto que ainda gaguejava no contato difícil com o pai.

Em Visconde de Mauá, no final dos anos setenta, eu Paulo Moraes, contei ao Bigode sobre uma ideia que me ocorrera para um conto: um personagem bem-sucedido, casado e com filhos, empresário com sucesso crescente, que seria o único sobrevivente de um acidente aéreo, no meio de uma região florestal. No meio dos corpos que vão se putrefando a cada momento, ele é socorrido, com muita surpresa por um índio. Este não fala nenhuma língua conhecida e se manifesta através de sons incompreensíveis. Mas, salva o empresário. Assim que possível, o retira daquele local do desastre e o leva para uma espécie de cabana rústica, onde mora só. Uma palavra que repete muitas vezes é "xai" e assim o empresário passa a chamá-lo, enquanto aguarda algum tipo de socorro, que nunca chega. O índio é muito gentil e o atende sempre prontamente. Com o tempo, surge uma mútua troca de afetos. E, de maneira absolutamente surpreendente para o empresário, o índio passa a fazer gestos corporais cada vez mais envolventes. O tesão surge naquele homem que se recupera de ferimentos e que está preso na solidão. Xai cuida dele, é carinhoso com ele, o alimenta, e não apresenta nenhum tipo de preconceito. Um dia, o afeto se transforma em algo maior e o envolvimento se dá, com entrega total, onde os corpos buscam prazer e não racionalizações. O empresário e Xai passam a formar um casal, com os costumes do índio a conduzir a sobrevivência e uma Cultura vai se formando sem explicações.

Eu não sabia para onde o conto me levaria, e que desfecho daria. Se o empresário sendo resgatado voltaria aos seus costumes e manteria segredo total sobre o que havia vivido, ou se preferiria permanecer com Xai na nova vida.

Bigode ouviu tudo sorrindo. Ao final, me incentivou a que desenvolvesse o conto, não colocando julgamento algum sobre meus personagens. Disse que gostava muito dessa minha ideia e que ela merecia ser tratada com carinho criativo.

Mas, possivelmente por falta de tempo, que servia para justificar meus medos e minhas inseguranças quanto ao saber usar um "carinho criativo" nunca desenvolvi esse conto.

Entrevista com João Meirelles, assistente da Somaterapia

A primeira proposta, como Somaterapia, foi realizada com uma turma de humanistas de Psicologia e humanistas de Medicina, isso em 1976. Naquela época, ele tinha acabado de fazer Falso brilhante, *com Elis Regina, estava trabalhando com Flávio Império, Sylvio Zilber, Mirian Muniz, Zé Carlos Viola, no Macunaíma, eu era um aluno de quinto ano de Psicologia da Unip, naquela época nem era Unip, que tinha uma formação em Psicanálise, mais ligada à turma do linguista [Carlos] Briganti, mas isso não importa, e aí, eles vieram com a proposta de fazer antipsiquiatria, ainda não existia a Somaterapia. Era uma proposta de Psiquiatria que surgia em virtude da identificação que o Roberto havia tido com a obra de Reich, de Pearls, Frédich Pearls, então era uma tentativa de síntese que ele fazia e chamava de antipsiquiatria, porque ele acreditava numa psiquiatria política, ele achava que a função básica de um processo terapêutico era um processo revolucionário, não no sentido de você querer revolucionar uma pessoa, redefinir valores, abrir horizontes. Mas, se você não mexer com a comunidade, não mexer com a sociedade, se você não mexer com o sistema, nada muda, então, isso para mim foi muito significativo e naquela época eu fiz meu último ano.*

Ele propunha grupos terapêuticos com tempo determinado, que era de nove meses e, depois do processo terapêutico, ele iria nomear umas pessoas do grupo para ser assistentes dele, naquela época ele tinha como assistente o Nicolau Maluf, que era também formado, e o Tony, eu não lembro o sobrenome, mas eram os dois assistentes dele nesses grupos de duas turmas, lá no Macunaíma, que começaram no final de 1976, e terminaram em 1977, em junho, quando eu me formei.

Nesse interim, logo depois, veio o primeiro grupo com o nome de Soma-terapia. Esse nome surgiu de uma pizza, numa daquelas noites, no Gaiato, uma pizzaria que ficava embaixo do [viaduto] Minhocão, na [Rua] Lopes Chaves, onde era o Macunaíma. Conversando com o Roberto, a gente discutia que tinha que ser um processo terapêutico, que não podia ser ligado ao corpo, porque naquela época havia todos os trabalhos, a bioenergética começando, mas havia uma crítica política séria porque tudo isso servia para disciplinar o corpo, e a gente via que o corpo não tinha que ser disciplinado, seja por religião, seja por política, seja por crenças ideológicas, o corpo tinha que ser livre, a gente tinha que escolher um nome, o desafio era achar um nome que fosse ligado a corpo, mas não da maneira como o corpo estava sendo utilizado e valorizado naquele momento, ou seja, que se diferenciasse disso tudo. Aí ele sugeriu Soma, que é como os gregos chamavam as células somáticas, o corpo, células que não eram as sexuais, mas eram as células somáticas, então fazer a terapia do corpo era fazer a terapia do Soma, daí surgiu a Somaterapia.

Eu fui um dos escolhidos para ficar com ele. Eu e a minha mulher, a Márcia de Oliveira, que depois não continuou com ele, mas eu continuei, o que causou um problema no nosso grupo terapêutico, porque eu acabei sendo o escolhido, eu fui esculachado pelo meu grupo terapêutico, porque o papai me escolheu, porque o Roberto, de alguma maneira, terapeuticamente, para mim foi um pai bom, ele foi um pai que me acolheu, como uma pessoa crítica, alguém com quem ele se identificava. Nicolau tinha uma tendência de fazer mais o trabalho corporal, tanto é que foi para Londres realizar o trabalho lá. Depois, o Roberto formou mais um assistente, que é o Francisco Coelho, o Kiko.

Depois continuamos o Kiko, o Nicolau, e eu. Quando o Roberto teve um enfarte, nós continuamos com o consultório dele, na época. O meu conhecimento do Roberto foi nesse momento da minha vida, eu me formei, imediatamente comecei a trabalhar como assistente do Roberto. Comecei a terapia com o Roberto em abril ou maio de 1976, eu vinha de um relacionamento com a Márcia, minha namorada há cinco anos, na época, nos separamos no final do ano. Em 1977, a Márcia vem e diz que está gravida de mim, então nós resolvemos casar, tínhamos esse relacionamento sério, e ela não queria fazer um aborto, eu também não via sentido em fazer o aborto, casamos em março, com o Roberto sendo meu padrinho de casamento, numa cerimônia civil lá em casa, em junho, e eu me formei, já trabalhando como assistente do Roberto. Em agosto nasceu o Renato, que é o Renato Meirelles, meu filho com a Márcia, e aí eu comecei a trabalhar com o Roberto como assistente, em São Paulo e no Rio de Janeiro, com workshops em Mauá. Em 1977, 78, a gente trabalhava no Macunaíma, depois saímos e fomos trabalhar noutro espaço, Roberto morava ali nas Perdizes, no apartamento da [Rua] Itapicuru, então eu o acompanhei nessa época, e o nosso trabalho era intenso, porque a gente trabalhava, chegava em São Paulo na segunda-feira, de Mauá, às cinco da tarde, e tínhamos dois grupos terapêuticos, à noite, terminávamos e íamos para o Giovanni Bruno, aí era o encontro dele com os jornalistas. Sempre no uísque, eu era o companheiro do Roberto para levar ele para casa pelas madrugadas, porque ele bebia mesmo, então era uma coisa, minha mulher estava grávida, eu era assistente dele, e um grande interlocutor, o Roberto era uma pessoa extremamente criativa, afetiva, difícil de você largar, sabe? E ele gostava de uísque, nenhuma outra droga, cocaína, maconha, nada, nada, nada, nada. Mas uísque...

É importante você datar isso porque eu vou dizer uma coisa: eu conversei muito com o Roberto sobre essas questões da sexualidade. Ele tinha muito preconceito, e foi muito difícil para o Roberto, eu não diria que ele era homossexual, mas tinha o despertar da bissexualidade. Foi difícil pra ele, a dimensão do afeto, esse despertar do Roberto foi muito, muito, foi muito interessante isso, eu estou aqui me policiando, porque nem sei se devo abrir essas coisas, às vezes, eu me sinto traindo um amigo que já não está aqui, estou só trocando isso com você, porque você está fazendo este livro sobre o Roberto, mas o Roberto, tinha uma identificação muito grande com o Nando, que foi, sem dúvida, o grande personagem de Cléo e Daniel, *pra quem ele fez o* Coiote *também, e por quem ele tinha uma admiração fantástica, o Nando, o Nando realmente foi uma pessoa incrível, ele despertou milhões de paixões.*

Eu lembro uma situação quando, no Macunaíma, o grupo estava se apresentando, o as pessoas falando de onde vinham, quem eram e tal, o Nando estendeu um papel de jornal embaixo daquela sala do Macunaíma, foi lá embaixo, pegou uma tinta, jogou uma lata de tinta em cima daquele papel de jornal, tirou a roupa e ficou nu, sobre aquele papel estendido, o Nando era uma pessoa muito importante, quando eu lembro dele (lágrimas), ele teve histórias muito intensas, Nando tocava as pessoas na alma, então eu

O REVOLUCIONÁRIO DO TESÃO 241

acho que o Nando foi o despertar da bisexualidade do Roberto, e isso foi uma coisa revolucionária para ele, do ponto de vista pessoal e terapêutico.

Quanto à questão dos protomutantes, já tinha havido a história com o Nando, outras histórias acontecendo, não só o Nando, outras histórias muito importantes para o Roberto, o Arnaldo dos Mutantes também foi uma pessoa muito significativa, depois, com a tentativa de suicídio dele, demos assistência ao Arnaldo, evidentemente, por meio de algumas amigas em comum, e o Arnaldo também foi um cara importante nesses estudos todos. Mas o Nando foi uma pessoa significativa, o Nando foi o grande despertar, naturalmente o grande despertar erótico do Roberto, porque o Roberto era alguém que se apaixonava por várias pessoas, e várias pessoas eram apaixonadas por ele. O tempo todo. Ele era apaixonante. O Roberto basicamente se apaixonava por mulher, as mulheres o adoravam, e o Roberto era adorável mesmo, mas eu acho que o Nando foi uma das pessoas mais interessantes, mesmo, que a gente conheceu.

Eu acho que é um engano querer analisar o Roberto por uma classificação de bissexualidade ou homossexualidade, eu nem acho que o Roberto teve práticas homossexuais, nunca soube disso, homoafetivas sim, eróticas sim, mas dentro da dimensão que a gente tem sobre a questão da sexualidade, quer dizer, fundamentalmente, na dimensão, na proporção que a gente chama de amor, basicamente isso.

Eu lembro um congresso que houve no Copacabana Palace, no Rio de Janeiro, e o Roberto, naquela época, estava doente, e eu fui falar, não pela Somaterapia, porque eu particularmente nunca assumi o nome de Somaterapia, nunca aceitei esse nome porque me pegou num processo em que o Roberto estava infartado, impossibilitado, e nós tocamos a clínica dele, ele só foi chamar de Somaterapia depois que ele se restabeleceu do infarto, e isso foi em 1978, 79, não me recordo bem, foi quando nós nos separamos dele. Marcos, meu segundo filho, nasceu, em fevereiro de 1979. Quando o Roberto sarou e voltou, ele rompeu comigo, com o Kiko e com o Nicolau. Naquele congresso, no Rio de Janeiro, havia terapias corporais, libertação ou libertinagem etc. A gente era tratado como se estivesse provocando suruba, que era o termo usado na época, a terapia do Roberto era vista por alguns como a "terapia de suruba", entendeu, e isso era uma grande mentira, uma grande mentira, a gente não tinha esse tipo de proposta. E eu fui lá explicar isso.

Muita pornografia, muita repreensão foi usada em nome do Reich, em nome do Roberto Freire, em nome do Gaiarsa, não que eles fossem pessoas santas, mas nunca houve algo ligado à promiscuidade, ao desrespeito, sabe, e isso também tinha uma postura de mostrar o que era escondido em alguns consultórios de Psicanálise. Quem trabalhou com o Roberto, quem entendeu esse processo, já foi chamado de tudo, eu, particularmente, como terapeuta, a gente é objeto de projeção dos outros, então uma das coisas que hoje a gente vê por aí, a coisa da propaganda, são as afirmações fora do contexto, falar de alguém, julgar alguém, e não contextualizar, eu acho que isso é um crime que se faz contra as pessoas, e muitas vezes nós somos as vítimas.

O Roberto sofreu um infarto, que teve muito a ver também com essa questão da sexualidade, e o fato de ele começar a perceber que e estava começando a sentir algo que era mais do que amor, às vezes paixão, desejo por determinadas pessoas. Com o Nando, ele chegou a me relatar algum tipo de admiração que chegava ao ponto de uma atração, mas que nunca chegava a possibilidade de uma concretização física, a não ser um olhar, um abraço, uma conversa mais prolongada, uma declaração de amor, porque a base católica do Roberto, por mais que ele negasse, era muito grande, a história dominicana do Roberto, embora eu não tenha participado desse período da vida dele, foi muito grande, a relação dele com a família, com os filhos, o receio de que isso pudesse ser mal interpretado, julgado, discriminado, o respeito que ele tinha pela Gessy, tudo isso eram conflitos internos do Roberto, e necessariamente tomar consciência disso e assumir isso, mesmo ele se propagando como o libertário, também era muito difícil, porque o grande problema do libertador é se libertar de si.

Muito tempo depois, eu já não tinha mais contato com ele, fui recuperar um contato com o Roberto depois, já nos anos 1990, nem sei se ele se assumiu como bissexual ou homossexual, eu encontrei o Roberto no despertar desses sentimentos, e, basicamente, essa admiração e essa identificação vieram com o Nando. Depois teve uma pessoa que eu acho que também foi um dos grandes amores do Roberto, o Marcelo Antoniazi, um arquiteto, hoje casado com a Patrícia, que era irmã da Mônica, uma das namoradas do Roberto, e que depois viveu com o Paulo Freire, que foi uma coisa até interessante, uma namorada do pai que depois virou namorada do filho.

Na época, o Marcelo também era um cara que fazia terapia com o Roberto. Eu não sei, eu também nem sei como era a relação, se teve uma rela-

ção concreta entre o Roberto e o Marcelo nesse nível, você está entendendo? Eu soube pela interlocução do Roberto comigo, o Marcelo é meu amigo até hoje. Então isso é que era fascinante no Roberto, porque era um universo que ficava entre a realidade e a ficção, pois, pra ele, era tudo o mesmo universo. O Roberto era escritor, aí você lê passagens nessa autobiografia dele que você ri, porque vê que necessariamente não era o cara que descrevia o fato, era um cara que criava em cima de fatos reais, e que já romanceava ou hiperbolizava. Por exemplo, ele não foi achado por caçadores da mata de Mauá, quando teve o infarto, porra nenhuma, ele teve uma crise de angina violenta, depois de um grupo terapeuta.

Eu não sei exatamente se era o Kiko que estava comigo ou o Nicolau, isso aconteceu naquela casinha lá embaixo, onde ele ficava, tinha um galpão grande que o Zé Bolão fez ali, ficava na casinha, isso foi posterior a um grupo, domingo à tarde, ele começou a ter essa crise de angina, chamamos o Zé Bolão correndo, o Zé Bolão foi chamar o pai dele, lá embaixo para pegar a kombi, naquela época a gente tinha que carregar e atravessar a pinguela em cima do rio, quer dizer, aí paramos em Mauá, Visconde de Mauá, para ver se ele tomava algum tipo de medicação, depois levamos para o Hospital de Resende. Isso foi no domingo, depois ele foi transferido para São Paulo, ficou no Hospital das Clínicas se recuperando. Eu me lembro de uma passagem incrível porque passou um dia e ele entrou em contato comigo e me pediu que levasse uísque para ele dentro da enfermaria do HC, isso que é um conflito incrível, porque eu fazia tráfico de uísque dentro do hospital.

Naquela época, eu confesso, eu era um cara que levava o Roberto para casa, convivia com ele, eu não bebia, não bebo, nunca bebi, mas eu usufruía dos momentos em que o Roberto estava bêbado. Penso que a separação do Roberto foi a coisa mais sentida pra mim, porque eu já era um cara com dois filhos, duas separações, e eu me considero, até hoje, o cara que mais soube e mais estudou a alma do Roberto, esse processo todo, eu estudava, eu me intensificava com a Somaterapia, eu sempre fui um cara estudioso, então eu tinha essa questão de considerar o Roberto meu pai bom, meu pai que me acolheu, meu pai que me criticava, o pai que eu escolhi, ele foi meu padrinho não à toa, e mesmo entre o Nicolau e o Kiko, acho que eu era o cara que mais sabia da Somaterapia.

A frase é dele, "penso, logo hesito", é uma plataforma do processo dele. Esses esquecimentos, que hoje eu vejo até como analogia, esses esquecimen-

tos, essas brigas todas, eu interpreto como alguém que de alguma maneira marcou a vida do outro, porque naturalmente é importante a gente sentir que fez parte de uma história; quando você não tem seu nome no crédito, você fica um pouco chateado, puto com isso, mas não o comportamento, quando eu li a autobiografia, em que ele diz que, de repente, foi salvo por um caçador num momento tão agudo da vida dele, quando, na verdade, de fato, quem estava ali do lado dele, quem trouxe ele pra vida, fui eu, fui um deles, mais o Zé Bolão, o Raul, muito importante, salvou o Roberto, o Kiko, que me ajudou a carregá-lo, então nós passamos momentos muito íntimos, momentos que os filhos dele não passavam com ele, eu acho que o Paulo naquela época, estava lá pelo Sertão, o Tuco estava em Boston, e o Beto, eu nem sei onde estava, talvez estivesse mais próximo de Gessy, então foi um momento marcante, aquele em que eu estive com o Roberto. Foram dois casamentos, duas separações, dois filhos, eu participei de histórias da vida do Roberto, coisas políticas muito significativas, inclusive, o Roberto era um terapeuta de esquerda, de uma esquerda que, se aparecesse, era morto; às vezes, a gente tinha que atender pessoas fora de consultório, clandestinas, que corriam risco de vida. Roberto nunca abriu isso para mim, eu nem sabia, fui saber isso depois, pelas próprias pessoas que eu pude, junto do Roberto, tratar, porque muitas dessas pessoas que faziam grupo, faziam individuais comigo; à tarde, ele indicava pros assistentes, então, toda a minha formação, meus dois primeiros anos intensos de formação, como psicólogo, foi minha pós-graduação, minha pós-graduação, hoje, foi com ele, mas eu desenvolvi meus métodos a partir dali, tanto é que não sou visto como somaterapeuta, e eu estou há 40 anos nisso, sendo o João Meirelles, porque, de qualquer maneira, profissionalmente, sempre fui um outsider, talvez aí esteja a minha identificação com o revolucionário que era o Roberto.

Ele faz muita falta, eu fico pensando nesse momento que a gente está vivendo agora, no país, Roberto era um cara valente, ele tinha suas covardias, e ele me falou que covarde não é aquele que não tinha medo, corajoso é aquele que enfrentava seus medos e olhava seus medos de frente, e eu como assistente dele me identifico com aquela proposta da Somaterapia, que me identificava com o anarquismo, porque aqueles textos, Freud, Reich, ler "Análise do caráter", estudar "Análise do caráter", isso é questionar, é Reich questionando o Partido Comunista, o Roberto não entrou nessa parte mais econômica do Reich, ele não conhecia isso, nem se interessou por isso, o

Nicolau continuou com essa história, e eu fiquei com aquela tentativa de estrutura da Somaterapia, com uma base que era fundamental: discutir os textos, ler, estudar. Quando não havia grupo, em Visconte de Mauá, ia com ele, nos finais de semana, porque eu estava separado, então eu era uma companhia para o Roberto, e ele uma fonte de conhecimento pra mim.

Lembro aquele reencontro, acho que em 1990, no lançamento de um dos livros dele, em que ele fez uma dedicatória para mim, que eu considerei o reencontro afetivo, entre mim e ele. Eu me lembro de situações incríveis, a gente naquela época era chamado de os "trepapeutas", no Posto Nove de Ipanema, porque nossa vida era assim, o Roberto atendia uma média de cem pessoas por semana, em grupo, em São Paulo , Rio de Janeiro e Visconde de Mauá, fora as palestras que ele era convidado a dar nas universidades.

Uma vez, nós fomos a uma dessas palestras, saímos de São Paulo, atendíamos à tarde no Rio de Janeiro, depois íamos para casa da irmã dele, ali no Jardim Botânico. A irmã dele foi uma grande colaboradora e apoiadora do Roberto, quando faltava dinheiro pro Roberto, ela bancava, como a Gessy também fez muitas vezes, foi uma mulher maravilhosa, é uma mulher maravilhosa. Mas num desses fins de semana, numa dessas sextas-feiras em que a gente ia dormir de manhã, depois acordava para ir à praia, acordava e ia para Ipanema, porque a noite pegávamos o ônibus, para ir para Visconde de Mauá, e chegávamos de madrugada em Visconde de Mauá, para fazer as terapias de final de semana, aí era aquele banho na sauna, banho de rio, aquela sopa com aquele queijo feito ali, isso quando o ônibus chegava né, quando não tinha que ir a pé, na chuva, empurrando malas, aquilo cheio de lama, era uma aventura deliciosa, e numa dessas, não fomos para Mauá, porque nós fomos convidados pra ir a Juiz de Fora, pegamos um jatinho e fomos para Juiz de Fora, então era uma coisa de rock, parecia artista de rock, chegamos à universidade, àquele auditório que tinha pelo menos umas 600 pessoas, todas para fazer aqueles workshops. E você acha que o Roberto entrava e fazia? Não, ele falava, vamos ali comer uma batatinha, então ele ia pro boteco, tomava duas ou três doses de uísque, no tempo dele, e depois disso a gente ia fazer os workshops, eu lembro aquele especificamente, porque nós saímos de Juiz de Fora, ovacionados, porque, no meio universitário, eu acho que o Roberto era muito bom terapeuta para jovem, os jovens se identificavam com ele. Porque pegava essa necessidade de valorização da individualidade, da diferenciação da figura, do lar, da casa,

246 PAULO JOSÉ MORAES

das residências, das figuras paternas, parentais, como ele projetava isso no cenário da realidade, a ser colocado como um processo que o cara estava vivendo ali, um processo da individualidade, do inconsciente; quer dizer, na hora que ele trazia as questões, nós estávamos vivendo, então, isso ampliava o conceito de Psicologia, que deixava de ser vista como uma caixa-preta que a gente aprendia por meio do que negava, mas do que a gente vivia. Então havia a ideia puramente do inocente, que a gente adquire, que é formado na primeira infância, e todo o processo tinha que se remeter às nossas infâncias, e nunca criticava o contexto social, o presente, a perspectiva de futuro, o aspecto político, isso eu considero a grande inovação da Somaterapia, quer dizer, ela tem que ser uma terapia do presente, do futuro, ela não pode se remeter às análises do passado.

O Roberto tinha uma frase que para mim é muito marcante: "terapeuta que tem saco, não tem coração". Essa frase é muito marcante, porque ele falava muito claro, ele falava: "as pessoas vêm aqui com problemas sexuais, mas, no fundo, a grande questão são problemas afetivos, e você tem que criar um vínculo com seu cliente, por meio do afeto, nunca se sinta obrigado a atender uma pessoa; nós, psiquiatras e médicos, tivemos que fazer o Juramento de Hipócrates, que era totalmente hipócrita, que é sempre atender a pessoa sob qualquer condição, e não deve ser assim".

A gente questionava muito o conceito de traição, porque ela era sempre entendida como traição ao outro, e o que a gente trazia era o seguinte, você não pode trair a si, então, olha para você, olha pro seu desejo e isso você vê na terapia.

Quando o Roberto teve o infarto, a gente fez uma avaliação de grupo e vimos que o Kiko não tinha ainda formação suficiente pra assumir a direção de um grupo, então o Roberto escolheu o Nicolau e eu para dirigir os grupos que já existiam em São Paulo e no Rio de Janeiro. O Roberto ainda não tinha autorização médica para fazer supervisão com a gente, ele estava no processo de recuperação, então esse foi o momento em que, como a gente se distanciou do Roberto no dia a dia, porque havia vários grupos e a supervisão e a discussão sobre todos os casos a gente fazia entre a gente, o Roberto não participava disso. Nesse ínterim, nós recebemos vários convites para continuar falando do trabalho terapêutico, e um desses convites foi da Unesp, Universidade Estadual Paulista, que tinha um campus *em Assis, e nós fomos para lá sem avisar o Roberto, porque o médico pediu para não* avisar o Roberto, senão ele ia querer ir para fazer a palestra, e não tinha ordem ainda para viajar, , além de ser uma viagem de carro, nós teríamos que pernoitar lá.

Por causa disso, o Roberto nos chamou de traidores, disse que nós fizemos uma coisa em nome de um método dele, sem autorização dele, então é exatamente o momento em que ele começa novamente a assumir o trabalho, e aí a coisa foi se dissolvendo, foi esse o motivo, especificamente, ele nos chamava de traidores, e nós nos sentimos extremamente magoados. O Nicolau já tinha voltado de Londres e não pensava mais em continuar como assistente dele, eu já tinha dois anos de formado, já não via também como continuar na Somaterapeuta, nunca quis me identificar como somaterapeuta, embora me considere um puta somaterapeuta. Então passei anos sem ver o Roberto, foi esse o motivo, eu me senti muito magoado com ele, eu me senti rejeitado por ele, num momento muito importante para mim, porque eu já tinha dois filhos, duas separações, e pensei: vou seguir o meu caminho, a minha trilha, e foi o que eu fiz, me desliguei da Somaterapia.

Eu comecei, com o Roberto e depois fui fazer terapia assistida familiar, fundamental pra minha formação. Pude trabalhar com a minha família, porque, na Somaterapia, eu não trabalhei no meu processo individual, porque o que importava era o corpo, a descoberta, a política, mas você não trabalhava sua relação com pai, mãe, irmãos, com todos do sistema, e isso eu fui fazer depois, na década de 1980 e aí segui o meu caminho.

Me lembro de uma música do Paulo César Pinheiro, quem cantava era o MPB-4, na época, com o seguinte verso: "Você me prende vivo e eu escapo morto, [...] que medo vocês têm de nós", e eu acho que a gente representava isso. Eu me lembro daquela época em que ninguém falava, daquela concepção de sistema político, que é o grande responsável por essa porra que está aí hoje, eu lembro que a gente anulou o voto, na primeira eleição que teve, lutamos para ter o direito ao voto, porque entendíamos a necessidade de escolher nossos representantes, entendemos, sabemos que a relação política é fundamental, mas o sistema representativo por aqueles partidos e aquela estrutura ia se perpetuar, como se perpetuou a ditadura até hoje, e quem disse que a ditadura acabou, está muito enganado porque não conhece a dimensão da ditadura, essa invasão do inconsciente, essa questão do capitalismo invadindo a consciência e inconsciência, pela publicidade, pela imprensa, por essa ditadura da imagem, da ditadura, então o Roberto falava isso na *época, era claro, a gente combatia a ditadura, todas elas, a ditadura do corpo a gente denunciava, eu era aprendiz, mas a gente denunciava a ditadura da imprensa, a* Folha de S. Paulo, O Globo, *o* Estadão *são denunciados há mais de 50 anos, quer dizer, essa apropriação do inconsciente por meio da publicidade, do marketing, isso é uma violência, então por isso eu acho que, se você puder trazer esse mote, "me prenderam vivo, eu escapo morto", nesse momento, é determinante pra falar do Roberto Freire.*

Entrevista com o fotógrafo Alexandre Campbell, o "Xande"

O Bigode foi uma pessoa muito importante na minha vida, entre as muitas coisas que ele me ensinou, ele me ensinou a amar, foi uma coisa assim, o amor em todos os sentidos. Eu tinha 22 anos quando eu o conheci, mas eu já tinha lido um livro dele. Eu tinha lido o Viva eu, viva tu... *Então, teve no Rio uma maratona e uma amiga da faculdade me convidou, eu estava na faculdade de Jornalismo, e a gente foi fazer a maratona, e, em seguida, eu entrei num grupo e fizemos a Somaterapia, que durou um ano, foi durante o ano de 1983, meu último ano de faculdade, e então nós ficamos muito amigos, eu tinha 22 anos e ele, 57, e ele ficou amigo da minha família, dos meus pais Eu, a princípio, não conheci a família dele, porque eles moravam em São Paulo e eu, no Rio, mas fizemos uma Somaterapia com tudo, com muita energia, todo mundo, eu fiz muitas amizades lá, amizades eternas, que até hoje ainda continuam.*

O Bigode era uma pessoa muito inteligente, que falava coisa que a gente queria ouvir, que os jovens queriam ouvir, e, sobretudo, era uma fase em que a gente estava descobrindo tudo, sexo, amor, e ele falava de uma forma concreta e e tinha base de Medicina, Psicologia, experiência de vida, era uma pessoa que estava em todas as mídias, televisão, cinema, teatro, literatura, em tudo, então pra mim foi uma amizade mais forte, foi uma coisa muito gratificante, que abriu muito meus horizontes, então eu fui ser um cliente dele, e nesse tempo em que a gente fez a Somaterapia, eu fui mais que um cliente, porque a gente ficou muito amigo, e houve um amor assim, um amor que eu posso dizer que foi mais espiritual, e a gente viveu isso de uma forma muito bonita, sem preconceito, sem nada, e esse amor que se desenvolveu durou a vida toda, porque, a partir dali, eu tracei a minha vida com a ajuda dele, então ele é uma pessoa muito importante pra mim, eu terminei a faculdade, terminei o curso de Somaterapia, no mesmo ano, final de 1983, e fui pra França. E ele me ensinou muita coisa da França também, durante todo esse tempo de 1983 que a gente se conheceu mais profundamente, ele passou também todo o amor dele pela França, pelo Leo Ferre, que é um poeta francês, eu já estudava francês um pouco, meu avô morou na França em dois momentos, tanto que meu tio nasceu na França, então a cultura francesa sempre foi uma coisa muito presente na minha vida, pelos meus avôs maternos, e eu me interessava por isso, ele sabia muita coisa da França, o Bigode, e essa nossa aproximação se acirrou.

Eu terminei a faculdade de Comunicação, me formei em Jornalismo, e tinha duas opções: ou trabalhar em seguida como fotógrafo aqui no Rio, ou fazer uma viagem pela França, que era o que eu queria fazer. O filho dele, o Beto, morava lá, era a única referência que eu tive quando cheguei lá, e eu resolvi ir com o apoio dos meus pais, dos meus avôs e dele. Fui pra lá, estudei, trabalhei, passei dois anos lá.

Apoio financeiro para a viagem foi do meu pai, mas, chegando lá, eu trabalhei lá, mas o apoio para a viagem mesmo, este foi do Bigode, porque quando eu cheguei à França, e não tinha nem onde ficar, nem conhecia o Beto, naquela época não tinha internet, então a gente mandou por carta uma foto minha pro Beto, e o Beto foi me esperar no aeroporto segurando a minha foto e me abrigou por uma semana, até eu conseguir uma casa. Fiquei amigo do Beto, e o Beto virou minha família, na França, meu irmão, e é até hoje, tanto que eu sou padrinho do filho dele, a esposa dele que foi pra França, nessa mesma época, fazia parte do nosso grupo de amigos lá, eles começaram a namorar na minha frente.

Quando eu cheguei à França, eu era um amigo do Beto, eu era livre, não tinha compromisso com ninguém, e uma das coisas de que o Bigode gostava e permeou toda nossa relação era a liberdade, ele gostava de me ver livre, ele tinha prazer em me ver livre, e eu tive contatos, namorei várias pessoas, e assim a gente teve um envolvimento mais forte, que durou uns cinco anos, dos meus 22 aos 27, 28 anos, foi muito forte, mas, nesse período, até filho eu tive, tive mil relações ao mesmo tempo, e ele gostava de me ver assim, então o que ele gostava, na verdade, em mim, era a minha juventude, ele tinha amor pela juventude, então ele via em mim um jovem pleno, e gostava de me ver me relacionando com outras pessoas, e ele pedia pra eu contar, eu contava como é que era, falava dos meus namoros com várias meninas e

O REVOLUCIONÁRIO DO TESÃO 251

com meninos também, eu namorava todo mundo, eu era uma pessoa livre, e isto o deixava feliz, então gostava de saber da minha liberdade e da minha juventude. Ele foi pra mim um tutor pra vida e pro amor, entendeu, ele me apresentou o verdadeiro amor e a vida. De uma forma muito bacana, então eu vivi muito plenamente a minha juventude, mesmo estando envolvido afetivamente com ele, e isso que foi bacana.

Nesses dois anos morando na França, fiquei muito amigo do Beto. Poderia não ter ficado, o Beto poderia não ter me recebido ou me hospedado, mas ele me abrigou por uma semana e ficou meu amigo até hoje, em seguida chegou lá também a Olaia, que tinha vindo de São Paulo pra morar lá, então ela ficou nossa amiga, a Olaia morou até comigo uma época, dividimos uma casa, e a gente trabalhou junto em vários coisas, o Beto tocando música, a Olaia com dança brasileira e eu distribuindo café, eu fazia mil coisas, fazia fotos de vários lugares, trabalhava de baby sitter, fazia mil coisas, então a gente era uma família, e alguns amigos também que moravam lá apareciam. Conheci uma amiga do Beto, com quem eu acabei tendo uma relação, não um namoro, na verdade eu não namorei ninguém lá, eu fiquei com várias pessoas, e ela ficou grávida, então eu tenho um filho francês. Meu filho hoje tem 30 anos, e eu devo esse filho também ao Bigode. Ele está aqui, ele está morando aqui no Rio agora, meu filho. O Bigode me ajudou muito a entender que eu estava pleno de amor dentro de mim, sabe, eu tinha amor pela minha liberdade, pela minha independência, pelo mundo que estava se abrindo pra mim, e tudo isso animado por ele, ele me ajudou muito a ver a vida de uma forma bonita e poética.

Sobre a briga do Bigode com o filho, eu tenho a minha interpretação, mas não sei o que realmente foi, eu estava lá em Paris na época que aconteceu esse episódio, mas eu sou um pouco avesso a brigas assim, de confusões. Eu entendi os dois lados e resolvi não me meter, eu entendi o lado dela, porque a briga foi com ela, a mulher do Beto, e entendi o lado dele, aí, eu preferi não me meter, e assim eu preservei a amizade de todo mundo, mesmo porque se eu fosse tomar um partido eu teria que cortar um dos dois lados, e isso eu não queria, porque os dois lados eram muito importantes pra mim. Mas então, enquanto eu morava lá, o Bigode foi visitar a gente, uma vez, nós fizemos uma viagem maravilhosa pela Grécia, Itália.

Depois eu voltei pro Brasil, em 1985, meu filho já tinha nascido, só que a mãe me afastou um pouco dele, não tive muito contato, inicialmente, fui retomar o contato com meu filho anos depois, e hoje essa relação é a coisa mais linda da minha vida, mas, então, quando voltei pro Brasil, fui pra São Paulo, trabalhar com a Somaterapia, com o Bigode e com a turma que estava fazendo o Viva eu, viva tu, *um centro de Terapia e Anarquismo, estudo de anarquistas.*

Era uma casa na Vila Mariana, na Rua Coronel Lisboa, que a gente alugou, era o Décio, o André, eu e o Bigode, éramos nós quatro que vivíamos lá, eu querendo trabalhar como jornalista, e ao mesmo tempo ligado à Somaterapia, porque antes de ir eu já tinha vivido bastante a Somaterapia. Dentre os meus amigos, o André do Rio tinha se mudado pra São Paulo, na época em que eu estava na França, e estava lá, o Décio, que era paulista, estava lá também e se juntou ao Bigode, e eles resolveram fazer um centro de Terapia Bioenergética e Anarquismo e alugaram essa casa e me convidaram para morar lá com eles e cuidar da parte de comunicação e ajudar também nas terapias, e tentar viver uma vida anarquista etc., tentar viver e fazer cursos de capoeira e grupos de estudo, e eu achei interessante, e fui direto pra São Paulo, que também era uma forma de eu continuar minha viagem, eu tinha acabado de voltar da França, e São Paulo também era uma cidade grande a explorar, que eu não conhecia muito bem, então entrei nessa e convivemos juntos um ano nessa casa, e muitas pessoas circularam por lá. Embaixo havia três salas de aula, de vivência de Somaterapia, havia vários grupos, e a gente morava em cima, o Décio e o André, eles eram exímios professores de Somaterapia, condutores, a gente não se considera professor nem terapeuta, a terapia mesmo se conduzia, tinha início, meio e fim. O André, principalmente, era uma pessoa que eu considerava muito, ele era inteligentíssimo, era médico também, psiquiatra, e era muito meu amigo, o André tinha feito parte do meu grupo de Somaterapia aqui no Rio, e foi pra São Paulo trabalhar, e vivemos lá. O André morreu. O Décio, eu não sei, ele sumiu, ninguém sabe dele, mas o Décio é do interior de São Paulo, lá de Ribeirão Preto, ele casou com a Regina, que também era somaterapeuta na época, eles casaram e acho que o Décio voltou lá pro interior de São Paulo com ela e ninguém sabe mais dele.

Aí nós vivemos um ano nessa casa, e não deu certo. O centro durou um ano, um ano e pouco, mais ou menos, e nesse ínterim, tive o prazer e a honra de conhecer o Sérgio de Souza, que era o melhor amigo do Bigode, e a Lana, os dois que me ajudaram muito no início da minha profissão como jornalista, os dois, cada um do seu jeito, dois grandes jornalistas e com quem eu trabalhei muito tempo, lá em São Paulo, uns sete anos.

A Caros Amigos *veio bem depois, a gente trabalhou na* Globo Rural *dois anos, depois o Sérgio de Souza montou uma empresa chamada* ECO, *equipe de comunicação, atendendo também algumas coisas rurais, atendendo a* Abril, *para algumas revistas rurais, e eu, como fotógrafo, trabalhava pra Lana na* Abril, *fiz várias coisas com a Lana, e eles foram mais que meus chefes, foram meus mestres no Jornalismo, os dois, tanto a Lana como o Sérgio de Souza. Conheci a filha do Sérgio de Souza, a Márcia, na França, por meio do Beto, então foi toda uma família que se juntou, e foi assim, eu voltei da França sendo muito amigo da Márcia, filha do Sérgio, e levei minhas fotos pro Sérgio ver e a gente foi trabalhar junto.*

Quanto a essas desavenças do Bigode, tenho algum mecanismo dentro da minha cabeça que eu bloqueio, esqueço ou não presto muita atenção porque tanto o Sérgio de Souza quanto o Beto eram duas pessoas que ele amava profundamente, mas muito, muito, muito, mesmo, um é um grande amigo, o outro é filho, e lamento o fato de eles terem brigado, lamento que o Bigode tenha morrido sem voltar a falar com o filho que ele amava, e com o Sérgio, que ele também amava. , Mas foram duas coisas diferentes: a do Sérgio de Souza foi na Caros Amigos, *houve alguma desavença política, porque o Bigode era muito radical nas posições dele. E com o Beto, eu acredito que o Beto era um filho que servia ao Bigode com tanto amor e carinho, em tudo, o Beto era o filho que estava ali de prontidão, o Beto fazia tudo pra ele, desde uma caipirinha, até buscar, levar ao aeroporto, acompanhar ele nas viagens, o Beto é uma pessoa linda, maravilhosa, o Beto tem exatamente a mesma idade que eu, e assim como eu sempre teve aquela alegria, o viço da juventude. Acho que houve ciúme, talvez, do Bigode em relação à Olaia, algum mal-entendido houve na briga dos dois, mas eu entendo que isso ultrapassou e pesou mais que a felicidade do filho.*

Eu acho que você não vai conseguir falar com eles sobre este assunto, nem ele, nem ela, vão querer falar. Mas a minha interpretação pela desavença com o filho mais querido, e de tanta mágoa, eu acho que é assim, o Bigode viu que o Beto se apaixonou pela Olaia, a personalidade do Bigode era uma coisa muito complexa porque ele pregava o amor, a liberdade etc., mas ao mesmo tempo ele tinha com as pessoas que ele amava uma espécie de posse muito doida, então tudo que ele pregou, com o próprio filho ele não exerceu, então eu acho que foi um pouco isso, ele viu que o filho começou a amar uma pessoa e essa pessoa seria a mulher da vida dele, pra sempre, era um amor muito grande, eles se amavam muito, tanto que eles tiveram três filhos e vivem até hoje juntos, e acho que o Bigode não se conformou com isso, só pode ser isso, e ela percebeu e não deu mole pra ele, não se fez de boazinha, então foram os dois, na minha opinião foram os dois, de personalidades fortes, que não se entenderam, e o Beto ficou no meio de tudo, e o Bigode deve ter dado uma enquadrada no Beto, do tipo ou eu ou ela, e ele preferiu ela, é claro, eu acho que foi assim, eu interpreto assim.

No caso do Wilson Aguiar Filho, o Cuca, que era autor de novela e estava no auge da vida dele fazendo "Dona Beja", "Marquesa de Santos", depois a "Kananga do Japão", estava bombando, e a gente era tudo amigo, e houve uma ruptura entre o Bigode e o Cuca, que não vale a pena comentar o motivo, mas houve uma ruptura, e na época o Bigode não queria que eu falasse mais com o Cuca por causa disso, e eu falei que não teria sentido, e ele falou que como eu era amigo dele, teria que ficar do lado dele, mas o Cuca também era meu amigo, então ele tinha essa coisa forte de você é meu amigo, e você tem que ficar do meu lado, só que o motivo da briga deles não era motivo pra eu brigar com o Cuca, a briga era deles, inclusive eles brigaram entre si, eu achei até bobagem, e ele queria que eu brigasse com o Cuca também, rompesse, solidário a ele, então, e eu acho que esse radicalismo da parte dele até afetou um pouco minha relação com o Cuca, que era muito meu amigo, eu fiquei até alguns meses afastado dele pra evitar confusão, mas eu acho que esse radicalismo do Bigode era difícil, e ele foi ser radical no seio da família dele, e não se deu bem, então eu acho que eu vivi esse radicalismo com as minhas amizades, eu acho que no caso da família foi um pouco isso, ele não se adaptou à nova vida do Beto, não se conformou, e eu não sei totalmente o que aconteceu, mas basicamente foi isso.

Então, ele era exatamente assim, tinha toda essa contradição na vida dele, porque, às vezes, ele pregava uma coisa e fazia outra, porque é difícil mesmo. Hoje em dia eu entendo ele, eu acho que ele era uma pessoa controversa mesmo, uma pessoa forte, meio louca, contraditória mesmo, mas uma pessoa maravilhosa, carismática, excepcional, de personalidade muito forte, hoje em dia eu guardo muita coisa boa dele, porque a influência dele na minha vida foi muito grande. Ele estava sempre pronto pra luta, pronto pra superar, com a certeza de que ia superar, otimista, e eu aprendi isso com ele. Nesse caso do Beto, eu fico muito sentido por isso, mas o fato de o Bigode pregar uma coisa e às vezes não fazer na própria vida o que ele pregava, era um problema dele.

Eu não li a autobiografia dele, eu quero até ler, mas sei que ele estava muito magoado, por isso eu acho que esse livro pode dar outra impressão, porque ele não era uma pessoa assim, rancorosa, ele deve ter ficado assim depois, porque ele era um velho solitário. Acho que ele deve ter ficado melancólico, lá com o uísque dele, com as lembranças, com a poesia, com o amor dele e tudo, eu não participei do final da vida do Bigode, eu fui visitar ele uma vez, a gente já estava um pouco afastado, mas nunca chegamos a brigar, ele se afastou, eu voltei a morar no Rio, ele ficou mais velho, mas eu nunca me envolvi nas desavenças dele.

Acho que o importante é dizer que eu amava muito o Bigode, e ele a mim, a gente tinha uma relação, ou várias, que às vezes era de pai e filho, às vezes era de amigos, outras de amantes, tudo muito forte o que houve entre a gente, ele nunca teve problema nenhum quanto a isso comigo. Ele era um cara que gostava mesmo de abraçar as pessoas, beijar dois, três ao mesmo tempo, aquela coisa, nos grupos de Somaterapia todo mundo se beijava, e ele nunca teve problema.

Na autobiografia, ele não cita meu nome também, assim como não citou um monte de gente que foi importante na vida dele... Mas uma das coisas que ele fazia bem era misturar a realidade com a ficção, nesse Ame e dê vexame tem uns dois episódios que era coisa de amigos nossos que ele romanceou tudo, eu lembro uma vez que ele fez um poema pra mim, aí quando ele resolveu publicar o poema, ele mudou o poema. Era um poema grande, lindo, lindo, ele publicou, está aí em algum livro, mas ele mudou, algumas coisas causavam certo pudor nele. Eu tenho uma coisa que está guardada, mas eu não sei se vale a pena, sei lá, porque eu morei em Paris, e por isso tenho dois anos de cartas dele, trocamos cartas durante todo o período em que eu estive na França, mas aí é outro departamento (risos). Mas essas cartas falam de muita coisa, ele era escritor, então as cartas dele eram enormes, cada carta dele era um livro (risos), e as cartas falavam muito da vida dele, das coisas, do trabalho dele, dos medos, de tudo.

Eu disse recentemente que o Bigode era uma pessoa que lutava, e eu aprendi muito com ele, isso de nunca deixar a vida me dobrar e me deprimir e sempre crescer sobre ela, isso é uma das lições que eu tive dele. Outra coisa *também que ele fazia muito bem, que era maravilhoso, era saber tirar das pessoas todo o potencial delas, ele mostrava pras pessoas o que elas tinham de bom, de certo, pra elas investirem naquilo, profissional e afetivamente, ele conseguia detectar a coisa boa de cada um, o talento de cada um, e mostrava pra pessoa aquilo, de uma forma muito cativante, então a gente se sentia grande diante dele, forte. Eu mesmo, com o meu trabalho, as minhas fotos, ele falava do meu trabalho de um jeito que me fazia crescer cada vez mais, ele levantava a bola e pegava o que a gente tinha de bom mesmo, que no meu caso era a sensibilidade, e a pessoa podia ter mil defeitos, mas ele conseguia ver o dom, um único dom, e ele pegava esse dom, ele sabia fazer as pessoas crescerem, então acho que isso era a maior qualidade dele.*

Eu só posso dizer uma coisa, pra concluir, eu agradeço muito a Deus a passagem do Bigode na minha vida, primeiro que determinou mil coisas no meu caminho, minha ida para a França, o Beto, minha volta, minha ida para São Paulo, meu crescimento pessoal, profissional e humano, foi determinante no meu caminho, mais que isso, meu convívio com o Bigode me fez uma pessoa mais forte, mais bonita. Ele era uma pessoa maravilhosa, então eu acho que as pessoas têm que desconsiderar os defeitos e todas as brigas que ele teve, e tudo, porque ele era muito mais maravilhoso do que tudo, ele era turrão, contraditório, enfim, se a gente vai fazer alguma coisa sobre ele, se você está escrevendo um livro sobre ele, tudo bem falar as coisas que se contradizem, mas o Bigode era uma pessoa linda, um homem maravilhoso e foi um pai maravilhoso também, embora tenha havido percalços, a gente tem que ver que ele foi uma personalidade linda, fortíssima e que influenciou muita gente, muita gente mesmo, influenciou a cultura brasileira, é isso aí.

Mais amor, menos Rivotril! Mais tesão, menos Fluoxetina!

Quando olhamos para a história da chamada "loucura" alguns dados nos saltam aos olhos logo. Michel Foucault trouxe a revelação de que até o século XII não se distinguia sanidade de loucura. Assim, alguém que tivesse um comportamento "diferente" dos demais era classificado tão somente como alguém "diferente". Se essa pessoa alegava conversar com Deus, era respeitada por ter um dom que a maioria não tinha. Se ouvia ameaças e gritava alertando os demais, possivelmente fazia com que muitos se assustassem também e procurassem abrigo dessas coisas desconhecidas que os atemorizavam.

Uma epidemia de lepra mudou muita coisa. Foram construídos, por toda a Europa, muitos leprosários para acolher os inúmeros doentes que se contagiavam uns aos outros. Com o passar dos anos, a epidemia abrandou, e os leprosos foram morrendo. Os enormes leprosários foram transformados em Hospitais Gerais, acolhendo, então, epiléticos, pequenos ladrões, prostitutas. O tempo mostrou como era desagradável para um senhor da sociedade que buscava aliviar-se da rotina de seu casamento com uma profissional do sexo correr risco de ser roubado ou ter que presenciar ataques epiléticos na cama ao lado. As queixas conduziram à separação dos pequenos ladrões, destinados, assim, a pequenas prisões, e as prostitutas foram para casas mais protegidas para esses encontros. E os lugares vagos nos Hospitais Gerais? Convocaram todos os "esquisitos" da sociedade e os colocaram lá. Assim, simultaneamente, surgiram delegacias de costumes, prostíbulos, hospitais e manicômios.

Esses seres confinados nos manicômios davam trabalho. Gritavam, não aceitavam seu confinamento, falavam coisas desagradáveis. Foram recebendo corretivos inventados para esses "tratamentos". Os confinamentos amarrados em bolas de ferro pesadíssimas para não saírem correndo foi uma das soluções. Os eletrochoques também. Pareciam possuídos por demônios! Então, a ideia passou a ser a de expulsão desses diabos. Confinamento longe dos olhos da sociedade. Tratamentos dos mais absurdos passaram a ser feitos, mesmo que alguns morressem e outros ficassem com cicatrizes eternas. Deviam ter sangue estragado! E assim foi se construindo a história da Psiquiatria!

Um médico francês, Jean-Martin Charcot, no final do século XIX, fez grandes mudanças ao combater os chamados "tratamentos morais" que se estabeleciam no Hospital de Salpêtrière, em Paris. Com o respaldo que ele tinha por relatar o mal de Parkinson e síndromes, como a de La Tourette, além da descoberta da afasia e da hemorragia cerebral, conseguiu retirar os grilhões de seus louquinhos. Passou a aplicar hipnose, na qual acreditava muito, para tentar entender aqueles comportamentos estranhos. Não podemos esquecer que até essa época tinham se passado sete séculos, 700 anos, desde os primeiros confinamentos dos esquisitos.

Um dos alunos de Charcot foi Sigmund Freud. Observando que pacientes histéricas de Charcot melhoravam após as sessões de hipnose, dedicou-se, inicialmente, a essa técnica. Depois, estudou os órgãos sexuais das enguias e fez experiências com cocaína, buscando um efeito terapêutico. Como judeu, sofreu todo preconceito e perdeu quatro irmãs em campos de concentração nazista. Mas criou um método que buscava conhecer o pensamento humano, ao qual deu o nome de Psicanálise, e transformou a Cultura do mundo.

Por ser muito criticado pela novidade que apresentava, Freud cercou-se de poucos amigos, brigou e rompeu com vários deles, defendeu intransigentemente suas teorias, sem admitir contestações, e insistiu, por mais que fosse ofendido e ridicularizado, em afirmar a importância da sexualidade no desenvolvimento do ser humano. Hoje, suas afirmações ainda são muito debatidas e recebem contestações, em geral dentro da própria Psicologia e Psiquiatria, mas nada que se compare com o que se falava e fazia naqueles primeiros anos do século XX, quando até falar do desenvolvimento psicossexual das crianças, coisa hoje que nem se discute mais, era fruto de mente pervertida e anticristã, influenciada por diabos que pretendiam destruir a nossa saudável e comportada civilização, mesmo que ela produzisse seguidamente guerras, estupros, violên-

O REVOLUCIONÁRIO DO TESÃO *259*

cias de todos os modos e tamanhos, e dividisse em verdadeiras castas as pessoas por gêneros, crenças, religiões, o que vem sendo aprimorado na atualidade.

Wilhem Reich foi um dos seguidores de Freud, que brigou, rompeu e seguiu outro caminho por ousar dar um passo além do que o precursor havia descrito. Um desenho curioso que pode ser estabelecido sobre a saúde mental consiste em compará-la a um trajeto de ônibus, onde o ponto final é a loucura irrecuperável, demencial. Muitos anos, especialmente no século XX, foram pródigos os estabelecimentos onde se recolhiam, com grande interesse de empresários, pessoas que chegavam a esse ponto final da viagem. Mas, por interesses diversos, inclusive políticos, muita gente que não portava um distúrbio tão grande era lá confinada também, caminhando rapidamente para esse destino trágico.

Tratar da saúde mental de maneira decente é não esperar o ônibus chegar a seu ponto final. É olhar para a questão no começo da viagem. Outra maneira de se entender isso é comparar a saúde mental a uma estrada, cuja segurança maior está em não se aproximar dos acostamentos: de um lado, onde ficam as neuroses, de outro lado, onde estão as psicoses. O que separa a estrada dos acostamentos não é uma faixa pintada no chão, mas uma tela feita de um material quase indestrutível, que sequer um tiro consegue romper. Portanto, para se passar para o lado do acostamento, é preciso encontrar uma passagem, uma fresta. No lado das neuroses, existem muitas dessas frestas, o que possibilita vivenciar situações neuróticas com frequência, mas é possível também o retorno à saúde mental por outra dessas passagens ou frestas. No lado das psicoses, as passagens ou frestas são mais raras, e assim os surtos são menos frequentes, porém com retorno também mais difícil. A diferença entre estar viajando em um carro novo, revisado, em uma pista bem asfaltada e iluminada (condições sociais, econômicas e boas orientações terapêuticas) ajuda a evitar se aproximar dos acostamentos. Contrariamente, um veículo descuidado, com pneus carecas, numa noite chuvosa, em uma estrada de terra (sofrimentos sociais, desemprego, falta de amparo terapêutico) facilita a aproximação desses acostamentos.

No século XX, especialmente em sua segunda metade, muitos movimentos aconteceram no mundo combatendo as ações da Psiquiatria mais tradicional e repressora. A antipsiquiatria foi um deles, com Laing e Cooper. O trabalho da "Psiquiatria Democrática" e sua Rede de Atenção Psicossocial, de Franco Basaglia, na Itália, foi outro. As reflexões importantes de Michel Foucault, o conhecimento das internações políticas nos Gulags soviéticos e a luta antimanicomial no Brasil completam o quadro. Com tudo isso, as instituições psiquiátricas foram sendo fechadas e substituídas por outros caminhos para tratamento de transtornos mentais. Também surgiram algumas "comunidades terapêuticas", atenuando o nome original de casas que procuravam combater o estigma dos manicômios, e, agora como instituições, com fundo pretensamente religioso, sem acompanhamentos psiquiátricos e psicológicos mais presenciais, oferecendo guarida a adolescentes e adultos jovens adictos de drogas.

Muitas dessas novas casas são dirigidas por gente que, como antigamente, pretende afastar essas pessoas da sociedade, uma espécie de higienização forçada, isso quando não são criadas por traficantes para isolar convenientemente viciados que não conseguem cumprir seus débitos com o tráfico.

Ao mesmo tempo em que diminuíram os manicômios, surge e se fortalece a indústria farmacêutica, trazendo as camisas de força químicas, as lobotomias medicamentosas, as destruições de funções cerebrais para ajustes de comportamentos, além de toda uma gama de afastamento da natureza da pessoa para outra forma bem-comportada de acordo com os desejos de uma sociedade perversa e doente.

A boa estratégia de marketing também tornou poderosa essa indústria, que, atualmente, conta com grande apoio de uma população pouco esclarecida a respeito dos riscos que corre consumindo tais medicamentos. Combater a depressão é um lema que a Psiquiatria atual brada fortemente. E confunde estados de luto, melancolia passageira e tristeza necessária com doenças depressivas. E então remédios fortíssimos são prescritos, de maneira irresponsável, antidepressivos que vão lesar, com seu uso abusivo, funções cerebrais importantes.

Fazer dormir é uma missão a que esses psiquiatras se filiam, como se a falta de sono fosse alguma doença grave. Tais profissionais não se importam com o que estão produzindo em quadros futuros, promovendo proximidades com quadros demenciais, como Alzheimer ou simplesmente diminuindo, às vezes até o final, os processos lúdicos da vida. Acabar com o tesão, de modo geral, até com o Tesão pela vida, também é uma forma

O REVOLUCIONÁRIO DO TESÃO 261

de atuação de alguns desses profissionais. O Rivotril (Clonazepan), um antigo antiepiléptico, lidera absurdamente as prescrições.

Os psiquiatras, muitas vezes, não refletem sobre isso. Porque também, em suas formações, não foram acostumados a refletir e, tão somente, a repetir velhas fórmulas. Tornam-se guardiões da indústria farmacêutica e cumprem o triste papel de "babás de loucos", sem que consigam dar as proteções que as babás, quase sempre, dão a seus bebês, e, pior ainda, sem que seus clientes/pacientes sejam mesmo loucos. Ao contrário, boa parte dos pacientes, muitas vezes, inicia uma caminhada para a alienação por meio desses tratamentos.

Roberto Freire percebeu isso claramente. E entendeu que a mudança teria que acontecer na vida da sociedade. Escreveu textos, peças teatrais, livros, artigos de jornais, novelas e minisséries de TV, em que a mensagem era a necessária transformação da consciência social. Também era necessária uma transformação política para isso, daí seu anarquismo, que não reconhecia a possibilidade de luta transformadora dentro de modelos como o comunismo e, muito menos, como uma falsa democracia totalmente capitalista.

Por fim, Freire chegou à conclusão de que a transformação deveria partir do indivíduo, cada um deixando fluir suas loucuras e sua libido, esta sim impossível de ser controlada por agentes externos quando experimentada verdadeiramente. Roberto Freire descobriu que a revolução necessária passava por combater o racismo, a homofobia, os preconceitos sociais, as formas de segregação, a ignorância sobre si mesmo. A revolução teria que ser por esse caminho. A ferramenta mais adequada era o contato extremo com essa libido, criadora e potente. O tesão como algo mais forte que qualquer outra coisa.

No livro *Viva eu, viva tu...*, Roberto Freire escreveu como uma crônica, "Bacuris", a história de um cliente oriundo de Belém do Pará, que procura a terapia e conta sua história de vida. Quando criança, foi treinado para ser padre. Em uma cultura toda de fundo religioso, coordenada por um padre bonachão, o padre Bezerra, com suas aulas de catecismo. O padre falava dos ensinamentos sobre as tentações do sexo e como evitá-las. Da facilidade de lidar com isso, "pois criança tem pinto, não tem sexo", o paciente se lembrou de um encontro com uma árvore cheia de frutos com um fundo amargo, mas docinhos e deliciosos – os bacuris – o enorme prazer gustativo obtido nesse experimento, quase sem controle, o desejo de comer mais e mais. Isso como um exemplo da consciência de que essa tentação podia ser coisa do diabo. Veio a dúvida sobre se para ser padre não pudesse nunca mais comer bacuris. A certeza de que mentiria, se preciso fosse, mas nunca mais iria abandonar os bacuris. E, por fim, a decisão corajosa, comunicada aos pais e ao padre Bezerra, de que não iria mais ser padre, pois preferia o bacuri. Roberto Freire encerrava a crônica dizendo que o cliente, atualmente publicitário famoso e rico, o procurara "porque não sentia mais em sua vida o sabor do bacuri".

Olhando atentamente para Reich, Pearls, a antipsiquiatria, o anarquismo, a capoeira, a poesia, os diversos Nandos que a vida lhe trouxe como seres que não eram doentes mentais como tinham sido classificados, e outros tantos que somente tinham saudade de prazeres que estavam distantes, Roberto Freire colocou seu bigode de molho e fez uma torta de bacuri. Chamou-a de Somaterapia e saiu pelo mundo, mais uma vez, destinado a transformá-lo.

É importante lembrarmos que em *Brasil, Urgente* Roberto Freire já tinha comandado uma série de matérias que iniciaram com aquela que trazia a manchete "Remédios matam o Brasil", em que denunciava os laboratórios estrangeiros por burlarem as taxas alfandegárias brasileiras ao importar medicamentos a granel e a evasão de divisas por meio dos *royalties* pagos pelos laboratórios brasileiros por não deterem a patente dos medicamentos, indicando ainda o lucro de 150% da Fontoura-Wyeth e 280% da Merck. Na segunda parte da reportagem, com o subtítulo "Oito bilhões de publicidade para impingir drogas ao povo", Roberto Freire explicou o funcionamento do marketing das indústrias farmacêuticas, sobretudo o trabalho direto nos consultórios, que pretendia condicionar médicos a receitarem determinados remédios e, dessa forma, garantir as vendas dos laboratórios, valendo-se do poder do médico na prescrição de medicamentos. Além disso, Freire destacava que tal marketing elevava o preço dos medicamentos.

No editorial do terceiro número do jornal, sob o título: "Remédios: o povo exige solução", foi ressaltada a repercussão da matéria, destacando a "posse de documentação farta e irretocável" que levou a matéria a ser comentada no Senado e na Câmara Federal e analisada por técnicos designados pelo presidente João Goulart.

Logo as reações contra o jornal iniciaram. Foi oferecido um grande patrocínio, desde que apenas o Frei Josaphat escrevesse, porém com direcionamento religioso, e não político. Houve ainda ataques de Júlio Mesquita, editor chefe do jornal *O Estado de S. Paulo*, vandalismo contra a sede do jornal, inúmeras pressões de políticos e da hierarquia católica, além dos empresários ligados à indústria farmacêutica. As pressões não demoveram o Conselho de Direção, que publicou o editorial-manifesto: "Por que existimos. Por que vamos continuar", em que foram relatadas as ameaças sofridas. De fato, as reações agressivas por parte dos conservadores os levaram a outras denúncias contra empresários estrangeiros e brasileiros das indústrias automobilística, aérea, a indústria do cigarro Souza Cruz, o proprietário da fábrica de cimento de Perus, e também contra latifundiários, políticos como Carlos Lacerda e Adhemar de Barros, militares, entre outros.

Acontecia também o conflito entre Roberto Freire e Frei Carlos Josaphat. Conflito que se intensificou no momento em que Frei Josaphat parte para a França, conforme prescrição da Ordem Dominicana, em novembro de 1963. Nos dias que se seguiram a esse fato até a partida, Roberto Freire insistiu para que ele permanecesse no Brasil, pois considerava a ordem absurda e uma clara manobra para afastá-lo da luta política, mas foi em vão. A decepção foi em igual dimensão ao fascínio anterior, e sobre Frei Josaphat, no programa "Provocações", de Antônio Abujamra, Roberto Freire desabafou: "Frei Carlos me traiu e traiu o jornal. Foi a última vez que me envolvi num trabalho com a Igreja, porque eles são traidores, mentirosos, eles são horríveis. Frei Carlos simplesmente fugiu!"

Abujamra o interpela e questiona: "Você acha errado se salvar?". Roberto Freire não hesita em sua resposta: "É errado se salvar se pra isso você se trai. Trai a si e aos outros. Ele se salvou traindo-se, e traindo toda...". Abujamra ainda insiste: "E ele acredita nessa traição?". Roberto Freire respondeu: "Não sei, eu nunca mais falei com ele. Eu tenho horror a ele".

Por meio da escrita literária, Roberto Freire procurou "reabilitar o corpo", pois não mais concebia corpo e mente separados; como Nietzsche, compreendia que o "homem se insere na vida pelo corpo. O corpo é o centro da interpretação e organização do mundo. O corpo é pensador". Então, Roberto Freire apresentou concepções dicotômicas dos corpos:

belos ou feios. Os corpos belos são aqueles que detêm a potência anárquica para a resistência, a inservitude e o viver do amor livre.

O personagem Daniel foi inspirado em Daphnis, do romance pastoral
Daphnis et Chloe, de Longus e na estátua "Galatée dans les bras d'Acis",
da Fontaine Médicis – Jardin du Luxembourg. A preocupação estética
de Roberto Freire possivelmente estava relacionada a uma concepção de
perfeição do ser libertário; segundo Nietzsche, "no belo, o ser humano
se coloca como medida da perfeição". Para além do narcisismo abordado por Nietzsche, o belo na literatura freiriana também tem influência
do imaginário de Thomas Hanna, segundo o qual alguns jovens contêm
em si uma rebeldia e anarquia genética, uma nova geração mais evoluída
que teria a capacidade de construir uma vida libertária. Portanto, contida
nessa concepção genética de anarquia, estava a beleza dos corpos. Coiote
é o personagem em que melhor transparece essa associação entre beleza
e anarquia, segundo a Profa. Carla Fernanda da Silva, em seu texto "Arte
& anarquia: uma ética de existência em Roberto Freire".

Roberto Freire sabia usar algumas armas revolucionárias muito bem.
Sua escrita, ainda que prolixa, tocava os leitores, principalmente jovens.
Escrever *Coiote* foi um passo, os grupos de Somaterapia foram outros
caminhos escolhidos. A Psiquiatria, vista criticamente como servil a um
sistema repressor e capitalista; a Psicanálise, olhada como adaptativa e
elitista, não podiam servir em nada ao seu projeto. Criar a Somaterapia e
escrever compulsivamente sobre ela foi a opção escolhida. Falar em tesão,
viver com tesão, convocar jovens para exercer o tesão: era isso que faria,
isso seria revolucionário.

A receita da torta de bacuri

A Profa. Carla Fernanda da Silva foi brilhante em seu trabalho ao descrever o que aconteceu então:

"Entre o autoexílio em 1969 e o lançamento do livro-manifesto *Viva eu, viva tu, viva o rabo do tatu!*, em 1977, cujo título remete a um 'grito de guerra' infantil, que nas palavras do autor era também 'um chamado para a luta.' A luta que propunha era outra, não mais relacionada à esquerda marxista, mas à defesa de uma ética da existência anarquista: 'Enfim, quero dizer claramente que sou um anarquista, um socialista libertário.' Na contracultura 'a felicidade é uma potência a desenvolver-se, um modo de vida, e, nesse sentido, ela é política [...]. Só nos comunicamos com outros por intermédio daquilo que em nós, como neles, permanece em potência.'"

Entre os movimentos e conquistas oriundos das discussões e questionamentos suscitados pela contracultura, é possível citar os movimentos ecológicos, o feminismo, que, além de seus desdobramentos teóricos, conquistou em alguns países o direito ao divórcio, ao aborto etc. Ainda podemos destacar a luta pelos direitos civis igualitários (homossexuais e transgêneros), a campanha de legalização ou descriminalização das drogas, sobretudo a maconha, a liberdade sexual etc. São reivindicações que estão num embate contínuo, entre avanços e recuos, pois é preciso perceber que a contracultura forjou-se na resistência e contínua metamorfose, é um movimento que se construiu a partir das necessidades do presente, daí a constante transformação dos seus modos de existência e bandeiras imediatas.

A contracultura e o Maio de 1968 trouxeram à tona novamente reivindicações do movimento anarquista de quase um século no que se referia aos direitos dos trabalhadores, contra o autoritarismo escolar e familiar, e não se limitou a denunciar o que designou como a opressão capitalista, mas visou combater todas as formas de dominação, sendo que esta "rejeição visceral da autoridade, de toda a autoridade, era acompanhada por uma vontade de praticar e experimentar novas formas de relações sociais". Importante assinalar que o movimento de contracultura dialogou com o anarquismo e com filósofos como Michel Foucault, Gilles Deleuze, Louis Althusser, Herbert Marcuse, Félix Guattari, entre outros. Filósofos e anarquismos também balizaram suas teorias nas reivindicações e reflexões oriundas das ruas, margens e subterrâneos da contracultura.

A Somaterapia e a ética de existência anarquista defendida por Roberto Freire também têm sua base argumentativa e experimental na contracultura. E, para além do fim vaticinado, a contracultura encontrou um desdobramento, com reflexões, interpretações e alterações pontuais, por meio dessa terapia anarquista que teve grande repercussão nos anos 1980 e 1990 e, na segunda década dos anos 2000, há outras formas de expressão e expansão a partir das atividades dos somaterapeutas Vera Schroeder, Jorge Goia, João Da Mata e Rui Takeguma com suas peculiaridades.

Jorge Goia é jornalista e somaterapeuta que estudou e escreveu uma linda tese sobre o terapeuta anarquista. Fez diversas entrevistas com Roberto Freire e, em uma delas, é lembrada a aproximação com Fausto Brito, professor de Filosofia da UFMG, com quem escreve *Utopia e paixão*.

Após ter se desiludido com os caminhos que a AP (Ação Popular) tinha tomado, recebendo inclusive críticas fortes internas após a publicação de *Viva eu, viva tu, viva o rabo do tatu!*, Roberto Freire resolveu se afastar dessa organização. Betinho, o sociólogo Herbert de Souza, um dos dirigentes da AP, ainda lhe perguntou: "e vai fazer o quê?", tendo recebido a resposta que não sabia, mas que não pretendia aquele caminho tão próximo do marxismo-leninismo que a organização estava trilhando.

Então seguiram anos de solidão, dito assim por Roberto Freire, que se dedicou cada vez mais à criação da Soma e à literatura. Afastado de grandes amigos pela discordância política com a maioria deles, viu sua criação terapêutica se espalhar fortemente pelo Brasil. Eram os anos 1980 e o movimento psicossocial estabelecia um novo jogo de forças. Foi aí que conheceu Fausto Brito, que o intriga, de cara, trazendo uma questão: "O que nós vamos fazer com nossa militância?". E então vem a parceria para escrever *Utopia e paixão*.

O REVOLUCIONÁRIO DO TESÃO 267

Nas entrevistas a Jorge Goia, Roberto Freire define que "não era possível lutar contra o mercúrio-cromo ou o algodão, tinha que se buscar a razão das feridas", e esta era perpetrada pelo sistema capitalista. Esse era o foco de combate que deveria ser estabelecido.

Nessa época, Roberto Freire foi internado num hospital de Belo Horizonte com deslocamento duplo da retina. Várias versões constam como o motivo que fez surgir esse quadro: consequência de torturas, principalmente as aplicações de "telefones" (pancadas em ambos os ouvidos simultaneamente) recebidas em suas tantas prisões, também há a versão de um marido enciumado de uma cliente que o tinha atingido após encontrá-lo, um quadro infeccioso decorrente de sua incipiente diabetes e um soco recebido de um cliente, fora do consultório.

Ests última hipótese é defendida pelo poeta Ulisses Tavares, que participava de um grupo de Somaterapia dirigido pelo Bigode, e que diz ter presenciado o ocorrido em uma cantina vizinha do espaço onde se realizava o trabalho, quando comiam, bebiam e iriam assistir na TV a um jogo do São Paulo, time do coração de Roberto Freire, quando o cliente se aproxima querendo discutir coisas do trabalho dele, e sendo orientado a procurá-lo em outro momento, não naquele de lazer, teria se enfurecido, discutiram, e o sujeito acabou dando o soco na vista de Roberto Freire.

De qualquer maneira, a internação em Belo Horizonte aconteceu realmente, isso é fato. Roberto ficou cego por cerca de um ano. Sem conseguir ler, um de seus prazeres maiores, Roberto Freire teve que se contentar em ouvir e falar suas histórias, então gravadas. O resultado imediato foi o título do primeiro capítulo do livro: *O escuro é luz bastante*. Jorge Goia associa, brilhantemente, este livro ao *Ensaio sobre a cegueira*, de José Saramago, no qual são expostas as contradições de luz e sombra.

Uma citação dada por Roberto Freire a Jorge Goia em uma de suas entrevistas é bastante reveladora:

"... o anarquismo me levou a acreditar numa revolução não celular, mas atômica, que se produza por uma modificação da estrutura ideológica da pessoa. Se você não faz da sua vida um socialismo, não vai ajudar a implantar um socialismo. Atômica e não celular, não a partir somente das instituições, família, escola etc. Eu acho que tem de ser a revolução da pessoa. É um processo mais lento, mas muito mais eficiente. A mudança de uma pessoa contamina milhares."

Isso levado a sério implica lutar, num primeiro plano, contra os próprios sentimentos de posse, de insegurança, de ciúme. Reagir contra as acomodações enormes oferecidas pela sociedade capitalista. Não mais aceitar os modelos tradicionais vigentes de partidos, organizações sindicais, federações, mas também repudiar os modelos clássicos de família e relações amorosas, assim como as maneiras com que se determinam as posições, formas e gestos da sexualidade. Hoje, o combate à homofobia e à censura aos grupos LGBT é incorporado em discursos mais revolucionários, ainda que ferozmente reprimidos pelos setores mais reacionários. No entanto, ainda se trata dos discursos, e não de práticas.

Jorge Goia enfatiza os rompimentos do Bigode com pessoas que eram bem próximas, mas que adotavam somente o discurso, e não a prática. A não aceitação de um neoliberalismo apenas teórico. E, ao mesmo tempo, a defesa que fez de pessoas como Silney Siqueira, desde os tempos da EAD até sua parceria no Tuca, de Miriam Muniz e Sylvio Zilber, seus companheiros do Centro de Estudos Macunaíma e, inclusive, de Wilheim Reich, como anarquistas que nunca se definiram como tal, mas que praticavam o anarquismo vivencial.

Jorge Goia propõe então a reflexão sobre uma pragmática do prazer como o caminho adotado por Roberto Freire em sua terapia anarquista. Roberto Freire declarou a Jorge Goia um veredito à interpretação, pedra angular da Psicanálise:

"... a interpretação dá um poder imenso para o terapeuta. Quando ele faz uma interpretação, começa a ligar coisas como se fosse um mágico, introduzindo os *insights* na cabeça dos clientes. Acho a interpretação algo extremamente autoritário. O psicanalista não deve ter autoridade sobre o paciente. É um tiro daqueles de chumbinho: o passarinho precisa passar por uma área imensa para ser atingido. Algo que às vezes funciona, às vezes não. Mas, mesmo quando funciona, aumenta muito o poder do terapeuta sobre os clientes."

Por isso, para Roberto Freire a terapia tinha que ser política. Não mais um processo de adaptação ou de buscar em raízes da relação com a mãe fundamentos "edipianos" para o sofrimento psíquico que acometia o paciente. Ao contrário, a terapia poderia até inquietar mais. Mas conduzia o paciente à libertação de sintomas produzidos por um sistema que visava à dominação das pessoas, submetidas a algozes de ordem bem diversa: o capitalismo! E Roberto Freire afirmava:

"E quem reclama acaba até enlouquecendo. Se alguém reage, luta, não aceita, não quer, acaba adquirindo os sintomas neuróticos: ansiedade, angústia, depressão, fobia. Tudo isto porque a pessoa não quer aceitar a submissão..."

Se analisarmos os dias de hoje, vamos ver o quanto a Psiquiatria oficial e a Farmacologia psiquiátrica dedicam suas ações e produtos especialmente a tratamentos de "ansiedade, angústia, depressão, fobia", nas formas que viraram modismo de TAG (Transtorno de Ansiedade Generalizada), angústia social, depressões de todos os tipos e maneiras e, principalmente, síndromes de pânico.

Na entrevista a Jorge Goia, Roberto Freire conta que "... tudo isto eu vivi: as contradições entre um discurso socialista e uma prática autoritária, quando a militância, durante a década de 1960, via o poder basicamente como Estado. Mas só comecei a compreender com Foucault. Esses filósofos e pensadores são fantásticos, porque a gente vive a experiência, fica meio perdido nas contradições, mas depois lê um pensador que organiza isso. O que estava acontecendo dentro de mim era o que estava acontecendo no mundo. A ideia de Estado passou a ser um horror, a forma de organizar o autoritarismo oficial, imutável. E o poder de Estado que os socialistas exigiam como base também passou a ser um poder terrível, que não se desmancha facilmente."

Marcos Vinicius Câmara, outro que estudou essas questões, escreveu que "Se, com Freud, fala e corpo eram separados; se, com Reich, fala e corpo reencontraram-se em um corpo uno; com Foucault, é a partir desse corpo que podemos questionar os seus atravessamentos, a malha de saber/poder, as redes sociais que o constituem. Assim sendo, torna-se importante um trabalho clínico/social que, a começar pela verbalização e pela expressão corporal do sujeito – aqui visto como ator/autor cujo lugar e enunciação não foram determinados basicamente por ele, mas por uma imbricação de forças sociais, políticas, do imaginário popular etc. –, quer contribuir para a democratização das relações de saber/poder, das redes sociais, enfim, das forças institucionais."

Aí está o caminho. O tempero da receita da torta de bacuri. A conclusão passada por Roberto Freire a Jorge Goia:

"... acho que está na hora de definir o anarquismo somático. Porque é um caminho para se atingir o anarquismo, a meu ver muito mais natural, muito mais biológico, muito mais moderno, e com possibilidades de se conseguir um resultado muito melhor que ficar pensando em sindicalismo, em federações, com heranças ainda marxistas. Mas entrar diretamente na exigência de se alcançar a plenitude anarquista em si mesmo para depois sonhar com uma sociedade anarquista. Nós estamos caminhando para chegar a um momento em que vamos conseguir demonstrar que o anarquismo somático é muito mais natural do que ideológico. A gente é anarquista por natureza. A Filosofia é no campo do entendimento, mas apenas explica aquilo que a natureza busca".

Entrevista: com a psicóloga social Vera Schoeder, a "Verinha", a última companheira

Falar do Bigode é fácil, porque ele foi uma pessoa incrível, marcante. Posso dizer com tranquilidade que graças à convivência com ele, com as ideias, com os pensamentos, com o cotidiano dele é que eu pude viver em um mundo mais ligado à arte, à cultura e ao próprio entendimento, um entendimento mais interessante do que a política que se abriu para mim.

Eu era muito nova, tinha 21 anos quando conheci o Roberto em São Paulo, e aos poucos fui me aproximando dele como terapeuta, mas da figura humana dele, dos amigos e de tudo que ele fazia em relação à cultura brasileira. As ideias eram as mais exuberantes, as mais malucas, as mais simples e possíveis de entender o ser humano, como um ser humano criador, um ser humano apaixonadamente criador. Com ele aprendi a importância de se pensar que cada um de nós é livre. Somos livres porque criamos, porque temos ideias e podemos efetivá-las em algum momento, e isso traduzido em uma prática no cotidiano foi muito marcante pra mim.

Ele era um apaixonado pela música brasileira, pela literatura, pelo teatro, enfim, pela criação espalhada ou compartilhada diariamente com as pessoas. Então, de fato, outra perspectiva de mundo, de viver nesse mundo em que a gente vive, que a gente habita, passou a ser possível para mim por causa dele. Eu acho que ele foi uma figura humana que me ajudou a viver de maneira mais tranquila.

Foi com o Roberto, também, que eu fui entender algumas questões ligadas à luta necessária para se viver e para se dar conta dos dragões necessários com que a gente também tem que lidar, com uma vida mais próxima da arte, de um modo geral, e uma compreensão mais necessária do que é ser um ser político, ser um gregário político necessariamente.

Sem dúvida alguma, o Roberto tanto nas práticas terapeutas da Soma, como nos diversos livros, seja nos ensaios de Utopia e paixão, *seja em* Cleo e Daniel *ou mesmo* Coiote *e tantos outros, como* Ame ou dê vexame, *enfim nos poemas dele, ele sempre teve essa preocupação de como a gente ainda precisa aprender a amar e como é muito fácil a gente cair em armadilha, de um amor autoritário, um amor possessivo, dependente, essa era, sem dúvida nenhuma, uma das grandes belezas também, uma das memórias que eu tenho, eram conversas que a gente tinha sobre como tudo isso é sempre complicado. É sempre mais fácil falar, escrever sobre isso, mas acho que quem conviveu com ele também traz essa marca de uma utopia que se realizava também no nosso dia a dia.*

Minha convivência maior com ele foi em 1994, quando eu fiz um grupo de Soma em São Paulo e foi até os anos 2000, até o final da vida dele. Tive contato com ele até o final da vida dele, eu já estava morando aqui no Rio de Janeiro desde 2000, mas ia regularmente a São Paulo. Nesse período a gente estava se vendo menos, pela distância, mas sempre que eu podia, levava pessoas para conhecer o Roberto, pessoas que queriam conversar com ele, conhecê-lo, bater papo, e isso o Roberto adorava fazer, tinha sempre grandes histórias para contar e lembrar, e foi uma perda muito grande. Eu acho que talvez pelo fato de ele ter sido uma pessoa muito polêmica e, às vezes, até radical em alguns pontos, ele não conseguiu ter um relacionamento no final da vida, como ele merecia ter tido.

Ele trazia pensamentos libertários que não são pensamentos anarquistas, mas que, muitas vezes, se tornam um pouco herméticos, porque as pessoas estão no meio de um momento em que estão enxergando o mundo hoje com uma incapacidade cada vez maior de entender as coisas sem a lente de uma política partidária. O Roberto trabalhou muito esse seu pensamento anarquista de uma maneira muito mais múltipla e cheia de nuances, em que há também a possibilidade de coabitar contradições, dúvidas e incertezas, o que é muito próximo do pensamento da filosofia francesa pós-estruturalistas enfim, o Roberto chegou a pegar o início disso, ele já estava, na verdade, praticando, pensando e escrevendo sobre isso.

Eu convivi, ouvi e vi essa ruptura dele com o filho, além de tantas outras pessoas que trabalhavam com ele, como o Décio e tantos outros, essas amizades desfeitas, essas traições que ele sempre dizia que sofreu. Com o Roberto não havia alento, não havia remédio possível, não havia solução,

O REVOLUCIONÁRIO DO TESÃO 273

e isso foi uma dor que ele carregou até o final, e quanto mais doente ele foi ficando, mais idoso, acho que mais a saudade batia e era mais difícil pra ele, porque ele não dava o braço a torcer.

Eu não conheci o Beto, só por fotos da filha, algumas vezes o Beto veio para o Brasil com as filhas, e ele deixava as filhas ficarem com o avô e tal, mas era sempre muito rápido e depois foi ficando cada vez mais difícil por questões geográficas, porque o Beto morava fora do país, e o Roberto saiu de São Paulo, mas eu sempre percebi que a dor era tão forte, tamanha, que era um pouco invasivo tentar fazer perguntas, querer entender, o que eu pude fazer era sempre oferecer um ombro amigo e tentar ajudar da maneira possível, mas também esse era um assunto que poucas vezes vinha à tona, ele não gostava de falar sobre isso, porque acho que talvez ele sentia, de algum modo, que também tinha errado, enfim, talvez nem ele entendesse direito o que aconteceu, onde a coisa se perdeu, quando a coisa desandou a ponto de ter uma ruptura entre pai e filho.

A gente descobriu que tinha uma grande amiga em comum, o mundo deu uma volta e de repente a gente se uniu fortemente. Eu acho que ele tinha isso com as pessoas. Eu lembro uma vez que a gente estava jantando em algum lugar e aí eu reparei que ele estava prestando atenção em uma mesa ao lado, isso foi logo que a gente começou a se conhecer, e ele disse: "eu não consigo parar de criar e imaginar diálogos e roteiros, pra mim, o que está acontecendo naquela mesa é o seguinte: mãe e filha estão discutindo porque a filha quer namorar um rapaz, e a mãe não quer, sabe-se lá por quê, mas isso tudo é uma questão de namorar, de amor, enfim, de amor". E aí ele já dava o esboço de um roteiro de paixão e de rompimento, já tinha uma história criada para aquilo ali, então ele estava conversando com você, mas ao mesmo tempo aquilo era como se fosse um cenário com atrizes e atores em que ele estava sendo uma espécie de diretor ou um roteirista, escritor daquela vida, sendo vivida...

Eu estava num jantar, estávamos eu, o Roberto, a Lana e o Serjão, num restaurante ali perto do Palmeiras, e eu lembro claramente dessa noite, o Roberto cheio de ideias e "vamos fazer alguma coisa, a gente tem que fazer alguma coisa juntos", e foi naquele jantar que surgiu a revista. Caros Amigos surgiu naquele jantar, aí o Roberto diz: "eu ainda tenho uma grana". Tudo que ele conseguia de dinheiro por meio dos livros, dos trabalhos na TV, na música, nos jornais ele sempre aplicava em alguma outra possibili-

dade. As pessoas mais próximas, da família e mesmo os amigos, ficavam preocupadas, "pô, Bigode, você tem que fazer uma caixinha, você tem que guardar dinheiro para a velhice", e ele dizia, "não vou fazer poupança nenhuma, porque isso vai dar muito certo, supercerto e todo mundo vai ganhar dinheiro". Mas a verdade é que ele nunca se preocupou muito com a questão econômica, sempre foi mais preocupado com o que a gente podia fazer naquele momento.

E foi lindo o início da Caros Amigos, os dois [Roberto e Sérgio] pareciam dois adolescentes assim, rindo à toa. Felizes. Mas o Roberto tinha uma preocupação desde o começo, então eles tinham uma espécie de acordo, o Roberto dizia: "Serjão, não esquece que eu sou anarquista, então queria que você respeitasse isso, e que a gente tomasse cuidado com questões mais tendenciosas, não podemos ser um veículo que fique a mercê ou tendendo a uma linha seja ela qual for, ideológica ou partidária".

Aí aconteceu a eleição do Lula, e uma das maneiras de ter verba era abrir pra publicidade, até porque a Caros Amigos era uma revista lida por todos da esquerda de um modo geral, então tinha seu público fiel leitor. Esses leitores eram, realmente, na maioria, pessoas que votavam no PT e nos outros partidos de esquerda, mas principalmente no PT, e começou a aparecer publicidade petista na revista, e quem conseguiu isso foi o Sérgio. O Roberto ficou chateado. Eles acabaram brigando. Eu lembro claramente do Roberto falando, "pô, agora isso aqui tá virando uma revista do PT". Mas não sei se foi só isso. Acho que começaram a ter problemas naquele momento.

O Roberto era uma pessoa muito intensa. Era isso. Intenso. Muito apaixonante nesse sentido, nessa intensidade visceral de viver a vida, de viver intensamente, de sentir a vida, de deixar marcas na vida, e de viver sempre com os outros, sempre em coletivo, sempre com mais pessoas, muitos amigos, muitos cúmplices, não ter medo, não ter polidez, tudo em nome do amor, amar de uma maneira mais solta, mais livre, mais espontânea, isso era muito claro e evidente. Ele era um cara honesto e fiel a suas ideias, claro em suas converas e queria que todo mundo fosse assim. Para ele, fundamental era levar a vida da forma criativa dele.

Anarquismo colocado em prática

O Bigode foi crescendo e sendo aparado ideologicamente durante toda sua vida. No entanto, romper era o verbo a ser usado frequentemente. O grande agitador cultural que tinha dominado suas ações nos anos 1960 e 1970, chega até o meio dos anos 1980 provocando um monte de gente do teatro, da música, da TV, das crônicas em jornais e revistas, e foi se aquietando enquanto um novo caminho de agitação tomou seu lugar: a Somaterapia, com seus workshops e livros, um atrás do outro, falando de suas intenções terapêuticas.

Era um caminho muito interessante para provocar mudanças na estrutura social da juventude, na sua maneira de amar, de namorar, de fazer sexo. A ruptura se dava então dentro do que o conservadorismo e o machismo tinham como redutos fortes. Tabus vigentes, como o próprio incesto, passaram a ser discutidos. A escolha sexual livre, sem particularizar gênero, era um verdadeiro alicate enorme para romper cadeados culturais. Os grupos, e não somente duplas, davam um enorme cutucão nas maneiras tradicionais de convivência social. O modelo capitalista, assentado secularmente em modelos que foram assim questionados, sofreria com essa ação.

Era o anarquismo em ação contra os alicerces psicossociais.

Uma das frases que se atribuiu sempre aos anarquistas dizia que "o mundo só seria totalmente livre quando o último imperador fosse enforcado nas tripas do último papa". O radicalismo dessa expressão seduzia os que desejavam grandes mudanças e aqueles que não aceitavam as condutas impostas. As mulheres cresciam na luta pelos direitos iguais, profissional e financeiro, e atingiam bons golpes no machismo. Os gays, lésbicas, travestis, transexuais e "simpatizantes" começavam a se organizar contra o lugar reservado dentro de armários. E o machismo novamente sentia o baque dessa pancada.

Ser anarquista podia significar escolher uma dessas lutas, mas que fossem cada vez mais soldados práticos e menos teóricos. A Somaterapia fazia uma parte desse caminho. Os anos 1980 ajudavam com suas transformações. Mas havia ainda muito a ser conquistado. As preocupações ecológicas trouxeram novos debates e lá foi o Bigode questionar suas organizações para debates convencionais, os quais ele chamou de "A farsa ecológica". As escolas eram pouco ousadas na Pedagogia aplicada às crianças e Roberto Freire lança o manifesto de uma "Pedagogia anarquista". Em 1993, cria, em São Paulo e no Rio de Janeiro, o Curso de Pedagogia Libertária. Durante mais de oito anos, seus participantes foram convidados a criar teatro, dança, mímica, música, circo, fotografia, pintura, escultura, vídeo, cinema e refletir sobre tudo isso. Mais de 36 edições desses cursos foram vividas e discutidas em um processo altamente criativo e estimulante.

Comparando os dias de hoje aos dias de autoritarismo, o estímulo ao pensamento, por meio da Filosofia, da criatividade, das Artes, do uso do próprio corpo, de jogos e atividades físicas sempre foi um perigo por provocar possibilidades de ruptura no que era tradicionalmente estabelecido.

Em 1998, fundou-se a Casa da Soma, com cursos bimestrais de Pedagogia Libertária. Foi a época de conhecer Christiania, na Dinamarca, uma cidade de vida anarquista, que teve sua origem no movimento *hippie*, em um campo militar abandonado pelo governo dinamarquês com 22 acres de tamanho, tendo 150 prédios em sua extensão, num distrito de Copenhage. Cerca de dez mil pessoas, que comemoram o Verão Nórdico do Amor, entre outras festas, onde tocam muita música, dançam nus, exaltam sua espiritualidade de forma original, consomem drogas, conseguiram que a polícia dinamarquesa ficasse fora disso tudo. A administração se dá por meio de reuniões de conselhos rotativos, sem usar o processo do voto.

Roberto Freire, João da Mata, Cláudia Nogarotto e Vera Schroeder foram, em 1995, a Christiania. Então com 1.000 moradores e apoio de 30.000 moradores de Copenhage que exibiam aprovação em passeatas, Christiania já teve retratada sua existência e funcionamento por um antigo morador, Jean-Manuel Traimond, que morou lá por 16 anos. Seu livro foi traduzido para o português por Paulo Freire, o filho do Bigode, com o nome de *Histórias de Christiania*.

Em Christiania não há, consequentemente, diferença de classe social, exploração ou discriminação do Outro. Quem trabalha mais tem condições mais confortáveis. Existem pobres por opção, não por exclusão social.

No mínimo, isso tudo provocava muitas reflexões.

A Academia ainda era timidamente atingida. Um espaço conservador demais para aceitar as teses de Roberto Freire. Por isso, as brechas conseguidas na PUC de São Paulo, junto do Prof. Edson Passetti, significaram muito. O Nu-Sol, Núcleo de Sociabilidade Libertária, era um espaço altamente significativo. Esse cientista social, desde a sua formação, tinha se interessado fortemente pelas questões libertárias, e a produção de uma revista, encontros frequentes de discussão, participação nas mídias da Universidade estavam se tornando um canal possível e importante. Roberto Freire foi um colaborador de primeira hora até quando não pôde mais, porque morreu, mas trabalhou para mostrar que o anarquismo é uma ideia para ser levada a sério. Anarquia não é bagunça, não é loucura, não é improvisação.

Outro parceiro importante nas reflexões anarquistas de Roberto Freire, por estes tempos, foi o professor, economista e escritor português José Maria Carvalho Ferreira, ao constatarem, vivencialmente, enquanto estudavam em Paris, ainda os ecos do movimento de 1968.

Entrevista com Gustavo Simões

Vou falar de uma maneira bem pessoal de como eu conheci o Roberto, porque isso é importante para mim. Eu o conheci quando tinha 17 anos, fazia capoeira e vendia alguns livros do Roberto com o Buí. Um dia eu estava lendo um livro do Bigode: O coiote, e o Buí perguntou para mim: "Você não quer conhecer o Roberto?". E eu falei: "Pô, claro!". E ele falou: "Então faz o seguinte: quando eu vier te buscar aqui, em vez de a gente ficar aqui vendendo os livros, a gente guarda os livros, pega um carro e vai visitar o Roberto Freire". Essa noite a gente foi até Cotia, onde ele estava morando, no Recanto Maria Suzete. Assim que eu conheci o Bigode, a gente ficou bem próximo, muito amigo. A gente saiu esse dia para comer uma pizza e bebeu uma garrafa de uísque. Eu tinha 17 anos, acho que eu nunca tinha bebido tanto uísque na minha vida (risos). Então a gente ficou conversando até madrugada e isso não era permitido ou pelo menos não acontecia com regularidade no Maria Suzete. A gente ficou lá e o papo rendeu muito, eu voltei mais umas duas ou três vezes com o Buí. Até que um dia o Bigode virou para mim e disse: "Você não precisa vir sempre com o Buí, vem sempre que você quiser conversar, gostei de você, vamos conversar". E eu comecei a frequentar a casa com uma regularidade maior, uma vez por semana. A gente realmente acabou criando uma relação muito próxima, então a gente conversava muito sobre muitas questões. E o mais bacana é que simultaneamente eu entrei no curso de Ciências Sociais, aqui na PUC e no meu segundo ano, em 2005, entrei no Sol e estou aqui há 11 anos, pesquisando, fazendo anarquia.

O Edson era amigo do Roberto já há algum tempo, então foi tudo muito interessante, porque acabei conhecendo o anarquismo de maneiras muito cativantes no Sol, conversando com o Roberto Freire. E as conversas com o

Roberto lá em Cotia eram muito enriquecedoras para mim, porque eu não achava de maneira nenhuma que ele estivesse amargurado, pelo contrário, eu achava que ele ainda tinha um pique muito grande e uma lucidez muito intrigante também. Então a gente conversava muito e ele ficava muito curioso, também por ser parte da Soma, para saber o que eu estava fazendo da minha vida: "O que você está fazendo da sua vida? Como é a sua namorada? Quais são as questões?". Ele recolhia informações para pensar um pouco, aquilo mexia com ele. Inclusive, ele tentou escrever um pouco, pediu para eu transcrever umas coisas. Enfim, ele tentava escrever ainda, só que era muito difícil por conta dos movimentos. Mas eu conheci o Roberto, nos últimos anos, como um cara muito vivo ainda. E foi uma pessoa que transformou minha vida, foi muito marcante ter conhecido ele. Foi um mestre.

Era o Buí, o Ricardo, o Gustavo que é meu xará: Gustavo Ramos, e claro, o Tuco, Paulo. O Tuco, eu acho que era o mais presente de todos, ia com mais frequência. Isso tudo contando que o Roberto era são-paulino, eu também sou são-paulino, a gente viu a final da Copa Libertadores juntos, o São Paulo ganhou. Mas para mim o que marcou foi que ele era um homem extraordinário e a gente tinha uma diferença de 60 e poucos anos, pouco importava isso, por maior que fosse a diferença, a gente conseguiu diluir tudo isso e trocar muita coisa.

No Maria Suzete ele não estava com ninguém amorosamente, ele estava curtindo aquilo que ele mesmo falava, pegando do Vinícius: "Solidão sem mágoa". Então ele estava sozinho, bebia uísque diariamente, recebia os amigos, lia e escrevia.

Ele negava muitas visitas. Sim. Eu acho que isso é um dado, quando eu conheci o Roberto, nos últimos anos, ele já estava bem seletivo em relação a quem ele queria encontrar. Acho que isso é claro. Até mesmo as pessoas de que ele gostava. Teve uma vez que eu falei: "Roberto, é o seguinte: se você quiser sair daqui, eu divido um apartamento com você, como o Buí e o Ricardo fizeram". Ele ficou puto comigo e falou para eu ficar duas semanas sem aparecer lá: "Como é que pode, você quer ficar me dando comida, que porra é essa?", tem até aquela frase que a gente usou: "Velho não serve para nada, vocês que têm que comer e eu fico pegando comida de vocês". Então tinha um pouco [disso], mas muito amoroso.

Ele já estava velho, mas não tinha paciência com velho, não tinha, ele não conversava com ninguém do Maria Suzete. Eu sou compositor, trabalho com música e ele foi a primeira pessoa pra quem eu toquei uma música que eu tinha feito, ele falou: "Cara, você tem que fazer isso da sua vida. Fica muito explícito o prazer que você tem e ao mesmo tempo é um tipo de coisa diferente que você está querendo fazer". Toda vez que eu convidava o Roberto para vir ao Sol, ele vinha, inclusive fez coisas memoráveis em 2006, 2007, 2008. Ele vinha, não recusava convite dos amigos anarquistas aqui do Sol e estava a fim de falar disso o tempo inteiro. Então, eu saquei que ele tinha rompido com muita gente e ao mesmo tempo tinha muito interesse nisso ainda que vibrava nele, que é essa relação com o anarquismo, da relação com as pessoas de que ele gosta, prazer e tesão. Enfim, é o que eu tenho para dizer.

Em relação à PUC, eu não posso dizer, mas ele dizia que a relação que ele tinha com algumas pessoas aqui na PUC era a relação que mais interessava a ele ali no final, a amizade com o Edson, comigo também. A Lúcia não queria falar, mas ela chamava ele de pirata anarquista. A gente saía para beber junto. Vai lá ao arquivo do Tuca, que está no Cedic, eu acho, tem um material muito interessante, muito legal, que é uma recomendação ou algo assim, de um padre, que eu não lembro qual padre era, mas foi em 1967, que diz: "Vamos proibir o O&A, porque apresenta o amor material, o amor físico, carnal, isso não pode ser permitido numa Universidade". É uma página de não recomendação ao O&A.

O Roberto faz uma falta imensa. Mas ao mesmo tempo ele é um cara que combateu essa coisa da falta. É uma vida que não tem falta, sabe assim? Muito afirmativo. Como amigo, por exemplo, eu sinto uma puta falta de ir lá e falar: "Porra, Bigode, pensei em tal coisa, o que você acha?". Mas ao mesmo tempo, acho que o lance da falta não combina muito com ele. É um cara muito potente, sempre com os debates dentro da Psicologia, é um cara que nunca pensou pela falta, por exemplo. Então assim, como amigo, é evidente, foi um cara muito marcante para mim.

Não à toa eu fiz até uma dissertação sobre o Roberto. Eu acho que o Roberto é um pensador da cultura brasileira, relegado a segundo plano, muito por conta de ele ter optado pelo anarquismo como modo de vida também. Então o Roberto é muito vigoroso, se você pegar o jeito dele de pensar e a história do Brasil junto com o que ele está pensando, está propondo, aquilo é de uma abertura, de uma coisa nova totalmente radical...

Entrevista com o Prof. Edson Passeti, autor da tese de Mestrado "Roberto Freire: Tesão & Anarquia"

O O&A talvez tenha sido o momento de ruptura com a Universidade. Mas isso foi em um momento meio de crise do próprio teatro. E o Terceiro demô- nio, *que já era uma pegada na linha do O&A, sem palavras, só com sons, também não durou, então o próprio grupo acabou migrando daqui para o* Equipe, *que, naquela época, era lá na [Rua] Caio Prado, acabou se estabelecendo por lá e definitivamente acabou o grupo daqui da Universidade.*

Assim como o Roberto trouxe Morte e vida severina, *que foi um marco em todos os sentidos, ele também produziu uma cultura, levou a coisa para o limite. E a Universidade não tinha muita disposição na época, se acomodou naquela história de* Morte e vida severina, *até hoje, quando se fala em* Tuca, 50 Anos, *lembra-se de* Morte e vida severina. *É difícil você encontrar, inclusive no arquivo aqui, material, fotografias do O&A. Até há fotos, mas não sei o que aconteceu com os arquivos delas, virou uma bagunça. A gente fez um vídeo sobre os 50 anos do Tuca e eu procurei com a Bete Carraza, porque eu sei que ela tem um material disso, de repente ela pode ceder esse material que é completamente raro. Elisabete Carraza, ela é do Direito daqui. Pode falar que falou comigo, ela ficou de arranjar esse material, ela não conseguiu encontrar, mas, quem sabe, de repente agora ela encontre.*

Eu conheci o Roberto por duas, três coisas completamente indiretas. Primeiro eu assisti ao O&A, fiquei complemente mexido com aquilo, era bem moleque. Eu tenho 65 agora, eu era bem moleque, vim porque tinha visto Morte e vida severina. *Essa coisa de estudante, de secundarista e adorei aquilo, achei uma coisa muito marcante. Depois* Cleo e Daniel, *acho que todo mundo da nossa geração passou por esse livro. Passou pelo livro, passou pelo filme, passou por tudo isso. Até que nem acho o filme tão ruim assim, como muita gente acha. Acho que o ator é ruim demais, isso sim. Até que*

282 PAULO JOSÉ MORAES

tudo foi caminhando, aconteceram várias coisas, fui lendo as coisas do Roberto, sempre me interessei pelo que ele fazia e não o conhecia pessoalmente, mas sabia, pelos anarquistas, que o Roberto tinha um interesse muito parecido comigo, que era lidar com um monte de rapaziada e falei: "esse cara é muito maduro, porque se você não andar com as pessoas mais jovens, você está completamente perdido. Nós fizemos, em 1992, um evento aqui na PUC que se chamou: "Outros 500, Pensamento Libertário Internacional". A gente chamou um monte de anarquistas da América do Sul e da Europa. Dos EUA não veio ninguém, hoje em dia eles é que ditam o anarquismo do mundo. A gente decidiu fazer esse negócio aqui e conversamos com o Roberto, ele veio, a Soma ajudou a montar o evento, ele falou, lotou o auditório. E o Roberto, aqui na PUC, tinha uma coisa muito incrível, ele vinha para falar e ficava com a casa cheia. A moçada tinha pouquíssimo contato com isso, pouquíssimo contato com o Reich. E os anarquistas, que aqui foi sempre um lugar muito anarquista, enchiam isso aqui que era de ficar todo mundo com o olhinho brilhando. Pronto, jogava o microfone no Roberto e em duas, três frases ele ganhava todo mundo e conseguia falar muitíssimo bem sobre a Soma, anarquia, amizade, e instigava a rapaziada a fazer coisas, sair do lugar, se mover. etc. E com aqueles óculos fantásticos que ele tinha, como pirata. E as meninas fazendo graça, jogando beijo etc. Virava uma sessão aqui com ele. Então ele se dava muitíssimo bem, foi muito bom conhecê-lo pessoalmente. Nos "Outros 500", inclusive, foi a única mesa em que eu disse assim: "essa aí eu que vou apresentar, porque eu nunca vi esse cara pessoalmente na minha vida, então eu quero apresentar", daí eu digo pra ele: "sou seu amigo, tá! Gosto muito de você. Você é o sujeito da história". E depois que ele falava, muitos jovens iam procurá-lo para conversar sobre os livros, sobre o que era a Soma, como fazer Soma, foi muito bacana esse encontro que a gente teve. A partir daí a gente pegou amizade mesmo. Ele tinha aquela casa na [Rua] Cândido Pinheiro, que era muito interessante, cheia de gente, de rapaziada, cheia de atividades. Então, às vezes, eu ia lá também dar uma palestra, trocar uma ideia e beber um Johnnie Walker Red, enquanto ele comia. Para mim, era inacreditável ver ele comendo Toblerone e bebendo uísque (risos). Ele gostava dessa mistura. Ele tinha umas coisas que eram muito pessoais mesmo, era a introdução a uma dieta bem diferente (risos).

    Roberto tinha muito bom humor. Era muito raro você passar 20 minutos conversando com ele seriamente sem virar uma piada, sem comentar sobre o gesto de alguém, sobre a fala de alguém, alguma coisa que ele leu e era divertido. Ele falava sério, descontraía, depois falava sério de novo. Era encantador. Então, nossa relação com ele foi muito forte a partir daí, não só nessas idas e vindas à Universidade, mas a gente indo lá para a casa dele ou nos encontrando no Centro de Cultura Social, porque ele era muito amigo do Jaime Ribeiro e eu também. Às vezes, fazia comida em casa – Ribeiro morreu no final dos anos 1990 – para todo mundo, aquelas coisas divertidas de anarquista. E com isso eu acabei conhecendo e ficando muito amigo do João da Mata, do Goia e da Verinha. Com a Verinha faz um tempo que eu não falo, mas ela esteve aqui, fazendo uma conferência para nós durante esse projeto.

Então o Roberto veio e aproximou umas pessoas com as quais a gente acabou tendo uma boa relação. Depois parece que, com o negócio da Soma, as meninas se desentenderam um pouco e aí ficou uma coisa meio complicada, porque eu, pelo menos, gosto de todos, mas eles já têm uma coisa Roberto Freire, meio imperativo, querer separar. E eu acabei entrando na onda da separação deles e faz certo tempo que não me encontro com a Verinha, por exemplo.

O Roberto tinha esse lado bastante forte de personalidade, que era o jeito dele. Comigo nunca teve nenhuma trinca nesse relacionamento. Inclusive a gente entrou numa briga juntos, daquelas boas mesmo, de engolir quarteirão, que foi um encontro de anarquistas em 2000, em Santa Catarina. Tudo começou com aquelas coisas anarquistas meio malucas, então tinha uma luta lá de uma anarquista que ia fazer 50 anos e esse encontro anarquista era no aniversário dela. E tudo bem, sabe como que é (risos), e chamou meio mundo para fazer isso e foi todo mundo para Santa Catarina. Só que antes de ir, a gente chegou a São Paulo, estava com muita gente envolvida e nos reunimos algumas vezes aqui na PUC para combinar o que iríamos fazer lá: propor alguma coisa, balançar o ambiente e tal. E nós tínhamos uma ideia e o Roberto já estava meio cansado e disse: "Eu também queria deixar um negócio para o anarquismo, o que vocês acham de propor uma Federação Internacional?". Eu estava a favor, vamos fazer isso. Sentamos, reunimos algumas pessoas. Mas, como você sabe, em algumas reuniões mais ou menos fechadas ou secretas, tem sempre um belo trapaceiro, que vai pegar a língua de trapo, que tem uma concepção própria, que também quer sei lá o quê, que sofre de narcisismo, etc. Quando nós chegamos a Florianópolis, estava um bamburim. E nós tínhamos pensado em fazer uma mesa de abertura só de mulheres, tínhamos convidado a Margarete Rago, a Verinha, a Salete Oliveira, que também era do Sol, para compor essa mesa, não lembro se a Doris estava nessa mesa também, não lembro qual era a quarta mulher. Quando estalou a mesa, os machos, enlouquecidos: "Como só mulheres, quem decidiu?", se tem democracia, na democracia ficam votando quem vai falar. A ideia era abrir com as mulheres falando sobre anarquismo e o trabalho delas. A Margarete tinha vindo da Europa com um monte de material da Mujeres Libres. Era muito legal desbaratinar. Os caras empombaram, já tinha vazado também a história da Federação Internacional, e já colocaram isso diretamente na figura do Roberto e começou uma discussão sem fim, e foi uma pancadaria, só não foi no muque porque eles não tinham coragem. Aliás, as meninas foram ameaçadas também. Os caras eram tão covardes que depois eles tentaram pegar as meninas e agredir as meninas, uns caras sujos mesmo. Aí a gente rompeu com todo mundo que estava lá, com todo esse mundinho "macho tropical". E conversamos muito ali entre nós, e com outras pessoas que também estavam lá conosco, e ficaram do nosso lado. O próprio Zé Maria Carvalho Ferreira veio de Portugal só para este evento. A confusão toda que estava sendo feita por parte de algumas pessoas, que tinham outra ideia de fazer federação no Rio de Janeiro, Federação em São Paulo, Federação em sei lá onde, Jaboticabal, essas coisas de fazer clube de esquina, nada a ver com o clubinho nosso, nada a ver com o clube de esquina daquele disco, que é maravilhoso. Mas faziam esses clubinhos, uma coisa que era muito chata, meio de assistente social revolucionária, assistente social e revolucionário são palavras que não combinam.

Então nós ficamos muito mais próximos, obviamente, porque quando você entra numa briga com alguém, você está com o cara, é assim: a hora que você está numa briga com um cara, você está com esse cara há um bom tempo ou para o resto da sua vida, e foi o que aconteceu. Então nossas coisas continuaram acontecendo, ele continuou fazendo a Soma, vindo aqui na Universidade, no Centro de Cultura Social etc., foi muito intenso, até que de repente ele começou a se enfiar nessa porra desse lugar macabro chamado Maria Suzete, o nome já é de matar, é ruim demais. O lugar era horrível, era inacreditável que o Roberto estava num lugar daquele. Eram uns quartos que formavam umas coisas meio em L. Sei lá se era uma casa de repouso, um asilo... Moravam algumas pessoas de idade lá. Tinha umas cuidadoras.

O quarto dele era o último, lá no fim, tipo: "não apareça para conversar comigo que eu não estou disponível, não estou disponível para conversar com essas pessoas". Sem troca intelectual, afetiva, era um cemitério de vivos. As pessoas pouco conversavam ali, e quando falavam, era sobre coisas que não interessavam ao Roberto.

Foi ruim. Foi ruim, ele ainda foi internado aqui em São Paulo umas duas vezes nesse período, houve certo distanciamento das pessoas. Com poucas pessoas. Morreu no Sírio [Libanês]. Era um sábado de sol. Num dia de um puta sol, eu lembro muitíssimo bem, porque fui com a Verinha ao velório e funeral e fazia um puta sol. Era um sábado de sol e céu azul. Eu não vi nada, eu não lembro. Não sei se isso foi na Suzete. Mas o funeral foi bem anárquico mesmo. Disso não tenha dúvidas! Pessoas que marcaram a vida dele fundamentalmente estavam ali.

No hospital, quando ele estava bem mal, acho que nos últimos anos do Roberto, ele estava cercado de muita gente. Era principalmente João, Vera, Tuco e eu. Eu me lembro de algumas vezes no hospital a gente fazer aquela coisa, como é que chama isso? Para render o turno um do outro: fazer uma escala para dormir com o Roberto lá, ele supermal e a gente conversando com ele de madrugada. Nesses momentos mesmo de hospital tinha muita gente que estava com ele, tanto que eu me aproximei bastante do Tuco por conta disso. O Tuco me ligava: "Tá a fim de ir lá, vamos conversar um pouco". Querendo ou não tinha muita gente querida e amigos talvez mais recentes, não de longa data.

Uma das coisas que eu sinto muito é o desaparecimento dos livros do Roberto, isso é bem próprio do Brasil. É um país sem memória, intelectualmente falando, um país bastante restrito. Então a grande ausência são os livros. Onde estão os livros? Por que eles desapareceram? Mesmo que você os considerasse datados, e eu acho que eles não são, eles têm um valor histórico para o Brasil ditadura e pós-ditadura, muito importante e muito significativo. Ele era um pensador. Você sempre está lendo Roberto Freire numa zona entre a ficção e o ensaio, você nunca está lidando com o Roberto. Isso faz falta na Universidade hoje dia, principalmente para essa rapaziada que é muito blindada, que já chega muito blindada. O Roberto tinha, por intermédio da Soma e dos livros dele, uma capacidade de ir transformando em poeira o muro, essa blindagem que esses meninos têm hoje em dia.

Não sei se ele era um provocador, mas ele criava uma situação desconfortável para as pessoas que queriam estabilidade. Não é que ele desenvolveu essa ideia de provocador, mas o Roberto tinha uma coisa muito pessoal que era não transformar um lugar numa coisa chata ou fazer desse lugar uma coisa completamente retórica e formal. Então ele era capaz de perceber um garoto meio estranho e provocá-lo no sentido de convidar para uma conversa, assustar e, ao mesmo tempo, atrair e instigar. Então ele tinha essa virtude, eu acho. De mostrar um caminho de liberdade.

O destinatário sempre era o jovem. É esse garoto ou essa garota que talvez hoje fosse, mesmo com todas as liberações que já ocorreram, e nas quais ele investiu tanto para que ocorressem, uma possibilidade de reviravolta dentro da própria Soma, porque a capacidade que ele tinha de apreender esse jovem era muito sutil. O modo imperceptível como ele ia redimensionando esse conjunto todo era incrível, talvez o João tenha um pouco disso também, talvez a Vera, não sei.

A Soma falava para os jovens daquele momento e foi assim que ela se tornou surpreendente. Eu lembro uma vez em que o Roberto veio falar na parte do museu, havia vários colegas jovens que estavam entrando na Universidade, até já bastante formais para o que se esperava, mas eles ficaram assanhadíssimos: "O que vocês vieram fazer aqui? Vocês são tão caseiros". O Roberto foi fundamental para nós, se não fosse o Roberto, eu teria sido um imbecil maior. Então tem isso, tem a marca. E quando desaparecem os livros, vai desaparecendo também a memória, porque os livros dele são livros que tocam na pele. Uma coisa que eu vou acabar dizendo que parece firula intelectual, mas é uma coisa que mexe com você, toca na sua pele, toca em você e vai tocar em outras pessoas e não nessa pegação solta que está rolando por aí. É um jeito de tocar. Roberto tinha um jeito de tocar e isso é uma coisa que hoje em dia ninguém dá muita atenção, não dá muita bola.

Pelo que eu conheci do Roberto, dessa fase dele totalmente anárquica, é realmente impressionante como ele desconcertou inclusive os próprios amigos dele.

Mas o que eu quero lhe dizer é que a coisa aqui está preta...

Diabetes, perda de uma vista e com a outra já bastante comprometida, problemas cardíacos que o levaram a fazer pontes de safena, sequelas do alcoolismo, que foi sempre um grande companheiro social, instrumentos de tortura para Roberto Freire com sua inquietude e criatividade. O tigre necessitava ajustar-se às dificuldades existentes, embora resistisse muito. O bode não o permitia sossegar ainda.

Sérgio de Souza, o Serjão, companheiro desde os tempos de *Realidade*, e mais que um amigo, um irmão, um "cúmplice", como dedicou no livro sobre essa parceria, estava por ali e se encontraram novamente. Como o próprio Roberto Freire contou em *Eu é um Outro!*, com uma bela e e permanente amizade, a mais íntima que teve, com confidências mútuas de vida pessoal e familiar. Além do respeito e admiração de ambos os lados, uma confiança total selava a confidência entre eles. Sempre o Bigode que procurava o amigo, já que Serjão não tinha o hábito de visitar ninguém. Muitas vezes foi chamado por Serjão para colaborar em algum jornal ou revista em que ele trabalhava, quase sempre como editor.

Nessa conversa, em que Roberto Freire relatava seus problemas com a edição de vários livros, já que a Editora Guanabara, onde Bigode publicava, deixara de editar títulos que não fossem somente de Medicina, iniciou-se um processo, acompanhado também por um sócio de Serjão, João Noro, que resultou na fundação de uma editora, a Casa Amarela.

Fizeram uma viagem a Cuba, e nessa viagem decidiram lançar uma revista pela Casa Amarela. Administrativamente, Noro cuidaria da nova revista, que seria editada por Serjão, cabendo a Roberto Freire fazer o relacionamento com os colaboradores. Chegaram a procurar Alberto Dines, grande jornalista, para ser parceiro, dando assim um estilo culturalmente muito bom, mas diferenças fizeram que não evoluísse essa parceria. Mas, de uma maneira generosa, Alberto deixou o nome que tinha sugerido para a revista: *Caros Amigos*, inspirado no chorinho que Chico Buarque e Francis Hime tinham composto como um recado para o exilado Augusto Boal, sem citá-lo explicitamente, em que dizia: "aqui na terra estão jogando futebol, tem muito samba, muito choro e rock'n'roll, mas o que eu quero lhe dizer é que a coisa aqui está preta".

Era um ótimo nome para a revista. E lá foram eles para uma casa na Vila Madalena, levando Renato Yada como diretor de arte, para um sucesso editorial enorme. Muitos colaboradores aceitaram o convite de Roberto Freire, e o corpo editorial ficou muito forte.

Foi nessa época que Roberto Freire precisou fazer suas pontes de safena. Ele relutou muito, mas acabou aceitando a opinião dos filhos e de seu médico, Dr. Chauí. Financeiramente, vivia também uma crise, sem receber mais por seus livros e sem outros trabalhos fora da revista, não parecia haver ponte possível para essa transição. Vender a casa da Ilhabela foi a solução encontrada. Além do trabalho como cronista na revista, também usava parte do seu tempo dando palestras em universidades de todo o Brasil.

A *Caros Amigos* resolveu fazer uma capa sobre a corrida eleitoral. Na capa, as fotos de Lula e Fernando Henrique. Roberto Freire estava no hospital, em pleno processo da revascularização cardíaca. Quando teve alta e foi à redação, ficou totalmente surpreso e escandalizado com a matéria. Uma pesquisa retratada no texto mostrava que os leitores preferiam maciçamente Lula, e Roberto Freire concluiu que só estava assim pela maneira que a matéria havia sido editada e redigida. Nunca a *Caros Amigos* tinha feito algo tão próximo de uma escolha partidária. A decisão tinha sido de Serjão. Revoltado, Roberto Freire resolveu se afastar da revista, pedindo que seu nome saísse do expediente. A equipe do Soma também colaborava na distribuição e divulgação e também se afastou. E os dois mais caros amigos se afastaram definitivamente.

A coisa ali ficou definitivamente preta! Era muito difícil para qualquer um entender esse rompimento. O fim desenhado nessa ruptura realmente aconteceu e os dois morreram sem fazer as pazes. Uma de muitas rupturas feitas pelo Bigode, uma das várias vezes em que se sentiu traído, como dizia.

Reunimos aqui alguns depoimentos dos jornalistas que colaboravam com a *Caros Amigos* naquela época:

Colibri Vitta: *Olha, o Aldir Blanc, quando brigou com João Bosco, em um determinado momento, todos nós que gostamos de música brasileira ficamos chateados, porque era um casamento perfeito, uma união perfeita de música e letra, de pensamento e poesia tudo junto, fiquei muito triste, e eu tive o mesmo sentimento, quando brigaram o Serjão e o Bigode. Eu senti a mesma coisa, pô, ia perder a* Caros Amigos *essa capacidade de catalisação que o Serjão não tinha, o Bigode tinha muitos contatos, o Bigode era um cara festivo, era efervescente a presença dele, ele sai, e a revista perdeu muito nesse sentido, e a gente ficou chateado, e eu nunca soube direito o motivo da briga. Eu entrevistei o Paulinho Freire lá na rádio, mas ele não falou sobre isso. Quando o Bigode morreu, eu fiz uma homenagem pra ele, tenho gravado aí, disse que ele era o cara, falei da importância dele em todas as artes, na música, no teatro, no cinema, na literatura, na Medicina, enfim em tudo que ele fez, e o Paulinho falou: "É, sabe, Colibri, agora acho que os dois vão se encontrar novamente e vão voltar a conversar". Eu disse "acho que por aí em algum lugar..."*

Juca Kfouri: *A visão que eu tenho do Bigode é a do provocador, do cara que não deixava ninguém quieto, ninguém na sua, que é para usar uma expressão que eu não gosto, mas está na moda, na sua "zona de conforto". Ele era um cara que estava sempre te botando em cheque, sempre, enfim, negando as suas certezas, e para mim, ainda muito jovem, um cara que, em alguns momentos, eu me sentia ameaçado, porque o Bigode não era fácil, o Bigode tinha uma bagagem intelectual brutal, ele era muito inteligente, tinha muito conhecimento, eu era um jovem comunista que vinha de um período de clandestinidade na* ALN, *convicto das minhas certezas, e o Bigode com seu anarquismo. Ele era um militante, ele era uma pessoa corajosa, ele era uma pessoa generosa, não deixava de dar apoio pra quem quer que pedisse, mas ele mexia com as certezas de todos, ele mexia com as minhas certezas, que eu não queria naquele momento ver mexidas. E me espanava esse caráter multiuso do Bigode, porque o Bigode fazia tudo, entendia de tudo, e a tal história, você sempre tem certo pé atrás com pessoas assim, até que ponto essa coisa é verdadeira, essa coisa é superficial, até que ponto não estou* *diante de um prestidigitador. E a cada contato com ele, invariavelmente, eu percebia que ele era profundíssimo, que ele era consequentíssimo, que ele era coerente com as coisas que ele pensava, ele não era o cara que pensava apenas, ele era o cara que pensava e fazia. E raramente o Bigode estava sozinho, ele tinha a capacidade de juntar gente.*

Ricardo Kotscho: *Me lembro dele na* Caros Amigos, *Roberto Freire era uma expressão, um símbolo de uma época, apesar de terrível, com ditadura, repressão, toda aquela coisa, desaparecimentos, assassinatos e tal, a gente tinha uma força de viver, de conviver bem, fantástica, eu sinto muita falta dele, não tenho vergonha, porque eu sou saudosista, saudade de uma época em que havia pessoas fantásticas que davam mais força pra resistir, enfrentar a barra, hoje nós temos toda liberdade, toda, e é tão triste, amargurado, desencantado, chato. Tem muita gente chata por aí. Roberto Freire podia ser tudo, menos chato. Roberto Freire era corajoso, ele falava as coisas na lata assim, e arrumava inimizade por causa disso, porque ele dizia as coisas na cara e cobrava a mesma atitude de todos. Ele não era homem de fazer média. Ele foi casado por um tempo com uma amiga minha, a Bia Pereira, jornalista, foi minha chefe lá na Bandeirantes, acho que foi nessa época, anos 1980, por aí, que eu o conheci mesmo, claro que eu já sabia quem era, já conhecia as obras, mas conviver com ele foi lá pelos anos 1980, e a convivência foi até o fim. Tínhamos muitos amigos em comum.*

José Trajano: *O Roberto Freire era tratado muito especialmente, não por ser amigo do Serjão. Mas porque ele era uma figura e tanto. Era tratado como uma figura, com uma aura de respeito. O Serjão gostava de levantar a bola, ele queria que as pessoas tratassem o Bigode sempre como uma figura de respeito, de muito respeito, o Serjão conseguia levantar as pessoas para que fizessem uma deferência ao Bigode. Sempre. "Olhe, chegou o Bigode!" O Serjão fazia questão de homenagear o Bigode, levantava a bola, criava uma cerimônia de respeito em torno dele. Eles eram muito amigos e se completavam na revista. O Bigode era uma figura!*

Entrevista com a jornalista Lana, viúva de Sérgio de Souza, o "Serjão"

Acho que foi por causa dele, o João da Mata, que o Sérgio e o Bigode briga-
ram. Acho que é, não tenho certeza, é que eu tenho uma correspondência
guardada, mas está na casa do Marcelo, que é o filho mais velho do Sérgio,
eu entreguei para ele, que ele queria fazer um documentário sobre o Sérgio,
aí eu dei todo o material que estava comigo, e tem uma correspondência
na hora da briga, que é assim, uma revelação, mas acho que o motivo foi
mesmo o João. O Bigode era mais ligado a algumas pessoas assim, no tempo
da Realidade, com quem ele fazia dupla, com quem ele trabalhava melhor,
com alguns fotógrafos, havia afinidade maior, ele gostava mais do pessoal,
digamos assim, mais "louquinho". O Zé Hamilton nunca foi louquinho, é
mais certinho, e eles se davam bem. Ele não gosta muito de transgressões,
ele é um pouquinho assim mais careta.

Roberto, por natureza é, aliás, todo mundo ali era, meio transgressor,
senão não conseguiria fazer coisas boas. Mas ele se dava superbem com
o Narciso, com a Cláudia Anduja, com o Sérgio, que era assim como um
irmão dele.

O Bigode não escrevia bem, como romancista, ele não era grande coisa,
as ideias dele eram ótimas, mas não era um livro para entregar para um
editor e publicar. O Sérgio trabalhou no texto de todos os livros dele, menos
nesse, nesse último, é claro, porque eles já tinham rompido, acho que os dois
últimos ele não entregou para o Sérgio, e aí na Caros Amigos houve dois
grandes rompimentos, ou duas grandes encrencas: uma foi quando ele saiu
da editora, porque eles eram sócios da editora da revista, não sei se você co-
nhece, essa Caros Amigos de hoje, mas agora não tem mais nada a ver com
o que era antigamente, ela tinha uma linha editorial forte, mas o Bigode
queria que a revista fosse um canal anárquico. Uma vez eles entrevistaram

o Lula, e o Roberto foi absolutamente contra a publicação da entrevista, que não podia de jeito nenhum entrevistar o Lula, porque o Lula representa isto, representa aquilo, e que ele não concordava, mas acho que essa encrenca eles acabaram superando, deu uma encrenca danada, politicamente, o Bigode dizia uma coisa e o Sérgio deixava o Bigode falar, e depois ele fazia do jeito que ele achava certo, porque ele era o editor da revista, o Bigode só fazia alguns contatos e convites e tinha uma coluna, em que ele escrevia o que queria. Eu não lembro direito o que que estava em evidência na época, não sei se era o curso dele, alguma coisa assim, esses documentos que estão com o Marcelo podem revelar, mas o João da Mata sabe direitinho o que aconteceu, e aí, tinha um colunista, que era um colaborador também, o André Forastieri. É um maluco de pedra também, é boquirroto, aquela coisa, escreve o que quer, não tem censura nenhuma, e ele ridicularizou alguma coisa que o Roberto fez, ou alguma coisa relacionada ao Bigode, não sei se o curso dele e foi publicado, você acha que o Sérgio ia censurar o colunista? Nunca censurou nem um nem outro, e então foi o pau geral, por causa disso, porque eles ficaram discutindo e cada um queria que o outro se retratasse, uma coisa completamente fora de propósito, e o Bigode saiu feio de lá, brigado com todo mundo, o Sérgio ficou muito magoado, mas não perdia a compostura, o Serjão não perdia a elegância em hipótese alguma, jamais, e ele foi levando, mas nunca imaginou que fosse levar tanto, durar tanto, tanto, tanto tempo, até a morte dos dois.

Um mês de diferença, mas o Bigode já estava doente, o Sérgio teve uma crise, ele sofria de artrite reumatoide, e ele passou mal, num sábado, ele estava superbem, porque ele levava muito a sério o tratamento, uma pessoa que nunca tinha ficado doente antes na vida. Quando eu dizia pra ele que eu estava com dor de cabeça, ele dizia: "dor de cabeça a gente tira com a cabeça", ele não acreditava em doença, não acreditava em dor, não acreditava em nada, não acreditava em Psicanálise, então isso aí era outra coisa que o Bigode sentia muito, mas ele não desrespeitava, só não acreditava, e não acreditava em terapia de grupo, não acreditava na Somaterapia, ele achava tudo bobagem.

Eles morreram brigados, e o Paulo, filho dele, continuava colaborador da revista, ia lá sempre, levava matéria, vinha em casa, ia na redação, e eu acho que o Bigode acabava sabendo das coisas por ele, então ele tinha ciúme desse relacionamento, do Paulo com o Sérgio, eu acho que essa ciumeira também batia aí, coisa de louco.

Convivemos muito, muito, muito. O Bigode escrevia à mão, e pouca gente entendia a letra dele, nos últimos tempos alguém datilografava pra ele, uma pessoa de confiança dele, que já mandava datilografado, mas em muitos casos, textos que eu acho que ele escrevia de última hora, vinham à mão mesmo, então eu datilografava, enquanto o Sérgio trabalhava, editava o texto. E o Bigode gostava do trabalho dele. Acho que na introdução do livro Sem tesão não há solução ele faz uma referência a isso.

Quando a Caros Amigos fez 11 anos, o Sérgio morreu, porque eles estavam comemorando os 11 anos da revista e o Sérgio estava no hospital já, e o Bigode também estava no hospital, mas ele tinha sido hospitalizado antes, ele ficou internado em Cotia, e eu sei que algumas pessoas foram visitar, e nós fizemos uma edição especial da revista depois da morte do Sérgio. Pegaram vários depoimentos de pessoas que falaram dele, e alguém, acho que foi Miltinho, foi pegar o depoimento do Bigode, e ele já estava muito mal, mas conseguiu falar alguma coisa, e depois o Bigode morreu, um mês depois.

A gente conviveu bastante tempo juntos, porque ele era uma pessoa que nas crises, matrimoniais, existenciais, ele estava sempre muito presente. Quando o Bigode começou a trabalhar na Realidade, ele recebeu vários prêmios, um dos mais memoráveis foi pela reportagem "Os meninos de Recife". Naquela época o Sérgio era casado com a Marta, mãe dos quatro filhos dele, o Edu era o mais novo, e afilhado do Bigode e da Gessy, eles batizaram o Edu, e quem fez a cerimônia foi o Frei Betto. A gente trabalhava junto, e eu era casada com o Pedro, há pouquíssimo tempo. O Sérgio e a Marta chegaram a morar na mesma rua que o Bigode e a Gessy, na rua Germano Bouchard, nas Perdizes, a casa do Sergio era de um lado da rua, e a casa da Gessy e do Bigode era do outro, quase em frente, então quando começou a crise matrimonial geral, porque começou a da Gessy com o Bigode, e a do Sergio com a Marta, esta já por minha causa, com o Edu recém nascido, e eu, o Sérgio e o Bigode trabalhando juntos na Realidade, bem, você pode imaginar, um homem casado, dez anos mais velho do que eu, na época eu tinha 22 anos e o Sergio tinha 32, ele com 04 filhos, eu casada fazia um ano, e aí a gente começou a namorar, porque eu tinha visto que meu casamento tinha sido só para sair de casa, o Pedro era uma pessoa ótima, muito querida, todo mundo gostava dele, um homem muito bonito, muito cobiçado pelas mulheres da Abril, ele trabalhava na revista "Quatro Rodas", e eu tinha namorado com ele três anos, desde os meus 19, depois de três anos de namoro a gente casou, e eu sai da casa da minha mãe que era o que eu mais queria. Bem, então, lá na Realidade, depois de um ano do meu casamento com o Pedro, começou meu relacionamento com o Sérgio, e o Bigode deu a maior força para isso, aliás todo mundo deu a maior força, menos o Zé Hamilton Ribeiro. Até o rompimento dos casamentos, propriamente ditos, levou nove meses, até a gente decidir romper com os casamentos e ir morar juntos. Logo depois o Bigode teve a crise com a Gessy, e foi bem nessa época que acabou a Realidade, e quando isso aconteceu, a gente começou a fazer reuniões para pensar no que fazer, e essas reuniões eram, na maioria das vezes, na casa do Bigode, lá na [Rua] Germano Bouchard, porque a casa era maior, central e todo mundo conseguia ir.

Essas reuniões eram sempre regadas a uísque, o Bigode bebia muito mesmo, os outros eu não lembro direito, o único que era alcoólatra mesmo era o Paulo Patarra, esse bebia, e bebeu até morrer, bebeu e fumou até morrer.

Mas era difícil ver o Bigode bêbado, ele mantinha a compostura, ele dormia; no fim, quando ele estava velho, começava a cabecear e dormia, ele bebia bastante, mas ele tinha autoridade, ele sempre comandava as mesas, eram dois tipos de liderança, de grupo mesmo, um era o Sérgio, que não precisava nem falar para comandar, e o Bigode, que falava para comandar, ele falava muito, mas falava bem, porque era a profissão dele, comandar grupo, e os dois lideravam mesmo, se bem que ali não tinha ninguém fraco, longe disso.

O Bigode, na verdade, não sei se você já abordou isso, ou se outros entrevistados falaram sobre isso, mas ele era homossexual, ou melhor, bissexual. A separação dele com a Gessy, eu acho que teve um pouco a ver com isso, ele teve casos firmes, durante bastante tempo, eu não sei se morar junto, porque ele sempre morou sozinho depois que se separou da Gessy, a única pessoa com quem ele morou junto mesmo foi a Bia, mas aí era mulher, mas acho que a homossexualidade dele era mais forte do que a bissexualidade. Lembro que teve o Xande, um fotógrafo carioca. Teve outros... Não assumiu publicamente não, porque às vezes ele até debochava de gay e de afeminados.

Quando o Sérgio morreu, eu fui limpar as gavetas dele, era muito organizado, as coisas pessoais estavam todas em gavetas. Uma vez eu falei, "Sérgio, vamos dar um fim em algumas coisas, e ele disse "não, deixa tudo *aí, vai que algum filho meu queira saber um pouco mais da minha vida, vou deixar tudo aí", mas então, depois que ele morreu, eu organizei tudo em pastas e e aí eu me lembro desta troca de cartas, eu sei que ele mandou um emissário buscar alguma coisa lá na* Caros Amigos, *e mandou uma carta, eu sei que o Sérgio respondeu, e disse: "antes que eu me esqueça, vai tomar no cu" (risos), e o Sérgio não era do tipo de falar palavrão, ele era muito elegante, não posso nem imaginar ele escrevendo isso, porque, ao contrário, ele tirava as grosserias de outras pessoas, aí essa correspondência, o Bigode respondeu, enfim, houve uma troca de correspondência pesada, isso está com o Marcelo, filho mais velho dele.*

Acho que a grande paixão do Roberto era mesmo gente jovem e bonita, ele dizia rindo: "eu gosto de gente jovem e bonita, porque eu sou velho e feio", ele sempre foi o mais velho da turma, das turmas com quem ele andava, bem mais velho, bem mais velho, então eu acho que a primeira paixão dele foi o Silney, outra paixão foi o Chico Aragão, eu não sei como ele está hoje, mas ele era lindo, depois acabou se enfiando em drogas e tal, e aí o Xande, que foi um caso bastante grande.

Deixa eu te contar, o Sergio tinha quatro filhos, o mais velho é o Marcelo, todos eles foram criados juntos assim superamigos do filho mais novo do Bigode, que é o Beto, que mora na Austrália, e então o Beto, foi criado junto com o Marcelo, eu tinha uma C14, *sabe qual é? Um camburão, e eu enfiava lá toda molecada, porque no fim, passado dois anos, os filhos do Sérgio começaram a morar conosco, porque a Marta que era a primeira mulher dele, mudou para o Rio de Janeiro, e deixou todos eles lá, aí eu tive a Silvia, que nasceu quando o Edu tinha três anos, depois a Luiza, quando o Edu tinha quatro, então eu tinha uma criança de 04 anos, uma de 01, e uma de 0, três bebês, e como o Beto e o Marcelo eram amigos, ele estava sempre com a gente.*

Mas então, depois houve uma ruptura danada, com o filho dele, do Bigode, e eu acho que a causa da ruptura era a homossexualidade do Bigode. Acho que o problema nem foi com o filho, mas com a mulher dele, a mulher dele, a Olaia, ela é irmã do Josemar Mello, e filha do Josemar Mello pai. O Josemar pai jornalista também, é do tempo da Última Hora, *até hoje há uma forte suspeita de que ele foi assassinado pela ditadura, quando ele foi atropelado, ninguém conseguia provar por que foi atropelado, saindo do jornal. Então o Josemar Mello, irmão da Olaia, era muito amigo da Márcia,* que é a segunda filha do Sérgio. E o Beto era amigo de todo mundo, aí o Beto se casou com a Olaia e foram morar na Holanda, e lá nasceu o primeiro filho deles e aí eles voltaram para o Brasil, ficaram pouco tempo aqui, e depois decidiram voltar para Holanda, e ela engravidou de novo, e teve o segundo filho lá, e o Bigode foi visitar, e ela não deixou nem ele entrar. Ele ficou muito puto, aí, quando ele voltou para Brasil, ele desabafou, chorou, chorou lá em casa, e ele nunca aceitou, nunca, mas a gente sabe que o caso era... É, é, a Olaia, que não aceitava essa história dele, porque assim, por mais que ele fosse discreto, e por mais que as pessoas soubessem, os mais próximos sabem...

E o Beto é uma gracinha, uma pessoa muito carinhosa. Não quero dizer que ele ficou do lado da mulher, mas talvez tenha preferido evitar mais confusões. Eu o vi recentemente, recentemente não, no Natal passado. Ele veio para dar uma força para o Tuco, que descobriu que estava com câncer e foi a Gessy que pagou a passagem e ele veio, mas ele não veio para o enterro do Bigode por conta desse rompimento. E o Bigode era assim, ele tinha um pouco de medo de criança muito pequena, assim de pegar, medo de derrubar e tudo, mas ele gostava, ele queria se aproximar dos netos, e foi uma coisa muito triste a mulher do Beto não permitir que ele pegasse os netos.

O Bigode era muito contraditório, muito, ele era o contrário do que ele pregava, então, ele dizia que não pode ter posse, não ter pode ter ciúme, não pode isso, não pode aquilo, mas ele tinha tudo isso.

E você sabe que ele tinha um problema, né? Ele tremia muito, tanto que ele não datilografava porque ele tinha esse problema, por exemplo, colocar uma linha na agulha, nem pensar, mais o lápis ele manejava direitinho, porque ele escrevia a lápis, caneta, e tinha uma letra muito forte, inclinada.

Se você falar com o Paulinho Freire, pergunta para ele sobre aquela teoria que ele tem sobre a briga entre o Sérgio e o Bigode, ele disse que iria me revelar, mas a gente ainda não teve essa oportunidade.

Cleo e Daniel e a "Companhia Dramática Formicida Avec Cachaça"

Em 1985, eu, autor desta biografia, Paulo José Moraes, fui professor em uma Faculdade de Psicologia no ABC paulista. Alguns dos meus alunos me reconheceram por ter feito parte da montagem de *Velhos marinheiros*, adaptado do livro de Jorge Amado e dirigido por Ulysses Cruz, no Centro de Pesquisa Teatral (CPT), coordenado por Antunes Filho, no ano anterior. Então os alunos solicitaram a criação de um curso de teatro, o que foi aceito, prazerosamente. Durante esse curso, surgiu a ideia de montar, amadoristicamente, uma peça como encerramento. Após várias sugestões, foi escolhido montar *Cleo e Daniel*, de Roberto Freire, obra que tinha sido importante para vários daqueles alunos, e, é claro, pelo ministrante do curso. O livro teria que ser adaptado para teatro e essa tarefa coube a mim, o professor.

Feito isso, levei o texto ao Bigode, que eu conhecera em 1977 fazendo um workshop de Somaterapia, o que, inclusive, provocou uma mudança em minha vida profissional, quando abandonei a Psicanálise e caminhei, inicialmente para a Somaterapia, e, depois, para o psicodrama. Nesse workshop conheci Pedro Costa Jr., grande colaborador desta biografia, tornando-nos grandes amigos e companheiros em diversas atividades. O Bigode também havia se tornado um amigo e companheiro nosso. O primeiro livro de Pedro tem um prefácio escrito por Roberto Freire.

O Bigode me recebeu amistosamente, ouviu com curiosidade minha intenção de adaptação, mas se negou, firmemente, a opinar em qualquer parte do processo. Argumentou que o texto teatral era outra obra, próxima, porém diferente daquela que ele havia escrito. E contou do filme que havia adaptado, ele mesmo, e dirigido, e que considerava o resultado cinematográfico muito aquém do que era o seu livro. O autor de uma obra-prima literária criticava impiedosamente o autor do roteiro cinematográfico e o diretor desse filme. Mesmo sendo ele mesmo. Mas dispôs-se a conhecer a montagem assim que ela estivesse pronta.

Entendida essa liberdade criativa, que recebi como um prêmio, escrevi a adaptação teatral, em três diferentes tratamentos, e levei para o grupo, que, nessa altura, já havia lido o livro de Roberto Freire, *Cleo e Daniel*. Outras pessoas agregaram-se ao grupo, oriundas de outras faculdades de Psicologia, e também de outros lugares. Boas discussões foram aparecendo sobre os aspectos do livro, e o enfoque foi distribuído entre um primeiro ato com ênfase nos "elefantes", e um segundo ato com o foco no amor de Cleo e Daniel.

A trilha sonora foi exaustivamente pesquisada, destacando-se trechos de dez canções de Edith Piaf e Concerto de Aranjuez, em duas versões, ambas utilizadas na montagem, com Miles Davis e John Williams. A versão de *Daphnis et Chloe* da Boston Symphony Orchestra, regida por Seiji Ozawa, também foi utilizada, assim como temas do Musikantiga, Dorival Caymmi, cantos gregorianos, Luli e Lucina e Mike Oldfield.

O grupo, que era também pesquisador, se tornou um grupo de teatro para valer, e durante muitos anos produziu diversas montagens que foram bastante premiadas, como *Tapera Tapejara Caboré*, sobre a tropicália, e a adaptação de Adélia Maria Nicolete para *As meninas*, texto de Lygia Fagundes Telles, que contou com a aprovação e a presença da autora na estreia no TBC, assim como na 100ª apresentação. E o grupo se batizou com o nome tirado de uma fala da personagem Gabi no começo da peça. Nascia assim a "Companhia Dramática Formicida avec Cachaça".

A cenografia e a programação visual do cartaz e do programa ficaram por conta do excelente Dorinho Bastos. A administração coube a Sônia Cristina Kavantan, que assim iniciava sua bem-sucedida carreira de produtora teatral. Sérgio Taioli fez a assistência de direção e entrou no trabalho teatral de cabeça. Alguns dos atores do elenco se profissionalizaram e, hoje, são atores e atrizes com carreira sólida consolidada, como Nany de Lima (ainda assinando Elaine Sarino), Andréa Thomé, Esdras Domingos, a própria Adélia Maria Nicolete, hoje autora de textos na TV Globo, e Eduardo Gaspar, ator e diretor consagrado em Portugal.

Acho importante e necessário destacar os nomes da Companhia Dramática Formicida Avec Cachaça que construíram esse grupo: Zé Wilson,

Michel Bittar, Mauro Esposte, Cláudio Peri, Lúcia Ripoll, Maurício Teixeira, Rose Tonus, Ana Mello, Carlãozinho, Carlos Roberto, Emanuel Andrade, Fernanda Chaib, Kátia Caprino, Lê Victor, Oriede Couto, o "Magrão", Marcello Sarino, Maria Diva, Matheus Riga, Nelson Solano, Shirley Schweizer, Zé Peres e Zico Ferreira.

No programa estão as fotos do elenco com Roberto Freire, que foi assistir à pré-estreia, se emocionou, conversou longamente com o elenco após a apresentação, e disse que essa montagem tinha conseguido preservar o "espírito" original do livro, o que ele não havia conseguido fazer com o filme.

O enfoque menor dado aos "elefantes" diminuiu a tensão dramática no filme. Houve um erro na escolha do ator para o papel de Rudolf Fluegel (John Herbert). E os limites visíveis na produção fizeram perder o impacto que o livro trazia. Apesar dos bons momentos interpretativos de Irene Stefânia, Chico Aragão, Míriam Muniz.

Em nosso programa, o texto de apresentação tentava explicar porque teatro e porque a escolha de *Cleo e Daniel*: "Tesão. Puro tesão e uma certeza: fazendo teatro a gente está mais perto da vida, não de qualquer uma, mas dessa que é feita com amor, dessa que é o contrário da morte. O trabalho em *Cleo e Daniel* não está pronto. Nem nunca deverá ficar pronto. Ele está só começando. O que deverá acontecer é que, em um determinado momento, a gente parta para outros trabalhos. Se tudo der certo, a última apresentação será a menos incompleta. Só isso".

A Companhia Dramática Formicida Avec Cachaça ganhou inúmeros prêmios, depois seguiu para outras montagens também vitoriosas. E, em sua última apresentação, em virtude da necessidade de se apresentar em um palco completamente diferente do palco italiano, a cena final, com Cleo e Daniel, completamente nus, se beijando até caírem mortos, foi representada no meio do teatro, com a plateia participando involuntariamente da montagem. Um *gran finale*.

Carlos Roberto, o Carlão, ator que fez o personagem "Benjamin" na montagem teatral de *Cleo e Daniel*, em 1984, conta:

Após a pré-estreia, o Bigode chegou e sentamos numa roda, uma roda de conversa, todos muito eufóricos, curiosos para saber o que ele teria pra dizer pra gente, e foram várias falas, mas, pra mim, a mais marcante foi quando perguntamos o que o levou a escrever Cleo e Daniel *e falar de amor, e ele respondeu dizendo que quando ele estava encarcerado, sendo torturado pela ditadura militar, a única forma que encontrou de resistência, de sobrevivência, naquele momento, foi falar do amor. E aí ele contou como fazia isso: pegava um pedaço de papel, um pedacinho de lápis e uma pedrinha que caísse ali, para poder escrever nas paredes a história, escrever num pedaço de papel, e naquele momento a gente começou a entender que a grande arma para se lutar, contra qualquer forma de autoritarismo, contra qualquer ditadura, contra qualquer preconceito é o amor. E ele terminou com a famosa fala: "É o amor e não a vida o contrário da morte. Precisamos distinguir entre estar vivos ou morrer!".*

Entrevista com Zé Bolão, que ao lado de sua esposa Fátima, foram caseiros do Bigode, em Visconde de Mauá

Eu e a Fátima casamos em 71. Em 73 começamos a trabalhar com o Doutor Roberto. Eu o conheci quando fui passar uma procuração de umas vacas que eu tinha comprado do meu pai, lá em Bocanha. Foi lá que eu conheci ele. Ele começou a conversar comigo, me perguntou onde é que ele podia comer bem. Eu apontei o único restaurante que tinha lá em Bocanha e falei que ali ele comia bem, porque só tinha aquele restaurante mesmo, não tinha outro. Aí ele começou a perguntar: você mora aonde? E começamos a conversar, eu moro lá, assim, sou neto do Joaquim Miguel. Ele falou: eu vou lá na sua casa. Eu falei: pode ir, ué. E ele foi. E aí a gente ficou conversando e ele falou: No próximo final de semana que eu voltar eu vou ficar aqui na sua casa.

Ele ficou com a gente umas duas ou três vezes. Depois ele comprou o terreno e construiu uma casa pré-fabricada. Logo em seguida ele comprou o sítio, lá em cima. No alto do morro. Em Mauá. Ali não tinha nada mesmo. Foi quando ele disse: eu quero que você venha trabalhar comigo lá no sítio. Eu falei: ah, mas eu não posso, comprei as vacas, quero mexer com criação. Mas ele continuou: você vai trabalhar pra mim a hora que você quiser, três horas por dia, duas horas por dia, a hora que você quiser, o que eu quero é que você venha trabalhar comigo.

Lá no sítio, no começo, não tinha nada mesmo. Não tinha nem luz. Ele tinha uma geladeira a querosene e um fogão a lenha, que tá lá até hoje. Naquela época a gente fazia janta, aí arrumava o quarto pra ele dormir, ele dormia no quartinho lá na frente, aí vinha os filhos, o Beto já andava junto dele, o Beto não largava dele. O Pedro também. E não tinha nem água encanada.

A gente trabalhando, a Fátima cozinhando, e eu saia com aquela panela fervendo, no carro dele, com o motorista, segurando aquela panela no colo pra levar lá pro sítio. Naquela estradinha que não dava nem pra passar de carro direito. A gente subia e descia aquele morro pra buscar coisas pro doutor Roberto.

Ele chegava quase sempre na quinta à noite, na sexta acordava de manhã, aí ele tinha uma bica de água lá, onde ele apanhava água todo dia, ele também lavava o rosto e escovava os dentes lá, direto na bica. Durante o dia ele passava o dia todo ali, conversando com um, com outro. À noite ele acendia o lampião, jantava, e depois ficava contando história lá, aí chamava o Paulo, tio de um rapaz que trabalhava por aqui, pra tocar sanfona, aí ele juntava todo o pessoal daqui, pra fazer o forró. O forró rolava solto no curral.

Depois com a casa já pronta, ele fez uma escrivaninha pra ele lá, e ali ele ficava, horas. Uma, ou duas horas da tarde ele descia pra almoçar, na casinha da cidade. Aí falava pra mim, ô Zé, faz uma caipirinha pra nós aí, e ia pra sala. Eu fazia uma jarra, não fazia copo não, já fazia uma jarra, e levava pra sala, aí juntava nós dois, num instantinho a gente bebia tudo aquilo. Aí ia almoçar, almoçava seis, sete horas da noite. Depois ele dizia: Zé, vou descansar um pouquinho ali no salão, nisso ele dormia até as duas horas da manhã, e eu ficava lá, de boca aberta esperando, pra você vê que vida eu tinha (risos). Aí ele acordava e pedia pra eu levar ele lá pra cima, pro sítio, às vezes levava de carro, às vezes levava a cavalo. Quando ia de cavalo ele ia em cima e eu ia puxando o cavalo. Aí ele deixava o cavalo solto lá, e no outro dia, ele voltava. Depois a gente passou a ir só de carro. Quando o carro subia destravessado, subia de banda, lá em cima, ele falava: agora você larga o carro aí, e desce a pé, que amanhã eu vou descer de carro. Mas às vezes ele não conseguia passar de carro. Aí largava o carro e descia a pé.

Depois ele começou com aqueles passeios pra Pedra Selada. E começou a trazer um monte de gente. Eu e a Fátima não estranhava porque a gente já trabalhava com ele um tempo, então a gente não se assustava. Mas o pessoal da terra não recebeu bem não. Eles não aceitavam, diziam que tinha as crianças, os vizinhos... A minha mãe mesmo, que ia muito na minha casa, uma vez falou: vocês são doidos de ficar no meio desse pessoal. Era o grupo dele. Ele tinha falado pra nós que ia trabalhar com grupos de pessoas naquela terapia dele. Aquele tipo de terapia, Maratona do Roberto Freire. O doutor Roberto falou antes, e nós aceitamos, eu aceitei. Era pra gente fazer comida, limpar, lavar, fazer tudo isso, cuidar da casa. Eu gostava de morar na casa, era uma casa boa, gostosa. Mas o povo olhava tudo de rabo de olho, mesmo. Na cabeça deles, o doutor Roberto abriu as portas do hospício pra um monte de gente esquisita e maluca. E quando o pessoal dele chegava, o pessoal daqui dizia: olha os loucos do Roberto Freire, aí o pessoal fechava as janelas, tiravam as crianças da rua. Dizem até que tinha gente que pagava as crianças maiores pra jogar pedra nas pessoas, em quem estava tomando banho pelado nas cachoeiras. Os moradores nem sabiam direito o que era aquilo, mas eles ficavam assustados.

Aí o Doutor Roberto começou a levar todo mundo pro futebol, fazer um montão de coisa, pro pessoal da cidade poder ficar mais calmo, e explicar pras pessoas, que o pessoal não era louco, era tudo normal. Mas o pessoal assustava mesmo assim, porque à noite eles saiam pra beber. E aí tinha um pessoal deles que pegava as garrafas do bar, sentava no meio da rua e colocava as garrafas de cerveja tudinho ali no chão, e ficava gritando, cantando.

Sobre essa terapia, o doutor Roberto falou. Ele tentava explicar, mas eu nunca acreditei em terapia, na minha cabeça não entra isso aí não, pra mim é encanação, eu falava pra ele mesmo. E tinha uns exercícios esquisitos. Para as maratonas eu até ia com eles. Mas tinha umas coisas que eu não gostava. Tinha a maratona da Pedra, e no final as pessoas escorregavam para o rio. Ele perguntava: por que você não escorrega? Porque eu não tô com vontade, ora. Ah, vou fazer uma coisa que eu não tô com vontade, eu não vou. E não ia. Tinha umas coisas que eles faziam que eu não gostava. Mas tinha umas que eu gostava.

No sítio, à noite, não tinha luz, né, ou era vela, ou lampião a gás, aí, a noite ficava tudo escuro. Mas tinha um dos trabalhos dele que era feito em volta da fogueira. Depois tinha um trabalho que ele fazia um bambu, com vela, aí ele colocava papel crepom verde, vermelho, amarelo, azul, e branco, aí eles faziam um trabalho que eles subiam a estrada do Tiatiaim, e era bonito de ver, ficava tudo iluminado, como se fosse uma procissão. E quando as pessoas voltavam, já estava a sanfona e a fogueira ainda maior, porque o Zé é que ficava acendendo, aí virava festa, tinha dança, tinha bebida, mas acho que também era parte do trabalho dele.

Agora, tem uma coisa que é verdade, muita gente famosa de hoje passou aqui: Milton Nascimento, a Glória Pires, o Fábio Junior, a Miriam Muniz. Um monte de gente famosa na televisão. Miriam Muniz deu o maior escân-

dalo pra passar na ponte, uma pinguela, ela não conseguia passar. Eu que tive que ajudar.

Naquela época, o doutor Roberto estava construindo em cima, pra fazer os quartos pro pessoal ficar. Pra não ter que ficar subindo e descendo da cidade pro sítio. Aí, um dia que tinha um grupo lá, ele falou: você deixa pinga com mel, e tinha vinte copinhos de papel na mesa com bandeja que ele arrumou, porque na hora que eles chegassem da caminhada, eles iam tomar. Só que o Simão, que estava trabalhando lá na construção, tomou tudo, e subiu na escada e caiu. Aí nós fomos buscar o doutor Roberto pra socorrer ele. Quando o doutor Roberto olhou pra ele, disse na hora: esse menino tá bêbado, e ele chorava que roxeou até o rosto.

Quando o doutor Roberto teve um começo de derrame, eu passei ele no carrinho de mão pela ponte. Não tinha como passar, não tinha como carregar ele, falei deita ele no carrinho de mão, que eu passo ele. E foi assim que a gente conseguiu levar ele.

Depois de um tempo, ele começou a por as namoradas dele pra mandar. Mas até então ia tudo bem. Mas quando chegou a Bia, ela começou a querer mandar em tudo, não só na casa, mas também nas coisas e no trabalho do doutor Roberto, e não estava dando certo, aí chegou uma hora que ela começou a colocar na cabeça dele que o negócio do sítio não tava rendendo, não sei mais o que lá, queria mudar o sistema todo, aí a gente não aceitou, não deu certo. Aí o doutor Roberto resolveu vender o sítio. O Paulo Gracindo que comprou, era pra aquela atriz lá, esqueci o nome, agora já até morreu. Mas ainda ia muita gente lá. Acho que era tudo amigo, né? E o pessoal deixava velas acessas por todo canto, no quarto, por toda a casa. Assim foi a conversa. Do incêndio. Foi uma vela que caiu no quarto, o chão era encerado, verniz, tudo inflamado, a madeira seca, pegou fogo rápido mesmo, aí queimou tudo... Mas eu já não tava mais lá.... Eu tinha saído antes do doutor Roberto vender. Depois que a gente saiu ele ainda teve o Zé Ernesto que trabalhou lá com ele.

O Doutor Roberto tinha um gênio difícil. Vamos supor que você saísse dele, do trabalho, ele já ficava de mal, acho que a única pessoa que não ficou de mal com ele fui eu, porque eu vou falar a verdade, um dia eu fiquei das nove da manhã às nove da noite pra falar pra ele o motivo que eu queria sair de lá, e ele não me deixava falar, eu começava o assunto, ele saia lá pra cima, depois ele inventava alguma coisa pra fazer, e não me deixou falar,

O REVOLUCIONÁRIO DO TESÃO 305

até hoje ele morreu e não ficou sabendo porque que a gente tava saindo. E a gente saiu e ele não falou nada. A gente se encontrava na cidade e conversava normalmente.

Mas graças a Deus, ele teve muito carinho com a gente e a gente também com ele. Eu saí um pouco chateado, porque eu trabalhei com ele dez anos e nunca tive folga, eu nunca tinha dia santo, nunca tive férias, nunca tive décimo terceiro, nada, nada disso, mas também não tenho nada de reclamar dele porque ele pagava o salário e ajudava muito a gente.

Uma solidão cheia de gente

O Bigode sempre teve a possibilidade de estar rodeado de gente. E, na maior parte de sua vida, esteve sempre com muita gente ao redor. Mas, em seus últimos anos, conviveu com pessoas selecionadas rigorosamente. Não tinha paciência para "pessoas piedosas", não queria o convívio com "gente velha e feia", não aguentava "conversas chatas". No entanto, ainda assim, escolheu uma casa de idosos para ir morar, cercado, portanto, de "piedade, gente velha e conversas chatas". Recebia pouca gente por lá.

Buí, seu cuidador nos últimos dias, faz um relato importante. A seguir, a entrevista que fiz com ele.

Entrevista com Buí

Buí, antes deixa eu perguntar seu nome, é Alcides, né?!
É.

Alcides do quê?
Alcides Santos de Jesus.

Eu sei que você é do Nordeste, de que local?
Eu sou da Bahia.

Capoeira vem de casa, então?
Não. Eu só vim aprender capoeira em São Paulo. Essa é uma das poucas vergonhas que eu tenho na vida (risos).

Buí, para fazer este livro, eu entrevistei muita gente, e você é um dos últimos entrevistados. Acho muito importante que seu relato tenha ficado para o fim, porque pouca gente tem o que falar dos anos finais do Bigode. E você foi quem mais conviveu com ele nessa época. Você começou a trabalhar com o Bigode como jardineiro. Aí ele gostou muito e o adotou. Tanto que ele até dedicou um livro pra você. Então você passou a fazer o papel de secretário, motorista, um monte de coisas. Você se tornou o cuidador dele. Eu vi uma foto em que aparece você, a Verinha e ele. Ele já estava no final da vida. Mas a Verinha mesmo falou que ela deixou de ver o Bigode nos últimos anos, não é? Então foi com você que ele conviveu mais. A impressão que a gente tem quando lê a autobiografia dele é que ele estava muito deprimidão, muito para baixo, pois tinha problemas de coração, teve diabetes, ficou cego. Então, acho que tudo isso junto baixou a bola dele. E ele era um cara muito passivo. Por isso, queria que você contasse um pouco dessa sua história com o Bigode, pode ser?

Eu o conheci em 1992, lá em Ilhabela. Na verdade, primeiro eu conheci o filho dele, o Paulo, que me levou para casa dele. Coincidiu de ele precisar de um jardineiro, porque ele arrumava várias plantas, queria mexer com plantas, e não dava certo. Aí eu fui. Ele gostou do resultado do jardim. E aí ele chamou o secretário dele, que se chamava Edivaldo, para que me contratasse só para cuidar do jardim mesmo. A gente foi indo, foi indo, e depois eles perguntaram se eu não queria vir morar em São Paulo, para cuidar da Soma. Naquela época tinha a Somaterapia, existia aqui na rua ao lado, na Carlos Pinheiro. Era uma estrutura muito grande, uma casa grande com dois salões. Ele achou que eu era um cara legal, o cara ideal. Aí eu vim, fiz a reforma da Soma com o caseiro dele, chamado Antônio, ele já faleceu. Nesse processo todo, demorou um ano a reforma. Então, em vez de ser jardineiro eu fui ser peão de obra (risos). Carregar cimento, essas coisas. Nesse período, de um ano, eu comecei a treinar capoeira na Soma, com o pessoal dele. Quando acabou a reforma, eu fiquei meio desanimado, porque na verdade eu queria continuar com a capoeira. Ele me chamou e falou assim: "Você quer ficar aqui? Porque a gente percebeu que você tem muita facilidade com a capoeira, e com os clientes que já te conhecem, você é um cara meio brincalhão, meio descontraído". Eu fiquei muito feliz. Só que eu era analfabeto, eu devia ter uns 13, 14 anos. Eu era semianalfabeto, na verdade, e falei: "Ah, beleza! Eu quero". Mas aí ele me disse que se eu não fosse estudar, não iria ficar, ele ia me mandar embora: "Você vai ficar aqui, mas você precisa estudar". O Paulo, filho dele, e o Goia arrumaram escola para mim. Eu fui. O Goia foi minha mãe e o Paulo foi meu pai na escola, porque eu nunca tinha estudado e na escola tinha que ter pai para ir à reunião e para ajudar com os estudos. Isso em 1992/93. E aí eu fui estudando, estudando. Conforme eu ia passando de ano, ele ia me mudando de atividade na Soma, primeiro eu era o faxineiro, aí ele me tirou de faxineiro e passei a ser o motorista dele. Quando eu terminei a 8ª série e fui conhecer Mauá, ele já estava meio precisando de ajuda. E aí ele perguntou se eu gostava de mato. Eu falei: "Eu não gosto muito não, porque já vim do mato. Mas vamos lá", a gente foi, eu nem dirigia ainda, eu ia com ele dirigindo ainda. Lá em Mauá eu conheci Zé Bolão, o rapaz que tem uma história muito engraçada, que é sobrinho do seu Antônio, que tem um bar lá perto. E conheci essa rapaziada e outros amigos dele, que eu não lembro muito.

No começo, sinceramente, eu não gostava de ir muito para Mauá, porque na época eu tinha 17, 18 anos e eu queria conviver com a rapaziada da cidade, mas só que o Roberto era um cara muito inteligente e, aos poucos, ele foi vendo do que eu gostava. Quando arrumei minha primeira namorada, ele disse: "leva ela". E então fui começando a gostar. Toda vez que a gente ia ele chamava um amigo dele, da mesma idade que eu, e deixava à disposição pra gente conversar, sair. Então isso foi ficando legal. Final de ano mesmo, eu passava com ele, levava uns 15 amigos e ele estava na farra. Comecei a gostar de Mauá, porque eu sempre vivi minha história na roça, na fazenda, ele até cita esse negócio na autobiografia, ele fala de mim lá. Então foi isso, fui conhecendo ele e tal. Só que na época, também, quando eu comecei a gostar de Mauá, ele tinha acabado de ter um infarto. Então a gente jogava bola com ele, a gente fez um campo lá. Aí, quando eu terminei o 3º colegial, eu disse que ia parar de estudar. Que estava bom. E aí virei motorista dele.

Ele estava namorando alguém naquela época?

Estava com a menina chamada Jaqueline, que era mineira. Inclusive ela foi uma das que me incentivou a morar em São Paulo. Ela morava em Ilhabela com ele. Hoje ela casou, mora em Joinville. Então, ele estava com a Jaque. É isso. Se vocês puderem ir me relembrando, porque às vezes eu esqueço.

Só para entender uma coisa, com 13 anos você estava em Ilhabela, como foi parar lá já que você é baiano? Conta para nós como foi.

Quando eu tinha 12 anos, eu trabalhava na minha cidade natal, chamada Santa Luzia, na Bahia, e tinha um senhor com quem eu trabalhava em uma padaria. Ele faliu e veio morar com o filho em Ilhabela. Nesse meio tempo, eu trabalhava de caseiro pra ele. Lá na Ilhabela, foi quando eu conheci o Roberto.

Nessa época ele teve o infarto e começou fisicamente a ficar pior, não é?

É. E ele teve várias limitações: parou de jogar bola, passou a beber menos. Mas ele ainda tomava uísque, ele tomava bastante. Era engraçado que, em 2000, eu fui para a Arábia fazer uns trabalhos por lá, e eu ficava pela Europa fazendo uns trabalhos do circo, e todas as vezes que eu vinha, trazia um presente para ele, só que ele ficava chateado, porque não queria presente. Com o tempo eu fui entender. Nas últimas duas viagens que eu fiz, eu trouxe duas caixas de uísque para ele, e ele falou: "Finalmente você se tocou, né, Baiano?!" (risos). Quando ele estava feliz, ele me chamava de Buí e quando estava chateado, chamava de Baiano. Era engraçado e ele ficava muito feliz. E eu falava: "Mas você não pode mais beber" e ele falava: "Você sabe, né?" Uma coisa que eu achava muito legal nele era que ele só tomava as bebidas depois do trabalho, oito da noite, não conseguia tomar antes. Ele trabalhava, lia, escrevia. Aí, quando parava, lá pelas sete e meia, oito horas da noite, ele já estava tomando. Quando eu chegava da academia, ele já estava falando meio rouco e começava a fantasiar, falar um monte de coisas.

O apelido Buí já veio da Bahia? O que quer dizer Buí?

É, já veio da Bahia. Buí é um nome indígena. E aí o que acontece é que eu não sei muito a história, mas quando eu estava na Bahia jogando futebol, o pessoal me chamava de Buiú e eu nem ligava e um moleque me chamou de Buí por acaso, eu fiquei muito bravo e briguei com ele. E esses apelidos de que você menos gosta é que pegam. Assim veio o Buí.

Buí, primeiro ele teve infarto, nesse período ele não tinha problema de vista ainda, isso ocorreu depois?

Na verdade, o negócio da vista dele aconteceu quando eu estava começando a conhecer ele. Tinha uns 15 dias que eu morava aqui na [Rua] Carlos

*Pinheiro com ele, e ele foi fazer uma cirurgia em Belo Horizonte, se eu não
me engano, deu este problema na vista dele.*

Ele dizia que este problema se deu por causa das torturas pelas quais ele
passou, mas tem também aquela história de que ele tinha tomado um
murro de um marido de uma cliente...

*Esse lado do marido da cliente eu não tinha ficado sabendo, mas muitas
vezes quando a gente almoçava, eu, como sou um cara muito curioso, ficava
especulando esse lado da ditadura e ele falava que, quando estava preso,
chegavam pessoas torturando ele para entregar os colegas. Então o pessoal
fazia como se fosse um telefone no ouvido dele (barulho demonstrando o
movimento com as mãos) várias vezes. Então, ele tinha 24h para ir aguentando
a porrada até o pessoal fugir. O que eu sei desse negócio da visão dele
é isso, da tortura. E ele operou, ficou bom, teve esse lado também, mas o que
mais agravou foi que ele pegou uma infecção hospitalar, por isso ele operou
uma, depois a outra vista, pois, se ele tivesse operado as duas de uma vez,
ele teria ficado cego das duas vistas de uma vez.*

E depois da Jaqueline, quem foi?

*Vixe, depois da Jaqueline... É que ele fazia várias palestras no interior
de São Paulo e ficava com várias meninas, mas com que eu convivi mesmo,
depois da Jaqueline, foi a Vera, que já foi uma das últimas namoradas dele.
Ele ficou com outras meninas, mas de ficar mais de um ano, essas coisas,
levar pra casa e tudo, foi só a Jaqueline e a Vera. Eu peguei o final da Bia. A
Bia tinha uma casa em Ilhabela do lado da dele, eu peguei bem pouco. Eu a
conheci lá em Visconde de Mauá, mas não tivemos muita convivência. Ele
sempre falava que gostava muito dela, e eu não sabia por que ele não estava
com ela, de tanto que ele falava dela.*

Ele morou um tempo com o Xande também?

*O Xande do Rio. Essa época não é a minha época não, se foi eu não
lembro. O Xande eu conheci, mas conheci por pouco tempo.*

A Verinha foi um tempo grande, não?

*A Verinha, eu acho que durou uns três, quatro anos, por aí. Inclusive a
última viagem que ele fez para Europa foi com ela, e quando ele voltou da*

O REVOLUCIONÁRIO DO TESÃO *311*

Europa, já voltou meio desanimado. Às vezes ele ia dar entrevista para a rapaziada e o João falava assim: "Pô, Buí, o Bigode precisa ficar animado, ele está chateado". E eu sempre contava umas histórias e no meio falava umas coisas erradas de propósito, porque ele ficava bravo se eu falasse errado, e ele começava a me corrigir, às vezes até dava certo (risos), às vezes não.

E pelo que você lembra, era mais namorada mulher mesmo ou tinha rapaziada também? Ele gostava ou não?

Era mais menina mesmo. Então, eu sentia que ele tinha muita admiração, às vezes, por certas pessoas, mas eu não via ele ficar com homem, não. Eu acho que ele sempre foi sincero comigo e eu com ele, então eu não vi nada. Eu só sentia que ele tinha admiração pelo João, por exemplo, pelo Ruta, com o Xande eu não tive muita convivência, teve um rapaz que chama Ricardo, que é baiano, eles moraram uns dois anos juntos, assim: ele, o João, o Goia, o Rui e esse Ricardo ali perto da PUC. Mas eu não sei o que rolava.

Você sente que, nesses anos todos que conviveu com ele, ele foi ficando mais para baixo, mais deprimido?

É, nos últimos anos de vida dele eu até briguei com um dos filhos dele, o Tuco, porque o Roberto estava muito mal. Ele era um cara alto, grande, forte e foi definhando. E eu fiquei um tempo sem ir lá e os moleques falaram: "Mas você tem que ir lá ver o Bigode, se você não vai lá uma semana ele fica enchendo o saco falando que a gente brigou com você". Aí eu fiquei uns seis meses sem ir lá, às vezes eu ligava pra ele, uma vez por semana, ele, com a vozinha dele rouca, mas as últimas vezes eu não consegui ver ele não. Até no hospital, quando ele ficava internado aqui no Sírio Libanês, eu ficava às vezes um mês, 15 dias dormindo direto lá, achava muito tranquilo a convivência com ele, mas ele não estava ainda tão mal. As últimas vezes que eu fui ao Sírio, eu saí mal, e o Tuco viu que eu até vomitei. Eu conheço o cara e nunca vi ele infeliz daquele jeito, de repente tem esse lado de ele ficar deprimido, e ficava cobrando a gente de não ir lá, que a gente não ia lá, cobrava bastante a Verinha também. E o Tuco morava em São Paulo, e a gente combinava de, às vezes, ele ficar de dia, e eu ficava à noite no hospital. Quando o Roberto saiu a última vez, ele foi morar na casa de repouso, e lá ele foi ficando mal. Nos últimos dias, eu simplesmente sumi, porque eu não tinha coragem de falar para o Tuco que eu não estava a fim de ver o Bigode, mas ele falou: "Não, Baiano, você tem que falar para mim". Eu falei: "Beleza", mas continuava. Um dia ele me chamou, ficou bravo e eu falei: "Você é muito chato, muito 'cricri', porra, eu vou quando eu quiser ver o Bigode. Você que é o filho dele". E ele falou: "Eu sei, mas então vai lá". Até hoje eu não falei para o Tuco a causa de não ter ido. Era uma coisa muito chata, eu não conseguia nem levar ele na cadeira de rodas às vezes. Uma vez quando ele teve problema de ponte de safena, ele ficou um tempo em casa e eu tinha que dar banho nele, lavar ele, levar a cadeira, mas era uma coisa que eu via que ele ia ficar bom logo. Daquela vez era diferente.

E você está morando onde?

A gente morava na [Rua] Carlos Pinheiro, foi quando ele começou a ficar bem debilitado, porque ele tinha que subir escada. Tanto é que ele mudou por causa disso, era um prédio de três andares e não tinha elevador, era escada. Então ele mudou pra casa de repouso, e no período de um ano ele ficou mal. Muito mal. Eu tenho vários amigos da capoeira, estudantes da puc, *que eu comecei a levar, cada dia eu levava um. Eles ficaram muito amigos. Tinha o Gustavo Galo, que nos últimos dois anos teve uma convivência muito grande com ele. Nesse período de seis meses eu levei muita gente lá e ele ficou muito feliz com isso, porque ele sempre curtiu a juventude, mesmo ele velhão, fodido, eu levava às vezes uma pessoa mais velha, amigos deles e ele trocava ideia, mas quando eu levava a rapaziada, ele ficava mais feliz. Uma das poucas coisas que ele falou: "Aí, Buí, se você puder fazer isso sempre, trazer a juventude, eu fico feliz", porque ele nunca foi de pedir as coisas, ele sempre deixou a gente ser espontâneo. Então eu percebia que ele ficava mesmo feliz. Às vezes, domingo, a gente ia almoçar, e eu levava a rapaziada. Às vezes eu nem ia, a molecada ia lá e ele me falava: "Buí, veio aqui fulano, foi muito legal". Uma coisa engraçada é que para mim ele foi sempre meu pai, ele me deu tudo. Acho que não preciso de mais nada na vida, porque tudo o que eu tenho, ele me deu, não preciso de dinheiro mais, mas o lado da cultura e o lado humano que ele me ensinou, isso não tem preço. Ele sempre falava assim: "Buí, dinheiro, às vezes, não traz felicidade, você tem que ser feliz no que faz", porque todo esse projeto do circo, da capoeira, foi tudo ele que me proporcionou. E eram as coisas que eu queria fazer. Ele era um cara muito sábio, ele viu que estava ficando doente pra caramba e falava:*

"Buí, você precisa fazer um curso, porque eu estou ficando muito velho e você é um moleque muito criativo". Foi aí que eu conheci uma menina que trabalhava na Soma, chamada Denise, ela fazia circo e eu fui fazer. Fiquei três anos treinando circo, às vezes deixava de ir pra Mauá para treinar, para você ver como ele era. Quando eu me formei no circo, fiquei indo pra Mauá muito com ele, e o pessoal do circo me chamava muito para viajar, para fazer os trabalhos. Eu fazia trapézio de voo. Foi quando eu não tinha mais muito contato com ele, isso deixou ele com ciúme. Ele conversou comigo, choramos juntos e eu dizia: "Mas Bigode, você que me ensinou tudo isso, você está sendo egoísta, eu preciso aprender com outras pessoas também". (risos) Isso foi quando eu fui para a Arábia, fiquei três meses e, quando eu voltei, ele disse: "É, Baiano, está difícil", e eu: "É, está difícil". Então eu levei minha namorada para morar comigo e ele ficou muito enciumado, porque eu dava muita atenção para ele, mas com a namorada, nós íamos juntos no fim de ano, eu, a namorada, com os filhos dele, alguns amigos e tudo mais, só que no dia a dia eu e ele, aquelas conversas, sozinhos, não tinha mais, e ele ficava enciumado.

A briga dele com o Beto também foi um pouco de ciúme, não foi?

Sobre isso eu sei pouco. O Beto tinha uma banda de música ele encontrou a atual esposa, Olaia, e o Bigode ficou com um pouco de ciúme, porque o Beto era o filho que viajava com ele, ia para Mauá, ia para Canoa Quebrada, era "o cara" para ele. E entrou essa menina, a Olaia, e começaram os conflitos, porque ele queria viajar com o Beto, e ela falava não. Ela não queria que o Beto ficasse viajando com o pai. E numa coisa eu tenho que ser justo, ela era meio chata mesmo, meio pirracenta, no mau sentido. Ela era de bater de frente. Ficar discutindo. Até a Gessy, que não é muito de falar de ninguém, ela sempre diz que "apesar de o Robertinho ter brigado com muita gente, nessa briga ele estava certo, ele estava certo nessa briga da Olaia com ele, porque às vezes ela queria fazer as coisas do jeito dela". Então, o Beto estava no auge da carreira dele como músico, e o Roberto foi o cara que sempre incentivou esse negócio de música, no caso, ele gostava de bateria, e a menina vem e tira ele do grupo, da banda, a coisa de que ele mais gostava, e ainda proíbe ele de encontrar o pai, a mãe. E a Gessy era uma pessoa muito educada, até demais. E o Roberto era muito doido, mas ele era amigo, era amigo mesmo dos amigos dele, não existia você chegar e sacanear ele, só se sacaneava ele uma vez na vida. Então nesse caso da Olaia, ele tinha mesmo um pouco de razão.

E você sabe os nomes de quem sacaneou ele, ainda que uma vez?

Bem, eu não sei. Mas antes de eu conhecer ele, acho que em 1988, ele tinha uma formação de Somaterapeuta, que já devia ter uns 10 ou 12 anos, e ele já devia ter pesquisado tudo da Soma, então ele estava pesquisando o que no final em 1988? Eu não lembro se era capoeira, se era alguma arte marcial, para poder acrescentar na Soma, porque ele acreditava que só a Soma não iria ajudar tanto quanto um exercício físico. Foi nessa época que ele pesquisou bastante, quando ele encontrou a capoeira, foi quando teve o infarto e ele teve certeza. Então o pessoal de 1988, de que eu não me lembro os nomes, fizeram a sacanagem com ele, combinaram todos eles que não queriam capoeira na Soma e iam criar a Soma independente do Roberto, foi quando o João estava começando, tanto que o João acelerou o processo, se não tinha acabado a Soma, tinha falido. Ele ficou muito desanimado da galera. Ele também teve uma desavença com o pai de um desses meninos aí, o Serjão, o cara de política, esse também teve um problema com ele. O Roberto era um cara que odiava política partidária, no geral. Eles tiveram uma briga, tanto é que eu fui me meter e falei: "Pô, Bigode, o Sérgio, vocês têm a Caros Amigos juntos, vocês são os Caros Amigos". Então ele brigou com o Paulo, que foi defender o Sérgio. Aí ele ficou de mal de todos os filhos, de mim, do João, do Goia, da Vera. Ele ficou de mal de todo mundo. Só que, depois, nós vimos que ele tinha razão, ele foi fazer uma das últimas cirurgias, ponte de safena, e ficou um mês em casa. Nesse meio tempo a Caros Amigos estava meio que falindo, então pegou uma grana do PT e começou a publicar coisas favoráveis ao PT na revista. Ele não admitia isso. Como sempre ele era um cara muito radical nesse lado e eles brigaram legal. Depois a gente foi ver que ele tinha razão.

Então ele mudou para Cotia, não foi? Quando foi?

Ele morreu em 2008, então mudou pra lá em 2005 ou 2006, em outubro, para uma casa de repouso, porque eu morava com ele e ele tinha o problema que não subia escada, e eu falei pra alugarmos uma casa térrea, só que eu também estava no auge dos meus trabalhos com a capoeira e com o circo, e ele falou: "Você precisa se cuidar, não tenho mais como te dar nada, estou

O REVOLUCIONÁRIO DO TESÃO 315

*ficando sem dinheiro. Estou velho, então eu vou morar lá e você fica moran-
do na casa". Mas eu falava que queria morar junto, que chamaria minha
irmã, que estava desempregada, ela ajudaria a cuidar dele, a gente ficaria
morando juntos. A gente não queria que ele fosse, mas ele mesmo quis ir.
Até fiquei chateado que ele foi, mas ele me falou: "Não quero que perca tudo
o que aprendeu só pra cuidar de mim". Ele morou lá uns dois, três anos, os
filhos iam ver ele. Eu também. O Paulo ia, uma vez por semana ou duas,
o Tuco ia quase todos os dias, eu ia às vezes. No começo, quando ele ainda
estava andando, eu ia todos os dias, eu até ficava fazendo algumas digita-
ções para ele, que ele escrevia e o que eu conseguia entender eu fazia, e o que
eu não conseguia eu trazia para a rapaziada. Os últimos dias de vida dele
foram assim, e eu fico muito mal de falar isso, porque eu tenho imagem dele
de Mauá, não a lembrança dele doente.*

Qual foi a coisa mais legal, mais bonita que ele chegou a te falar, te deixar?
Alguma coisa te marcou bastante?

*O que mais me marcou foi que ele me mostrou o quanto eu, que sou
nordestino, vim do meio do mato, pobre e machista pra caramba, e ele me
disse: "Duas coisas que eu admiro em você: é que você entendeu com a Soma
e a gente não te impôs nada do machismo, que você era um cara muito machista em todos os sentidos". E, sinceramente, eu achava que não era, essa
coisa me marcou desse lado do machismo. E outra coisa é que eu era um
cara que vim da praia, de Ilhabela com ele, não conhecia nada e eu sempre
tive convivência com as meninas e com os rapazes de classe média, e eu
era um moleque bicho do mato e ele sempre falava assim: "Buí, você nunca
pode se colocar como melhor ou pior que os outros, você tem que ser você, se
você não sabe ser você, você vai aprender". Então isso me marcou muito, o
João, o Goia, eu chegava da escola e não sabia muitas coisas, e o Paulo, filho
dele, das três da tarde até ás seis, se eu tinha que fazer algum trabalho, eu
ia para casa dele, ele fazia um café e também me ensinava. Então, esse lado
me marcou muito, do lado dos incentivos.*

Buí, antes de morrer, ele foi levado para o Sírio, quem viu que isso era
necessário?

*Foi um dos cuidadores dele lá, não é cuidador, é que ele se apegou a uma
menina e um rapaz de lá, e às vezes ele queria só esses dois para cuidar dele.*

Aí ligaram para o Tuco, ele que foi lá e levou. Mas antes disso, o médico dele, que era o Chauí, já tinha falado que o Roberto estava com câncer, que ele iria ficar lá, mas ele sentia muitas dores no final da vida. Foi isso, foi o Tuco que levou ele, ele foi conversando normal. Ele morreu tranquilo, e não gagá. Quando ele morreu, ele estava consciente.

E quando foi a última vez que você o viu?

Foi uns dois dias antes de ele ficar ruim assim, eu até conversei com ele por telefone: "Pô, Bigode, faz tempo que eu não vejo você", e ele falou: "Estou chateado que você me abandonou". Aí eu comecei a chorar, ele percebeu e começou a chorar também, e falou: "Olha, Buí, eu entendo você, é que você queria o Roberto saudável, inteiro, mas eu te entendo". Foi a última vez que eu falei por telefone com ele. E uma coisa muito doida é que parece que ele não morreu para mim, e toda vez que eu estou querendo colo eu penso nele. Até agora, por esses dias, que eu estou passando por um período de carência dos amigos no geral, eu chego em casa, ponho um vídeo dele, assisto ele falando, conversando, a gente em Mauá, um vídeo que eu gravei, eu gravei bastante coisa de Mauá.

Então quer dizer que a Soma te pegou mesmo? Porque uma das finalidades da Soma é justamente continuar, após parar o curso...

Sim, e isso continuou mais por causa da capoeira, que eu continuei na capoeira. A capoeira é uma coisa que, de certa forma, liberta. Se você for ver a história da época dos escravos, os caras fizeram capoeira para se libertar, entendeu? Essas coisas ele me ensinou muito, eu não sabia, pois, como disse, apesar de ser baiano, eu não sabia nada da história de capoeira. Na Bahia a única história de capoeira que eu sabia é que não podia, minha mãe e meu pai proibiam capoeira, porque a maioria dos capoeiristas eram malvistos, tinham fama de malandros, alguns faziam coisa errada, mas sobrava para todos.

Você falou dos vídeos, e você tem muita foto com o Bigode?

Tenho, mas não comigo, tem muita coisa com o Tuco, com a Gessy. Tem em casa alguma coisa. Na época não era digital, era impressa. Tinha que revelar as fotos. Eu me lembro de uma que eu tenho, eu almoçando com ele em Mauá, porque era eu que fazia a comida, eu que limpava tudo, porque o

O REVOLUCIONÁRIO DO TESÃO *317*

pessoal não queria ficar trabalhando, por ser longe, ter que ir a pé, então eu fui aprendendo a cozinhar do meu jeito, e ele não se importava muito com comida. Ele gostava de arroz, feijão, batata e frango assado ou grelhado. Ele gostava bastante do meu frango e da batata frita. Antes de a gente mudar para Aimberê, ele morava em um flat, aqui na [Rua] Teodoro Sampaio, e lá tinha todo o pessoal da limpeza, cozinha, tinha tudo, tinha restaurante embaixo, mas aí ele mudou porque eu fui morar com ele, porque ele morava com o pessoal da Soma. Aí ele falou: "Agora você não vai trabalhar para o pessoal da Soma, vai trabalhar só comigo". O pessoal da Soma ficou bravo com ele, até porque eu fazia tudo na Soma e deixei de fazer as coisas da Soma para fazer com ele. E eu lembro que o João até falou: "Pô, Bigode, mas não é justo". E ele falou assim: "O Baiano já aprendeu tudo que tinha para aprender com vocês, a partir de agora vocês estão explorando ele, então eu vou ficar com ele". Então ele pagou os cursos de circo que eu fiz.

Uma pergunta que eu fiz para todo mundo que entrevistei: ele faz muita falta hoje?

Muita, eu não sei nem falar. É um negócio muito louco, porque eu não sei responder a essa pergunta. Eu vejo ele em todos os lugares onde vou, então é uma falta muito grande. E não é uma falta assim, é uma falta que ninguém me entende, é uma falta de um grande companheiro, uma falta da amizade. Das conversas. Dos conselhos. Às vezes eu faço umas besteiras, então às vezes eu saio e fico pensando nisso. Um dia desses, eu marquei com o Paulo de encontrar ele, e acabei não indo, e não avisei, e pensei: "O Bigode deve estar me xingando". Mas é um negócio muito doido que eu não sei explicar. Ele nunca ficou bravo de verdade comigo, porque eu não dava muito motivo. Às vezes ele ficava bravo sem motivo mesmo. Mas aí passava rápido. A gente tinha um combinado de que quando a gente fosse pegar estrada muito longa, eu devia chegar na casa dele dez e meia, 11 horas, no máximo, para ir dormir e poder dirigir de boa no dia seguinte. Na verdade, eu mesmo me coloquei isso. Um dia eu estava com a namorada, entendeu? (risos). Aí eu perdi a hora, e cheguei mais de meia-noite e meia. Ele olhou pra mim e falou: "Amanhã eu não vou mais com você", aí eu cheguei e achei que ele estava de sacanagem, e fui dormir, e quando acordei, ele já tinha ido mesmo. Foi de avião, e aí eu falei: "O Bigode, você está foda, está muito chato, cara". Aí ele chegou, veio de táxi, chegou em casa, eu estava lá com a minha namorada, que inclusive era até sobrinha dele. Ele olhou para mim, eu olhei para ele, e o olhar um do outro já dizia tudo. Mas ele não deixava de falar comigo não. Só não olhava assim. Eu fui, levei minha namorada embora e falei: "Pô, Bigode, a gente precisa conversar, sempre que você erra, você vai me procurar, e agora eu acho que eu errei e não estou sabendo onde eu errei". Ele falou: "Baiano, porra", ele tomou uma dose de uísque, virou de uma vez, aí pôs outra pra ele e uma pra mim, e eu também tomei, virei de uma vez, e eu nem bebia uísque, nem sabia que porra de gosto tinha. Aí ele falou: "Eu não te cobro nada, mas eu também não faço nada em que eu não tenha prazer, e neste momento um dos meus poucos prazeres é pegar o carro e viajar, você viu que eu peguei um avião, fui e voltei, e não tem problema nenhum. Só que não era isso que eu queria, não era isso que a gente tinha combinado, e eu sei que você também gosta de viajar, só que você descombinou o nosso combinado. Você combinou uma coisa comigo, depois descombinou, sozinho". E eu falei: "Mas é só por isso?". E ele falou: "É, só por isso". E ele disse: "Então me explica por que você chegou tarde?" Eu disse que de fato ele tinha razão. "Agora eu vou me desculpar, é que eu estou apaixonado, e a menina por quem eu estou apaixonado é sua sobrinha, já que é pra tomar bronca, vou tomar tudo de uma vez". E ele falou assim: "Você acha que eu não sei?" A gente conversou, ficou tudo tranquilo, não teve magoa nenhuma, foi muito engraçado isso, e foi a única vez que ele ficou bravo mesmo comigo. Geralmente, era eu que ficava bravo. Ficava bravo não... Eu acho que é por isso que eu sinto falta dele, na verdade é isso: eu chegava em casa, o quarto dele era na frente e eu falava assim: "E aí, Bigode?", e ele estava tomando um uísque e falava assim: "Você chegou, é". Quando eu não entrava direto era porque eu estava chateado, ele percebia só de eu chegar em casa, pelo jeito que eu entrava ele sabia se eu estava chateado ou não. Aí eu acho que até abusei muito dele, que é esse lado dele ser um pai, um paizão, não falo pai, um companheiro. Ele falava assim: "Buí, senta aí, vamos conversar. O que está acontecendo que você está meio desanimado?", eu ia falando e ele falava: "Buí, você não me vê? Eu estou fodido, estou ficando velho, e você me vê desanimado? Você é jovem, não pode ficar desanimado". E aí ele falava, conversava, ele conversava muito. Ele era um cara firmeza. Tem também o Ricardo, a gente morou muito tempo junto, valia a pena você falar com ele, o poeta, é um moleque novo, até hoje eu moro com ele na mesma casa. Ele conviveu bastante comigo e com o Bigode, moramos *uns seis anos, eu ele e o Roberto. Ele também teve esse final do Roberto, ele pegou tudo. Às vezes ele ia lá na casa de repouso e ficava fazendo poesia com o Roberto, lendo poesia com o Roberto, porque o Roberto gostava muito de poesia. Tanto é que ele lançou um livro de poesia agora. Um cordelzinho. Ele fala livro, porque ele gosta muito dessas coisas de arte, dança, poesia. Vale a pena você falar com ele, que também conviveu bastante com o Roberto e é um cara mais ligado nessa coisa de literatura e poesia.*

Buí, foi muito boa a nossa conversa, porque, acima de tudo, confirma o que temos percebido no relato das outras pessoas também, um grande amor por ele, um amor por uma pessoa que passou por aqui e deixou uma marca muito forte. E é muito bom ver que esse amor que ele recebeu de várias pessoas é porque ele também deu para muita gente. Agradeço a você.

A Somaterapia continua viva

João da Mata é o herdeiro, de fato, da Somaterapia, é quem divulga suas teses, workshops e terapias com muito carinho. Um verdadeiro discípulo de Roberto Freire. Aqui fica o depoimento dele sobre o "Bigode".

ENTREVISTA COM JOÃO DA MATA

O Roberto me contava muitas vezes que ele teve uma espécie de desbunde na vida depois de velho. Velho, nem tanto, depois dos 45 anos. Ele falava: "Eu era um médico casado, careta, fui médico de fábricas", e chegou um determinado momento da vida que ele teve contato com o teatro, com a juventude, com a poesia, com o movimento político, e veio a morte do pai dele, e ele escreveu a primeira peça, logo depois que o pai morreu, como se tivesse uma autorização, ele viu que a vida com a Gessy começou a ficar um pouco incompatível, não era falta de amor, isso ele sempre dizia, mas era falta de dinâmica de cotidiano, aí que ele começou a frequentar a boêmia mesmo, antes ele parava no bar e dali ia pra casa, mas desse momento em diante ele passou a viver a boêmia, e acredito que ele se tornou um cara muito mais livre, libertino e libertário por causa disso, em todos os sentidos que isso alcança.

Eu conheci o Roberto em 1988, ele já era um autor de sucesso, tinha acabado de lançar Sem tesão não há solução *e estava lançando* Ame e dê vexame, *eu cheguei a promover o* Ame e dê vexame *em Recife, e foi um sucesso, eu andava com o Roberto e era autógrafo, gente tirando foto. E vários acontecimentos marcaram esse período, acho que um que permeou boa parte desse período em diante foi o próprio envelhecimento dele, e acho que ele lidava muito mal com a velhice. Tem um livro* Tesudos de todo o mundo, uni-vos!, *que tem um capítulo em que ele diz que a velhice é uma coisa que a Medicina e o capitalismo esticaram muito, tornando os velhos inúteis, mas acho que era a própria relação que ele tinha com a velhice, a dificuldade que ele tinha. Ao mesmo tempo ele tinha certa ânsia de viver, inclusive no campo afetivo sexual, que eu acho que sempre foi um campo muito nebuloso para ele. Ele tinha namoradas, nessa época ele namorava a Virgínia, ele conta no livro, na autobiografia, que eles acabaram, e depois eu comecei a namorá-la, ele conta essa história no livro. Depois ele se afastou um pouco de Recife, por conta de saúde e teve uma grande decepção afetiva, que acho que vem também a espreita do próprio envelhecimento e da sensação de solidão, que foi a separação do grupo experimental da Soma, éramos 12 somaterapeutas que trabalharam com ele, e que, por uma série de motivos, acabaram se afastando. Essa geração é mais antiga. O Maluf, o João, o Kiko, essa galera foi da década de 1980. O Roberto tinha muito dessa coisa de juntar e separar, juntar e separar.*

Na década de 1980, quando a Soma se expandiu mais pelo Brasil, ele já não estava mais querendo trabalhar com Soma para se dedicar mais à literatura, ele formou muita gente, numa formação que eu acho que foi até corrida demais. Formou gente que não segurava a onda. E no final dos anos 1980 para os anos 1990, quando eu cheguei, ele começou a querer introduzir muita coisa sobre a capoeira, outras coisas. Nesse período, ele já estava um pouco mais afastado, por vaidade, de se sentir dono da Soma, o criador da coisa, e já não estava mais no front, isso foi uma barra pra ele. E o pessoal já estava tocando a Soma sem ele. Havia certa disputa política ali por liderança, o Roberto querendo introduzir a capoeira na Soma, até com certo autoritarismo. Eu acho que, de um lado, havia um pouco de ciúme o tipo "estão levando o que eu criei", e de outro lado, o pessoal achando que ele estava querendo impor uma coisa que não fazia parte diretamente. Teve esse grande racha quando eu entrei, pouco antes teve a morte da Virgínia, do Jairo, que foi um grande impacto para ele. O Roberto tinha namorado a Virgínia por uns oito meses, ele tinha aberto o grupo de Recife, e eu fui fazer a Soma com 20 e poucos anos. Quando comecei no grupo, eles namoravam, quando eles acabaram, uns quatro meses depois, eu comecei a namorar a Virgínia, foram uns seis meses de namoro, e ela morreu num acidente de carro, supertrágico, morreram cinco adultos e uma criança, cinco jovens que faziam parte do nosso círculo. Ele já tinha se afastado um pouco de Recife. E aí entra um pouco a questão dos afetos e da sexualidade dele, porque acho que a Virgínia talvez tenha sido uma possibilidade de amor que ele viveu, a esperança de um amor que não deu certo. Ele dizia que sexualmente era tudo certo, mas a incompatibilidade de gênios era grande. Ele vinha de uma fratura afetiva, de uma história com o Xande, numa relação que nunca ficou muito claro se era um amor, uma amizade, o que era, mas tinha uma relação muito próxima entre os dois. Eu não conhecia o Xande, conheci depois. Mas ele falava muito de viver a vida, viver a paixão, a sexualidade, o que fosse, coisa que durante anos ele não viveu, porque ele ficou muito preso no casamento. Eu acho que com o afastamento com a Virgínia, nessa época, ele teve problema de coração e se afastou de Recife, afastando-se também da Virgínia, logo depois a morte dela e essa grande ruptura afetiva com pessoas muito próximas a ele. Isso já é dessa geração que inclui o Décio, ele era um cara muito próximo do Roberto nessa época. Na Bahia tinha um cara chamado Halter Maia e aqui no Rio um cara chamado Alex. Eram as três pessoas mais antigas que estavam com ele até então, e fizeram parte da ruptura. Eram pessoas mais fortes nesse grupo experimental, composto por umas 25 pessoas, entre as que já atuavam como terapeutas e as que estavam se formando. E foi justamente nesse período que ele começou a formar muita gente, acelerando inclusive o processo de formação, outras pessoas podem não concordar com isso, mas tinha um grupo grande em Salvador de uns cinco terapeutas, o Halter, um cara chamado Maurício, Mônica, Bruno, havia um núcleo maior em São Paulo, maior e mais antigo, composto pelo Décio e pelo Caetano Nucci, que já trabalhavam a Soma em São Paulo, Mato Grosso, Brasília, Recife, Rio, aqui no Rio, um médico homeopata chamado Alex Xavier. Essa galera se afastou dele no final dos anos 1980, foi quando eu entrei para valer com os dois pés: "Fica aí que eu quero investir em você agora". Então essa coisa do rancor que você fala ele viveu muito isso, por um lado por uma postura de vida que ele tinha, porque ele brigou com muita gente, com o João Meireles, com o Nicolau, quando ele se sentia traído, ele cortava mesmo a relação e não tinha volta. Mas com essas pessoas parecia que ele tinha, além da decepção afetiva, uma decepção no sentido de que ele acreditava que era para essas pessoas que ele queria passar a bola, e ali teria que retomar tudo, então tinha um cansaço também e uma desconfiança.

Eu lembro uma vez de um jantar em Fortaleza, e ele estava bêbado (imita um resmungo), tinha esse medo de ser traído. Mas o Bigode não era uma pessoa fácil, ele era genial e genioso. Se você combinava com ele um horário e atrasava dez ou 15 minutos, ele ficava puto, não queria descer do apartamento. Tinha também as ciumeiras de ser escritor, acho que quando parou de vender os livros dele, pegou bastante pra ele, um cara que se tornou famoso e de repente não desperta mais atenção. Na época ele vendia muito livro, mas não tinha um respeito literário. Ele viveu umas decepções no final da vida, e acho que a própria velhice foi intensificadora desse processo, parece que o pavio dele foi ficando ainda mais curto. A separação com o Serjão foi outra separação que ele sofreu muito.

Teve também a ruptura dele com o filho, o Beto. Eu cheguei a visitar o Beto com o Roberto em Amsterdã, acho que em 1993, eu não entendi muito, mas no meio da noite eles começavam a quebrar o pau, uma discussão, eu entrei no meio: "Para com isso", "Vamos embora daqui", fomos para a estação ferroviária, o Beto chegou lá correndo, ficaram conversando um pouco. A versão que o Roberto me contou foi que a mulher do Beto nunca suportou a relação dele com o Beto, achava que o Roberto afastava a mulher dele, do Beto, e o Roberto dizia que ela era uma mulher manipuladora, controladora, que tirou o Beto do Brasil, afastou ele da família, da música que ele queria fazer, e ele sempre foi muito crítico com a mulher do Beto por conta disso: "Tá vendo, essa mulher está te manipulando, está te dominando", então a mulher do Beto, que também nunca gostou do Roberto, determinou a certa altura que o Beto tinha que fazer uma escolha, abandonar o Brasil, abandonar os irmãos, abandonar o Roberto para ficar com a família, tanto é que o Beto nunca mais voltou, foi para a Holanda há muitos anos, passou um pequeno período no Brasil e depois foi para a Austrália e está na Austrália até hoje. Então essa versão de que teria sido uma ruptura homofóbica, isso nunca ficou claro para mim, o que o Roberto sempre verbalizava é que a mulher do Beto não gostava dele, nem ele dela, porque ela era uma pessoa que tinha uma influência forte sobre o Beto e queria afastar ele de todo mundo, e ela dizia a mesma coisa do Roberto, como se fosse um cabo de guerra. Isso fez ele sofrer muito. Uma vez ele abriu uma palestra dizendo: "Eu tenho um filho que não fala comigo, que não quer saber de mim", ele falava isso. Eles até falaram algumas vezes por telefone, de vez em quando se falavam por telefone, quando o Beto ligava para ele, e ele passava uns dois, três dias mal, ruminando aquilo.

Quando eu conheci o Roberto, o Nando já tinha morrido. Ele dedicou o livro Coiote *ao Nando e ao Xande. Então teve essa ruptura com o pessoal do experimental, teve a ruptura que perpassou durante boa parte do tempo com o Beto, teve a ruptura com o Serjão e teve o envelhecimento que cada vez mai foi deixando ele muito mais decadente fisicamente, foi muito difícil conviver com o Roberto na velhice dele, porque ele sempre me dava muita força, e de repente inverteu. Teve um período em que já era muito difícil para mim e ele falou: "João, vamos fazer uma terapia, você faz em mim e eu faço em você", eu comecei a fazer a terapia com ele, trocava uma ideia, era ótimo, "agora vamos fazer a minha", e ele começava a contar a situação de saúde, a sensação de impotência, sofria com o fato de que não conseguia mais ler, e eu pensava: o que vou falar para esse cara? São coisas da vida, inevitável: "Ah não, Bigode, você é um cara bacana". Então esse processo foi gradativamente deixando ele mais debilitado, e chegou certa altura que ele abriu mão de lutar contra a velhice e ficou até mais calmo, acho que tudo isso, sobretudo, depois da cirurgia cardíaca que ele fez, a ponte de safena que ele fez, que foi nos últimos oito anos de vida. Perpassando esse momento de envelhecimento, rupturas e dores, teve a história com a Virgínia, teve a história com outra menina que mexeu muito com ele, a Jaque, Jaqueline, uma menina jovem que também fez Soma, em* BH, *e e foi morar em São Paulo, eles tiveram um relacionamento, ela está em Florianópolis agora.*

Teve também aquela história da outra mulher, lá de BH, de quem ele falava como um grande amor, e contava aquela história de que eles estavam em BH e ela começou a falar que não ia deixar o marido para ficar com ele, que ela estava muito mexida, e ele pediu para parar o carro e sumiu, nunca mais voltou: "Para o carro que eu vou comprar jornal" e nunca mais voltou. Mas eu colocaria em um grau de importância dessas mulheres, no final dos anos 1980 para cá: a Virgínia, que mexeu muito, a Jaque, que foi uma relação importante com ele e a Vera, a última relação. E todas elas tinham menos de 30 anos, ele só namorava gente de 20 e pouco anos. Acho que a Carmem foi a única coroa de 30 e poucos anos que ele namorou. E ele conseguia cantar essas mulheres, porque era um cara inteligente, admirável, Roberto não era lá muito bonito, tinha aquela barriga enorme dele com aquela hérnia de disco apontada para cima, ele tinha uma hérnia assim (demonstra com a mão). Depois tinha o tampão no olho, mas sobre a barriga ele dizia que era bom porque fazia uma gangorra (risos), ele ficava brincando dessas coisas.

Ele falava muito daquele filme Morte em Veneza, *que é aquele encantamento do cara que vai se tratar em Veneza e se apaixona por um jovem de 13 anos, então ele buscava, se é que se pode dizer assim, a juventude, que é bonita e empolgante. Mas acho que também ele buscava na juventude viver aquilo que ele não viveu. Eu lembro quando o Roberto fez 62 anos, porque eu o conheci com 60, e aos 62 ele falou: "Eu não sou um homem de 62, sou dois homens de 31", tem uma coisa meio juvenil, meio ingênua, mas tem uma coisa muito bonita e importante que é essa paixão e vitalidade que a juventude traz, todo pensamento dele acho que transforma na direção dessa potência de vida, dessa potência de existir, daí a sensação de que a velhice é totalmente o oposto, o esvaziamento dessa potência, é claro que tem a sabedoria, a vivência, a inteligência, uma inteligência que surge com maturidade, mas acho que ele localizava muito aí.*

Na Caros Amigos *a gente tinha um box permanente para divulgar a Soma, era um anúncio, matérias de divulgação da Soma, e em contrapartida nós trabalhávamos na divulgação da revista, fazíamos palestras, divulgação. Foi por isso que conheci o Serjão. Cheguei até a escrever para a revista. Foi um período para o Roberto reviver o que foi os anos 1960 também, o que ele chamava de jornalismo com paixão, porque ele de novo estava de saco cheio da terapia, os livros não estavam vendendo e ele não tinha mais tanta exposição pela literatura. Também não estava mais no teatro, na TV, na música. Eu vejo a* Caros Amigos *como um projeto do Roberto de reativar coisas novas.*

Na revista ele tinha esse trabalho de relações, de contatar os colaboradores, e ele gostava disso, desse trabalho de articulação, o Bigode tinha esse trabalho. A gente estava morando em São Paulo e ele chegou a ir para o Rio visitar o Caco Barcellos pra falar sobre algum lance da revista. Então o Bigode tinha um trabalho de RP muito forte na revista, talvez mais até do que no dia a dia da redação, porque ele já estava cansado, eu me lembro do Bigode indo para a redação já meio cansado, ficava lá, trabalhava, mas esse batente jornalístico era mais com o Serjão mesmo. Aí ele teve aquela decepção com o lance da política, saiu da revista, acabou a relação com o Sérgio. E foi inventando outros projetos também, acho que ele retomou o trabalho com a Soma, como uma espécie de coordenação geral, porque ele já não estava conseguindo fazer grupos, ele tentou fazer grupos nesse período do início dos anos 2000, até que veio o acidente e ele ficou praticamente paralisado depois disso, foi quando ele morava com o Buí, ali na Aimberê, eu já morava aqui no Rio, e ele caiu tomando banho e então resolveu ir para aquele asilo.

Eu lembro que uma vez saiu uma entrevista do Caetano Veloso na Globo News com o Geneton Moraes. Nessa altura, na Caros Amigos o Serjão entrevistou um baiano que falava de um suposto esquema chamado Máfia do Dendê, em que músicos baianos, como Gil e Caetano, estariam se beneficiando de favorecimento via ACM [Antônio Carlos Magalhães] e saiu essa matéria grande e deu repercussão. E o Caetano deu uma entrevista para o Geneton Moraes na Globo News, e uma hora o Geneton perguntou isso: "Mas o que você acha dessa coisa da máfia do dendê?" e aí o Caetano ficou puto e respondeu: "Isso é um absurdo, porque o Roberto Freire, não o político comuna, o Roberto Freire, o Bigode, um cara velho que fica falando um monte de besteira, inventando esse absurdo naquela revista dele", e o Roberto ficou muito puto com isso, com essa forma que o Caetano teria se referido a ele, até porque ele nem estava mais na revista, e tentou uma retratação, ligou pra Globo, mexeu os palitos, depois deixou para lá. Mas eu lembro muito como esse tipo de coisa afetava ele.

Agora eu acho também que essa coisa que tangencia a sexualidade dele, o fato de ele ter vivido as histórias dele, viveu e foda-se. Outra coisa que incomodou muito ele e até hoje eu fico pensando se eu não estou encaretando a Soma, porque a Soma foi muito tempo associada à putaria: Soma putaria, Soma suruba coletiva, porque junta corpo, Reich, anarquismo, e é tudo nudismo, é uma forma de esvaziar muito o trabalho, é uma forma pejorativa. De muitos anos para cá, eu fiz muita terapia, conduzi muita terapia de sunga, mas imagina hoje, século XXI, um terapeuta corporal entrar na sala de sunga na frente de 20 pessoas... Hoje em dia eu trabalho assim, de bermuda e camisa. Então me pergunto será que eu não estou encaretando a Soma? Porque hoje tem teses de doutorado sendo feitas, vai ter o filme o filme do Coiote, que vai ser rodado agora, por um cara chamado Sérgio Borges, um cara que fez Soma, um bom diretor de Belo Horizonte, acho que vai ficar um filme bom, ele captou uma boa grana. E teve também, de fato, a época em que o Roberto teve esse desbunde, década de 1970 e 1980, que eu acho que fazia parte do contexto histórico e cultural, quando essa questão do nudismo era uma afirmação de liberdade, hoje em dia tirar a roupa não quer dizer coisa nenhuma, você não é mais livre ou menos livre por isso, virou até clichê. Mas naquela época...

Mas a Soma nunca defendeu o naturismo como uma posição política, por exemplo: "Vamos ficar pelados, porque o corpo humano tem que ser exposto", não, era uma questão de liberdade mesmo, certo libertarismo e certa libertinagem, no sentido mais filosófico, porque a palavra é muito vulgarizada. Então, durante o período de 1980, quando eu cheguei, ainda se vivia uma abertura política no Brasil. Eu lembro quando eu ia fazer Soma e antes de terminar a sessão acendia um baseado com os meus amigos, ficava fumando maconha, era uma experiência sensorial, depois do terceiro, quarto mês, eu vi que aquilo estava me atrapalhando a entrar no processo terapêutico, aí eu larguei, mas no final da vida dele, quando a gente discutiu teoricamente aquela coisa de ocupar o espaço acadêmico, porque eu tinha amor à Medicina para viver só da Soma, fiz Psicologia, mestrado e doutorado, foi também certo desvio político no sentido de também ocupar o espaço que durante muito tempo a gente deixou solto, esse espaço mais institucional. E eu acho que isso foi feito inclusive de uma forma de afirmar um contraponto a essa crítica de que as mulheres da Soma são putas e os homens viados, em um sentido bem vulgar, bem chulo, que isso é uma forma extremamente desqualificante de discutir as questões. E hoje, as coisas pelas quais eu mais me desdobro na Soma são duas: o cuidado extremamente inteligente com a questão da formação, porque acho que o Roberto, na pressa e no afã de querer expandir a Soma para todo o Brasil, relaxou, formou muita gente incompetente, foi uma besteira mesmo. Quanto ao uso de drogas, nunca foi uma questão fechada. Nem sim nem não, ele recomendava: "Evitem o consumo de qualquer droga na terapia, porque isso vai mascarar o comportamento de vocês, vocês não vão fazer terapia como são naturalmente, vão fazer sob o efeito da droga", então ele era muito rigoroso com a questão do álcool, das drogas, não rolava. Todo mundo sabe que ele gostava de beber, mas durante os grupos de Soma, nunca. Sobre às vezes fumar um baseado antes, ele dizia assim: "Não proíbo, mas veja se vai ser bom para vocês". Hoje em dia eu nem falo. Quando se vai sentar e discutir liberdade, quem sou eu para falar não usem tal substância. O que é muito possível no campo da Psicologia e da Psiquiatria, tem muitas teses sobre isso, de usar substâncias alucinógenas como viés terapêutico, não é nossa pegada. Eu tratei uma menina individualmente, ela passou cinco anos fazendo uso de substâncias como ayahuasca, mescalina, ela se tratou de um surto psicótico com isso. Eu particularmente tenho uma posição superfavorável à descriminalização, a liberação de qualquer substância, mas isso não é uma questão colocada dentro do processo terapêutico. O que eu acho que tem a ver é isso, uma tentativa de, sobretudo depois da morte dele, afirmar a Soma dentro de um campo teoricamente mais sustentado, mais firme, embasado, porque apesar de o Roberto ser visto como um cara meio louco, meio bicha, meio hétero, meio isso, meio aquilo, ele tinha um respeito fodido pela obra dele, as pessoas respeitavam ele. O que acontece com quem esteja fazendo a Soma, hoje, tem que ir andando, não podemos mais nos basear só no Roberto, tanto é que vem pouca gente procurar a Soma por ser leitores do Roberto, cada vez menos, está tudo fora de catálogo, quase tudo. Teve uma época que realmente as pessoas procuravam a Soma por algum contato com ele ou com as obras dele.

Esse tema da homoafetividade do Roberto é muito delicado, porque nunca foi um tema explanado por ele. Ele tinha muito medo de ser visto como gay. Acho que tinha até certo preconceito dele mesmo. Acho que tinha alguma coisa por aí, porque ele nunca se viu nesse lugar, como gay, agora que ele tinha algo que transitava pela bissexualidade, sim, não explícita, não vivida, porque as relações que ele assumia eram relações com mulheres, as namoradas dele, mas ele falava sim de encantamento com homem, pela beleza e juventude que isso representava.

Eu acho que no Coiote ele deixa um pouco essa pista quando ele fala sobre o Rudolf Flugel: "Ele é meu alter ego", o Rudolf é uma cara que se declara várias vezes, no livro, como amante de um amor sem gênero, eu acho que ele tentou muito se aproximar disso, mas não conseguiu deixar isso claro.

Sim, teve aquela nossa viagem para Christiane, com a Vera. Eles começaram a namorar no final do grupo dela, coisa de dois meses depois eles foram para e Europa na tentativa de ficar seis meses lá, e eu fui encontrá-los, tinha uma namorada minha morando em Londres, na época, e nós três fizemos uma viagem pela Bélgica, França, Amsterdã aonde encontramos o Beto, e fomos até Christiane para ver a experiência da cidade anarquista de Copenhague. Descemos à Paris, isso tudo demorou uns dois meses, eu me separei deles, fui para Marrocos e eles ficaram mais um mês talvez. Na volta ele já começou a ter problemas de saúde decorrente à diabetes e do coração, esse problema foi agravando muito a saúde dele e chegou uma hora que ele falou para ela: "Eu não sou um cara para você, você é uma mulher jovem, precisa de um cara ou uma pessoa que possa viver uma vida com você e não *vai ser eu". Eles se gostaram bastante. Depois disso, eles ainda namoravam um tempo, mas ele fez essa cirurgia do coração e falou que depois ficou brocha, não teve mais ereção. Ele mandou a Vera embora da vida dele. Diabetes ele teve a vida inteira. Foi se fodendo no final da vida: teve parkinson, teve diabetes, teve problema na visão, no coração e depois teve câncer, que foi a morte dele, que deu metástase. E depois desse período, foi um período que eu acho que ele abandonou essa discussão de namoro, namorada namorado, transa, cada vez ele foi deixando de encarar os afetos, aí eu acho que foi mais doloroso, encarar a velhice. Aquela ansiedade que ele tinha em viver essas experiências afetivas parece que foi cedendo a uma realidade.*

Eu tenho algumas fotos dele aqui, tenho um material de vídeo dele, em que eu nunca mexi, deve ter umas 8h de entrevista com o Roberto, tudo inédito, nunca usei. Eu quero digitalizar esse material. Eu também tenho a ideia de pegar alguns trechos e fazer alguns vídeos curtos para lançar no YouTube como forma de divulgação.

Mas é isso, eu tenho muito amor, muito carinho, muito respeito pela figura, pelo nome do Roberto. E esse projeto da Soma eu carrego quase como minha vida, o pessoal até fala que não sabe quando eu falo de mim, da Soma, do grupo, é tudo a mesma coisa, parece até meio esquizofrênico, meu perfil do Facebook é a Soma. Enfim, por mais que o Roberto fosse visto como meio loucão, Roberto era muito sagaz. E eu sigo o caminho da Soma, que ele começou.

Entrevista com Frei Betto

Eu era muito amigo do Bigode, eu era amigo da AP, *acompanhei ele até o fim. Fui eu que avisei a Gessy, inclusive, que ele estava na* UTI. *Foi na véspera de ele morrer. Minha mãe, Maria Stella, foi secretária do Bigode.*

Na autobiografia, não sei se fala mal de mim ou de quem ele fala. Não, não li, não. O Serjão, eu acompanhei de perto. É, o Serjão era meu irmão também, e o curioso é que eu enterrei três grandes amigos no mesmo ano, o Paulo Patarca, o Serjão e o Roberto, os três, eu dei a bênção da saúde. Curioso que o Roberto, com toda aquela revolta dele contra Deus, contra não sei o quê, eu cheguei lá era de manhã, mas claro, eu sabia que ele ia morrer, tinha lá um cuidador, e ele estava dormindo. Aí, eu cheguei e falei "e aí, Roberto, como é que você está?" E ele estava lúcido, e respondeu "é, estou aqui", eu falei "Roberto, vim te dar a bênção da saúde, você quer?", ele disse "quero", e eu me surpreendi. Detalhe: todo doente que eu visito, eu faço essa pergunta, e até hoje eu nunca recebi um não, os dois sim mais inesperados foram o do Giocondo Dias e o do Roberto, que eu achava que jamais pediria, aí eu faço uma miniliturgia, demora mais ou menos dois minutos, mas quando eu saí dali eu avisei a enfermeira que ele estava muito mal, com quadro de morte, que seria naquele dia, não lembro se foi naquele dia ou se foi no outro. E o primeiro foi o Giocondo Dias, em Moscou, o livro que eu estou lançando conta esta história na União Soviética, eu fui lá umas quatro vezes, na época do socialismo, e havia uma coisa muito estranha que o brasileiro não ficava sabendo, que outro brasileiro estava lá, coisa da KGB, *aí o Castilho, tradutor meu que certamente era da* KGB, *chegou para mim e disse, "você conhece o Giocondo Dias?", aí eu disse que conhecia, mas que só tinha encontrado ele, pessoalmente, uma vez, em um evento em Cuba, aquela coisa de muita gente, mas eu sabia quem era, o rapaz me disse: "então, ele teve um aneurisma cerebral, você gostaria de visitá-lo?" Eu disse "claro"; aí tem um parêntese: na União Soviética, diziam que quanto mais gente mexesse com o afeto do paciente, melhor seria a recuperação dele. Nos hospitais da [antiga] União Soviética e de Cuba, até hoje, tem a cama da criança e a dos pais, ou do pai ou da mãe, e então era aquela coisa, O Giocondo estava isolado, sozinho, e aí aparece um brasileiro para dar uma força para ele lá... Ele tinha sido operado, estava careca, com uma cicatriz pegando toda a cabeça, conversei com ele, aí eu perguntei "o senhor quer que eu lhe dê a bênção da saúde?", me surpreendi com o sim dele, e quando eu dei a bênção, fechei os olhos e quando abri, ele estava chorando. Pena que morreu.*

Mas, com o Roberto, era o seguinte: o Frei Carlos tinha um grupo de intelectuais, jornalistas, foi aí que ele fundou o Brasil, Urgente, *eu sempre costumo dizer que não foi um movimento, não foi uma opinião, o primeiro tabloide nacional de esquerda foi regional, em Belo Horizonte, mas só circulava lá; nacional era só* Brasil, Urgente. *Quem convidou o Roberto, evidente, que foi o Frei Carlos.*

O Roberto vinha aqui no convento, eu era dirigente da Associação Católica do Rio, em 1962, 1964, eu tinha feito Jornalismo, uma coisa de que me orgulho muito, talvez por isso tenham me indicado para dirigir a Associação Católica. Aí, Em 1965, eu entrei para os dominicanos, fui para Belo Horizonte, para o noviciado, e fiquei um ano de reclusão, em 1966 eu vim para São Paulo para começar aqui Filosofia, neste convento, foi quando eu conheci o Bigode.

Eu acompanhei as montagens de Morte e vida severina *e* O & A, *aí, aconteceu o seguinte, que é uma coisa típica dos dominicanos do Brasil, nós não temos fonte de renda, profissão, hoje tem algum galpão alugado, alguma coisa assim, o princípio é viver do trabalho, não temos fazenda que dá renda, essas bobagens que fracassaram, não temos nada, então desde o estudo, a gente tem que procurar um trabalho, geralmente os frades estudantes vão dar aulas, aí eu falei pô, meu negócio é Jornalismo, e o Bigode me levou pra iniciar a atividade jornalística num lugar que todo mundo almejava: a revista* Realidade, *então eu entrei na revista e era um pouco mascote da equipe. Acompanhei a montagem das peças por causa da minha ligação com o teatro, uma coisa da minha biografia que pouca gente sabe, eu fui assistente de direção da primeira montagem do Oficina, (risos), eu sempre falo que se eu for escrever um livro da minha vida nos anos 1966, 1967, seriam os anos em que eu não dormi, quando faço uma retrospectiva, não sei como eu conseguia, estava no Jornalismo, estava no teatro, estava fazendo Filosofia e ainda fazia Antropologia na* USP *à noite, fora o convento.*

A Realidade tinha duas redações: uma de direito, e a outra, de fato, a de direito ficava perto da Biblioteca Mário de Andrade, onde era a sede da Abril, a de fato era na casa do Bigode, na [Rua] Germano Bouchard, e o Serjão morava em frente, literalmente toda noite a gente se encontrava na casa do Bigode, tinha lá um puxadinho, que era o escritório dele, e o pessoal saía da redação e já ia direto para lá, das sete da noite, até meia-noite, uma hora da manhã, tomando Drurys, o uísque na época.

Você é da geração do vinho, a geração depois da nossa, hoje é raro tomar uísque. Eu me lembro de um episódio, era uma sexta-feira e ninguém acordava cedo, a gente varou a noite na casa do Bigode, e eu ia e vinha a pé paro o convento, deitei e dormi e vi que já estava anoitecendo, pensei será que dormi o dia inteiro, aí levantei e começou a tocar o sino da igreja, aí eu pensei não tem missa sábado à noite, tem missa no domingo, era domingo, eu fiquei impressionado, eu sou um cara de dormir pouco, umas seis horas, no máximo, já me satisfazem. Mas, enfim, eu tinha tomado um porre. O Bigode me dava muita força, porque eu nunca fui efetivado na Abril por ser frade, acho que eles pensavam que frade não precisa trabalhar, mas eu tive várias matérias publicadas até no exterior, na Colômbia, quando o Papa Paulo VI *fez sua primeira viagem fora da Itália, já tinha ido à Colômbia antes, criei um caso lá.*

A primeira prisão foi em 1964, a segunda em 1969, mas em 1969, no início do ano, fui para o Rio Grande do Sul, aí eu não vi o Bigode por muitos e muitos anos, só fui encontrá-lo muito brevemente quando saí da prisão, em 1974, então fui morar em Vitória, e voltei para cá em 1979, quando reencontrei o Bigode na fundação da Caros Amigos, mas logo veio a briga lá com o Serjão. A versão que eu tenho é que o Bigode não queria que a revista tivesse qualquer partido, e ele achava que o Sérgio estava dando força ao PT, *ao Lula etc., então ele falou que estava fora, porque ele achava tudo uma merda, tinha que ser crítico, tinha que detonar todo mundo, isso fazia parte do anarquismo dele.*

Entre o Bigode e o Serjão era uma coisa siamesa, uma coisa que foi uma dor para os dois, os dois sofriam por causa desse abismo, dessa briga. Do Frei Carlos eu não sei a história, porque esse período do Frei Carlos, eu não acompanhei. Quando eu cheguei aqui, o Frei Carlos estava indo para a Suíça, houve o golpe, e ele se mandou para lá, porque era o cara do jornal. Aí, eu não sei como foi, para falar a verdade eu não sabia disso, nem sabia que eles tinham brigado, eu não li a autobiografia do Bigode, eu não sabia desse detalhe, dessa raiva dele pelo Frei Carlos, agora comigo ele era sempre muito gentil, uma relação muito boa, como eu disse, em 1979, quando eu voltei, a gente se viu poucas vezes, nessas raras vezes, ele sempre foi muito amistoso.

O Bigode era um cara muito alegre, naquela fase da minha vida aqui, antes e depois de 1969, eu acho que antes ele era um cara alegre, depois eu via nele uma amargura, um fato que me ocorreu aqui, eu estou lembrando agora, um dia, no aeroporto, eu cruzei com ele, e conversamos.

Outra vez, eu estava na casa do Bigode, era noite, e chegou um rapaz magrinho, queria conversar com ele, o cara tinha vocação artística e queria uma ponta no teatro ou no cinema, era o Francisco Cuoco; aí outro dia encontrei Cuoco no aeroporto, ele está com mais de 80 anos. Aí eu perguntei se ele se lembrava disso. E ele disse: "é claro, eu fui à na casa do Roberto pedir um trabalho".

Sobre essas conversas da sexualidade dele eu não sei, não, eu não vi nada assim comprovadamente não, o que eu sei, sim, é que como terapeuta ele quebrou o mito, o tabu do homossexualismo, o Roberto, nesse ponto, fez um trabalho importante, como agitador cultural e a partir da terapia, ele ajudou muita gente, tirando um peso do preconceito, do autopreconceito, meu pai me contava do Cardoso, o que ele sofria, nessa época, em que o filho falou que era homossexual, e o Bigode pegou essa fase em que a coisa era na surdina, e ele aliviou muita gente dessa carga, foi um pioneiro, pioneiro terapeuticamente, nessa vida.

O Bigode era, na fase anarquista, uma pessoa revolucionária, crítica, e simpática ao socialismo; mesmo quando ele deixou de ter simpatia pelo socialismo, ele nunca foi anticomunista, nem era de todo anarquista. Eu digo isso nas palestras, eu jogo muito essa relação, eu sou dessa geração, em que havia drogas e havia os drogados, porque nós éramos viciados em utopia, injetávamos utopia nas veias, e hoje, quanto menos utopia, mais droga, quanto menos utopia, mais droga, enquanto essa garotada não tiver um projeto histórico pra querer mudar o mundo hoje mesmo, vai ser assim. Agora pouco eu estava conversando aqui com uma moça que veio me entrevistar, quando eu olho, essa garotada de 16, 17 anos, e não é narcisismo meu não, mas eu, nessa idade, estava discutindo Filosofia, escrevi um livro, meu primeiro livro, não foi no cárcere da prisão, foi assim por décadas, depois se transformou no livro. A gente sabia, havia drogas em volta, mas a gente não curtia, porque tinha um projeto, tem que ter alguma coisa lá dentro, não tem jeito. Eu acredito também que todo drogado é um lixo em potencial, a diferença é que o lixo entrou pela porta do absoluto, e o drogado pela porta do absurdo, mas se você tem um filho drogado, e der para ele cem mil dólares para tentar consertar a vida dele, ele vai torrar cem mil dólares, ele descobriu algo que o lixo também descobriu, a felicidade está dentro, e não fora, o problema é a porta de entrada.

O Roberto influenciou uma geração e ajudou muita gente.

A cortina se fechando...

Internado no Hospital Sírio Libanês, Roberto Freire viu chegar a sua hora. O bode, arfando, cansado, sem conseguir balir mais. O tigre, sem enxergar mais e só querendo ficar deitado.

A Somaterapia ficou com João da Mata. Os livros de Roberto Freire estão espalhados por aí, quase todos sem editora responsável.

A "Revolução do Tesão" está feita, é só reparar como a juventude se encontra, transa e se ama atualmente.

Roberto Freire, ao contrário de toda sua vida agitada, e agitando, morreu em 23 de maio de 2008, e não viu seu time, o São Paulo Futebol Clube, se tornar hexacampeão brasileiro.

Mas, quero lembrar especialmente de um dos vários presentes que ele me deu, como escapar da Psicanálise, dirigir *Cleo e Daniel*, ler muitos de seus livros, com destaque para "Viva eu, viva tu, viva o rabo do tatu".

Em junho de 1980, numa conversa com o Bigode falei da minha intenção de ir com ele ao aeroporto para recepcionar a chegada do exílio de Paulo Freire. Não lembro bem porque, o Bigode não pode ir, acho que era questão da sua saúde. Então, ele me incentivou a ir, disse que o representasse em um abraço apertado no educador com o mesmo sobrenome e sem nenhum parentesco, e disse também para que eu aproveitasse cada palavra que ele dissesse.

Segui seu conselho, fui, e conheci pessoalmente Paulo Freire. Naquele dia, ele contou uma passagem vivida e refletida. Anos antes, exilado no Chile, caminhava por um campus de uma universidade conversando com um professor chileno sobre educação, e em determinado momento, distraidamente, colocou seu braço sobre o ombro desse professor, que, imediatamente, enrijeceu, tensionou, o que levou Paulo a retirar seu braço. Foi quando ouviu do chileno a explicação: "Paulo, você é brasileiro, lá tem carnaval, praias, futebol, mas, aqui em Santiago, se me vêem abraçado com você, vão pensar que sou maricón." Paulo Freire contou que refletiu o seguinte: "Algo vai muito mal com a Cultura Chilena".

Anos depois, em Guiné-Bissau, numa situação semelhante, num campus de universidade africana, Paulo conversava sobre educação com um professor de lá, quando este entrelaça suas mãos, os dedos como se pegam os namorados, e que, nessa hora Paulo ficou tenso, ruborizado, "e se algum pernambucano me vê assim?", e foi quando refletiu: "Algo vai muito mal na minha Cultura!"

Emocionado com esse relato, ouvido daquele senhor doce ali na minha frente, não consegui segurar uma lágrima.

Hoje, ao ouvir as ofensas e raivas dirigidas a Paulo Freire, compreendo e agradeço o presente especial que o Bigode me concedeu naquele dia.

Onze dias antes de sua morte, 90 mil chineses morreram em um terremoto na província de Sichiuan. Neste mesmo ano, Barack Obama se tornou o primeiro presidente negro dos Estados Unidos; a ex-senadora da Colômbia Ingrid Betancourt foi libertada após ficar seis anos em cativeiro das Farc; o sargento do Exército Laci Marinho de Araújo foi preso ao revelar que tinha um caso homossexual com o sargento Fernando Alcântara, no primeiro *affair gay* das Forças Armadas brasileiras; o padre Aderlir de Carli desapareceu após tentar voar em mil balões de gás para divulgar a Pastoral Rodoviária; o jogador Ronaldo Fenômeno foi parar em uma delegacia envolvido com três travestis; a gaúcha Melanie Fronckowiack foi eleita a dona do bumbum mais lindo do mundo e declarou que não queria ser reconhecida somente por esse atributo; a cantora Britney Spears esteve internada em clínicas de reabilitação e hospitais psiquiátricos e perdeu a guarda dos filhos, mas lutava para retomar o posto de "Princesinha do Pop". Neste ano surgiu também o Iphone.

Além de Roberto Freire, também morreram neste ano o escritor Alexander Soljenitsin, a comediante Dercy Gonçalves, o ator Fernando Torres, o cantor Waldick Soriano, o compostor Dorival Caymmi, o cronista Lourenço Diaferia, o ator Paul Newman e a cantora Míriam Makeba.

O Bigode se foi, mas deixou para todos uma de suas frases mais marcantes: "É o amor e não a vida, o contrário da morte. Precisamos distinguir entre estar vivos e morrer".

Morreu a carcaça que ele usou por 81 anos. Porque ele permanece vivo em cada pensamento mais crítico, em cada vivência espontânea desejando um beijo quilométrico e escandaloso, em cada canção da MPB que nos lembra dos festivais, em cada montagem que é feita no Tuca, em cada texto que sai em jornal ou revista fugindo dos padrões acomodativos dos manuais de redação.

E, sobretudo, cada vez que nosso corpo sente tesão, sem culpa, estamos reverenciando o Bigode por todo trabalho que ele fez, dedicando uma grande parte de sua obra para saudar essa libido criadora.

Espero que o Bigode anarquista, onde estiver, possa se divertir com isso.

Ao final de seus workshops, muitas vezes, ele saía de cena sem que o grupo percebesse e deixava a música de Roberto Carlos tocando: "Onde você estiver não se esqueça de mim..."

Era um pedido, uma ordem, uma mensagem, um epílogo de todo o conteúdo poético que transbordou por toda a sua vida e seu trabalho. Não, Bigode, não dá para esquecer de você!

Epílogo – A terra que querias ver dividida

"— A quem estais carregando,
irmão das almas,
embrulhado nessa rede?
dizei que eu saiba."
"— A um defunto de nada,
irmão das almas..."

João Cabral de Melo Neto, *Morte e vida severina*

Nota do autor

Neste livro, ficaram de fora algumas entrevistas importantes, em virtude da construção de uma linha narrativa. Peço desculpas por isso. Mas, antes tarde que depois de acabado, ficam citados trechos aqui:

Josemar Melo – Eu vi uma cena do *Cleo e Daniel*, que tem no youtube, estes dias, eu estava com uns amigos almoçando e conversando, e por algum motivo eu me lembrei do Bigode, o assunto era a música do filme, na verdade a música do Chico, aí eu falei que era tema de *Cleo e Daniel*, esse meu amigo, inclusive, era amigo do Paulo Freire, cara da minha geração, é verdade... aí eu contei que o Chico fez a música, era só a melodia, aí tinha outra letra, que não tinha relação com o filme , "Rosa dos ventos", e a música é uma daquelas do Chico que lembra parcerias dele com Tom Jobim, o Chico tem umas músicas menos MPB, uma melodia mais complexa, e mais uma harmonia que não é só de repetição.

Gilda Portugal Gouvêa – O Roberto era meio guru da gente, em dois sentidos interessantes, porque tinha essa coisa política e cultural, mas tinha também uma coisa pessoal, porque como ele era psiquiatra, e essa coisa de Psiquiatria estava entrando nas nossas vidas, dos 20 e poucos anos, aquelas coisas estourando, as mulheres, principalmente, a mudança do seu relacionamento, mas ainda muito em transição, enfim, e o Roberto era um conselheiro pessoal, quer dizer, o Roberto levava para a gente a coisa coletiva, mas individual. A gente começou a entrar nessa de fazer terapia, que era novidade pra gente, na geração anterior a nossa ninguém fazia terapia. Só maluco fazia terapia, pessoa normal não fazia, só porque tinha problemas afetivos, ninguém ia fazer terapia por causa disso. Eu estava no 1º ano de faculdade, em 1964, não sei como o Roberto surgiu lá na PUC, como um cara que discutia esses assuntos individualmente, e às vezes de forma coletiva, quer dizer, meus problemas podiam ser discutidos com outra pessoa porque era a profissão de psicólogo ou psiquiatra, e que podia me ajudar, então quando saiu *Cleo e Daniel*, aquilo foi uma explosão. Já em *Morte e vida severina*, na organização, eu era tesoureira.

Sérgio Cabral – O Roberto Freire era uma figura, rapaz, que bom que vocês estão fazendo isso, que bom que estão preparando este livro. Ele merece. Porque é um sujeito que não pode ser esquecido. O *Pasquim* era uma farra? Era, mas havia muito trabalho também, trabalhava-se muito e bebia-se muito. Eu tô falando isso porque era uma discussão da época, uma preocupação da época, porque as pessoas no *Pasquim* se exibiam como farristas, e às vezes se esqueciam de que aquilo era um lugar de trabalho, muitas vezes chegavam lá pra beber, puxar um fumo e tal, e a gente precisava fechar o jornal, então era difícil convencer certas pessoas que chegavam, às vezes chegavam do Sul ou de outro estado, prontos pra participar da festa e vinham com as tantas histórias e lendas que ouviam, vinham achando que tudo era festa, e eu dizia, "mas vamos trabalhar, temos que fechar o jornal, pô". Nessa época do *Pasquim* eu convivi muito com o Roberto.

COMENTÁRIOS DE PARTICIPANTES DA MONTAGEM DE *MORTE E VIDA SEVERINA*

Gilda, tesoureira do grupo que montou *Morte e vida severina* – A vida é arriscar, a vida é buscar, a vida é transformar, a vida não pode ter medo do desconhecido, esse tipo de coisa, eu acho que Roberto Freire passou muito forte pra mim.

Dino Galvão Bueno, músico – Entrei no grupo substituindo o Chico Buarque, assim que voltaram de Nancy, e ganharam o Festival, fiquei até *O&A*.

Hiroto, fotógrafo do grupo – O Roberto Freire era um cara tremendamente generoso, ético e eclético, nunca elevava o tom de voz. Até quando ele dava esporro, era um esporro carinhoso.

Buck, estudante de Filosofia na época, membro do grupo – Uma noite, o Roberto Freire foi ao programa do Fernando Faro para gravar um trecho do *O&A*, depois fomos jantar no Gigetto, e fui convidado para fazer o *Poder Jovem*, na Cultura. A ideia era derrubar o Poder, como pregavam os estudantes na França.

Elza Lobo, atriz do grupo, ex-prisioneira da Ditadura – O Tuca não estava pronto e fazíamos os ensaios no Convento dos Dominicanos. O sucesso da peça fez com que nosso movimento atingisse muito mais camadas de público. E tivemos muita ajuda do Carlito Maia. Íamos na frente o Ferrara, o Suster e eu.

Esta obra foi composta em Minion e impressa em
papel pólen soft 80 g/m² e em couche fosco 115 g/m²
para a Editora Reformatório, em março de 2020.